Maximilian Steinbeis
Marion Detjen
Stephan Detjen

Die Deutschen und das Grundgesetz

Geschichte und Grenzen
unserer Verfassung

Pantheon

Bildnachweis

BA, Koblenz: 204 (B_145_F033384-0014), 240 (B_145_00048316)

Ullstein Bild, Berlin: 18 (AP), 74 (dpa), 116 (Conti-Press), 154 (Sven Simon)

FSC

Mix

Produktgruppe aus vorbildlich
bewirtschafteten Wäldern und
anderen kontrollierten Herkünften

Zert.-Nr. SGS-COC-1940
www.fsc.org
© 1996 Forest Stewardship Council

Verlagsgruppe Random House FSC-DEU-0100
Das für dieses Buch verwendete FSC-zertifizierte Papier *Munken Premium*
liefert Arctic Paper Munkedals AB, Schweden.

1. Auflage
Februar 2009

Umschlaggestaltung: BüroJorge Schmidt, München
Lektorat: Matthias Weichelt, Berlin
Satz: Ditta Ahmadi, Berlin
Druck und Bindung: GGP Media GmbH, Pößneck
Printed in Germany 2009
ISBN: 978-3-570-55048-7

www.pantheon-verlag.de

Inhalt

Vorwort

Vor über zehn Jahren haben wir schon einmal den Versuch unternommen, die Geschichte des Grundgesetzes zu erzählen. Anlass war der 50. Geburtstag der Verfassung, den wir mit einer Ausstellung im Bundesverfassungsgericht würdigen wollten. Wir stiegen in die Archive und fanden dort Bilder, Gegenstände und Texte, die das halbe Jahrhundert bundesdeutscher Verfassungsgeschichte greifbar und gegenwärtig machten – den Pass von Wilhelm Elfes beispielsweise oder das Schulzimmerkreuz aus dem Kruzifixurteil von 1995.[1]

Wie wir diese Geschichte erzählen wollten, schien uns und allen Beteiligten damals auf der Hand zu liegen: Es konnte sich nur um eine Erfolgsgeschichte handeln. Sie begann 1945 zwischen den Trümmer- und Leichenbergen des von Deutschland verschuldeten Zweiten Weltkriegs und mündete in die unverhoffte Wiederherstellung der geeinten, demokratisch und friedfertig gewordenen deutschen Nation. Der Aufstieg des Grundgesetzes vom Aschenputtel zur Königin hatte etwas Märchenhaftes.

Zehn Jahre später, vor dem 60. Jahrestag, schien nichts näher zu liegen als eine Neuauflage dieser Ausstellung und des Begleitbandes – um zwei oder drei Kapitel erweitert, die das inzwischen Geschehene behandeln sollten. Doch bei näherem Hinsehen stellte sich heraus, dass es so nicht gehen würde. Der Erzählbogen von 1949 bis 1999 ließ sich nicht einfach um zehn Jahre verlängern. Die Frage, ob die deutsche Nation mit dem Grundgesetz endlich zu einer freiheitlichen und demokratischen, ihr Einheit und Identität verleihenden Verfassung gefunden hatte, erschien uns aus heutiger Perspektive nicht mehr adäquat. Vielleicht ist sie es nie gewesen.

Das jüngste Jahrzehnt der Geschichte des Grundgesetzes war ereignisreich: Der globale Terror konfrontierte das Verfassungsrecht mit der Frage nach dem Ausnahmezustand, in dem das höchste Gut der Verfassung – die Menschenwürde – nicht mehr unangefochten vor Relativierungen und Einschränkungen geschützt ist. Die Europäische Union unternimmt gerade den Versuch, sich ihrerseits eine Verfassung zu geben, die sich über die Verfassungsordnungen der Mitgliedsstaaten wölbt. Nationales Recht wird mehr und mehr vom europäischen Gemeinschaftsrecht durchdrungen und in weiten Teilen faktisch ersetzt. Darüber hinaus ist weltweit eine Vielzahl neuartiger Rechtsordnungen entstanden, die Autorität und innere Rationalität nationalstaatlicher Normen in Frage stellen: etwa die von internationalen Anwaltsfirmen entwickelten Regeln für den weltweiten Handel, die im Internet etablierten Verhaltenscodices einer globalen Netzgemeinschaft und die Regelwerke zwischenstaatlicher Organisationen wie der Welthandelsorganisation (WTO) und der Vereinten Nationen.

Aber auch das Verhältnis der Deutschen zu ihrer Verfassung hat sich verändert. Die Klage über die »Erosion des Verfassungsstaates«[2] ist zum festen Topos rechtswissenschaftlicher und verfassungspolitischer Debatten geworden. Allerdings wird je nach Blickwinkel sehr Unterschiedliches beklagt: aus konservativer Perspektive etwa das verlorene Leitbild von Ehe und Familie, der Abfall vom »christlich-abendländischen« Selbstverständnis des Grundgesetzes, die Überbetonung individueller Grundrechte, wo doch der Bürger nicht nur Rechte, sondern auch Pflichten habe; aus fortschrittlich-liberaler Sicht hingegen die Aushöhlung der individuellen Grundrechte beim Datenschutz, im Asylrecht, im global koordinierten Kampf gegen den Terror; und aus kapitalismuskritischer Perspektive die Politik der Privatisierung und Deregulierung, die die Deutschen den entfesselten Kräften der globalisierten Wirtschafts- und Finanzwelt ausliefere, obwohl sich das Grundgesetz auf keine Eigentumsordnung festlege, aber den Sozialstaat als einen Eckpfeiler deutscher Staatlichkeit nenne.

All diese Klagen drücken ein Leiden an den Widersprüchen zwischen der (unterschiedlich wahrgenommenen) Verfassungswirklichkeit, also der politischen Realität, und dem (ebenso unterschiedlich interpretierten) Verfassungstext aus. Das Grundgesetz wird aus dieser Perspektive zum unerreichten Maßstab für eine als defizitär empfundene Politik. Daneben regt sich inzwischen aber auch eine Kritik, die auf viel grundsätzlichere Weise den staatsorganisationsrechtlichen Bestand der Verfassungsordnung selbst trifft: Immer mehr Menschen äußern prinzipielle Zweifel an der Demokratie als Staatsform; in den neuen Bundesländern sind die Skeptiker mittlerweile relativ in der Mehrheit.[3] Das Vertrauen schwindet, dass die vom Grundgesetz konstituierten Institutionen und Verfahren überhaupt in der Lage sind, gute und tatkräftige Politik hervorzubringen.

1999 war die Frage: »In bester Verfassung?!«, die der Jubiläumsausstellung im Bundesverfassungsgericht den Titel lieh, allenfalls eine rhetorische Frage. Auch für diejenigen, die eine Wiedervereinigung nach Artikel 146 GG – also durch eine neue gesamtdeutsche Verfassung – dem »Beitritt« der ostdeutschen Bundesländer zum Geltungsbereich des Grundgesetzes vorgezogen hätten, waren zumeist andere Gründe maßgeblich als etwa eine prinzipielle Unzufriedenheit mit dem Grundgesetz, das sich als Regelwerk in vierzig Jahren bewährt und sogar einen neuartigen, mit der Einbindung in den Westen kompatiblen deutschen Patriotismus – den »Verfassungspatriotismus« – hervorgebracht hatte. Heute wirken die Bekenntnisse zum Verfassungspatriotismus deutlich verhaltener, und die Frage, ob Deutschland noch »in bester Verfassung« sei, wird ernsthaft gestellt, zuweilen sogar verneint. So titelte der Spiegel 2003: »Die verstaubte Verfassung. Wie das Grundgesetz Reformen blockiert«,[4] und der Spiegel-Redakteur Thomas Darnstädt forderte 2006, das Grundgesetz durch eine komplett neue Verfassung zu ersetzen: »Keiner, der sich auskennt, glaubt daran, dass mit dieser Verfassung die schleudernde Industrienation noch zu managen ist.«[5] Selbst eher bewahrende und vorsichtige Staatsrechtsprofessoren, die derart spektakuläre Zeitdiagnosen und Zukunftsprognosen ablehnen, können sich des

Eindrucks einer »Verfassungsdämmerung« nicht erwehren und denken über Endlichkeit und Vergänglichkeit von Rechtsordnungen nach.[6]

Wie eine neue Verfassung allerdings aussehen könnte, bleibt in diesen Diskussionen bemerkenswert vage. Das »Ende der Verfassung« wird denkbar – nicht aber das, was danach kommen könnte. Niemand präsentiert konkrete Alternativen, die an die Stelle des Grundgesetzes treten könnten. Eine umfassende Zukunftsperspektive für ganz neue Verfassungsentwicklungen bietet allein die europäische Integration: Wenn die europäische Rechtsordnung nicht mehr als zwischenstaatliches Arrangement oder Instrument einer unkontrollierbaren Bürokratie missverstanden werden würde, könnte sie als »Verfassung« ganz neuen Typs wirken und wohl große Teile des Vakuums füllen, das durch die schwindende Problemlösungskompetenz des Grundgesetzes entsteht. Dies wäre nicht sein Ende: Die verbindlichen, rechtlichen Regelwerke, die die nationalstaatlichen Verfassungen in Europa ihren Bürgern und Institutionen geben, blieben bestehen. Aber es wäre doch das Ende unseres herkömmlichen Verständnisses vom Grundgesetz: Seinen Nimbus als alles überwölbende, alles durchdringende, Legitimation, Identität und Gemeinschaft stiftende Ordnung würde es verlieren.

Doch gerade für Europa und eine europäische Verfassung können sich die Menschen nur schwer erwärmen. Seit dem Scheitern der Referenden über die EU-Verfassung in Frankreich und den Niederlanden 2005 steckt die Konstitutionalisierung Europas in einer tiefen Krise. Die verantwortlichen Politiker vermeiden das Wort »Verfassung« in Bezug auf die europäischen Verträge inzwischen wie der Teufel das Weihwasser. Der Verfassungsbegriff wird wieder auf den Nationalstaat bezogen, der nach klassischer Lesart neben einem Staatsgebiet und einer Staatsgewalt auch ein »Staatsvolk« voraussetzt; dieses wiederum brauche irgendeine Art von vorgelagerter Identität und eine wenn nicht ethnische, so doch kulturell-historisch gewachsene Homogenität.

Es zeigt sich, dass bei aller Kritik am Grundgesetz und an der deutschen Verfassungswirklichkeit wieder die Sehnsucht nach einem abgeschlossenen, nationalen Verfassungsstaat wächst. Der neuen Systemkritik, ob sie nun gegen »Sozialabbau« oder »Reformblockaden« zu Felde zieht, scheint in ihren unterschiedlichen Ausprägungen dieser nostalgische Zug gemeinsam zu sein. Sie betrachtet die gegenwärtigen Zustände vor der Folie der sechziger, siebziger und frühen achtziger Jahre, als das Grundgesetz als »objektive Werteordnung« alle Lebensbereiche durchdrang und der Nationalstaat demokratisch, handlungsfähig und intakt zu sein schien. Diese Epoche gilt als das »Goldene Zeitalter«[7] des demokratischen Rechts- und Interventionsstaates, und so, wie 1999 gerne Erfolgsgeschichten erzählt wurden, werden heute Niedergangsgeschichten erzählt, die meistens mit dem Deregulierungs- und Globalisierungsschub der achtziger Jahre beginnen. Angesichts des vermeintlichen Schwindens der Kompetenzen von Staat und Verfassung – die eigentlich nur im Wandel begriffen sind[8] – machen wir es wie die alten Römer: Wir beschwören die Tugenden, die wir verloren zu haben glauben. Gerade weil »das strahlende Leitbild liberaler, demokratischer Verfassungsstaaten auf nationaler Grundlage« eingetrübt sei, müsse das Grundgesetz als Leitstern umso heller leuchten und durch eine »kraftvolle Wiederbesinnung auf seine Strukturelemente«[9] gestärkt werden.

Dabei hat das beschworene Verfassungsideal ganz unterschiedliche Bedeutungen, und wenn wir von den Errungenschaften oder Versäumnissen des Grundgesetzes sprechen, ist oft nicht klar, auf welche dieser Bedeutungen wir uns beziehen: Dem Verfassungstext, wie er vom Parlamentarischen Rat niedergelegt und seither in 52 Grundgesetzänderungen ergänzt und modifiziert wurde, steht die Verfassungswirklichkeit gegenüber, wie sie von der Politik, vom Bundesverfassungsgericht und von gesellschaftlichen Kräften vor dem Hintergrund kultureller Vorstellungen gestaltet wird.

Als nüchternes Regelwerk enthält die Verfassung die Gesetze und Rechte, die profanen »leges fundamentales«, die politische Herrschaft binden und das Zusammenleben der Menschen regeln. Als quasi-religiöser, emotional aufgeladener Initiationsritus schafft sie aber auch ein Gemeinwesen, ist Ausdruck eines Gründungsakts, der im Wort »Constitution« (res publicam constituere = ein Gemeinwesen begründen) immer mitschwingt. Dem Grundgesetz wurde anfangs dieser höhere Bedeutungsgehalt verwehrt – es durfte nicht Verfassung heißen, sondern war nur eine »lex fundamentalis« –, weil ohne die »anderen« Deutschen kein feierlicher, Gemeinschaft stiftender Gründungsakt denkbar war. Im Laufe der Jahrzehnte eignete es sich aber trotz seines bescheidenen Namens diesen Bedeutungsgehalt an, zum Beispiel in der Rede von den »Vätern und Müttern des Grundgesetzes« oder im bundesrepublikanischen Verfassungspatriotismus.

»Die Deutschen und ihr Grundgesetz« – diese im Ganzen gelungene, aber doch von Erblasten, Missverständnissen und auch schierer Gleichgültigkeit gezeichnete Beziehung soll im Folgenden in sechs Erzählsträngen dargestellt werden. Diese längsschnittartigen Betrachtungen fügen sich nicht zu einer umfassenden Verfassungsgeschichte. Stattdessen wird eine Vielzahl von Verfassungs-Geschichten erzählt, deren Arrangement sich an übergeordneten Fragestellungen orientiert:

1) Das Grundgesetz musste von Beginn an mit höchst widersprüchlichen Anforderungen an die Zusammensetzung des Staatsangehörigenverbandes fertig werden. Die »deutsche Frage« war nach 1945 offener und problematischer denn je. Wer war eigentlich mit »den Deutschen« gemeint, welche Vorstellungen von Nation prägten das Grundgesetz und den Umgang mit ihm?

2) Das Grundgesetz regelt keineswegs nur die Rechtsverhältnisse des Staates, sondern errichtet im Katalog der Grundrechte eine ethisch fundierte Werteordnung der Gesellschaft insgesamt. Dafür sorgte schon früh das Bundesverfassungsgericht und setzte damit gegenüber einem verknöcherten und von ehemaligen NS-Richtern dominierten Justizapparat seine beherrschende Deutungsmacht durch. Wie gelang ihm das und was waren die Folgen für das Verhältnis der Deutschen zu ihrer Verfassung?

14

3) Gesellschaft, Politik und Staatsrechtslehre taten sich bis weit in die sechziger Jahre ausgesprochen schwer damit, Interessenkonkurrenz als legitim zu betrachten. Stattdessen herrschte die Ansicht vor, dass der Staat der Gesellschaft vor- und übergeordnet sei und unberührt von der Vielfalt der Meinungen und Interessen das Gemeinwohl der Nation zu wahren habe. Wie veränderte sich in der Geschichte des Grundgesetzes der Begriff, den sich die Deutschen von ihrem Staat machten?

4) Die Frage, ob der Staat seine verfassungsmäßigen Bindungen im Not- und Ausnahmefall außer Kraft setzen kann oder können sollte, begleitete die Verfassungsgeschichte der Bundesrepublik von Beginn an. Welche Antworten fand das Grundgesetz, und wie wurde die demokratische Freiheitsverfassung mit den Herausforderungen fertig, vor die sie ihre Feinde stellten?

5) Die Stabilisierung der Demokratie und die pluralistische Öffnung des Staates unter dem Grundgesetz mündeten in einer Welle von Protest- und Bürgerbewegungen und wachsender Politikverdrossenheit. Wie erklärt sich diese scheinbar paradoxe Entwicklung, und was besagt sie über das Demokratieverständnis der Deutschen?

6) Die Deutschen konnten nach 1945 stets nur in dem Maße Handlungsspielräume gewinnen, in dem sie ihren Anspruch auf nationalstaatliche Souveränität preiszugeben bereit waren. Was folgt daraus für den Umgang des Grundgesetzes mit den über- und zwischenstaatlichen Rechtsordnungen, die ihm zunehmend Konkurrenz machen, und ihren Legitimationsproblemen?

Die einzelnen Kapitel setzen immer wieder in den Gründerjahren der Bundesrepublik an, obwohl sie ihren Schwerpunkt jeweils in einer anderen Epoche der Verfassungsentwicklung haben. Wer nach Lücken sucht, wird viele finden: Der Entwicklung des Föderalismus, der Wirtschaftsverfassung oder des Sozialstaats hätte man leicht eigene Kapitel widmen können. Grundrechtsthemen wie die Reform des Asylrechts, das Verhältnis von Ehrschutz und Meinungsfreiheit (»Soldaten sind Mörder«) oder die schwierige Frage der Menschenwürde am Beginn und am Ende des Lebens, auch Rechtsstaatsthemen wie der Umgang mit dem DDR-Recht bzw. -Unrecht (Mauerschützenprozesse, Stasi, Eigentumsrückgabe) hätten eine vertiefte Behandlung verdient. Die Geschichte der Bundesrepublik ist voll von verfassungsrechtlichen und -politischen Bezügen. Sie in enzyklopädischer Vollständigkeit abzubilden, kann und will dieses Buch nicht leisten.

Den Deutschen einen Zustand »in bester Verfassung«, in einem souveränen und intakten Nationalstaat zu wünschen oder gar mit verfassungsrechtlicher Autorität aufzugeben, würde dem Grundgesetz und den Besonderheiten seiner Geschichte nicht gerecht. Dieses musste von Anfang an – und bis zum heutigen Tage – damit fertig werden, dass Unvollständigkeit und Offenheit zu den Gegebenheiten der bundesrepublikanischen Staatlichkeit gehören. Die Geschichte des Grundgesetzes war keine glatte Erfolgsgeschichte, aber sie brachte eine Vielzahl positiver Entwicklungen hervor, die nicht zuletzt deshalb möglich waren, weil die Beschränkungen der Staatlichkeit wenn nicht von allen Deutschen, so doch von den verantwortlichen Politikern verstanden und in eine insgesamt erfolgreiche Politik umgewandelt wurden. Kritische Momente, Enttäuschungen, Fehler und Rückschläge haben diese Entwicklungen begleitet. Eine Niedergangsgeschichte würde dem Grundgesetz erst drohen, wenn die Offenheit seiner Entwicklung geleugnet und deutsche Nationalstaatlichkeit wieder absolut gesetzt würde; wenn die Politik wieder zu den protektionistischen, abschließenden Positionen zurückkehren würde, die die Katastrophen der ersten Hälfte des 20. Jahrhunderts mitverursachten.

Unsere Verfassung in ihrer Offenheit und Wandelbarkeit zu akzeptieren, fällt nicht leicht, zumal nicht in Zeiten wirtschaftlicher Krisen und globaler Sicherheitsbedrohungen. Umso mehr bedarf es eines Gesprächs über die Verfassung, das sich nicht auf rechtsdogmatische Festlegungen beschränkt. Eine zunehmend heterogene Gesellschaft muss sich immer wieder darüber verständigen, in welcher Verfassung sie lebt. Voraussetzung dafür, dass sich die Deutschen mit ihrer Verfassung identifizieren und sie sich zu eigen machen, ist eine offene und in viele Richtungen anschlussfähige Verfassungskommunikation. Es braucht Verfassungsnarrative: Möglichkeiten, vom Werden und von der Entwicklung des Grundgesetzes zu erzählen. Damit könnten die Deutschen zu einem »Verfassungspatriotismus« finden, der nicht länger mit dem Makel behaftet wäre, nur ein Substitut für die schwindenden Bindungskräfte politischer, sozialer, religiöser und moralischer Ordnungen zu sein.

Maximilian Steinbeis, Marion Detjen, Stephan Detjen
Berlin, im Januar 2009

Deutsche im Sinne des Grundgesetzes:
über Ungarn ausgereiste DDR-Bürger
im August 1989.

KAPITEL 1

Die »deutsche Frage«
Das Grundgesetz und die Nation

Der schreckliche Hungerwinter in Deutschland war gerade überstanden, als Karl Walter Küchenmeister am 3. April 1946 in London vor dem letztinstanzlichen Appellationsgericht von England und Wales darum kämpfte, kein Deutscher mehr zu sein. Wir wissen wenig über ihn: Er hatte längere Zeit in England gewohnt und war im Krieg als »enemy alien« in ein Internierungslager verbracht worden. Dort wollte er nicht mehr bleiben. Auch drohte ihm, aus England ausgewiesen und ins zerstörte Deutschland zurückgeschickt zu werden, ein Schicksal, das schlimmer schien als die Staatenlosigkeit, die ihn immerhin auf freien Fuß gesetzt hätte. Der Anwalt Küchenmeisters argumentierte, dass es keine deutsche Regierung gebe, mithin auch keinen deutschen Staat.[1] Er verwies auf die Erklärung der obersten Kommandobehörden der Alliierten vom 5. Juni 1945, die nach der bedingungslosen militärischen einseitig auch die bedingungslose politische Kapitulation festgestellt hatte: »Es gibt in Deutschland keine zentrale Regierung oder Behörde, die fähig wäre, die Verantwortung für die Aufrechterhaltung der Ordnung, für die Verwaltung des Landes und für die Ausführung der Forderungen der siegreichen Mächte zu übernehmen.«[2] Ohne deutschen Staat auch keine deutsche Staatsangehörigkeit und somit auch keine Fortdauer des Kriegszustandes, der Karl Walter Küchenmeister in England zu einem »enemy alien« machte und die englische Regierung berechtigte, ihn seiner Freiheit zu berauben.

Nicht nur in England, auch in den USA kam es 1945/46 zu gerichtlichen Klagen und Beschwerden von Menschen, die lieber staatlos als deutsch sein wollten. Zwar schwiegen endlich die Waffen, doch konnte von Frieden vorerst nicht die Rede sein. Nach dem beispiellosen Eroberungs- und Vernichtungskrieg und den Menschheitsverbrechen, die in deutschem Namen und unter deutscher Führung begangen worden waren, befand sich die ganze in den Vereinten Nationen versammelte Welt mit Deutschland im Krieg.[3] Wie sollte es mit diesem Land und seinen Leuten weitergehen? Wie sollte jemals wieder eine deutsche Staatsgewalt entstehen, nachdem sich doch die Institutionen, die diesen Staat ausgemacht hatten, in eine Mordmaschinerie verwandelt hatten? Im Winter 1945/46 war der Eindruck nicht von der Hand zu weisen, dass die deutsche Staatsnation, der deutsche Nationalstaat, ein Ende in Schrecken genommen hatte.

Raus aus der Nation, rein in die Nation – Wer war eigentlich Deutscher?

Es gab allerdings auch vor 1945 zurückreichende Erfahrungen, die es Herrn Küchenmeister nahegelegt haben mochten, die deutsche Staatsangehörigkeit für etwas Flüchtiges und Vergängliches zu halten: Diese hatte sich als eine recht instabile Einrichtung erwiesen, mit der im »Dritten Reich« im großen Stil Schindluder getrieben worden war. Das Regime hatte sie willkürlich den einen entzogen und den anderen zugewiesen, um seinen totalitären Herrschaftsanspruch durchzusetzen und seine Vorstellungen von einem »reinen« Volkskörper zu verwirklichen. Mit dem »Gesetz über den Widerruf von Einbürgerungen und die Aberkennung der deutschen Staatsangehörigkeit« vom 14. Juli 1933 wurden die seit 1918 aus Polen eingewanderten und eingebürgerten Juden sowie Emigranten und politisch Missliebige zwangsausgebürgert und staatenlos gemacht. Mit den Nürnberger Gesetzen von 1935 entstanden dann zwei Klassen von Staatsangehörigen, nämlich die vollberechtigten »Reichsbürger« und die nach rassistischen Kriterien von ihnen geschiedenen »einfachen« Staatsangehörigen minderen Rechts. Diese wurden im April 1943 ebenso für staatenlos erklärt und der Ausbeutung und Vernichtung preisgegeben wie Millionen jüdischer Bürger der eroberten Gebiete. Umgekehrt wurde 1938 das ganze Staatsvolk der Österreicher per Dekret in deutsche Staatsbürger verwandelt, wie auch die »Volksdeutschen« in der besetzten Tschechoslowakei 1938/39.

Mit der »Verordnung über die deutsche Volksliste« vom 4. März 1941 entstand ein Wirrwarr von Kompetenzen und Bestimmungen bezüglich der Entscheidung darüber, welche ehemals polnischen oder Danziger, sowjetischen oder jugoslawischen Staatsangehörigen in den eroberten »Ostgebieten« mit der Aussicht auf die deutsche Staatsbürgerschaft »eingedeutscht« oder »rückgedeutscht« wurden, welche eine deutsche Staatsangehörigkeit »auf Widerruf« oder nur eine undefinierte »Schutzangehörigkeit« erhielten und welche als »Fremdvölkische« staatenlos und rechtlos wurden.

Der Nationalsozialismus pervertierte das Konzept der deutschen Staatsnation und führte es ad absurdum. Die Art und Weise, wie das NS-Regime das Staatsangehörigkeitsrecht instrumentalisierte, stellte einen Bruch in der bisherigen Entwicklung des Staatsangehörigkeitsrechts in Deutschland seit Beginn der Moderne dar.[4] Doch die Tatsache, dass dies überhaupt möglich war und von den meisten Deutschen widerspruchslos hingenommen wurde, erklärt sich nur aus den Kontinuitäten, in denen die nationalsozialistischen Vorstellungen standen. Auch wenn erst der Nationalsozialismus die »Staatsnation«, die »Volksnation«, die »Kulturnation« zu Hohnbegriffen machte, waren »die Deutschen« seit jeher ein Konstrukt, das in sich und in seinen Bezügen zu anderen Gemeinschaftskonstrukten höchst strittig und instabil war.

Konfessionell, regional, politisch und trotz Goethe und Schiller auch kulturell gespalten, wollten die Deutschen zumindest seit den Napoleonischen Kriegen zwar unbedingt ein einig Vaterland, aber darüber, wie dieses auszusehen hätte, wer ihm angehören sollte und vor allem wer *nicht*, bestanden unvereinbare Auffassungen. Gemeinsam war ihnen nur der Irredentismus: ein Gefühl der »Unerlöstheit«, der unbefriedigten Sehnsucht, des Wollens und Wünschens in Bezug auf etwas, das fehlte, um sich in dem, was man sich jeweils unter der Gemeinschaft der Deutschen vorstellte, gut aufgehoben zu wissen. So bündelten sich in der »deutschen

Frage« ganz unterschiedliche Bedeutungsgehalte, abhängig von demjenigen, der sie stellte. Lediglich darüber, dass sie offen stünde, herrschte Einigkeit.

Ethnisierung der Nation und Verfassungsentwicklung bis 1945

Für die Entwicklung von Staatsverfassungen, die im Deutschen Reich ebenso wie im übrigen Europa seit der Entstehung der modernen Territorialstaaten nach dem Dreißigjährigen Krieg in Gang kam, hatte die Unbestimmtheit der »deutschen Frage« schwerwiegende Konsequenzen. Im Zuge der Aufklärung und Säkularisierung hatte sich die Legitimation von Herrschaft weg vom Gottesgnadentum hin zur Volkssouveränität verschoben. »Alle Staatsgewalt geht vom Volke aus« – erst in einem langwierigen Prozess konnte sich dieses Konzept durchsetzen, nicht ohne zumindest teilweise jene religiöse Erhöhung zu erfahren, die mit der Abschaffung des Gottesgnadentums vakant wurde und die dem Staat bei der Durchsetzung seines Gewaltmonopols half. Dabei wurde »Volk« zunächst nicht ethnisch, sondern politisch verstanden, nämlich als die Gemeinschaft, die sich gegen Fremdherrschaft oder Fürstenwillkür zur Wehr setzt. Allerdings wurde der Begriff des »Volkes« auf einen anderen Begriff bezogen, der durchaus eine ethnische Komponente enthielt, den Begriff der »Nation« (lateinisch »Stamm«). »Nation« und »Volk« näherten sich in ihren Bedeutungen weitgehend an im Sinne gedachter Gemeinschaften, in denen sich politische Zielsetzungen mit Vorstellungen von gemeinsamer Ethnizität, Kultur und Geschichte verquickten.

In Amerika und Frankreich kam es Ende des 18. Jahrhunderts zu revolutionären Begründungen von Gemeinwesen, die mit der Volkssouveränität auch eine klare Definition der Bevölkerung, die sie ausüben sollte, durchsetzen konnten. »Volk«, »Nation« und »Staat« schienen auf eine Weise zusammenzufallen, die von den vom Gottesgnadentum abgefallenen Zeitgenossen geradezu als Erlösung empfunden wurden. Auch in Deutschland entstand im

Zuge der Napoleonischen Kriege eine Bewegung auf einen solchen erlösenden Akt hin. Die »deutsche Frage«, die sich nun auftat, war zunächst die Frage nach einer Einigung der Deutschen im Hinblick auf ihre Befreiung von napoleonischer Fremdherrschaft sowie von der Tyrannis der Fürsten. Die Herrscher sollten an Verfassungen gebunden werden, die ihren Ursprung und ihre Rechtfertigung im »Volk« hatten. Dass dieses »Volk« nun mehr und mehr mit den älteren Vorstellungen einer alle Deutschen umfassenden Kultur- und Reichsnation verknüpft wurde und sich nicht nur auf die Untertanenverbände der deutschen Kleinstaaten bezog, war auch wirtschaftlichen Gründen geschuldet, denn die Kleinstaaterei war zu einem mächtigen Hindernis für das aufstrebende Bürgertum geworden. Die Fürsten hielten die Volkssouveränität jedoch für eine vulgäre, ketzerische Wahnidee. Auch wenn die meisten sich in den Jahren und Jahrzehnten nach 1815 dazu bequemten, Verfassungen zu erlassen oder mit den Ständen zu vereinbaren und so immerhin Verlässlichkeit, Verbindlichkeit und ein gewisses Maß an politischer Partizipation zu ermöglichen, fehlte diesen Regelwerken doch die Legitimation der Volkssouveränität und das metaphysisch überhöhte Moment des Gründungsaktes – sie waren nichts als ein »Stück Papier«, mit dem die gottgesalbten Herrscher auf die profanen Ansprüche ihrer Zeit reagierten.

1848 waren die Fürsten – wenn auch nur vorübergehend – durch Revolutionen so geschwächt, dass eine Gruppe von Demokraten und Liberalen darangehen konnte, für die Durchsetzung der Volkssouveränität eine deutsche Nationalversammlung vorzubereiten. Die Fürsten erklärten sich bereit, in ihren Territorien Wahlen für diese gesamtdeutsche verfassunggebende Versammlung durchzuführen. Die Verfassung, die 1848/49 in der Paulskirche entstand, war mit ihrem Grundrechtekatalog und ihrer Forderung nach einem Reichsgericht, das die Einhaltung der Grundrechte kontrollieren sollte, überaus fortschrittlich und diente später sowohl der Weimarer Reichsverfassung als auch dem bundesrepublikanischen Grundgesetz als Vorbild. Doch zeigte sich in den Beratungen, dass die »deutsche Frage« wieder einmal neu gestellt werden musste: Das Konzept der Volksnation und der von ihr zu schaffenden Staatsnation prallte nämlich unvereinbar auf das Vielvölkerkonzept und die Organisation der österreichisch-ungarischen Monarchie. Österreich war nicht bereit, nur mit seinem deutschen Teil dem neuen, als Bundesstaat organisierten Reich anzugehören. Mit knapper Mehrheit beschloss die Frankfurter Nationalversammlung eine »kleindeutsche« Lösung, die Österreich ausschloss und die erbliche Kaiserwürde dem preußischen König zugedachte.

Inzwischen waren jedoch die Fürsten und Monarchen wieder zu Kräften gekommen. Der preußische König lehnte die für seine Begriffe ordinäre Verfassung und die durch die Volkssouveränität legitimierte Krone ab. Die Gunst der Stunde für eine deutsche Staatsnation auf Grundlage von Volkssouveränität und liberaler Reichsverfassung war vorüber. Nun mahlten die Mühlen der Kleinstaaterei von neuem, zusätzlich erschwert durch den Interessengegensatz zwischen Preußen und Österreich, die im Deutschen Bund um die Vorherrschaft stritten. Auch für die Fürsten, die an ihrer Herrschaftslegitimation durch das Gottesgnadentum festhielten, wurde es immer offensichtlicher, dass eine staatliche Einigung wenn schon nicht aus demokratischen, so doch aus wirtschaftlichen, außen- und machtpolitischen Gründen nötig war. In der zweiten Hälfte des 19. Jahrhunderts setzten Kolonialismus und Industrialisierung eine neue Welle der Globalisierung des Warenverkehrs, der Wirtschaft und Arbeit in Gang, die die zunehmende Nationalisierung der europäischen Politik überhaupt erst begründete (siehe S. 244ff.). »Volk« und »Nation« erfuhren nun einen fundamentalen Bedeutungswandel: Sie wurden von ihrem revolutionären, freiheitlichen Anspruch gesäubert, ethnisiert und gegen andere Völker und Nationen in Stellung gebracht. Preußen konnte schließlich den innerdeutschen Machtkampf nach einem militärischen Sieg über Österreich für sich entscheiden und die Reichsgründung forcieren, unter Ausnutzung der nationalen Hochstimmung, die der Krieg gegen Frankreich 1870 erzeugte.

Als 1871 der erste deutsche Nationalstaat im Spiegelsaal von Versailles verkündet wurde, legitimierte sich die Herrschaft des Kaisers ein weiteres Mal durch das Gottesgnadentum. Auch wenn ein Reichstag gewählt wurde, der eine Reichsverfassung verabschiedete, so hatte diese mit der Verfassung der Paulskirchenversammlung nichts gemein; sie bestand letztlich aus den zusammengefassten Verträgen des Norddeutschen und des Deutschen Bundes.[5] Auch die Einwohner des neuen Nationalstaates blieben weiterhin Untertanen ihrer jeweiligen Landesregierungen, eine einheitliche deutsche Staatsangehörigkeit gab es erst 1913. Doch gelang es dem Bismarckschen Reich, das religiöse Moment, das den Begriffen »Volk« und »Nation« bei den Versuchen, die Volkssouveränität gegen die Fürsten durchzusetzen, zu eigen geworden war, bei der gewandelten Bedeutung dieser Begriffe für den neuen Staat zu reklamieren und als Zusatzlegitimation nutzbar zu machen. Der Staat rückte als Obrigkeitsstaat, als Garant für wirtschaftliche Entwicklung, politische Ruhe und die Lösung innenpolitischer Probleme durch außenpolitischen Machtzuwachs ins Zentrum quasi religiöser Verehrung und verband sich mit der Ideologie des aufstrebenden Bürgertums, dem Liberalismus. Dabei machten die Deutschen mit ihrer Staatsnation durchaus auch reale und nicht nur schlechte Erfahrungen – wie etwa in der Solidargemeinschaft, die durch die Sozialgesetzgebung geschaffen wurde. Die nicht mehr nur religiöse, sondern auch ideologische Überhöhung des Obrigkeitsstaates und der nun vorwiegend ethnisch-kulturell definierten Nation verbarg jedoch das unsichere Fundament des neuen Gemeinwesens: Sie täuschte über das schleichende Legitimationsdefizit der Reichsregierung hinweg, sie überdeckte die Konflikte des Reichs mit seinen Gliedstaaten, und sie ermöglichte, dass Minderheiten ungeachtet ihrer Zugehörigkeit zur Staatsnation aus der Nation fortgedacht werden konnten, weil sie nicht ins kulturelle Konzept passten, wie die Juden, weil sie politisch verdächtig waren, wie die Sozialisten, oder weil sie Loyalitäten jenseits des Staates hatten, wie die Katholiken.

Mit dem Ende des Ersten Weltkriegs kam es in den Verliererstaaten zu einem vollständigen Legitimationsverlust der Monarchien. In Deutschland wurde die Republik ausgerufen; es galten endlich Volkssouveränität und Selbstbestimmungsrecht. Doch der Preis dafür war so hoch, dass die Substanz der neuen Herrschaftslegitimation bald gänzlich abgetragen war: Die Weimarer Verfassung verdankte sich – wie ihre Vorgängerin – den instabilen Bedingungen einer vorübergehenden revolutionären Konstellation. Es gelang in dem von ihr gesetzten Rahmen nicht, die entfesselten, konkurrierenden Konzepte von Nation und Staat, die das Legitimationsvakuum zu füllen suchten, zu bändigen. Die Völkischen, die Republikaner, die Sozialdemokraten, die Kommunisten, die Ultramontanen, die Monarchisten, die Separatisten bayerischer und sonstiger Couleur trugen ihre Konflikte gewaltsam aus und halfen nach Kräften, den ersten demokratischen und rechtsstaatlichen deutschen Nationalstaat zu zerstören, der ihnen so unbefriedigend erschien, obwohl er doch innenpolitische Freiheit und außenpolitischen Frieden sicherte. Im Jahr 1919 bekamen die Deutschen, was sie sich 1848 ersehnt hatten, und doch waren ihr Irredentismus, ihr Gefühl des Unerlöstseins, ihre Sehnsucht größer denn je.

Unter den wenigen Gruppierungen, die die Weimarer Verfassung stützten, waren die Nationalliberalen am einflussreichsten. Ihnen lag am meisten daran, die »Zerrissenheit« der Deutschen und ihre konkurrierenden Nationenkonzepte zu überwinden. So geschah es paradoxerweise, dass gerade sie – anders als die Sozialdemokraten, die sich an ihre nationale Außenseiterrolle und den Vorwurf des Landesverrats schon gewöhnt hatten – dem Ermächtigungsgesetz der Nationalsozialisten zustimmten und mitschuldig daran wurden, dass die Weimarer Verfassung zu einem Spielball des nun nicht mehr kontrollierbaren NS-Regimes verkam. Doch Hitler war kein neuer Bismarck, kein einigender »Staatsmann«, unter dem sie ihre nationalliberale Rolle hätten weiterspielen können. Nur ein kleiner Teil der im Reichstag sitzenden Demokraten, Liberalen und Zentrumsangehörigen ging nach 1933 in die Emigration oder verweigerte sich dem Regime. Die meisten von ihnen kamen bis 1945 nicht aus der Loyalitätsfalle heraus, die ihnen der Nationalsozialismus mit einer Ideologie gestellt hatte, die das Konstrukt der Nation vermeintlich verabsolutierte, tatsächlich aber pervertierte und für nichts anderes einsetzte als für Diskriminierung, Unterdrückung und Mord.

Die Fiktion vom Fortbestand des Deutschen Reiches

Nach 1945 fanden sich die Deutschen wieder als eine Nation, die nicht nur der Staatsnation verlustig gegangen war, sondern auch die meisten anderen Gemeinschaftsvorstellungen – Familie, Betriebsgemeinschaft, Dorfgemeinschaft, Hausgemeinschaft etc. – zerstört oder korrumpiert hatte. Zusammengehalten wurden sie eigentlich nur noch durch die Erfahrungen des Hungerns und der Niederlage, durch die ungeheure narzisstische Kränkung, zu Mitverantwortlichen eines der größten Verbrechen der Menschheit geworden zu sein, und durch die kollektive Verdrängung dieser Schuld. Der desolate Zustand der deutschen Nation und des deutschen Staates, die Fassungs- und Verfassungslosigkeit der Deutschen stellte die »deutsche Frage« grundsätzlicher denn je, wie Dolf Sternberger formulierte: »Wir wissen nicht, wer wir sind. Das ist die deutsche Frage. (…) Es gibt nahezu nichts, kein Ziel, keine Form des gemeinsamen Lebens, die hier mit ganzem Herzen ergriffen werden könnte. Auf jeder möglichen Gestalt liegt ein Zweifel.«[6]

Was geschah nun aber mit dem widerwilligen Deutschen Karl Walter Küchenmeister in England? Hatten seine Bemühungen Erfolg, kein »enemy alien« mehr zu sein? Die Gerichte in England und Amerika lehnten die Klagen der Deutschen, die keine Deutschen mehr sein wollten, ab. Sie beriefen sich auf die Erklärungen der Alliierten, dass der deutsche Staat weder annektiert noch zerstückelt worden sei, sondern weiter bestehe, auch wenn seine Regierung vorläufig keine deutsche sei. Nach dem Willen der Besatzungsmächte sollte er schon deshalb nicht untergehen, weil sie ihn brauchten, um an ihn ihre Reparationsansprüche zu stellen. Es konnte nicht in ihrem Interesse sein, ein Heer von Staatenlosen und Abhängigen zu schaffen. Im Potsdamer Protokoll war festgehalten worden, dass die Alliierten nicht vorhätten, »das deutsche Volk zu vernichten oder zu versklaven. Es ist die Absicht der Alliierten, dem deutschen Volk Gelegenheit zu geben, sich darauf vorzubereiten, später sein Leben auf demokratischer und friedlicher Grundlage neu aufzubauen.«[7] Befanden sich die Deutschen hinsichtlich ihrer unmittelbaren Vergangenheit in einer Schuld- und Schamgemeinschaft, so wurden sie für die Zukunft darauf verpflichtet, sich als eine Verantwortungsgemeinschaft – auch in der Verantwortung für ihre Vergangenheit – neu zu definieren.

In der Bedeutung einer Verantwortungsgemeinschaft, die sich endlich auf Rechtsstaatlichkeit, Demokratie und Gewaltverzicht festzulegen bereit war, konnte der Nationsbegriff unmittelbar nach 1945 wieder positiv und identitätsstiftend auf Deutschland angewandt werden. Nicht nur die alten und neuen Nationalisten, die auf die Kränkung der Schuld mit Trotz reagierten, sondern auch Demokraten, Sozialisten und Kommunisten, Gegner und Opfer des Nationalsozialismus beriefen sich auf die deutsche Nation. Zu Hilfe kamen ihnen Ideen von einem »anderen Deutschland«, die wiederum ganz unterschiedliche Gemeinschaftsvorstellungen enthielten: das Deutschland der »anständig Gebliebenen« und des »deutschen Widerstandes«; das Deutschland der »Dichter und Denker« der weiter bestehenden Kulturnation; das Deutschland der unterdrückten »werktätigen Bevölkerung«, der Klassennation, die später bei den Nationenkonstrukten des »Arbeiter- und Bauernstaates« DDR im Mittelpunkt stand. Bei all diesen Vorstellungen konnten sich Selbsttäuschungsmanöver und Exkulpierungsversuche mit berechtigten Einsichten in das komplizierte Wechselspiel von Herrschern und Beherrschten, von Befehlenden und Gehorchenden vermischen.

Um die neue Verantwortungsgemeinschaft der Deutschen als eine der Demokratie verpflichtete »Staatsbürgernation« von der politisch neutralen »Staatsnation«, wie sie im deutschen Staatsrecht durch alle Systemwechsel hindurch seit 1871 aufrechterhalten worden war, positiv abzugrenzen und inhaltlich zu definieren, fehlte jedoch noch viel. Auch wenn es offensichtlich nur noch ein demokratisches und friedliebendes Deutschland geben durfte, lebten die meisten Menschen doch in der Vorstellung, dass das Deutschland der Vergangenheit auch das Deutschland der Gegenwart und Zukunft sein müsse und unabhängig von den Institutionen als Staatsnation fortexistiere. Die Staatsrechtler stützten diese Idee mit der Fiktion, dass der Staat nicht nur ein Rechtssubjekt sei, sondern quasi eine »Persönlichkeit« habe, die in einer höheren Sphäre eine Art Eigenleben führe, losgelöst von der realen Existenz der Institutionen und Rechtstitel, die ihn konstituieren. Die Frage nach dem aktuellen deutschen Nationalstaat wurde eng verknüpft mit der Frage nach dem Schicksal und der staatlichen Kontinuität des Deutschen Reiches von 1871. In den unmittelbaren Nachkriegsjahren standen sich zwei Theorien gegenüber: Die »Untergangslehre«, der zufolge die »Persönlichkeit« des Staates, mithin das Deutsche Reich, mit dem Kriegsende vernichtet worden sei, weil es keine deutsche Staatsgewalt mehr gebe; und die »Fortbestandslehre«, die darauf beharrte, dass die »Staatspersönlichkeit« weiterlebe, obwohl sie gerade nicht handlungsfähig sei.[8] Die große Mehrzahl der deutschen Staatsrechtler hing der letzteren Auffassung an. Sie beriefen sich dabei auch auf das englische Urteil im Fall Küchenmeister und die darin enthaltene Stellungnahme des britischen Außenministeriums, die die Fortdauer des Kriegszustands begründet hatte. Die Untergangslehre wurde nur von einer Minderheit zumeist emigrierter Staatsrechtler vertreten, unter ihnen Hans Kelsen, Hans Nawiasky und Wolfgang Abendroth, sowie von einigen Föderalisten, die die Staatsgewalt ausschließlich über die Länder legitimieren wollten.

Es lag nur teilweise an der Übermacht deutschnationaler Anhänglichkeiten und dem Staatsverständnis der deutschen Staatsrechtler, dass sich die Fortbestandslehre durchsetzen konnte und Teil der Staatsräson der Bundesrepublik Deutschland wurde. Ihre Hauptrechtfertigung bestand darin, dass sie sich als nützlich erwies, um mit den praktischen und politischen Herausforderungen des Kriegsendes und der Teilung fertig zu werden. Millionen von Menschen, die die Nazis zu deutschen Staatsangehörigen oder staatenlos gemacht hatten, irrten durch Europa. Es musste Verantwortung für den Krieg und die nationalsozialistischen Verbrechen übernommen und der Anspruch der unter sowjetischer Besatzung lebenden Menschen auf Freiheit und Selbstbestimmung begründet werden. Diese und andere Herausforderungen hätten wohl auch ohne die Fortbestandslehre gemeistert werden können, wenn das Konzept einer demokratischen Staatsbürgernation genügend ausgebildet und verankert gewesen wäre. Schließlich hätten die Deutschen auch aus freiem Entschluss die Rechtsnachfolge des Deutschen Reiches antreten und die Verantwortung für die Opfer des Krieges, der Vertreibung und der Teilung auf sich nehmen können – die Alliierten hätten dann, um in der Übergangszeit die Rechtsfragen zu regeln, als eine Art Konkursverwalter fungiert. In einem wesentlichen Punkt allerdings war die Fortbestandslehre unverzichtbar: Nur der Fortbestand des Staates konnte im Gegensatz zu einer Neugründung den Anspruch auf ein »Deutschland in den Grenzen von 1937«, auf Ostpreußen und die Gebiete östlich von Oder und Neiße begründen und die Forderung untermauern, dass erst in einem Friedensvertrag der Alliierten mit Deutschland über eine Abtretung dieser Gebiete entschieden werden könne.

Der Weg zur Teilung Deutschlands

Der Ost-West-Gegensatz, die wachsende Konfrontation zwischen der Sowjetunion und den westlichen Alliierten, hatte sich schon während des Krieges bleischwer über die »deutsche Frage« gelegt. Spätestens mit der Potsdamer Konferenz (17. Juli bis 2. August 1945) wurde offenkundig, dass sich ein gemeinsamer Friede, eine gemeinsame Besatzungsregierung, eine gesamtdeutsche staatliche Zukunft auf absehbare Zeit nicht verwirklichen lassen würden. Ostpreußen stand unter sowjetischer Verwaltung, und die Gebiete östlich von Oder und Neiße wurden von der UdSSR Polen zugeschlagen, ein Vorgehen, das die Westalliierten wegen der ungeheuren Opfer, die der Krieg den beiden Ländern abverlangt hatte, duldeten. Das verbleibende deutsche Restgebiet wurde in vier Besatzungszonen aufgeteilt. Die Demarkationslinie zwischen den drei westlichen und der sowjetischen Zone wurde nun zu der Grenze, an der sich die Geschicke der Deutschen schieden. Sie wurde auch zur Frontlinie der sich zunehmend unversöhnlich gegenüberstehenden Großmächte und ihrer politischen Systeme. So sehr Millionen von Deutschen unter Flucht und Vertreibung,

Hunger und Schrecken des Kriegsendes litten – die neue weltpolitische Konfrontation verschaffte ihnen doch auch eine Möglichkeit, dem Erleben von Scham, Schuld und narzisstischer Kränkung auszuweichen. Sie bot moralische Entlastung, nährte Illusionen über den Zustand der deutschen Nation und weckte Hoffnungen, bald wieder am Tisch der gegen einen neuen, anderen Feind geeinten zivilisierten Nationen Platz nehmen zu dürfen. Die »deutsche Frage« erfuhr eine Ausgestaltung, die von der nationalsozialistischen Vergangenheit und dem Zusammenbruch ablenkte und gleichzeitig an freiheitliche Traditionen der deutschen Nationswerdung im 19. Jahrhundert anknüpfen konnte: die Frage nach der »Einheit in Freiheit« – nach einer selbstbestimmten Vereinigung der Deutschen, diesmal gegen sowjetische Fremdherrschaft.

Tatsächlich hatte die Ost-West-Konfrontation tiefgreifende Auswirkungen auf den Neuaufbau staatlicher Strukturen. Einigermaßen einig zeigten sich die Siegermächte noch in ihrem Willen, die deutsche Bevölkerung zu »entnazifizieren« und die Nationalsozialisten aus dem öffentlichen Leben zu verbannen. Der Alliierte Kontrollrat – die von den vier Siegermächten bestellte Regierungsinstanz für alle vier Zonen – und die Zonenregierungen beseitigten erfolgreich den aktiven Nationalsozialismus, seine Gesetze, Organisationen und Strukturen. Doch das Vorhaben, nur denjenigen die vollwertige Staatsbürgerschaft zu gewähren, die sich nicht oder kaum auf den Nationalsozialismus eingelassen hatten, die Belasteten hingegen zu Staatsbürgern minderen Rechts zu machen, schlug fehl. In der Sowjetzone verband sich diese Absicht mit dem Ziel, die bürgerlichen Führungseliten zu entmachten sowie Wirtschaft und Gesellschaft grundlegend umzugestalten. Das rigorose Verfahren in der US-Zone, die gesamte Bevölkerung zu registrieren, in fünf Kategorien je nach Belastungsgrad einzuteilen und mit Sanktionen von Geldbußen und Berufsverboten bis hin zu Vermögenseinziehungen und Freiheitsentzug zu belegen, ging im März 1946 in die Hände von deutschen NS-Gegnern über, die darauf nicht vorbereitet waren und teilweise zwangsverpflichtet werden mussten. Mit der Zeit erwies es sich als schlicht unmöglich, ein ganzes Volk auf diese Weise zu »säubern«. Die leer stehenden Amtsstuben, die geschlossenen Schulen, die verwaisten Wirtschaftsbetriebe zeigten, dass es unbelastete Funktionsträger kaum gab. Allein schon um Hunger und Not in den Griff zu bekommen, musste eine gewisse Kontinuität der Eliten in Kauf genommen werden. Dies fiel den Alliierten umso leichter, je mehr der Ost-West-Konflikt in den Vordergrund rückte. Ab 1948 geriet die Entnazifizierung vollständig in Misskredit, und die massenhaft Entlassenen wurden bald ebenso zahlreich wieder eingestellt.

Der Wiederaufbau politischer und rechtlicher Strukturen auf lokaler und regionaler Ebene vollzog sich in den vier Zonen zunächst noch scheinbar harmonisch. In der sowjetischen Zone wurden sogar zuerst wieder politische Parteien zugelassen, nach der Devise der aus dem sowjetischen Exil zurückgekehrten Kommunisten um Walter Ulbricht: »Es muss demokratisch aussehen, aber wir müssen alles in der Hand haben.«[9] Überall in Deutschland wurden kommunale Selbstverwaltungen eingesetzt und 1946 Kommunalwahlen abgehalten. Von unten nach oben folgten dann der Aufbau der Bezirksverwaltungen, die Reorganisation der Länder, die Einsetzung von Ministerpräsidenten, die Installierung von Landesverwaltungen und die Durchführung von Parlamentswahlen auf Länderebene. Im Rahmen der Landtagswahlen wurde auch über die Landesverfassungen, die in den jeweiligen Ländern ausgearbeitet und von den Militärregierungen genehmigt worden waren, abgestimmt. Diese Landesverfassungen waren Organisationsstatuten vergleichbar und entbehrten der quasi-religiösen Weihe eines gemeinschaftsbegründenden Aktes – dies sollte der Vereinigung der deutschen Länder zu einem Gesamtstaat vorbehalten bleiben.

Inzwischen waren jedoch alle Bemühungen um einen deutschen Gesamtstaat gescheitert. Der »Eiserne Vorhang« hatte sich mitten in Europa gesenkt und die ostdeutsche von den drei westdeutschen Zonen geschieden. Im Juni 1947 trafen sich alle Ministerpräsidenten der deutschen Länder in München zum letzten Mal, um die drängendsten Probleme der hungernden Bevölkerung und der Flüchtlinge zu besprechen. Bereits am ersten Abend zogen die Vertreter der sowjetischen Besatzungszone unter Protest aus. Verwaltungsmäßig, vor allem aber wirtschaftlich, wuchsen die drei Westzonen immer mehr zusammen – ein Prozess, der 1948 in die Währungsreform mündete. Unter dem Eindruck der Berlin-Krise forcierten die Amerikaner und Engländer die Bildung eines »Weststaates« als Bollwerk gegen den Kommunismus. Auch die in politischer Verantwortung stehenden Deutschen in den Westzonen drängten zur Bildung eines Staates, um nicht länger den imperialen Gelüsten der Sowjetunion ausgesetzt, »hochgefährlich und ohne eigene Rechte dahinzuvegetieren«, wie es Reinhold Maier, der Ministerpräsident Württemberg-Badens, ausdrückte.[10] Auf der Sechs-Mächte-Konferenz im Juni 1948 in London beschlossen die Westalliierten und die drei Benelux-Staaten, »dem deutschen Volk Gelegenheit zu geben, die gemeinsame Grundlage für eine freie und demokratische Regierungsform zu schaffen, um dadurch die Wiedererrichtung der deutschen Einheit zu ermöglichen«.[11]

Ein »Staatsfragment« – legitimiert durch das gesamte deutsche Volk

Der Weg zur Staatsgründung wurde nun im Eiltempo beschritten: Am 1. Juli 1948 erging mit der Übergabe der »Frankfurter Dokumente« an die westlichen Ministerpräsidenten der alliierte Auftrag zur Verfassungsbildung. Die frostige, demütigende Atmosphäre zeigte, wie wenig die deutsche Schuld – trotz der durch den Ost-West-Konflikt begünstigten Annäherung – vergessen war. Auf deutscher Seite lösten die »Frankfurter Dokumente« Verwirrung und hektische Betriebsamkeit aus: Hieß eine westliche Staatsgründung nicht, den Anspruch auf die Einheit aufzugeben und die deutschen »Brüder und Schwestern« zu verraten, die ein Schicksal in Knechtschaft und Unfreiheit erwartete? Sollte es wirklich ein Staat sein, nicht lieber nur ein »Vereinigtes Wirtschafts- und Verwaltungsgebiet«? Ein unlösbarer Zwiespalt tat sich auf: Einerseits bestand nach Jahren der Besatzung und angesichts der bedrohlichen neuen weltpolitischen Konstellation der Wunsch, wieder in einem funktionsfähigen und möglichst souveränen Staat zu leben. Andererseits musste unbedingt der Eindruck vermieden werden, dass die Deutschen östlich der Elbe aus dem einen deutschen Staat ausgeschlossen würden. Die quasi-religiösen Weihen, die allein dem Nationalstaat zuzustehen schienen, durfte das zu gründende Gebilde keinesfalls erhalten. Das Wort »Staat« ging vielen schon zu weit – allenfalls ein »Staatsfragment«, ein »Teilstaat« oder »Übergangsstaat« durfte es sein, der bis zur Realisierung eines geeinten gesamtdeutschen Staates provisorisch existieren sollte. Ein Widerspruch in sich: eine Zwischenlösung, die sich selbst im Grunde nicht anerkannte und doch Ansprüche hegte, die über ihre Geltungskraft hinausgingen. Zusätzlich kompliziert wurde die Situation dadurch, dass sich die Verpflichtung auf Gesamtdeutschland mit der Frage überschnitt, wie föderalistisch das staatsähnliche Ding sein sollte: Wenn es sich als Bundesstaat lediglich aus dem Zusammenschluss der westdeutschen Länder legitimierte, wie es vor allem die Bayern forderten, dann könnte es scheinen, als blieben alle übrigen Deutschen außen vor. Das ganze »deutsche Volk« musste also die Legitimationsquelle sein, ein Konstrukt, das in der Fortbestandslehre seine Rechtfertigung fand.

Vom 8. bis 10. Juli 1948 trafen sich die Ministerpräsidenten der elf westdeutschen Länder und die Berliner Bürgermeisterin mit einigen Ministern, Beratern und Vertretern der politischen Parteien in einem Hotel auf dem Koblenzer Rittersturz – der ersten einer ganzen Reihe von skurrilen Lokalitäten, in denen das Grundgesetz erarbeitet wurde. Einig war man sich darin, dass die in den »Frankfurter Dokumenten« enthaltenen Grundsätze für ein Besatzungsstatut inakzeptabel seien und es keinen »Vollstaat« geben dürfe. Hier fiel zum ersten Mal der Begriff »Grundgesetz« anstelle von »Verfassung«: »Wie vom Himmel gefallen stand das Wort vor uns und bemächtigte sich unserer Köpfe und Sinne, gewiss nicht der Herzen. Machen wir doch ein ›Grundgesetz‹, das keinen Vollstaat voraussetzt! Das neue jungfräuliche Wort vermochte so schön trügerisch von der Realität jener Tage wegzuführen.«[12] Die verfassunggebende Versammlung durfte keine »Nationalversammlung« sein, sondern erhielt die Bezeichnung

»Parlamentarischer Rat«. Die auf dem Rittersturz gefassten Beschlüsse missfielen den Alliierten aufs Äußerste, im Juli mussten die Ministerpräsidenten nachsitzen. Sie taten dies im Jagdschloss Niederwald bei Rüdesheim, ganz in der Nähe des nach der Reichsgründung 1871 errichteten Nationaldenkmals der Germania. Unter dem Eindruck der sich zuspitzenden Berlin-Krise waren sie nun doch bereit, sich auf die Bildung eines Staates einzulassen und das Besatzungsstatut anzuerkennen. Den profanen, provisorischen Charakter eines »Grundgesetzes« konnten sie aber gegenüber den Alliierten durchsetzen.

Obwohl praktisch alle Parteien Verfassungspläne in den Taschen hatten und zahlreiche Vorschläge und Entwürfe kursierten, wurden die Vorarbeiten für das Grundgesetz einem Sachverständigengremium anvertraut, das fernab vom Alltag der Bevölkerung und »unbeeinflusst vom amtlichen Getriebe«[13] vom 10. bis 23. August auf Einladung Bayerns im idyllischen Alten Schloss auf der Herreninsel im Chiemsee tagte. Jedes Land schickte einen hohen Beamten, die prominentesten waren der Leiter und Organisator des Konvents, der Leiter der bayerischen Staatskanzlei Anton Pfeiffer (CSU), Carlo Schmid, SPD-Justizminister in Württemberg-Hohenzollern, und Hermann Brill, ebenfalls von der SPD und Chef der hessischen Staatskanzlei. Hinzu kamen mit beratender Stimme ein Vertreter Berlins sowie eine Reihe weiterer Sachverständige. Hier waren fast nur Juristen unter sich. Ihre Biographien unterschieden sich teilweise extrem. Die Mehrzahl hatte dem NS-Regime in mehr oder weniger exponierten Positionen als Beamte gedient. Einige hatten sich als Rechtsanwälte oder Journalisten eine gewisse Unabhängigkeit bewahren können. Wenige waren emigriert, wie der Staatsrechtsprofessor Hans Nawiasky und der Wirtschaftswissenschaftler Fritz Baade. Aktiv Widerstand geleistet hatte Hermann Brill; er hatte deshalb die Kriegsjahre im Zuchthaus und im Konzentrationslager Buchenwald verbracht. Der badische Sachverständige Theodor Maunz war hingegen zutiefst kompromittiert: Er hatte als Professor im »Dritten Reich« Karriere gemacht, am nationalsozialistischen Staatsrecht mitgeschrieben und ideologisch den Staat der nationalsozialistischen Bewegung ausgeliefert. Maunz wurde nach Gründung der Bundesrepublik Mitverfasser eines der wichtigsten Kommentare zum Grundgesetz, der in seinen Fortschreibungen bis heute von Richtern, Wissenschaftlern und Jurastudenten gelesen wird (siehe S. 195).

Trotz dieser Brüche und Gegensätze kam es auf Herrenchiemsee nicht zum Streit über die Vergangenheit. Die Kriegsniederlage und die Besatzung sorgten in den wichtigsten Punkten für Einigkeit: Der Staat der Deutschen musste ein von den Ländern her aufgebauter demokratischer Rechtsstaat werden, in dem die Bürger sich über ihre demokratischen Rechte und Pflichten definieren. Diesen Staat zu schützen, ihn wehrhaft zu machen gegen die Feinde der Demokratie, war die Hauptlehre aus der Zerstörung der Weimarer Republik. Auch bei der Formulierung der Grundrechte gab es kaum Dissens. Die Meinungsverschiedenheiten brachen vor allem anlässlich der Fragen auf, ob das »deutsche Volk« oder die Länder die Quelle der konstitutiven Gewalt seien und ob es sich um eine »Reorganisation« oder um eine »Neugründung« handele. Diese Fragen waren besonders für die Formulierung der Präambel wichtig, die in nuce den Daseinszweck des zu gründenden Gebildes und einen Hinweis auf die Staatsnation enthalten sollte. Wäre es nach den bayerischen Föderalisten gegangen, die dem Staat des Bismarckreiches seit jeher keine Liebe entgegengebracht hatten und für seinen Untergang plädierten, hätte die Präambel folgenden Wortlaut gehabt: »Die Länder Baden, Bayern, Bremen, Hamburg, Hessen, Niedersachsen, Nordrhein-Westfalen, Rheinland-Pfalz, Schleswig-Holstein, Württemberg-Baden und Württemberg-Hohenzollern bilden zur Wahrung der gemeinsamen Angelegenheiten des Deutschen Volkes eine bundesstaatliche Gemeinschaft, der beizutreten allen übrigen deutschen Ländern offensteht. Diese Gemeinschaft hat die Aufgabe, bis zur Wiederherstellung der Deutschen Einheit die Bundesgewalt auszuüben und die Freiheitsrechte der Bevölkerung zu schützen. Die Gemeinschaft führt den Namen ›Bund deutscher Länder‹. Für den Bund gilt diese vorläufige Verfassung.«[14] Die mehr gesamtdeutsch orientierten Anhänger der Fortbestandslehre konnten sich hingegen mit einer Fassung durchsetzen, die sich auf das »deutsche Volk in den Ländern Baden, Bayern« etc. und auf dessen »unverzichtbares Recht auf Gestaltung seines nationalen Lebens« berief und den Willen bekundete, »alle Teile Deutschlands in einer Bundesrepublik wiederzuvereinigen«.[15] Erst als immer deutlicher wurde, dass es für die föderalistische Organisation des zu gründenden Gebildes gleichgültig war, ob der Bismarckstaat untergegangen war oder nicht, gaben die Föderalisten ihren Widerstand gegen die Fortbestandslehre auf. Vom »deutschen Volk« in den Ländern ging nun weitgehend unbestritten die konstitutive Gewalt aus – und dieses »deutsche Volk«, die Staatsnation, schillerte in allen Farben. Wer war denn nun Träger der Volkssouveränität: Die Bevölkerung der westdeutschen Länder, die für alle Deutschen handelte? Oder die Bevölkerung des deutschen Reiches in den Grenzen von 1937, die von den westdeutschen Ländern repräsentiert und vertreten wurde? Oder gar alle, die irgendwann einmal deutsch gewesen waren oder deutsch sein wollten?

Zwischen Pathos und Ernüchterung

Zeitgleich zu den Tagungen des Konvents auf Herrenchiemsee liefen die Vorbereitungen für die verfassunggebende Versammlung auf Hochtouren. Ihren Beratungen wurde der Abschlussbericht von Herrenchiemsee als informelle »Denkschrift« zugrunde gelegt. Die 65 Abgeordneten des Parlamentarischen Rates waren von den Landtagen gemäß der Ergebnisse der Landtagswahlen bestimmt worden: 27 vertraten die SPD, 19 die CDU, 8 die CSU, 5 die FDP und jeweils 2 die DP, die KPD und das Zentrum. Schon in Herrenchiemsee dabei gewesen war neben Anton Pfeiffer und vier weiteren Abgeordneten Carlo Schmid, der wie kein anderer den provisorischen Charakter des Grundgesetzes prägte und es auf das ganze deutsche Volk verpflichtete. Die süddeutschen Föderalisten waren nun weniger dominant, und der Anteil an Beamten und Juristen war etwas geringer, auch wenn diese den Nicht-Beamten und Nicht-Juristen »zweifellos überlegen«[16] blieben und staatsrechtliche Argumentationen gegenüber den politischen immer noch überwogen. Einem Fragebogen zufolge hatten 50 der 65 Mitglieder im Nationalsozialismus zumindest »berufliche Nachteile« erfahren, viele waren bereits in der Weimarer Republik Parlamentarier gewesen. Einige hatten aber auch im Nationalsozialismus Karriere gemacht, wie der Staatsrechtsprofessor Hermann von Mangoldt. Da er aber, anders als Theodor Maunz, auf einer rechtsdogmatischen Trennung von Staat und Gesellschaft beharrt hatte, konnte er von sich behaupten, dem Nationalsozialismus gegenüber resistent geblieben zu sein – obwohl er bis 1945 nach dem Grundsatz, dass Gleiches gleich, Ungleiches ungleich zu behandeln sei, die »hohe(n) ethische(n) Ziele« der Nürnberger Rassegesetze und die »durch diese Gesetze gesicherte Reinhaltung des Blutes« als eine angemessene Antwort auf »die großen Gefahren, die aus einer Vermischung des eigenen mit stark artfremdem Blute droht«, gepriesen hatte.[17]

Als Tagungsort für den Parlamentarischen Rat wurde Bonn festgelegt, weil dort unzerstörte Räumlichkeiten vorhanden waren und die britische Zone als Gastgeber an der Reihe war. Die Eröffnungsveranstaltung fand am 1. September 1948 im naturkundlichen Museum Alexander Koenig statt, dessen Ausstellungsstücke rasch beiseite geräumt worden waren. Carlo Schmid beschrieb die eigentümliche Atmosphäre in seinen Erinnerungen: »Wohl kaum hat je ein Staatsakt, der eine neue Phase der Geschichte eines großen Volkes einleiten sollte, in so skurriler Umgebung stattgefunden. In der Halle dieses in mächtigen Quadern hochgeführten Gebäudes standen wir unter den Länderfahnen – rings umgeben von ausgestopftem Getier aus aller Welt. Unter den Bären, Schimpansen, Gorillas und anderen Exemplaren exotischer Tierwelt kamen wir uns ein wenig verloren vor. Die bizarre Umgebung ließ trotz der Beethoven'schen Musik, mit der die Feier eröffnet und beschlossen wurde, keine rechte Feierlichkeit aufkommen; gleichgültig jedoch war keinem von uns zumute.«[18] Ein wenig Pathos wurde dann aber doch verbreitet: In seiner Ansprache dankte der hessische Ministerpräsident Christian Stock den Politikern, die seit 1945 die Voraussetzungen dafür geschaffen hätten, »dass wir heute wieder Glieder eines Ganzen werden können (...). Und wenn alle hätten nach ihrem Willen handeln dürfen, dann wäre das Deutsche Volk längst wieder einig in seinen Stämmen und von dem Wollen beseelt, sein Vaterland in Freiheit und Gerechtigkeit zu erneuern. (…) Es ist nicht unsere Schuld, wenn es noch nicht sein kann. Aber wir sind überzeugt, dass einmal die Stunde kommt, in der es einer politischen Doktrin nicht mehr möglich ist, Deutsche von uns fernzuhalten, die mit heißen Herzen zu uns wollen, deren Gedanken und Wünsche heute bei uns sind (…).«[19] Nach der Eröffnung zogen sich die Abgeordneten in die Pädagogische Akademie zurück und machten sich an die Sach-, Formulierungs- und Detailarbeit, die in den folgenden Monaten in den Ausschüssen geleistet und im Plenum vorgestellt und diskutiert wurde.

Das Schwanken zwischen Pathos und Ernüchterung war für die Arbeit im Parlamentarischen Rat insgesamt kennzeichnend: Einerseits hatten, bis auf die beiden Kommunisten, doch alle das erhebende Gefühl, nationalstaatliche Handlungsfreiheit zurückgewonnen zu haben und der Erschaffung eines Gemeinwesens beizuwohnen, das in der Zukunft Bestand haben sollte. Andererseits verbot sich emotionaler Überschwang nicht nur wegen der »bizarren Umgebung« in Gegenwart von Bären und Schimpansen, sondern vor allem mit Rücksicht auf das Kriegsende, das Elend, die Besatzung, die Teilung Deutschlands und das neue Unrecht unter sowjetischer Herrschaft. Von einem Akt nationalstaatlicher Souveränität konnte nicht die Rede sein. Die Alliierten hatten die Verfassunggebung angestoßen; die Alliierten nahmen sich heraus, mit ihren Verbindungsoffizieren bei den Beratungen immer anwesend zu sein, und saßen in jedem Konflikt – zum Beispiel bei der Ausgestaltung des Föderalismus – am längeren Hebel; und die Alliierten konnten das Produkt der Bemühungen der Abgeordneten immer ablehnen.

Insbesondere bei den Überlegungen, wie das zu gründende Staatsprovisorium heißen sollte, trat der Zwiespalt der Parlamentarier zutage. Der CDU-Abgeordnete Adolf Süsterhenn führte im Plenum aus: »Wir müssen uns (…) darüber klar werden, ob wir diesen Namen nun nach den Gesetzen der inneren politischen Logik, der rationalen Überlegung oder nach den Gesetzen des nationalen Gefühls wählen wollen.«[20] Nur wenige Abgeordnete plädierten für das »Deutsche Reich«, vor allem die der Deutschen Partei, aber auch Jakob Kaiser (CDU), der im Ausschuss für Grundsatzfragen zu bedenken gab, dass der Reichsgedanke »unser Volk bewegt in dieser trostlosen Zeit, in der wir sind«: »Es ist ja merkwürdig, wie stark selbst den nüchternen Menschen, die hier im Parlamentarischen Rat sitzen, der Begriff Reich in Fleisch und Blut übergegangen ist, selbst unseren bayerischen Freunden. Immer wieder springt ihnen das Wort Reich in den Mund. Es ist eben ein schönes Wort.«[21] Die Mehrheit auch der CDU stimmte jedoch trotz der sich noch als sehr zählebig erweisenden Vorstellungen von einer deutschen Reichsnation gegen den Reichsbegriff, der seit 1870 national verengt worden sei und im Ausland einen aggressiven Klang habe.

Der Vorsitzende der SPD-Fraktion, Carlo Schmid, erinnerte immer wieder daran, dass nun die bis dahin ungeliebte »Republik« die Chance bekomme, mit Pathos aufgeladen zu werden: »Wir sollten einmal in Deutschland versuchen, auch einem nüchternen Namen, wie der Name Republik es ist, durch unser gegenwärtiges Tun eine Weihe zu geben, die imstande ist, die Deutschen in seinem Zeichen zu großen Taten des Friedens zu beflügeln.«[22] Das Bekenntnis zu einer deutschen Republik verband er mit einem leidenschaftlichen Bekenntnis zu Europa: »Aber nur der ist ein wahrer Patriot, der durch die Freiheit seines engeren Vaterlandes hindurch das große Vaterland will, das das Vaterland von unser aller Vaterländern ist, der Vaterländer der Sieger und der Besiegten dieses Krieges, und das da heißt: Europa!«[23] Carlo Schmid hätte »Deutsche Republik« bevorzugt; doch die Mehrheit zeigte Anhänglichkeit an den Begriff »Deutschland«, so auch Theodor Heuss: »Mit dem Worte ›Deutschland‹ geben wir dem Ganzen ein gewisses Pathos, was ›deutsche Länder‹, ›Union‹ und was auch ›Deutsche Republik‹ nicht hat. Das Wort ›Deutschland‹, in sich ruhend, bekommt dann etwas Pathos sentimentaler und nicht machtpolitischer Art.«[24] Die bayerischen Föderalisten hätten am liebsten den »Bundesstaat« durchgesetzt, und der Kompromiss, auf den man sich schließlich einigte, lautete: »Bundesrepublik Deutschland«.

Das Bewusstsein, dass man im Parlamentarischen Rat ein gesamtdeutsches Mandat habe und nicht nur für die westdeutschen Länder handele, half den Abgeordneten, dem Staat nicht nur, wie anfänglich geplant, ein provisorisches »Notdach«[25] zu zimmern, sondern ein möglichst stabiles Haus zu errichten und dieses doch mit den höheren Weihen der Volkssouveränität auszustatten. Das Grundgesetz wurde somit, trotz seines Namens, weitaus mehr als nur ein profanes gesetzliches Regelwerk und Organisationsstatut. Es sollte eine »dirigierende Kraft« entwickeln, mit »dem Gedanken der *Freiheit* und der *Menschenwürde*«, so Adolf Süsterhenn, eine »ganz bestimmte geistige Ausrichtung« erhalten und »unser Volk zu großen geistigen Entscheidungen aufrufen«.[26] Die Präambel war der Ort, die »geistige Ausrichtung« und die »eigentliche politische und juristische Qualifikation«[27] des Grundgesetzes darzulegen. Sie musste die komplizierten Voraussetzungen und gesamtdeutschen Verpflichtungen des Verfassungswerks nennen, und zwar möglichst in einem Stil, der allgemein verständlich und zugleich angemessen feierlich war.

An Inhalt und Form der Präambel wurde vor allem im Ausschuss für Grundsatzfragen gearbeitet. In dieser »Camera caritatis (…), wo wir um Komma, Imperfektum und ich weiß nicht was noch bei der Formulierung dieser Präambel gestritten haben«,[28] saßen Männer, die über die Parteigrenzen hinweg ihre humanistische Bildung gemeinsam hatten, philologische Tüftelei liebten und sich bei stilistischen Auseinandersetzungen gerne auf Tacitus oder Cicero beriefen. Den Vorsitz hatte der schon erwähnte Staatsrechtler Hermann von Mangoldt (CDU), sein Stellvertreter war der Historiker Ludwig Bergsträsser (SPD), und als Schriftführer fungierte Theodor Heuss, Vorsitzender der FDP-Fraktion, der in der Weimarer Republik nicht nur Dozent für politische Wissenschaft und liberaler Reichstagsabgeordneter gewesen war, sondern sich auch als Feuilletonist, Zeitschriftenherausgeber und Geschäftsführer des Werkbundes einen Namen in künstlerischen und intellektuellen Kreisen gemacht hatte. Weiterhin taten sich vor allem Carlo Schmid und der ehemalige Gymnasiallehrer Anton Pfeiffer hervor, »der beste Grammatiker des Ausschusses«.[29] Zeitweise sollten bis zu neun Punkte in die Präambel aufgenommen werden, von denen jeder einen Rattenschwanz staatsrechtlicher, philosophischer, historischer und politischer Überlegungen hinter sich herzog. Fast immer wurden die Fortbestandslehre und das Verhältnis von Staat und Nation berührt – nicht nur bei den Fragen der gesamtdeutschen Legitimation und der provisorischen Geltung des Grundgesetzes und des Anspruches auf ganz Deutschland, sondern auch beispielsweise bei der Frage, ob und wie die nationalsozialistische Vorgeschichte erwähnt werden sollte: Einigen Abgeordneten schien das nötig, um zu erklären, dass Struktur und Gefüge des Staates nicht erst 1945, sondern schon 1933 zerstört worden seien, obwohl die Substanz des Staates das »Dritte Reich« und die Besatzungsherrschaft überlebt habe. Carlo Schmid wollte auch das »Werturteil« aufgenommen haben, dass die Deutschen sich die Herrschaft der Alliierten selbst zuzuschreiben hätten, und Heuss ging noch weiter: »Was wir zur Zeit haben, ist nicht Fremdherrschaft in dem Sinne, sondern einfach die Folge einer Sauerei, die von uns angefangen worden ist.«[30] Der von Schmid favorisierte Formulierungsvorschlag »Die nationalsozialistische Zwingherrschaft hat das deutsche Volk seiner Freiheit beraubt« stand allerdings wieder ganz im Einklang mit der herrschenden Auffassung, die Deutschen seien die ersten Opfer Hitlers gewesen. Bergsträsser wandte deshalb ein, dass »Zwingherrschaft (…) etwas von außen Kommendes« bedeute. »Der Nationalsozialismus ist nicht von außen gekommen, sondern von innen.« Darauf entspann sich ein philologischer Streit über die Verwendung des Begriffs der Zwingherrschaft im «Wilhelm Tell« und über das gebräuchlichere Wort »Zwangsherrschaft«, das Heuss und Schmid wiederum störend an »Zwangswirtschaft« erinnerte.[31] Schließlich nahm der Parlamentarische Rat ganz davon Abstand, den Nationalsozialismus in der Präambel zu erwähnen: »dass der Hitler hereingekommen ist wie Pilatus ins Credo, das schien nicht ganz dem Ausgang unserer Arbeit angemessen«.[32] Die Täter-Ambivalenzen der Deutschen, die unvermeidlich auch in den Parlamentarischen Rat hineinreichenden Kontinuitäten, ließen eine Bezugnahme des Verfassungswerkes auf die nationalsozialistische Vorgeschichte nicht zu.

42

Ähnlich ging es vielen anderen Punkten, die der Ausschuss für Grundsatzfragen bis zuletzt diskutierte: Sie wurden nicht in die Endfassung aufgenommen, weil sie die Zerrissenheit und Ambivalenz der Deutschen beim Zustandekommen des Grundgesetzes offenbart hätten. Theodor Heuss wies immer wieder darauf hin, dass durch zu viele Festlegungen »bei der Labilität der Deutschen« die Gefahr von Missverständnissen und Fehlinterpretationen bestehe: »wir müssen achtgeben, dass wir nicht in Journalismus machen, also die Präambel als einen abgekürzten politischen Leitartikel zur Tageslage machen. Das darf nicht sein. Die Sache muss auch eine gewisse Magie, wenn Sie so wollen, gegenüber dem Gutgläubigen in sich haben.«[33] Während die übrige Verfassung mit ihren rechtlichen Festlegungen klar und eindeutig formuliert sein müsse, brauche die Präambel »etwas Numinoses«, »das Geheimnisvolle, das Zeichenhafte«, die »Würde des Bleibenden (…). Man könnte auch von einer profanen Liturgie sprechen, die in einem solchen Staatsgrundgesetz ihren Platz finden will.«[34] Gerade Heuss, sonst jeder »Romantik« abhold, sprach sich hier für etwas aus, das man »romantisch oder anders nennen« könne, das man aber brauche, um zum einen diejenigen zu binden, »die guten Willens sind«, und sich zum anderen von den »Hämischen oder (der) Angst vor den Hämischen« – damit waren die Feinde der Demokratie gemeint – zu befreien. Das »Sakrale«, das eigentlich dem geeinten Nationalstaat hätte vorbehalten sein sollen, erwies sich auch für die Gründung des Provisoriums Bundesrepublik als unverzichtbar, um sie aus den aktuellen Streitigkeiten herauszuheben und um das Grundgesetz vor den Anwürfen seiner Gegner zu schützen. Es unterblieben also Hinweise auf Krieg und Gewalt, auf die zerstörte Weimarer Republik, auf die »Besetzung Deutschlands durch fremde Mächte« und das den Deutschen dennoch zustehende »unverzichtbare Recht auf freie Gestaltung des nationalen Lebens«. Es unterblieb auch eine explizite Aussage, dass der Staat erhalten geblieben sei, obwohl die Fortbestandslehre die gesamte Präambel grundierte.[35] Eingang fanden hingegen die Verpflichtung auf Einheit und Freiheit Deutschlands und die Stellvertreter- oder Treuhänderfunktion des »deutschen Volkes« in den westdeutschen Ländern für diejenigen Deutschen, »denen mitzu-wirken versagt war«. Auch wurde auf Wunsch der CDU eine »in-vocatio«, ein Bezug auf Gott, aufgenommen (»Im Bewusstsein sei-ner Verantwortung vor Gott und den Menschen«) und, ebenfalls unstrittig, die Verpflichtung, »als gleichwertiges Glied in einem vereinten Europa dem Frieden der Welt zu dienen«.

Die Staatsbürgernation

Im rechtlichen Gefüge des Grundgesetzes fand die Verpflichtung auf die deutsche Einheit mehrfach eine konkrete inhaltliche Aus-prägung. Der letzte Artikel 146 GG legte die provisorische Geltung des Grundgesetzes fest, bis zu »dem Tage, an dem eine Verfassung in Kraft tritt, die von dem Deutschen Volke in freier Entschei-dung beschlossen worden ist«. Er entsprach der Forderung Carlo Schmids, »dass die endgültige deutsche Verfassung nicht im Wege der Abänderung des Grundgesetzes, sondern originär entste-hen«[36] müsse und hierfür eine gesamtdeutsche Nationalversamm-lung unabdingbar sei. Dies konnte gegen den Widerstand der FDP durchgesetzt werden, die das Erfordernis von Stabilität und Dau-erhaftigkeit des staatlichen Gefüges betonte und die höheren Wei-hen bereits dem Grundgesetz zugestehen wollte. Ganz praktisch musste aber auch geregelt werden, welche räumliche Geltung das Grundgesetz haben sollte und wie einzelne Teile Deutschlands sei-nem Geltungsbereich beitreten konnten, bis eine gesamtdeutsche Nationalversammlung die neue Verfassung beschlossen haben würde. Dies geschah mit dem Artikel 23 GG, der 1957 den Beitritt des Saarlandes ermöglichte.

Die Definition des Personenkreises, der das »Deutsche Volk« bildete, wurde im Artikel 116 GG so weit wie möglich gefasst. Die deutsche Staatsangehörigkeit besaßen demnach nicht nur die im Geltungsbereich des Grundgesetzes lebenden Deutschen, sondern auch jene in der sowjetischen Besatzungszone bzw. der DDR. Wei-terhin war »Deutscher im Sinne dieses Grundgesetzes«, wer »als Flüchtling oder Vertriebener deutscher Volkszugehörigkeit oder als dessen Ehegatte oder Abkömmling in dem Gebiete des Deutschen Reiches nach dem Stande vom 31. Dezember 1937 Aufnahme gefunden hat«. Mit dieser Regelung übernahm die Bundesrepublik Deutschland die Verantwortung für die Millionen Menschen, die in den »Ostgebieten« zwangseingedeutscht worden waren und nun für die Verbrechen Deutschlands zu büßen hatten. Die zwölf Millionen Vertriebenen und die bis zum Mauerbau annähernd vier Millionen Flüchtlinge aus der sowjetischen Zone bzw. der DDR erhielten durch das Grundgesetz und das Staatsangehörigkeitsrecht die Möglichkeit, in der Bundesrepublik ihre Grundrechte zu verwirklichen und das Leben zu führen, das ihnen in der DDR, in Polen oder der Sowjetunion verwehrt war.

Auch diejenigen, die vom Nationalsozialismus zwangsausgebürgert worden waren, sowie alle ihre Nachkommen wurden wieder in den Staatsangehörigenverband aufgenommen, so sie es überhaupt wünschten. Ein Entzug der Staatsangehörigkeit sollte nach Artikel 16 GG überhaupt nicht mehr möglich sein. Ihr Verlust durfte »nur dann eintreten, wenn der Betroffene dadurch nicht staatenlos wird«. Bis dahin waren aufgrund des Reichs- und Staatsangehörigkeitsgesetzes von 1913 jährlich Tausende von Frauen staatenlos geworden, die einen Ausländer heirateten, der staatenlos war oder dessen Staatsangehörigkeit sie nicht annehmen konnten. Diesen Missstand wollte der Parlamentarische Rat beseitigen. Den staatenlosen Ehemännern und etwaigen Kindern war die deutsche Staatsangehörigkeit allerdings weiterhin verwehrt. Nach dem Krieg befanden sich Hunderttausende Überlebende des Holocaust, ehemalige Zwangsarbeiter und freigelassene Kriegsgefangene, überwiegend aus Osteuropa, als staatenlose »displaced persons« in Durchgangslagern. Viele von ihnen blieben in Deutschland, und wenn sie eine deutsche Frau heirateten, blieb diese zwar Deutsche, die Kinder aber waren staatenlos wie der Vater. Hier wirkten die Folgen des Holocaust und die Diskriminierung der Frauen im Ehe- und Familienrecht auf skandalöse Weise zusammen. Erst durch die Reformen der Regierung Willy Brandts wurden diese Menschen in den deutschen Staatsangehörigkeitsverband eingeschlossen.

Es gab im Parlamentarischen Rat auch andere Beispiele dafür, dass die neu zu fassende deutsche Staatsnation immer noch von konkurrierenden Nationsvorstellungen belastet war. Es waren eben nicht in allen Augen alle »Deutschen« gleich »deutsch«. Trotz des Gleichheitsgrundsatzes in Artikel 3 GG taten sich die meisten Zeitgenossen schwer damit, dass nun wirklich jeder Staatsangehörige gleichermaßen Träger der Grundrechte sein sollte. So wurde diskutiert, ob das Grundrecht auf Freizügigkeit nur für die westdeutschen »Bundesangehörigen« Geltung haben würde, nicht aber für die »16 Millionen aus der Ostzone«.[37] Vor allem für die deutschen Sinti und Roma wurden Einschränkungen der Freizügigkeit erwogen. Die Überlegungen, die der Grundsatz-Ausschuss zur »Zigeunerplage« anstellte, waren eindeutig rassistisch. Nachdem die Abgeordneten sich besonnen hatten, dass »wir nichts machen (können), auch weil wir im Gleichheitsgrundsatz ausdrücklich gesagt haben: Wegen seiner Rasse darf niemand benachteiligt werden«,[38] versuchten sie das Problem mit dem ethnisch neutralen Begriff »asoziale Elemente« zu lösen. Nur der SPD-Abgeordnete Karl Kuhn wollte für die Freizügigkeit der »Zigeuner« eine Lanze brechen: Man solle sich ihnen nicht »so feindlich gegenüberstellen«, auch dürfe man »keineswegs Menschen dieser Art von ihrer Lebensweise abbringen (…). Denn bekanntlich werden Zigeuner, wenn sie nicht wandern, tuberkulös.« – Worauf Kuhns Parteifreundin Friederike Nadig trotzig erwiderte: »Aber wir brauchen sie bei uns nicht zu dulden.«[39] In die Endfassung des Artikels 11 GG fanden diese Diskriminierungen keinen Eingang: Weder wurden die »Bundesdeutschen« gegenüber anderen Deutschen bevorzugt, noch wurden »asoziale Elemente« oder gar »Zigeuner« benachteiligt. Stattdessen zählte Artikel 11 Absatz 2 die Situationen auf, in denen das Grundrecht auf Freizügigkeit durch Gesetze eingeschränkt werden kann: beispielsweise »zum Schutze der Jugend vor Verwahrlosung oder um strafbaren Handlungen vorzubeugen« oder wenn »eine ausreichende Lebensgrundlage nicht vorhanden ist und der Allgemeinheit daraus besondere Lasten entstehen würden«. Die Einschränkungen galten also nicht mehr für einzelne Personengruppen, sondern für alle Deutschen unter bestimmten Umständen, so fragwürdig diese aus heutiger Sicht im Einzelfall auch scheinen mögen.

Obwohl die Abgeordneten im Parlamentarischen Rat älteren, vor 1933 zurückreichenden und widersprüchlichen Konzepten davon anhingen, was die deutsche Staatsnation sei und wie der deutsche Nationalstaat auszusehen habe, beugten sie sich am Ende der neuen Verpflichtung auf die Staatsbürgernation. Niemand kam mehr daran vorbei, dass eine demokratische und rechtsstaatliche Verfasstheit Deutschlands bedeutete, die Staatsnation an die mit der Staatsangehörigkeit einhergehenden Grundrechte zu knüpfen. Diese Lektion musste gelernt werden, und die Debatten und Beschlüsse des Parlamentarischen Rates waren zwar kein abschließender, aber doch ein entscheidender Schritt in diese Richtung. Die Bereitschaft, trotz Unbehagens eine »weite Formulierung«[40] für den Artikel 11 oder den Artikel 13 zu akzeptieren und großzügig mit den Grundrechten zu verfahren, »(w)eil bei uns nicht eine Tradition der Grundrechte besteht wie etwa in England, wo die Habeas-Corpus-Akte doch in das Bewusstsein jedes Engländers übergegangen ist«, hing eng mit dem erzieherischen Auftrag zusammen, den zuvor Theodor Heuss formuliert hatte: »Die große Aufgabe unserer Generation ist es, den Deutschen den billigen Nationalismus abzugewöhnen!«[41]

Es war deshalb nur auf den ersten Blick ein Déjà-vu, als 1949 die »deutsche Frage« in ihrer neuesten Ausprägung mit der Forderung nach Einheit und Befreiung der »unerlösten Brüder«[42] im Osten, quälender und drängender im Vordergrund stand denn je. Die Paradoxien und Widersprüche eines Staates, der gerade begründet wurde, obwohl er doch angeblich gar nicht aufgehört hatte zu existieren, aber gleichzeitig nur als Staatsfragment zu rechtfertigen war, hätten eine zerstörerische Sprengkraft entwickeln können. Der Staat, dessen Staatsvolk sich auf deutlich mehr Menschen bezog als seine Bevölkerung, dessen Staatsgebiet nur einen Teil des Territoriums ausmachte, auf das er Anspruch erhob, dessen Staatsgewalt unter dem Besatzungsstatut nur eine staatsrechtlich-völkerrechtliche »Gemengelage« sein konnte – dieser Staat war wieder einmal unbestreitbar irredentistisch. Doch solange er sich nach innen demokratisch, rechts- und sozialstaatlich und nach außen friedlich verhielt und solange er allen offenstand, die aus historischen Gründen Anspruch auf Zugehörigkeit erhoben, ließ es sich mit den Widersprüchen und Paradoxien leben. Die »deutsche Frage« war weiterhin offen, was aber das Verhalten der Deutschen anging entschärft. Das Grundgesetz hatte alle Weichenstellungen vorgenommen, die von deutscher Seite für eine friedliche und demokratische Lösung nötig waren. Der Schlüssel zu dieser Lösung lag nun nicht mehr bei den Deutschen, sondern bei der Sowjetunion.

Die Deutschen in der DDR und »Lebenslügen« in der Bundesrepublik

Auch in der sowjetischen Besatzungszone wurde der Anspruch erhoben, für das gesamte Deutschland zu handeln. Die DDR-Verfassung von 1949 kannte, wie das Grundgesetz, nur eine deutsche Staatsangehörigkeit. Der »Arbeiter- und Bauernstaat« beruhte auf der Vorstellung einer gesamtdeutschen »Klassennation«, die alle zur Kooperation oder Unterwerfung bereiten Deutschen integrierte, aber diejenigen gesellschaftlichen Kräfte ausgrenzte, die vermeintlich die Herrschaft der Bourgeoisie stützten. Die Gleichsetzung von Nationalsozialismus, Faschismus, Imperialismus und Bourgeoisie erlaubte einen radikalen Bruch mit der Vergangenheit, eine Ablehnung des Erbes, das das Deutsche Reich hinterlassen hatte. Einen Fortbestand des Staates, der das Deutsche Reich gewesen war, wollte man gerade nicht, sah ihn aber in der Gestalt des Konkurrenzstaates Bundesrepublik Deutschland. Deshalb ging auch die Staatsgründung in der DDR weniger paradox vonstatten, und es gab keine Skrupel, die Verfassung eine Verfassung und den Staat einen Staat zu nennen. Da die Mehrheit der Bevölkerung jedoch nicht freiwillig mitmachen wollte, hatte sie sich ohne freie Wahlen zu bewähren. Dabei half es den Machthabern zunächst, dass sie mit der Forderung »Deutsche an einen Tisch« und mit Appellen an Nationalgefühl und Einheitssehnsucht von ihrem Legitimationsdefizit ablenken und die Schuld an der Teilung den Westmächten und der Bundesrepublik in die Schuhe schieben konnten. Die Fortdauer der Teilung sowie das Freiheitsversprechen, das den Menschen in der DDR mit dem Grundgesetz gegeben wurde und es ihnen ermöglichte, sich immer auf die Verantwortungsgemeinschaft der mit ihm begründeten Staatsbürgernation zu beziehen, zwang die DDR jedoch, vom Anspruch einer gesamtdeutschen Nation abzurücken – ein Prozess, der erst 1976 mit der Proklamation der »Nation DDR« einen Abschluss fand.

Eingefordert wurde dieses Freiheitsversprechen vor allem in der Fluchtbewegung: Bis zum Mauerbau nahmen über drei Millionen Menschen ihr Grundrecht auf Freizügigkeit wahr und verließen die DDR durch das Schlupfloch Berlin. Als deutsche Staatsangehörige zogen sie nur von einem Teil Deutschlands in den anderen und halfen dort, den Arbeitskräftemangel auszugleichen und das »Wirtschaftswunder« zu ermöglichen. Ihre »Abstimmung mit den Füßen« untergrub die wackeligen Legitimationsgrundlagen des Arbeiter- und Bauernstaates. Dennoch gingen die Anschuldigungen der DDR, dass die Bundesrepublik aus wirtschaftlichen Interessen systematisch Abwerbungen betreibe und aus politischen Interessen den Aderlass der DDR forciere, an der Realität vorbei. Auch wenn die Staatsbürgernation des Grundgesetzes die DDR-Bevölkerung einschloss, herrschten in der westdeutschen Nachkriegsgesellschaft höchst widersprüchliche Ansichten, wie mit der Fluchtbewegung umzugehen sei. Den politisch nicht verfolgten Flüchtlingen warf man vor, aus egoistischen Gründen die gesamtdeutschen Ansprüche verraten zu haben; gerade um der Nation willen hätten sie in der DDR ausharren müssen: »Verlaßt die Zone nicht. *Verlaßt unseren deutschen Grund und Boden nicht ohne letzte Not.* Das mag hart klingen, aber es ist doch schließlich mit das dringendste Anliegen des augenblicklichen Regimes, die Zone von aufrechten, freiheitlich gesinnten Deutschen zu entblößen (…). Um so mehr bitten wir Euch: Haltet am Boden der Heimat fest.«[43] Der Vorwurf des Egoismus wurde auch von Sozialisten und Sozialdemokraten erhoben, die weiter an die Möglichkeit eines neutralen, wiedervereinigten, demokratischen

Deutschlands glaubten, unter Verzicht auf die Festlegung auf die westlich-kapitalistische Wirtschaftsform und Wiederbewaffnung. Aber auch die Anhänger der Westbindung empfingen die Flüchtlinge nicht mit offenen Armen: Ihr Antikommunismus, in den sich häufig Schuldgefühle wegen des Solidaritätsbruchs mit den »anderen Deutschen« mischten, machte sie misstrauisch gegenüber den Neuankömmlingen, die ja jahrelang in einer sozialistischen Gesellschaft gelebt hatten und am Ende womöglich sozialistische Prägungen mitbrachten.

Chauvinismus, Fremdenfeindlichkeit und Ressentiments richteten sich eben nicht nur gegen »Ausländer«, sondern auch gegen Angehörige der eigenen Staatsnation, von deren Gestalt und Beschaffenheit weiterhin überaus disparate Vorstellungen existierten. Im ersten Bundestagswahlkampf verunglimpften sich SPD und CDU/CSU gegenseitig als Vaterlandsverräter und suchten einander in Antikommunismus und Attacken gegen die »Fremdherrschaft« der Besatzungsmächte zu übertreffen. Wie Carlo Schmid und Theodor Heuss im Parlamentarischen Rat befürchtet hatten, kam es in der frühen Bundesrepublik zu einem Wiedererstarken des Nationalismus.[44] Die – vom Bundesverfassungsgericht immer wieder bestätigte – Fortbestandslehre wurde in weiten Kreisen so interpretiert, dass die Reichsnation Bismarckscher Prägung mehr gelte und eine größere Integrationskraft entfalte als die Staatsbürgernation des Grundgesetzes. Es herrschte ein Geschichtsbild vor, in dem der Nationalsozialismus, die »dunkle Zeit«, nur eine kurze Unterbrechung einer ansonsten ungebrochen positiven Traditionslinie darstellte, auf die man stolz sein konnte. Bundeskanzler Konrad Adenauer legte zwar mit seiner Politik der »Wiedergutmachung« den Grundstein für eine Versöhnung mit Israel, ließ aber auch ehemalige Nationalsozialisten in den Genuss von »Versöhnung« kommen und gliederte sie bis in die höchsten Ränge von Politik und Verwaltung in das Nachkriegsgemeinwesen ein. Die personellen Kontinuitäten waren beispielhaft verkörpert in der Gestalt des Adenauer-Vertrauten Hans Globke, dem Kommentator der Nürnberger Rassengesetze, der im Bundeskanzleramt unter anderem für Personalpolitik zuständig war.

Es ist nicht von der Hand zu weisen, dass die Integration einer so großen Zahl ehemaliger Nazis eine Voraussetzung dafür bildete, dass nach einem guten Jahrzehnt »Heilschlaf« das Grundgesetz mit seiner Staatsbürgernation doch eine integrierende Wirkung auf alle in seinem Geltungsbereich lebenden Deutschen entfalten konnte. Eine weitere Voraussetzung war die von Adenauer konsequent betriebene und vom Bundesverfassungsgericht bestätigte Politik der Westbindung. Neben wirtschaftlicher Prosperität und militärischem Schutz brachte die Einbindung in die westlichen Bündnisse mit dem Deutschland-Vertrag einen Zugewinn an staatlicher Souveränität und machte gleichzeitig künftige deutsche Sonderwege unmöglich. Trotz anhaltender und erbitterter politischer Debatten hatten die Deutschen in der Bundesrepublik langsam das Gefühl, dass sie in ihrem Gemeinwesen eigentlich ganz gut aufgehoben waren. Dies half ihnen wiederum, ihre Unvereinbarkeiten besser auszuhalten, mit ihren Konflikten besser umzugehen, die ausschließenden, spalterischen Gemeinschaftskonstruktionen allmählich zu überwinden und ein neues, flexibles, westlich geprägtes Bewusstsein ihrer Zusammengehörigkeit zu entwickeln.

Von diesem neuartigen Zusammengehörigkeitsgefühl, den ersten Ansätzen eines westdeutschen Nationalbewusstseins, waren die Deutschen in der DDR ausgeschlossen. Unter dem Zwang der weltpolitischen Gegebenheiten musste sich die gesamtdeutsche Politik der Regierung Adenauer weitgehend darauf beschränken, ihren Alleinvertretungsanspruch mit der Hallstein-Doktrin international durchzusetzen: Nahm eine andere Regierung diplomatische Beziehungen zur DDR auf, wurde sie mit Sanktionen belegt. Die Bewahrung des Einheitsgedankens und die subversive Unterstützung entsprechender Aktivitäten in der DDR-Bevölkerung blieben privaten oder halb-öffentlichen Vereinigungen wie dem Kuratorium Unteilbares Deutschland sowie dem Ministerium für gesamtdeutsche Fragen überlassen, das als eine Art Dachorganisation solcher Vereinigungen fungierte und in der Regierungspolitik praktisch keine Rolle spielte. Bei denjenigen, die sich der Gemeinschaft mit den »anderen Deutschen« verpflichtet fühlten, stand

Adenauer im Verdacht, die Wiedervereinigung gar nicht wirklich anzustreben, sondern nur noch in Sonntagsreden zu beschwören. Im Umkreis der SPD und in Intellektuellenkreisen, die für eine gerechtere Welt materielle Opfer und Sicherheitsrisiken in Kauf nehmen wollten und der westlichen Wirtschaftsform sowie der Wiederbewaffnung sowieso ablehnend gegenüberstanden, hielt sich noch lange der Vorwurf, dass die Chancen für eine Wiedervereinigung nicht genutzt worden seien. Insbesondere die Deutschland-Note Stalins vom März 1952, die – mit bis heute nicht restlos geklärten Absichten – ein vereintes, souveränes, demokratisch verfasstes Deutschland als Belohnung für strikte Blockneutralität in Aussicht stellte, galt als »verpasste Gelegenheit«.[45] Die Alternativlosigkeit der Westbindung wurde erst mit der zweiten Berlin-Krise, Ende der fünfziger Jahre, von einer breiten Mehrheit akzeptiert.

Der mühselige, schmerzhafte Lernprozess, den die SPD bezüglich ihrer Nationsvorstellungen in den 50er Jahren hatte absolvieren müssen, stand der CDU/CSU noch bevor: Der Bau der Mauer in Berlin 1961 zementierte die deutsche Teilung auf Dauer. Nun wurde offenbar, dass es nicht mehr reichte, mit symbolischen Gesten die Einheit zu beschwören und der Reichsnation hinterherzuträumen. Die DDR-Bewohner hatten kaum mehr etwas davon, dass auch sie Staatsangehörige der Bundesrepublik Deutschland waren. Sollte die deutsche Nation als Verantwortungsgemeinschaft noch eine Bedeutung haben, musste man mit den kommunistischen Machthabern ins Gespräch kommen. Die ersten, die dies öffentlich formulierten, waren die politisch Verantwortlichen in West-Berlin unter dem Regierenden Bürgermeister Willy Brandt, die mit der Parole »Wandel durch Annäherung« den von der Mauer besonders betroffenen Berlinern das Leben zu erleichtern suchten. Aber auch die Bundesregierung ließ sich, unter höchster Geheimhaltung, auf Kontakte mit der DDR ein, als sie 1963 mit dem Häftlingsfreikauf begann.

Anfang der sechziger Jahre deutete sich auf mehreren Ebenen ein Paradigmenwechsel im Umgang mit der deutschen Nation an, der entscheidend dazu beitrug, dass die Deutschen sich aus ihrer Haltung des trotzigen Beharrens lösten und die von ihnen selbst mit verursachten Realitäten anzuerkennen lernten, um sie dann zu verbessern. Das westliche Ausland hatte seit jeher als Selbstverständlichkeit betrachtet, was Sebastian Haffner 1950 für ein englisches Publikum formulierte: »Obwohl wir die Wiedervereinigung der jetzt zwei deutschen Staaten wünschen und die Frage der zukünftigen deutschen Ostgrenzen offen halten, können wir uns unter keinen Umständen zu einer territorialen Ausdehnung der gegenwärtigen Bundesrepublik verpflichten. Man kann doch wohl ernsthaft keinen Franzosen, Holländer oder Belgier bitten, zur Rückeroberung Schlesiens und Pommerns oder auch nur für die Wiederherstellung der staatlichen Einheit Deutschlands eines Tages in den Krieg zu ziehen.«[46] Die historischen Gründe dafür wurden 1960 zum ersten Mal auch in Deutschland auf die »deutsche Frage« bezogen: Der Philosoph Karl Jaspers vertrat in Publikationen und Rundfunkgesprächen die These, dass vor dem Hintergrund der nationalsozialistischen Vergangenheit Freiheit und Rechtsstaatlichkeit die einzigen substantiellen Forderungen seien, die die Bundesrepublik für die Deutschen in der DDR stellen könne. Das bloße Ziel der Wiedervereinigung beruhe auf einem Irrtum, nämlich »darauf, dass man den Bismarck-Staat für den Maßstab nimmt. Der Bismarck-Staat soll wiederhergestellt werden.«[47] Dieser aber sei ein »Gespenst der Vergangenheit«, unwiderruflich vorbei. Jaspers ging also noch weiter als das Grundgesetz, das die Forderung nach Wiedervereinigung durch Gewaltverzicht und die Verpflichtung auf Demokratie und Rechtsstaatlichkeit entschärfte, aber mit der Begründung durch die Fortbestandslehre doch dem Irredentismus verhaftet blieb. Er erkannte die Oder-Neiße-Linie an und bestand darauf, dass das Deutschland des Deutschen Reiches 1945 vernichtet worden sei. Jaspers' Gegner – er wurde mit einer Flut von Schmähbriefen überzogen – warfen ihm »Ressentiments« gegen das Bismarck-Reich vor, legten aber gleichzeitig ihre eigenen Ressentiments gegen den bestehenden demokratischen Staat bloß, wie Rudolf Augstein in einem Streitgespräch: »Ich habe nicht im Bismarck-Reich gelebt, aber ich möchte glauben, dass an der Spitze des Staates damals immer noch mehr Geist versammelt war als heute in der Bundesrepublik.«[48] Noch heute werden Jaspers' Thesen meistens missverstanden: Er habe die deutsche Teilung als eine gerechte »Strafe« für die nationalsozialistischen Verbrechen angesehen. In Wirklichkeit sprach sich Jaspers mit keinem Wort gegen die Wiedervereinigung aus, sollte sie als Geschenk einer veränderten weltpolitischen Konstellation und aus freier und demokratischer Entscheidung zustande kommen. Er lehnte die Kollektivschuldthese ab und bekannte sich ausdrücklich zur Verantwortungsgemeinschaft aller Deutschen und zur Freiheitsforderung für »unsere Landsleute«: »Das sind wir selber! Es ist ein schuldloses Geschick, dass sie im Osten sind und vergewaltigt werden und wir im Westen durch die Gnade der Sieger die Freiheit haben – nicht etwa durch uns.«[49]

Jaspers' Absage an die Priorität der Wiedervereinigung erwies sich jedoch als Trendsetter. In Abwandlung seiner Thesen setzte sich in den sechziger Jahren immer mehr die Ansicht durch, dass die Wiedervereinigung ganz pauschal eine »Lebenslüge« der Bundesrepublik geworden sei. Diese habe sich vom »Homunkulus zum kräftigen Lebewesen, zum Wesen mit einer kräftigen Identität«[50] entwickelt und im Zuge der Westbindung und Demokratisierung, durch die Segnungen des Rechts- und Sozialstaats ein bundesrepublikanisches Gemeinschaftsgefühl entwickelt. Empirische Daten und Umfrageergebnisse schienen um 1970 zu bestätigen, dass das gesamtdeutsche Nationalbewusstsein durch ein westdeutsches abgelöst worden sei und sich wohl auch die Bevölkerung in der DDR auf ein eigenes DDR-Nationalbewusstsein hinbewege.[51] Es wurden Forderungen laut, das auf die Wiedervereinigung festgelegte Grundgesetz einer Revision zu unterziehen bzw. »eine echte Bundesverfassung, zugeschnitten nicht auf die Erwartungen des Jahres 1949, sondern auf die Verhältnisse und Bedürfnisse der Gegenwart« zu schaffen. Diese Forderung stellte nicht etwa ein linker Entspannungspolitiker, sondern der CDU-Abgeordnete Hans Dichgans, der 1968 eine »verfassunggebende Nationalversammlung« anmahnte und vorschlug, zu ihrer Einberufung einfach den Artikel 146 GG umzudeuten: »Das deutsche Volk im Sinne des Artikel 146 ist heute das Volk der Bundesrepublik.«[52] Somit wäre es rechtlich zulässig, eine neue Verfassung zu erarbeiten, über die dann – wie ursprünglich für den Fall der Wiedervereinigung vorgesehen – mit einfachen Mehrheiten abgestimmt werden könne. Von der Verantwortungsgemeinschaft mit den »anderen Deutschen«, die Jaspers so bewegt hatte, war hier nicht mehr die Rede; dass diese die bundesdeutsche Staatsbürgerschaft verloren und nur noch per Asylantrag in der Bundesrepublik Aufnahme gefunden hätten, spielte für die Überlegungen des Autors offenbar keine Rolle.

Die neue Ostpolitik: Zwei Staaten, eine Nation

Die sozialliberale Regierung war von einer solchen Absage an die gesamtdeutsche Nation weit entfernt, als sie nach dem Regierungswechsel mit Verve an die Umsetzung der Neuen Ostpolitik ging. Willy Brandt stellte sich in die nationale Verantwortungsgemeinschaft, als er – der frühere Emigrant – mit dem Kniefall in Warschau für die nationalsozialistischen Verbrechen um Entschuldigung bat. Er schuf die Grundlagen für eine Versöhnung mit den Osteuropäern und löste die Gegnerschaft zu den kommunistischen Diktaturen vom ideologischen Antikommunismus und dessen nationalistischen und revanchistischen Implikationen. Die Verträge mit der Sowjetunion, mit Polen und der Tschechoslowakei beendeten den deutschen Revisionismus in der Staatsgebietsfrage; die Oder-Neiße-Linie wurde nun als »unverletzlich« respektiert. Brandt stellte sich auch in die nationale Verantwortungsgemeinschaft, als er den Abschied vom Alleinvertretungsanspruch erklärte, der den Menschen in der DDR nicht mehr nütze, sondern schade und die Teilung vertiefe. Der Grundlagenvertrag mit der DDR vom 21. Dezember 1972 verpflichtete beide deutsche Staaten auf »normale gutnachbarliche Beziehungen zueinander auf der Grundlage der Gleichberechtigung«. Er beschränkte die Hoheitsgewalt auf die jeweiligen Staatsgebiete und versprach eine Regelung der praktischen und humanitären Fragen sowie eine Zusammenarbeit in fast allen Bereichen des öffentlichen Lebens. Auf den ersten Blick sah es so aus, als ob das Konzept »Zwei Staaten, eine

Nation« wieder zur Kulturnation Deutschland führen werde, wie sie bis zur Reichseinigung 1871 bestanden hatte. Doch dieser Schein trog: Für die Bundesrepublik blieb, sehr zum Ärger der DDR, auch die Staatsnation verpflichtend. In der Staatsangehörigkeitsfrage konnten sich die beiden Vertragsparteien nicht einigen, und die Bundesregierung hielt in einem Protokollvermerk fest: »Staatsangehörigkeitsfragen sind durch den Vertrag nicht geregelt worden.« Die beiden Staaten durften füreinander nicht Ausland sein, und ihre Repräsentanzen hießen dementsprechend auch nicht »Botschaften«, sondern nur »ständige Vertretungen«.

Die Paradoxien, die schon bei der Schaffung des Grundgesetzes mitgewirkt hatten, konnten mit dem Grundlagenvertrag und den Ostverträgen zwar weiter entschärft werden; auflösen ließen sie sich nicht. Egon Bahr, der Verhandlungsführer der Bundesregierung, erzählt sehr anschaulich von der »Skurrilität dieser Verhältnisse« und wie sie sich in den Verhandlungen auswirkten: Die DDR-Delegation habe gesagt, »wenn ihr uns als Staat anerkennt, müsst ihr auch unsere Staatsangehörigkeit anerkennen«. Daraufhin Bahrs »Gegenargument: In dem Augenblick, in dem ihr das verlangt, ist das ein Zeichen, dass ihr keine Einigung wollt. Denn ihr kennt genau unser Grundgesetz.« Daraufhin die DDR-Delegation: »Aber das ist doch unlogisch! Habe ich gesagt, natürlich ist das unlogisch. Aber wir kommen euch ja schon sehr entgegen. Jeder Lastwagenfahrer, den ihr mit Deutrans durch die Bundesrepublik nach Frankreich oder Italien oder die Niederlande schickt, den nehmen wir doch nicht fest. Wir ziehen ihn nicht ein zur Bundeswehr. Nach unserem Staatsbürgerschaftsrecht hätten wir das Recht dazu. Kuckt mal, wie wir euch entgegenkommen! Wir respektieren, aber anerkennen können wir nicht. So war das. (…) Laokoon ist stromlinienförmig dagegen.«[53]

Die Ostverträge und der Grundlagenvertrag führten zu einer Flut von Anträgen, Beschwerden und Klagen vor dem Bundesverfassungsgericht mit dem Ziel, die Ratifizierung der Verträge zu verhindern. Vor allem Vertriebene wollten Ansprüche auf ihren Grundbesitz in Ostpreußen, Pommern oder Schlesien nicht aufgeben und klagten ihre Eigentumsrechte ein. Es klagte zum Beispiel aber auch ein fünfzehnjähriger Junge, dessen Eltern 1970 aus Polen ausgereist waren und ihn bei den Großeltern zurücklassen mussten. Da er in Polen jetzt nur mehr als polnischer Staatsangehöriger angesehen werde, könne er keinerlei Rechte mehr aus seiner deutschen Staatsangehörigkeit herleiten und habe jede Chance auf eine Ausreise verloren. Der deutsch-polnische Vertrag verletze das Eltern- und Erziehungsrecht seiner Eltern und den Anspruch auf Schutz der Familie.[54]

Gegen den Grundlagenvertrag klagte die bayerische Staatsregierung in einem Normenkontrollverfahren: Dieser sei mit dem Grundgesetz nicht vereinbar, weil er auf der vom Grundgesetz verworfenen Untergangslehre beruhe, zur Teilung Deutschlands führe und aus der Demarkationslinie eine freiwillige und vertraglich vereinbarte Grenze mache. Die Bundesrepublik könne nun nicht mehr für Gesamtdeutschland handeln und ihre Schutz- und Fürsorgepflicht für die Deutschen in der DDR nicht mehr wahrnehmen. Als »verfassungsrechtliches Minimum«[55] müsse ein Ausreiserecht für alle Deutschen in der DDR vereinbart werden. Die Bundesregierung hielt dem entgegen, dass es keine Alternative zum Vertrag gebe, seine Vorteile seien »evident«.[56] Er halte am Fortbestand Deutschlands als Rechtssubjekt und an der deutschen Staatsangehörigkeit fest, sei an den Interessen der deutschen Nation und nicht an denen der Bundesrepublik orientiert, beinhalte keine völkerrechtliche Anerkennung der DDR und verbaue weder rechtlich noch praktisch das Ziel der Wiedervereinigung. Außerdem sei die Gewährung der Ausreisefreiheit keine verfassungsrechtliche Voraussetzung für Vereinbarungen, die Verbesserungen »in den menschlichen Beziehungen« zum Ziel hätten.

Das Urteil des Bundesverfassungsgerichts wurde für den 31. Juli 1973 erwartet. Doch der Vertrag musste schon vorher, am 21. Juni, in Kraft treten: An diesem Tag wurde im Weltsicherheitsrat über die Aufnahme der beiden deutschen Staaten in die UN entschieden, und diese wiederum hatte den völkerrechtlich gültigen Vertrag zur Voraussetzung. Wenn das Urteil den bereits ratifizierten und rechtskräftigen Vertrag als mit dem Grundgesetz nicht vereinbar erklärt hätte, wäre ein höchst misslicher Verfassungskonflikt entstanden. Die Anträge, mit einstweiligen Anordnungen eine Ratifizierung des Vertrages zu verschieben, wurden vom Bundesverfassungsgericht allesamt abgelehnt.[57] Es stand also nicht zu erwarten, dass das Gericht den Vertrag insgesamt für verfassungswidrig erklären würde. Vielmehr würde es einzelne Punkte des Vertrages auf eine bestimmte Auslegung festlegen, eine bestimmte Interpretation vorschreiben, die mit dem Grundgesetz vereinbar wäre.

Die Protokolle der internen Beratungen des Bundesverfassungsgerichts sind bis heute nicht zugänglich. Eine Ahnung davon, wie sehr die Richter gestritten haben mögen, vermitteln aber die Beschlüsse des Zweiten Senats, mit denen dieser darüber zu entscheiden hatte, ob einer der ihren – der Bundesverfassungsrichter Joachim Rottmann – wegen Befangenheit abzulehnen sei.[58] Rottmann hatte nämlich im April 1973 vor dem Kreisverband Karlsruhe-Stadt der FDP einen Vortrag über die Ostverträge gehalten. Die Lokalzeitung hatte darüber berichtet und ihn mit der Äußerung zitiert, dass sich die Bundesrepublik Deutschland und die DDR wie souveräne Staaten gegenüberstünden und die Teilung Deutschlands anerkannt werden müsse. Hierin war Rottmann wahrscheinlich missverstanden worden. Doch dann tauchte seine Antwort auf einen Leserbrief auf: In dieser bekannte er sich zur gesamtdeutschen Nation, erteilte aber der Fortbestandslehre eine klare Absage. Sie sei reines »Wunschdenken«, mit dem CDU wie SPD »eine politische Wirklichkeit, die für unser Volk eine Katastrophe ist, vor diesem Volk vernebelt« hätten.[59] Da kein Staat der Erde die Wiedervereinigung wolle und »alles Gerede über die Wiederherstellung der deutschen Einheit« die Trennung nur vergrößert habe, sei es völlig richtig, dass die neue Ostpolitik versuchen würde, die Folgen der Trennung zu mildern. »Ein letztes Wort zur Funktion des Bundesverfassungsgerichts. Durch die Feststellung des Bundesverfassungsgerichts, dass das Deutsche Reich de jure besteht, wird die Welt nicht verändert. Die Entscheidung über die Existenz eines Staates trifft nicht ein Gericht, sondern die internationale Staatengemeinschaft. Um es ganz deutlich zu sagen: Die Äußerungen des Gerichts, die 15 bis 20 Jahre zurückliegen, hielten sich damals noch im Rahmen der vertretbaren

Rechtstheorie. Diese Theorie ist durch die fortschreitende Entwicklung in der politischen Realität leider weggefegt worden.«[60] Diese deutlichen Worte waren etwas zu deutlich. Das Gericht musste einem zweiten Antrag der bayerischen Staatsregierung auf Ablehnung Rottmanns stattgeben – nicht etwa, weil er parteiisch und für die Ostverträge gewesen wäre, sondern weil seine Rechtsauffassung offenkundig unvereinbar damit war, dass das Grundgesetz auf der Rechtsvorstellung vom Fortbestand des Deutschen Reiches basierte. Die Ablehnung erfolgte allerdings denkbar knapp: Drei der nunmehr von acht auf sieben reduzierten Richter des Zweiten Senats brachten ein abweichendes Votum zu Papier.

Das Urteil, das die verbliebenen Richter schließlich im Normenkontrollverfahren verkündeten, erging allerdings einstimmig und wirkte sehr selbstbewusst: Das Bundesverfassungsgericht müsse zwar darauf verzichten, »Politik zu treiben«; doch setze das Grundgesetz »jeder politischen Macht, auch im Bereich der auswärtigen Politik, rechtliche Schranken«. »Die Durchsetzung dieser Verfassungsordnung obliegt letztverbindlich dem Bundesverfassungsgericht.«[61] Das Urteil verpflichtete die Bundesregierung auf das Wiedervereinigungsgebot, die deutsche Staatsangehörigkeit, die auch die Ostdeutschen umfasse, und den Anspruch jedes Deutschen auf den vollen Schutz durch die Gerichte und auf alle Grundrechtsgarantien, sobald er in den Schutzbereich der staatlichen Ordnung der Bundesrepublik gelange. Diese Klarstellungen stimmten mit den Auffassungen der Bundesregierung weitgehend überein und dienten wohl vor allem dazu, Missverständnissen in der Öffentlichkeit vorzubeugen. In einem Punkt jedoch widersprach das Bundesverfassungsgericht der Regierung: Die Bundesrepublik Deutschland sei nicht einfach nur »Rechtsnachfolger« des Deutschen Reiches, sondern durchaus »als Staat identisch mit dem Staat ›Deutsches Reich‹ – in Bezug auf seine räumliche Ausdehnung allerdings ›teilidentisch‹«.[62] An der Fortbestandslehre gebe es nichts zu rütteln: »Das Grundgesetz – nicht nur eine These der Völkerrechtslehre und der Staatsrechtslehre! – geht davon aus, dass das Deutsche Reich den Zusammenbruch 1945 überdauert hat (…).«[63] So egal die Durchsetzung der Fortbestandslehre 1949 den bayerischen Föderalisten letztlich sein konnte, so gleichgültig war sie 1973 den Vertretern der Neuen Ostpolitik: Herbert Wehner tat sie als »Formelkram« ab.[64] Bis heute leiten allerdings Rechtsextremisten vom Schlage Horst Mahlers aus ihr eine ideologische Rechtfertigung ab, um ihr ethnisch-kulturell verengtes Konzept der Nation zu verabsolutieren und gegen die Staatsbürgernation in Stellung zu bringen: Wenn das Deutsche Reich wirklich noch besteht und alle Systemwechsel überdauert hat, dann besteht für Horst Mahler auch die Reichsnation – seine Vorstellung vom deutschen »Volk« – ewig weiter, während die Staatsbürgernation als eine von alliierter »Fremdherrschaft« bzw. »jüdischer Weltverschwörung« aufgezwungene Chimäre denunziert wird.[65] Das Bundesverfassungsgericht bestätigte die Position, dass das Deutsche Reich weiter existiere, noch einmal in einem Beschluss vom 21. Oktober 1987.[66] Die Gründe des Gerichts für das Festhalten an dieser Lehre waren jedoch weder 1973 noch 1987 Anhänglichkeit an das Reich oder den Bismarckschen Staat. Die große Mehrheit der Bundesdeutschen hatte sich inzwischen zu überzeugten und gefestigten Demokraten gewandelt. Vielleicht brauchte man aber die Lehre vom Fortbestand des Deutschen Reichs, um der gesamtdeutschen Verantwortungsgemeinschaft verpflichtet zu bleiben und nicht der Versuchung nachzugeben, die übrigen Deutschen aus der Staatsbürgernation hinauszuwerfen. Vielleicht brauchte die junge Staatsbürgernation die ältere Reichsnation als eine Art Krücke, um zu kompensieren, dass sie sich in Bezug auf den Einschluss der Ostdeutschen ihrer selbst nicht sicher war.

In der Tat gab es ab Ende der sechziger Jahre genügend Anzeichen dafür, dass den Bundesbürgern nicht mehr bewusst war, dass die Menschen in der DDR ebenfalls deutsche Staatsangehörige waren und Anspruch auf die Grundrechte hatten. Das Denkmodell einer deutschen Zweistaatlichkeit als logisches Ende aller Sonderwege und Aufbruch zu einer postnationalen Bundesrepublik erfreute sich wachsender Beliebtheit. Dem Bundesverfassungsgericht warf man vor, es verhindere mit seinem Urteil jegliche Einigung mit der DDR in der Staatsangehörigkeitsfrage. Dass die Ostdeutschen einen solchen Schritt nicht durch Wahlen legitimieren konnten und also massenhaft zwangsausgebürgert worden wären, war für die Befürworter einer konsequenten Zweistaatlichkeit kein Thema.[67]

Die Konsequenzen der Festlegungen des Grundgesetzes und des Bundesverfassungsgerichts spiegelten sich vor allem in der Flucht- und Ausreisebewegung, die durch den Mauerbau zwar gehemmt, aber nicht gestoppt worden war. Obwohl die Bundesregierung im Rahmen der »Familienzusammenführung« circa 250 000 Menschen aus der DDR freikaufte und alles für »Verbesserungen in den menschlichen Beziehungen« tat, gab es immer noch Menschen, die davon nicht profitierten und auf eigene Faust oder mit Hilfe privater Fluchthilfeorganisationen versuchten, die Mauer zu überwinden und in den Geltungsbereich des Grundgesetzes zu gelangen.[68] Die kommerzielle Fluchthilfe war für die bundesdeutschen Behörden und Politiker, die sich um Einigung mit dem DDR-Regime bemühten, höchst unangenehm, vor allem, wenn sie die durch das Transitabkommen gelockerten Kontrollen auf den Transitwegen nach Berlin ausnutzten und somit den Entspannungsprozess empfindlich störten. Dennoch war ein Verbot oder auch nur ein Vorgehen gegen den kommerziellen »Missbrauch« des Transitabkommens verfassungsrechtlich ausgeschlossen. Auch jenseits der Flucht- und Ausreisebewegung resultierte aus dem Freiheitswunsch von Menschen in der DDR, wie immer er geartet war, ob er nun aufgegeben wurde oder nicht, ob er in Anpassung mündete oder in Protest, eine Fixierung auf die Bundesrepublik. Das Freiheitsversprechen, das Angebot einer deutschen Staatsbürgernation, mochte von den Ostdeutschen geglaubt werden oder nicht – »(i)n ihren Diskussionen war die Bundesrepublik immer dabei«.[69] Dem stand nicht entgegen, dass sich in den Jahren der Teilung auch Ansätze einer ostdeutschen Identität, eines ostdeutschen Wir-Gefühls entwickelt hatten.

Der Anspruch des Bundesverfassungsgerichts, dass ihm die Durchsetzung der Verfassungsordnung »letztverbindlich« obliege, galt nur im Bundesgebiet. In West-Berlin hatten sich die vier Mächte einen Vorbehalt gesichert, in dessen Konsequenz sich die bundesdeutschen Gesetze zwar auf West-Berlin erstreckten, ihre

Anwendung durch die Exekutive und Judikative aber keiner verfassungsgerichtlichen Kontrolle unterlag. Die West-Berliner Behörden konnten die Gesetze letztlich anwenden, wie es ihnen (oder den Alliierten) am besten passte; ihr Handeln richtete sich viel stärker an politischen Zwängen und Opportunitäten aus, als das im Bundesgebiet möglich gewesen wäre. Auch diese Berliner Verhältnisse waren ein Teil der offenen »deutschen Frage« und konnten auf tragische Weise mit privaten Problemlagen in Wechselwirkung treten, wie im Fall der jugendlichen Ingrid Brückmann, der die ganze Virulenz dieser Gegebenheiten offenbarte: Ingrid wurde 1956 in Ost-Berlin geboren. Kurz darauf zerbrach die Ehe ihrer Eltern. Ein Jahr später zog die Mutter mit ihr nach West-Berlin. Als sie drei war, entführte sie der Vater nach Ost-Berlin und bereitete ihr dort eine von Missbrauch und Gewalt geprägte Kindheit. Die Mutter im Westen verheiratete sich wieder. Als Ingrid 16 war, im Oktober 1972, gelang es dem Stiefvater, wahrscheinlich unter Ausnutzung des Transitabkommens, sie wieder nach West-Berlin zu schleusen, wo sie nun bei ihm und der Mutter wohnte. Doch einige Monate später richtete der Generalstaatsanwalt der DDR an den Generalstaatsanwalt bei dem Kammergericht Berlin das Ersuchen, Ingrid den Strafverfolgungsbehörden der DDR auszuliefern: Sie war dringend verdächtig, vor der Flucht ihren Vater getötet zu haben. Ingrid wurde in West-Berlin in Untersuchungshaft genommen, und der Generalstaatsanwalt genehmigte ihre Auslieferung auf der Grundlage des Rechtshilfegesetzes. Dieses verpflichtete die bundesdeutschen Strafbehörden, ausgehend von der Fiktion der Rechtseinheit Deutschlands, strafrechtliche Entscheidungen der DDR-Behörden zu beachten – sofern diese nicht auf Rechtsvorschriften beruhten, die mit der freiheitlich demokratischen Grundordnung nicht vereinbar waren. Die Gesetze in der DDR für Tötungsdelikte fielen nicht in diese Kategorie. Der West-Berliner Generalstaatsanwalt hatte zu ermessen, ob Ingrid in der DDR ein faires Gerichtsverfahren erwartete oder nicht, und gab sich mit einer Zusicherung des DDR-Generalstaatsanwalts, dass Ingrid lediglich wegen Mordes und nicht wegen »Republikflucht« zu einer Haftstrafe von höchstens zehn Jahren verurteilt werden würde, zufrieden. Ingrids Anwalt erhob im Januar 1974 Beschwerde vor dem Bundesverfassungsgericht – mit einer komplizierten rechtlichen Begründung, da gegen die Entscheidung des Landes Berlin ja nicht geklagt werden konnte. Die Klage zielte darauf ab, dass das Rechtshilfegesetz insgesamt nicht mehr verfassungskonform sei, weil sich beide deutsche Staaten im Grundlagenvertrag darauf geeinigt hätten, ihre Hoheitsgewalt auf ihr jeweiliges Hoheitsgebiet zu beschränken. Das Bundesverfassungsgericht befand sich in dieser Frage für zuständig, entschied aber, dass das Rechtshilfegesetz nicht grundgesetzwidrig sei: Die DDR dürfe auch nach Abschluss des Grundlagenvertrags nicht als Ausland behandelt werden, »sie ist ein ›anderer Teil Deutschlands‹, ihre Gerichte sind deutsche Gerichte«. Doch dann listete es die Kriterien dafür auf, das Rechtshilfegesetz verfassungskonform, im Sinne der »wertgebundene(n) Ordnung« des Grundgesetzes, auszulegen: Es müsse gewährleistet sein, dass es für Ingrid in der DDR einen unbefangenen Richter, ein faires Verfahren, rechtliches Gehör gebe; es müsse ausgeschlossen werden, dass eine grob ungerechte Strafe verhängt werde und der Strafvollzug gegen ihre Grundrechte verstoße; es müsse gesichert werden, dass sie im Anschluss an einen Freispruch oder die Strafverbüßung in die Bundesrepublik zurückkehren dürfe; es müsse ausgeschlossen werden, dass auch unausgesprochen politische Ziele mit der Strafverfolgung verbunden würden, wie es bei Republikflüchtlingen wohl zu erwarten sei; ebenso, dass die Auslieferung schwere gesundheitliche oder psychische Schäden oder die Gefahr einer Selbsttötung nach sich ziehe. »Nur wenn es außerhalb jedes vernünftigen Zweifels steht, dass alle diese Voraussetzungen erfüllt sind, ist eine Zulieferung mit dem ordre public der Bundesrepublik Deutschland zu vereinbaren.«[70]

Dies zu prüfen, war dem Bundesverfassungsgericht jedoch verwehrt; es konnte nichts weiter tun, als die Berliner Behörden an diese Voraussetzungen zu erinnern. Sowohl im Vorfeld als auch im Nachgang der Entscheidung kam es zu einigen Konflikten zwischen dem Bundesverfassungsgericht auf der einen Seite und dem Berliner Senat und der Bundesregierung auf der anderen Seite. Diese wurden von den drei Westmächten verpflichtet, jeden Anschein zu vermeiden, dass das Bundesverfassungsgericht überhaupt irgendeine Prüfungskompetenz in »Berliner Sachen« habe. Das Berliner Kammergericht hatte nicht einmal die Akten nach Karlsruhe weitergeleitet. Dennoch trug das Bundesverfassungsgericht am Ende den Sieg davon: Nach seinen Ausführungen war es faktisch nicht mehr möglich, das Rechtshilfegesetz so anzuwenden, wie es das Berliner Kammergericht getan hatte. Der Bundesgesetzgeber änderte am 18. Oktober 1974 das Rechtshilfegesetz, und auf dieser neuen Grundlage lehnte der Generalstaatsanwalt bei dem Kammergericht die Auslieferung Ingrid Brückmanns an die DDR ab. Das Mädchen wurde schließlich vom Landgericht Berlin unter Anrechnung von 18 Monaten Untersuchungshaft wegen Totschlags zu zweieinhalb Jahren Jugendstrafe verurteilt und sodann mit Haftverschonung freigelassen.[71]

Verfassungspatriotismus: Die Liebe zum freiheitlich verfassten Land

Der rechtsstaatliche »Maßstab« und die »wertgebundene Ordnung«, die das Bundesverfassungsgericht 1973/74 so tapfer aufrechterhielt, begründeten in der Bundesrepublik eine neue Identifikation, die mit dem Begriff »Verfassungspatriotismus« in den 1980er Jahren Einzug in die öffentlichen Debatten hielt. Der Erfinder dieses Begriffs, Dolf Sternberger, hatte schon 1947, noch vor der Schaffung des Grundgesetzes, die »Vaterlandsliebe« mit der Verfassungsfrage verknüpft: »Der Begriff des Vaterlandes erfüllt sich erst in seiner freien Verfassung – nicht bloß in seiner geschriebenen, sondern in der lebenden Verfassung, in der wir uns alle als Bürger dieses Landes befinden, an der wir täglich teilnehmen und weiterbilden.«[72] Diese Hoffnung sah Sternberger 1979 halbwegs erfüllt: »Noch immer trauern wir, noch immer hoffen wir. Doch ist den nationalen Gefühlen seither ein helles Bewusstsein von der Wohltat dieses Grundgesetzes zugewachsen. Die Verfassung ist aus der Verschattung hervorgekommen, worin sie entstanden war.« Es habe sich »unmerklich ein neuer, ein zweiter Patriotismus gebildet, der eben auf die Verfassung sich gründet. Das Nationalgefühl bleibt verwundet, wir leben nicht im ganzen Deutschland. Aber wir leben in einer ganzen Verfassung, in einem ganzen Verfassungsstaat, und das ist selbst eine Art von Vaterland.«[73] 1986 nahm Jürgen Habermas die Formulierung auf: Der Verfassungspatriotismus sei die einzige Form des Patriotismus, die Deutschland nicht dem Westen entfremde. Ein Gemeinwesen, das sich über seine freiheitlich-demokratische Verfasstheit und Werteordnung definiere, könne sich auch ganz von den Gemeinsamkeiten der Ethnie, Sprache, Kultur lösen. Wie zuvor Karl Jaspers wurden auch Sternberger und Habermas vielfach missverstanden. Weit verbreitet ist noch heute die Kritik, dass der Verfassungspatriotismus »eine zu dünne, zu intellektualistische Grundlage eines deutschen Patriotismus«[74] bzw. nur ein »Ideal« sei, das »die Wahrnehmung der Wirklichkeit trübt«.[75] Der Begriff kennzeichne »die Distanz zur Selbstbenennung als Nation«,[76] zu den geschichtlich-kulturellen Gemeinsamkeiten, aus denen Gemeinschaftsgefühl, Solidarität, Identität erwüchsen. Diese Kritik vernachlässigt, dass auch der Verfassungspatriotismus in kulturellen Voraussetzungen und historischen Erfahrungen wurzelt – in einer liberalen politischen Kultur, die sich vom Grundgesetz gestützt und auf das Grundgesetz bezogen, in sechzig Jahren entwickeln konnte. Verfassungspatriotismus heißt nicht Stolz auf die niedergeschriebene Verfassung, sondern auf das freiheitlich verfasste Land. Er hat kein geringeres Identifikationspotential und nicht weniger emotionale Möglichkeiten als andere Patriotismen. Solange »hier die Luft der Freiheit weht«,[77] kann der Verfassungspatriot durchaus die deutsche Fahne schwenken und in Fußballstadien »Deutschland, Deutschland« jubeln. Allerdings mögen seine Bekenntnisse manchmal unsicher wirken, weil er die Ambivalenzen quasi-religiöser Überhöhungen in einer säkularisierten Moderne besser durchschaut, wie Ralf Dahrendorf: »Ich habe den Begriff (Verfassungspatriotismus, Anm. d. Verf.) gern gebraucht. Inzwischen ist mir klar, dass der Wunsch, die Verfassung der Freiheit mit ein bisschen Weihrauch zu umgeben, vergeblich ist.«[78] Außerdem blieb der Verfassungspatriotismus vor 1989 auch deshalb eher abstrakt, weil die Deutschen zwar »in einer ganzen

Verfassung, in einem ganzen Verfassungsstaat«[79] lebten, in der DDR der von der Verfassung gesicherte Anspruch auf Teilhabe aber nicht verwirklicht werden konnte. In dieser Situation war der auf die Staatsbürgernation bezogene Verfassungspatriotismus keineswegs ein Notbehelf, ein »Substitut für ein fehlendes, genuines Nationalbewusstsein«.[80] Es verhielt sich genau umgekehrt: Das »Gespenst« der Reichsnation, die Anhänglichkeiten an die ethnische Volksnation, die Rückbesinnung auf die unpolitische Kulturnation kompensierten die Defizite der unvollständigen Staatsbürgernation.

Zumindest die politischen Eliten der Bundesrepublik brauchten in den achtziger Jahren solche Kompensationen nicht mehr. Zum vierzigjährigen Geburtstag des Grundgesetzes 1989 erschien ein Sammelband »Das Wiedervereinigungsgebot des Grundgesetzes«,[81] in dem von Bundeskanzler Helmut Kohl über Bundespräsident Richard von Weizsäcker, die Vorsitzenden der Bundestagsfraktionen der SPD und der FDP und den Vorsitzenden der CSU bis hin zu den Vorsitzenden des Deutschen Gewerkschaftsbundes und der Bundesvereinigung der Deutschen Arbeitgeberverbände fast alles, was Rang und Namen hatte, eine eindeutige Antwort auf den Verdacht gab, den der Schlusssatz der Präambel weckte: Mit dem »gesamten Deutschen Volk« sei eben nicht die Wiederauflage einer preußisch-deutschen Großmacht gemeint, die Lehren aus der Geschichte seien gezogen, und die Verantwortung für die Nation gehe Hand in Hand mit der Verantwortung für Frieden und Demokratie. Die Autoren pochten auf den Fortbestand der Nation; vom Fortbestand des Deutschen Reiches war keine Rede mehr.

Die Wiedervereinigung und das Ende des Irredentismus

Inzwischen hatte sich die weltpolitische Konstellation grundlegend verändert: Das sowjetische Imperium löste sich auf, die Staats- und Gesellschaftsordnung der DDR implodierte, und wenige Monate später fiel die Mauer. Die friedliche Revolution konnte unter der Parole »Wir sind das Volk« das Prinzip der Volkssouveränität durchsetzen. Nun waren die Bedingungen gegeben, um die deutsche Staatsbürgernation zu vervollständigen. Die vier Siegermächte von 1945 ließen sich trotz anfänglicher Vorbehalte Englands und Frankreichs dafür gewinnen, ein wiedervereinigtes Deutschland in eine nationalstaatliche Souveränität zu entlassen, die durch europäische Integration und Einbindung in ein dichtes Geflecht internationaler und supranationaler Organisationen keine Gefahren mehr barg. Für die Sogwirkung, die der Wunsch nach Wiedervereinigung entfaltete, sobald die Forderung nach Demokratie erfüllt schien, gibt es eine Reihe von Erklärungen: die ökonomische Misere der DDR und den vollständigen Vertrauensverlust in ihre Institutionen; die Sehnsucht der Bevölkerungsmehrheit nach Teilhabe am Wohlstand und den sozialen und politischen Errungenschaften der Bundesrepublik; ihr Misstrauen gegen das Experiment eines »dritten Weges«; das patriotische Pathos des Bundeskanzlers Helmut Kohl, aber auch älterer Politiker der SPD; die Dynamik, die Kohl mit dem Überraschungscoup seines Zehn-Punkte-Programms in Gang setzte.

Einer dauerhaften Zweistaatlichkeit, einer »österreichischen Lösung« hätte das im Grundgesetz verankerte Staatsangehörigkeitsrecht der Bundesrepublik im Wege gestanden. Auch nach einer Demokratisierung der DDR blieben die DDR-Bürger »Deutsche im Sinne des Grundgesetzes«, und es war verfassungsrechtlich ausgeschlossen, sie gegen ihren Willen aus dem Staatsbürgerverband der Bundesrepublik auszuschließen. Dass sie freiwillig auf die Garantien und Vorteile der deutschen bzw. dann bundesdeutschen Staatsbürgerschaft verzichtet hätten, war angesichts der anhaltenden Massenabwanderungen in den Westen höchst unwahrscheinlich. Selbst großzügigste Finanzhilfen hätten nichts daran geändert, dass eine fortbestehende DDR auf viele Jahre eine wirtschaftlich und politisch prekäre und unsichere Existenz geführt hätte. So setzte sich parteiübergreifend die Einsicht durch, dass die politische Verantwortungs- und soziale Solidaritätsgemeinschaft der Westdeutschen mit den Ostdeutschen letztlich nur durch eine Wiedervereinigung realisiert werden konnte. Die Politik des saarländischen Ministerpräsidenten Oskar Lafontaine, der am 25. November 1989 in einem Interview der Süddeutschen Zeitung forderte, den Strom der Übersiedler und Aussiedler durch eine radikale Änderung des Staatsbürgerschaftsrechts zu stoppen und den Menschen in der DDR den »Zugriff auf die sozialen Sicherungssysteme der Bundesrepublik«[82] zu verwehren, beschleunigte wohl zusätzlich die Entwicklung hin zur Wiedervereinigung. Ein gutes halbes Jahr nach den ersten freien Volkskammerwahlen wurde die Wiedervereinigung am 3. Oktober 1990 auf schnellstmöglichem Wege vollzogen: über den Beitrittsartikel 23 des Grundgesetzes, den 1956 schon das Saarland genutzt hatte.

Artikel 146, der die Einberufung einer Nationalversammlung zur Ausarbeitung einer gesamtdeutschen Verfassung vorsah, blieb ungenutzt. Die unmittelbare Legitimation einer Verfassungsschöpfung durch alle Deutschen wäre hilfreich gewesen, um der Staatsbürgernation Selbstbewusstsein zu geben und ihr inneres Zusammenwachsen zu fördern. Dass diese »Chance« nicht genutzt wurde, hatte nachvollziehbare Gründe: Als Regelwerk hatte sich das Grundgesetz in den vierzig Jahren seines Bestehens bewährt. Die Pläne, eine neue Verfassung um »sozialistische Errungenschaften« der DDR zu erweitern – etwa das »Recht auf Arbeit«, das von keinem Bundesverfassungsgericht hätte durchgesetzt werden können –, ließen die liberalen Rechtspolitiker aller Parteien erschaudern. Sie erweckten den Eindruck, als könne das wiedervereinigte Deutschland durch eine Verfassungsschöpfung nur verlieren. Aber auch als identitätsstiftendes, gemeinschaftsbegründendes Werk hatte man das Grundgesetz schätzen gelernt: Wie von Theodor Heuss gefordert, war es kein Provisorium, kein »Notdach« geworden, sondern hatte durchaus etwas von den höheren Weihen einer richtigen Verfassung, zumal von Anfang an die »anderen Deutschen« in die Staatsbürgernation einbezogen waren. Damit mussten sich die Ostdeutschen zufriedengeben, was ihnen umso schwerer fiel, je mehr sie sich um ein eigenes staatliches und gesellschaftliches Leben in der DDR bemüht hatten. Es lässt sich nicht leugnen, dass auch der Wiedervereinigungsprozess eine tiefe Unsicherheit der deutschen Staatsbürgernation in Bezug auf sich selbst, ein Misstrauen gegenüber der demokratischen Kompetenz des »deutschen Volkes« offenbarte. Der Artikel 146 steht noch immer im Grundgesetz, als warte er darauf, doch einmal realisiert zu werden. Auf eine Volksabstimmung über das Grundgesetz wurde 1990 wie schon 1949 verzichtet.

Dennoch fand die »deutsche Frage« mit der Wiedervereinigung ihre Lösung und Beantwortung. Nun war sowohl innen- als auch außenpolitisch geklärt, wo Deutschland lag und in welchem Gemeinwesen die Deutschen lebten. Das Jahr 1990 markierte damit auch das Ende des deutschen Irredentismus. Es bestanden zwar weiterhin konkurrierende Nationsvorstellungen, wenn etwa Lafontaine sich nach der verlorenen Bundestagswahl im Dezember 1990 damit verteidigte, dass er »den Zugang zum Einigungsprozess über die soziale Frage gefunden«[83] habe, während die älteren Sozialdemokraten um Willy Brandt die politische Staatsbürgernation im Vordergrund sahen; oder wenn bei der Bundestagsabstimmung über die Hauptstadt des wiedervereinigten Deutschlands am 20. Juni 1991 die Befürworter Bonns und Berlins um die mit den beiden Städten verknüpften Deutschlandbilder stritten. Auch wurde die Vorstellung einer ethnischen Volks- und Schicksalsnation wieder hochgespült, als Mitte der neunziger Jahre eine Gruppe (neo-)konservativer Intellektueller eine »selbstbewusste Nation«[84] forderte, deren »Volk sein Sittengesetz gegen andere behaupten will und dafür bereit ist, Blutopfer zu bringen«.[85] Die in der Fortbestandslehre konservierte Reichsnation erlebte ihre letzten Zuckungen, als einige Unionsabgeordnete um den Heimatvertriebenenpolitiker Herbert Czaja im März 1990 die Entschließung des Bundestages zur Anerkennung der Oder-Neiße-Grenze für rechtsungültig erklären wollten. Auch Helmut Kohl hatte im Winter 1989/90 versucht, die Frage der polnischen Westgrenze offenzuhalten – nicht weil er tatsächlich an ihrer Revision interessiert gewesen wäre, sondern aus innerparteilichtaktischen Motiven und wohl auch, weil es ihm ebenfalls schwerfiel, mit der verfassungsrechtlich verankerten »Lebenslüge« der Bundesrepublik zu brechen, sie sei mit dem Deutschen Reich in den Grenzen von 1937 identisch und könne nur in einem Friedensvertrag auf die 1945 annektierten Territorien verzichten. Der Abschied von der Fortbestandslehre wurde schließlich wesentlich dadurch erleichtert, dass ein Friedensvertrag die Frage der Reparationen für eine unabsehbare Anzahl von Staaten heraufbeschworen hätte. So überlebte die Idee der Reichsnation nur noch in rechtsradikalen Kreisen, wo sie zusammen mit der ethnischen Volksnation bis heute die ideologische Stütze für antiwestliche Ressentiments und Modernisierungsängste bildet.

In den vier Nachkriegsjahrzehnten hatten die Deutschen unter dem Grundgesetz gelernt, die unversöhnlichen Gemeinschaftsvorstellungen, die die Weimarer Republik zerrissen hatten, auszugleichen und mit den Mitteln der Demokratie und des Rechtsstaates zu entschärfen. Die deutsche Staatsbürgernation stand auf wackeligen Beinen, aber sie stand. Die Angst, vor allem der britischen Regierung, vor einem »Vierten Reich« erwies sich als unbegründet. Auch die tiefe kulturelle und mentale Kluft, die in den Jahren der Teilung zwischen Ostdeutschen und Westdeutschen entstanden war, auch die weiterhin ungleichen und ungerechten Lebensverhältnisse, auch die »Ostalgie« der »Ossis« und die Solidaritätsunwilligkeit der »Wessis« – die in einem Witz den Ruf »Wir sind ein Volk« mit: »Wir auch!« beantworteten, in einem anderen Witz mit: »Und ich bin Volker!« – auch der ganze Mangel an »innerer« Einheit führt bis heute nicht dazu, dass die wiedervereinigte, europäisch integrierte Bundesrepublik Deutschland von ernstzunehmender Seite in Frage gestellt würde.

Deutschland, ein Einwanderungsland: Der Abschied vom ethnischen Prinzip

Gerade weil die Staatsbürgernation sich 1990 erfüllte, waren die Deutschen bereit, sich auch dem letzten Teilaspekt der »deutschen Frage« zu stellen: nämlich dem Umstand, dass inzwischen fast zehn Prozent der Bevölkerung Menschen waren, die teilweise seit Jahrzehnten, sogar seit mehreren Generationen im Land lebten und doch immer noch als »Ausländer« klassifiziert wurden. Die bisherige Definition derer, die »Deutsche im Sinne des Grundgesetzes« waren und Anspruch auf die Grundrechtsgarantien hatten,

orientierte sich fast ausschließlich am Abstammungsprinzip, dem
»ius sanguinis«. Wer in den Staatsdienst eintreten wollte, musste
häufig sogar, fast wie zu Zeiten des Ariernachweises, die Herkunft
von Eltern und Großeltern belegen; der deutsche Reisepass oder
Personalausweis galt nur als ein »Indiz« für die deutsche Staatsbürgerschaft. Dass das deutsche Staatsangehörigkeitsrecht bis 1999
vor allem auf ethnischen Kategorien fußte, hatte seine Gründe in
den politischen Konstellationen, die die Staatsnation und die
Staatsbürgernation so lange geschwächt hatten. Wie die Fortbestandslehre war auch das ethnische Prinzip im Staatsangehörigkeitsrecht eine Art Krücke, um den Staat und die Nation in einer
instabilen Situation zu konsolidieren. Nach 1990, da die politischen Konstellationen, die dieser Instabilität zu Grunde lagen,
überwunden wurden, konnte das ethnische Prinzip allmählich
zurücktreten.[86] Bis es so weit war, dauerte es allerdings noch ein
Jahrzehnt. In den neunziger Jahren explodierte die Zahl der Einbürgerungen, weil Hunderttausende osteuropäischer Spätaussiedler, so genannte »Statusdeutsche«, ihren Rechtsanspruch auf Einbürgerung verwirklichten. Aber auch die Zahl der Ausländer, vor
allem der Türken, die nach 15 Jahren Aufenthalt eingebürgert werden konnten, stieg sprunghaft an. 1999 konnte eine Koalition aus
SPD, Grünen und FDP das Staatsangehörigkeitsrecht endlich an
europäische und westliche Standards anpassen und um das Ge-
burtsortsprinzip (»ius soli«) ergänzen. In Deutschland geborene
Kinder, von denen ein Elternteil seit mindestens acht Jahren in
Deutschland lebt und ein unbefristetes Aufenthaltsrecht hat, erwerben seit 2000 automatisch die deutsche Staatsbürgerschaft. Sie
erscheinen nun ebenso wenig in der Einbürgerungsstatistik wie
die Statusdeutschen, die mit der Bescheidung als Spätaussiedler
ebenfalls automatisch die deutsche Staatsangehörigkeit bekommen. Erwachsene Ausländer haben jetzt bereits nach acht Jahren
legalem Aufenthalt einen Anspruch auf Einbürgerung.

Deutschland ist nun anerkanntermaßen ein Einwanderungs-
land; die Deutschen »im Sinne des Grundgesetzes« lassen sich
nicht mehr mit ethnischen oder kulturellen Kategorien beschreiben. Das deutsche Gemeinwesen ist allerdings darauf angewiesen,

dass auch die Eingewanderten sich als Teil der deutschen Staatsbürgernation verstehen und die Werteordnung des Grundgesetzes teilen. Dafür brauchen die Eingewanderten ausreichende Kenntnisse der deutschen Sprache, ein staatsbürgerliches Bewusstsein ihrer Rechte und Pflichten und ein gewisses Verständnis für die historischen Verantwortungen dieses Landes. Erwachsene haben seit dem 1. September 2008 einen Einbürgerungstest abzulegen, mit »einfachen Fragen zu Grundzügen der deutschen Rechtsordnung, Kultur und Geschichte«.[87] Der Begriff der »Leitkultur«, mit dem ihnen eine kulturelle Assimilation jenseits der Werteordnung des Grundgesetzes abverlangt wird, offenbart jedoch staatsbürgerliche Defizite eher bei denjenigen, die ihn vertreten: Da Reichsnation und Volksnation abgewirtschaftet haben, muss jetzt die Kulturnation herhalten, um die Selbstzweifel der Staatsbürgernation zu kompensieren. Man traut den Bindekräften der Staatsbürgernation noch nicht ganz zu, die Einwanderer zu integrieren und sich als Deutsche fühlen zu lassen. Deshalb greift man wieder zur Krücke einer »deutschen Kultur«, deren inhaltliche Bestimmung zwangsläufig vage und willkürlich bleibt. Auch die Abwehrreaktionen gegen die doppelte Staatsbürgerschaft sind ein Symptom dieser Schwäche: Aus dem Misstrauen heraus, dass eine doppelte Staatsbürgerschaft zu Loyalitätskonflikten führen könnte, müssen Jugendliche, die nach dem Abstammungsprinzip zusätzlich noch eine ausländische Staatsangehörigkeit besitzen, sich bis zur Vollendung des 23. Lebensjahrs für eine der beiden Staatsangehörigkeiten entscheiden. Nur, wenn das andere Land sie nicht aus ihrer Staatsbürgerschaft entlässt, wird die doppelte Staatsbürgerschaft hingenommen. Und doch hat sich seit 1999, als die hessische CDU unter Roland Koch mit ihrem ressentimentgeladenen Kampf gegen die doppelte Staatsbürgerschaft die Landtagswahlen in Hessen gewann, die Staatsbürgernation unaufhaltsam weiter gekräftigt, geöffnet und befriedet.

1946, als Karl Walter Küchenmeister kein Deutscher mehr sein wollte, lag fast die ganze Welt mit Deutschland im Krieg. Sechzig Jahre später, im Sommer 2006, veranstaltete Deutschland eine Fußball-Weltmeisterschaft, und fast die ganze Welt kam, um zu feiern. Von den rund 124 830 Einbürgerungen, die im gleichen Jahr vollzogen wurden, waren 5140 »Anspruchseinbürgerungen aus Gründen der Wiedergutmachung«: Circa 4310 Israelis, 300 US-Amerikaner und weitere Menschen, deren Eltern oder Großeltern von den Nationalsozialisten aus Deutschland zwangsausgebürgert worden waren, nahmen den Artikel 116 Absatz 2 GG in Anspruch, mit dem die Abgeordneten des Parlamentarischen Rates den Zwangsausgebürgerten und ihren Nachkommen auf Antrag die Wiedereinbürgerung zugesichert hatten.[88] Viele von ihnen mögen sich sonderbar gefühlt haben, als sie plötzlich den Pass eines Landes in den Händen hielten, das so viel Unglück über ihre Familien gebracht hatte. Sie mögen sich angesichts des Libanonkrieges und der verzweifelten Lage im Nahen Osten gesagt haben, dass sie mit der deutschen Staatsangehörigkeit vor allem ein Aufenthaltsrecht in der gesamten Europäischen Union erhielten. Und doch hätten sie diesen Schritt wohl nicht getan, wenn sie der seit 1949 gewachsenen Staatsbürgernation nicht vertrauen würden. Eine Gruppe junger Israelis, in Fußballfieber und Feierlaune, malte sich im Fußballsommer 2006 für den Spaziergang über die Berliner Fanmeile sogar kleine deutsche Fahnen auf die Wangen. Sie gingen davon aus, dass dieses Symbol nicht als Bekenntnis zu einer deutschen Volksnation, einer deutschen Reichsnation, einer deutschen Kulturnation verstanden würde. Für sie und für viele Millionen anderer Fußballfans aus aller Welt bedeuteten die Farben schwarz-rot-gold im Sommer 2006 nicht mehr und nicht weniger als einen Ausdruck der Freude darüber, dass in Deutschland »die Luft der Freiheit weht« und dass hier alle Menschen, ganz gleich, woher sie kommen, spielen, feiern und fröhlich sein dürfen.

Zwischen Recht und Politik: Bundeskanzler Adenauer bei der Eröffnung des
Bundesverfassungsgerichts 1951.

KAPITEL 2

Die Bürgerverfassung
Das Grundgesetz und die Freiheit

Am Anfang interessierten sich die Deutschen nur wenig für ihr Grundgesetz. Von der breiteren Öffentlichkeit wurden die Beratungen des Parlamentarischen Rates kaum registriert. Erst als es um die Formulierung des Gleichberechtigungssatzes ging, konnte die SPD-Abgeordnete Elisabeth Selbert eine Bürgerinnenbewegung mobilisieren, die sich mit Unterschriftenlisten und Postkampagnen für die Gleichstellung von Mann und Frau einsetzte. Die Zeitungen nahmen indes nur sporadisch vom Fortgang der Verfassunggebung Notiz. Die journalistische Chronistenpflicht wurde erfüllt – mehr nicht.[1] Vier Jahre nach dem Ende des Krieges waren die Menschen mehr mit den Problemen ihres alltäglichen Lebens und Überlebens beschäftigt als mit Diskussionen über die Staatsorganisation, die Machtaufteilung zwischen den Verfassungsorganen oder die Reichweite von Grundrechten. Noch lagen die Städte in Trümmern, warteten Familien auf die Heimkehr ihrer Väter, Söhne und Brüder, lag der spätere Wohlstand in weiter Ferne. Für die Mehrzahl der Deutschen war der Tag der Kapitulation im Mai 1945 so wenig als historische Zäsur spürbar wie das Inkrafttreten des Grundgesetzes vier Jahre später. Stärker brannte sich der 21. Juni 1948 als Beginn einer neuen Epoche ins kollektive Bewusstsein der Westdeutschen ein, jener Tag, an dem mit der D-Mark eine neue Währung einzog und die Auslagen der Geschäfte sich über Nacht füllten.

Diese Verschiebung zwischen staatsrechtlich wirksamer und kollektiv empfundener Zäsur hat sich in der deutschen Nachkriegsgeschichte wiederholt: Auch 1990 war für die Mehrheit der Ostdeutschen die Wiedervereinigung durch die Einführung der D-Mark am 1. Juli greifbarer als durch den staatsrechtlichen Vollzug am 3. Oktober. Und zu Beginn des Jahres 2002 projizierten die Deutschen ihre Hoffnungen und Sorgen angesichts des zusammenwachsenden Europas stärker auf den Abschied von der D-Mark als auf den zeitgleich tagenden Europäischen Konvent, der unter Vorsitz des früheren französischen Staatspräsidenten Valéry Giscard d'Estaing über eine Europäische Verfassung beriet. In entscheidenden Momenten ihrer Geschichte lag den Deutschen ihre Währung näher als ihre Verfassung.

Die erste, breit geführte Auseinandersetzung der Öffentlichkeit mit dem Grundgesetz drehte sich ausgerechnet um eine Vorschrift, die heute zum selbstverständlichen Bestand einer an die Wahrung der Menschenrechte gebundenen Rechtsordnung gehört: um die Abschaffung der Todesstrafe in Artikel 102 GG. Schon im Parlamentarischen Rat hatten sich hitzige Debatten daran entzündet, und Carlo Schmid ahnte früh, »dass durch diesen Beschluss mehr geschehen ist, als dass wir nur einen Paragrafen unseres Strafgesetzbuches geändert haben«.[2] Das Für und Wider der Todesstrafe beschäftigte auch jene Deutschen, die bis dahin kaum Notiz von ihrer neuen Verfassung genommen hatten. Das Grundgesetz war noch kein Jahr in Kraft, da zielte der erste förmliche Antrag auf Verfassungsänderung – begleitet von einer ausführlichen Presseberichterstattung und lebhaften Diskussionen auf den Leserbriefseiten[3] – auf die Streichung von Artikel 102 GG. Unverhohlen versuchte die Bayernpartei, mit ihrem populären Vorstoß die Legitimität des Grundgesetzes in Frage zu stellen: Die verfassunggebende Versammlung hätte »nicht der Versuchung erliegen dürfen, eine solche schwere, weittragende Entscheidung ohne Befragung des Volkes selbst zu treffen«, rief der BP-Politiker Hermann Etzel im März 1950 in einer erregten Parlamentsdebatte.[4] Bundesjustizminister Thomas Dehler fürchtete: »Man will diesem Grundgesetz keine Chance geben.«[5] Bis Ende der fünfziger Jahre folgten nicht weniger als sechs Anträge auf Wiedereinführung der Todesstrafe. Die Unterstützung dafür reichte bis weit in die Reihen der Unionsparteien. Zu ihren Befürwortern gehörten Bundestagspräsident Eugen Gerstenmaier, die Bundesminister Franz Josef Strauß, Anton Storch, Franz-Josef Wuermeling und

Richard (genannt »Kopf ab«) Jaeger, der spätere Bundestagspräsident Richard Stücklen und der Adenauer-Vertraute Robert Pferdmenges.[6]

Die Auseinandersetzung um die Todesstrafe mag im Rückblick als Marginalie erscheinen. Jenseits der großen Verfassungsdebatten um Länderneugliederungen, Wiederbewaffnung und Grundrechte aber illustriert sie anschaulich, wie sich im ersten Jahrzehnt der Bundesrepublik ein neuer Verfassungskonsens ausprägte, der das Grundgesetz als in seinem Kern unangefochtene Leitlinie politischen Handelns anerkannte – nötigenfalls auch entgegen weit verbreiteten Stimmungen in der Bevölkerung. Bis in die siebziger Jahre hinein ließen sich noch deutliche Mehrheiten für eine Wiedereinführung der Todesstrafe ausmachen.[7] Auf die Bühne der parlamentarischen Verfassungsdebatte hat es dieses Thema nach 1958 aber nicht mehr geschafft.[8] Das Grundgesetz etablierte sich nicht allein als formales Organisationsstatut, sondern als ethisch fundierte Wertordnung für Staat und Gesellschaft.

Wilhelm Elfes und die Erfindung der allgemeinen Handlungsfreiheit

Wer der Frage nachgeht, wie das Grundgesetz zu jener Grundrechteverfassung wurde, die heute von den Deutschen verstanden und akzeptiert wird, stößt immer wieder auf Randfiguren der großen Geschichtserzählung – Außenseiter, Querulanten, streitbare Geister, die bereit waren, für das, was sie als ihr gutes Recht empfanden, durch alle Instanzen der Gerichtsbarkeit bis hin zum Bundesverfassungsgericht zu kämpfen. Viele von ihnen waren mehr vom Mut der Verzweiflung als von lebenspraktischer Vernunft getrieben. Nicht selten aber halfen sie, die Rechtsentwicklung voranzubringen; auch wenn sie selbst nicht mehr von den wegweisenden Entscheidungen profitieren konnten, die sie erstritten hatten. Eine Geschichte der Bundesrepublik als Grundrechtestaat muss auch ein Loblied auf jene unbequemen Einzelkämpfer sein, die im Rechtsstaat für die Weiterentwicklung des Rechts sorgen. Einer von ihnen war Wilhelm Elfes. Das nach ihm benannte Urteil des Bundesverfassungsgerichts vom 16. Januar 1957 wurde zu einer tragenden Säule der Grundrechtauslegung durch die Karlsruher Richter. Es war ein erster Meilenstein auf dem Weg, an dessen Ende das Grundgesetz als eine von mächtigen Richtern verteidigte Freiheitsordnung der Bürger steht. Für den Kläger aber endete diese Auseinandersetzung mit einer bitteren Niederlage.

Elfes gehörte mit Jakob Kaiser zu den Mitbegründern der CDU, die den populären Verlockungen der Marktwirtschaft die Utopie eines christlich-katholischen Sozialismus entgegenhielten.[9] Zunehmend wurde er für die Mehrheit seiner Partei zum politischen Querkopf. Während Adenauer die Bundesrepublik auf Westkurs hielt und die SPD eine scharfe Abgrenzung von den ostdeutschen Sozialisten mit allen Mitteln der innerparteilichen Disziplinierung durchsetzte, betrieb er den Ausbau politischer Verbindungen in den Osten. Er propagierte militärische Abrüstung und politische Neutralität, als der Widerstreit der Systeme das Land längst gespalten hatte und die Deutschen sich an der Frontlinie des Kalten Krieges gegenüberstanden. Als Publizist und Politiker wurde Elfes wider Willen zum Instrument der SED. In der KPD kursierten Pläne, ihn nach dem Sturz des »Adenauer-Regimes« an der Spitze einer Übergangsregierung zu installieren.[10] 1961 kandidierte er – mittlerweile aus der CDU ausgeschlossen – für die von ihm mitbegründete und von der DDR finanziell unterstützte »Deutsche Friedensunion« erfolglos für den Deutschen Bundestag. Bei der darauf folgenden Bundestagswahl reichte es mit der »Aktion Demokratischer Fortschritt« nicht einmal mehr für die Aufstellung von Kandidaten.

Sein Gang durch die Instanzen begann 1953. Bei der Passbehörde von Mönchengladbach hatte er die Verlängerung seines Reisepasses beantragt, die ihm – zunächst ohne Nennung der Gründe – verweigert worden war. Erst als Elfes dagegen klagte, wurden ihm die Gründe genannt: Das Landesverwaltungsgericht Düsseldorf rechtfertigte die Behördenentscheidung damit, dass er im Dezember 1952 am »Kongress der Völker für den Frieden« in Wien teilgenommen und eine »Gesamtdeutsche Erklärung« vorgetragen habe. Das Oberverwaltungsgericht nannte weitere Auftritte in Paris, Budapest und Ost-Berlin. Die Gerichte – einschließlich des Bundesverwaltungsgerichts – befanden, Elfes habe damit »die äußere Sicherheit oder sonstige erhebliche Belange der Bundesrepublik oder eines deutschen Landes gefährdet.« Das war der Tatbestand, der nach Paragraf 7 Absatz 1 Buchstabe a des Passgesetzes die Verweigerung eines Reisepasses rechtfertigte. Die Bundesrepublik Deutschland hatte gegen ihren unbequemen Bürger Wilhelm Elfes ein Ausreiseverbot verhängt.

Zum Grundgesetz stand das nicht automatisch im Widerspruch: Ein Recht auf freie Ausreise ist dort an keiner Stelle ausdrücklich verbürgt. Im Parlamentarischen Rat hatte es eine kurze Debatte gegeben, ob man ein Recht auf Auswanderung im Grundgesetz festschreiben solle.[11] Über die Freiheit, ins Ausland zu reisen, war nicht einmal gesprochen worden. Das mag rückblickend verwundern. Immerhin war die Reisefreiheit jahrzehntelang ein Inbegriff für die individuell erfahrbare Unterschiedlichkeit beider Gesellschaftsformen: hier die Eingemauerten und zu sozialistischer Provinzialität Verdammten, dort die prosperierenden Bundesbürger, die sich als Touristen, Geschäftsreisende oder Austauschschüler ein Bild von der Welt machten.

1953 stand das Bundesverfassungsgericht zunächst vor der Frage, ob und wie die Reisefreiheit prinzipiell durch das Grundgesetz garantiert ist, obwohl der Grundrechtekatalog sie nicht ausdrücklich erwähnt. Die Richter verwiesen dazu auf Artikel 2 Absatz 1 GG: »Jeder hat das Recht auf die freie Entfaltung seiner Persönlichkeit, soweit er nicht die Rechte anderer verletzt und nicht gegen die verfassungsmäßige Ordnung oder das Sittengesetz verstößt.« Im Parlamentarischen Rat war noch umstritten, wie weit die damit garantierte allgemeine Handlungsfreiheit reichen sollte. Die Vertreter der so genannten Persönlichkeitskerntheorie hatten argumentiert, dass nur solches Verhalten unter den Schutz von Artikel 2 Absatz 1 GG fallen dürfe, das das «innerste Wesen« des Menschen als «geistig-sittliche Person« ausmache.[12] Nach dieser Auffassung wären allein hehre Gewissensentscheidungen, religiöse und private Handlungen vom Grundrecht auf freie Persönlichkeitsentfaltung geschützt worden. Dieser engen Auslegung stellten die Verfassungsrichter in ihrem Elfes-Urteil ein weiter reichendes, freiheitliches Grundrechteverständnis entgegen. Artikel 2 Absatz 1 GG wurde danach zu einem Haupt- und Auffanggrundrecht, das alle Handlungen umfasst, die nicht durch speziellere Grundrechte beschrieben sind. Die allgemeine Handlungsfreiheit wurde somit ein deutsches Äquivalent zu dem schönen Satz der US-Verfassung von 1787, der jedem Bürger der Vereinigten Staaten ein Recht auf »pursuit of happiness«, auf individuelles Streben nach Lebensglück, garantiert.

Die richtungweisende Entscheidung aus Karlsruhe ging allerdings nicht so weit, dass Elfes zu seinem Recht verholfen und die vom Kalten Krieg geprägte Einschränkung seiner Handlungsfreiheit aufgehoben worden wäre: Die Vorschriften des Passgesetzes, so die Richter, seien eine verfassungskonforme Einschränkung der Handlungsfreiheit. Elfes war mit seiner Verfassungsbeschwerde an der politischen Konstellation seiner Zeit ebenso gescheitert wie mit seinen gesamtdeutschen Aktivitäten – doch was die Rechtsentwicklung anging, hatte er seinen Mitbürgern das Tor zu einer freiheitlichen Grundrechteordnung weit geöffnet.

Manche Spätfolgen der Karlsruher Entscheidung gingen Jahrzehnte später selbst liberal gesinnten Verfassungsrichtern zu weit. Als das Gericht 1989 entschied, auch das Reiten im Walde falle unter die verfassungsmäßig verbürgte allgemeine Handlungsfreiheit, warnte Dieter Grimm in einem Sondervotum vor einer Überdehnung von Artikel 2 Absatz 1 GG: Es sei nicht Sinn der Grundrechte, »jedes erdenkliche menschliche Verhalten unter ihren besonderen Schutz zu stellen«.[13] Diese Warnung war nicht etwa von dem Wunsch getrieben, dass willkürliche oder politisch motivierte Verbote harmloser Aktivitäten in Zukunft wieder möglich sein sollten, sondern von einer Befürchtung ganz anderer Art: Grimm warnte vor eine »Banalisierung« der Grundrechte, die in der Konsequenz zu einer »Ausuferung« verfassungsrichterlicher Kontrolle führe. Die Kritik an einer zu weit gehenden Einmischung der Karlsruher Richter in Politik und Gesetzgebung wird bis heute immer wieder laut. Ihren Usrprung hat sie dabei immer wieder in der

Weichenstellung, die das Gericht 1957 im Elfes-Urteil vornahm: Damals öffnete man eine Schleuse, durch die nahezu jeder Lebenssachverhalt zum Gegenstand verfassungsrichterlichen Urteilens werden konnte. Das Bundesverfassungsgericht hatte sich damit angeschickt, zur rechtlichen Zentralinstanz des neuen Staates zu werden. Diese Rolle war ihm bei der Verabschiedung der Verfassung keinesfalls zugeschrieben worden.

Höchstrichterliche Machtkämpfe in Karlsruhe

Das Bundesverfassungsgericht ist der Nachzügler unter den Staatsorganen. Erst 1951 wurde es als letztes der obersten Verfassungsorgane des Bundes gegründet. Ihre Vorrangstellung in der Hierarchie der neuen Verfassungsordnung mussten sich die Karlsruher Richter erst einmal erkämpfen. Historisch war das Bundesverfassungsgericht ohne Vorbild. Zwar kannte auch die Weimarer Verfassung einen Staatsgerichtshof. Doch reichte dessen Bedeutung zu keinem Zeitpunkt auch nur annähernd an die Machtposition des Bundesverfassungsgerichts heran. Umso deutlicher wird im Vergleich, wie groß und gewagt der Schritt war, den die Errichtung und Durchsetzung einer modernen Verfassungsgerichtsbarkeit für die Bundesrepublik bedeutete.

Der Staatsgerichtshof der Weimarer Republik war in erster Linie ein Schiedsorgan für Streitigkeiten zwischen Reich und Ländern oder verschiedenen Ländern untereinander. Bei seinen Entscheidungen beschränkte er sich strikt auf die Kontrolle formaler Verfassungsvorschriften.[14] Verfassungsgerichtsbarkeit in diesem Sinne war primär Verfahrens- und Strukturschutz: Es ging darum, ob Recht auf verfassungsgemäße Art und Weise zustande gekommen war und ob es sich formal korrekt in die staatliche Rechtshierarchie einfügte. Urteile über die grundsätzliche Vereinbarkeit von Gesetzen oder Rechtsakten mit werthaltigen, sogenannten materiellen Prinzipien der Verfassung sollten nicht die Sache von Richtern sein.

Die Frage, ob und wie es begründet werden kann, Entscheidungen demokratisch gewählter Abgeordneter auch inhaltlich durch Richter überprüfen zu lassen, hatte indes auch die Weimarer Staatsrechtslehre beschäftigt. Die Diskussion führte jedoch in ein verfassungstheoretisches Dickicht, in dem fundamentale Probleme der Abgrenzung von Staat und Recht, Politik und Justiz unlösbar verwoben schienen. Erst die Verfassungszerstörung im »Dritten Reich« veränderte die Perspektive auf das Problem. Das nationalsozialistische Regime hatte schließlich auch formale Techniken der Rechtsetzung und Rechtsanwendung als Instrumente der Unterdrückung und des Terrors benutzt. Diese traumatische Erfahrung stärkte nach dem Krieg den Willen, den gordischen Knoten der Verfassungsgerichtsbarkeit zu durchschlagen. Kernfragen, über die der Parlamentarische Rat in diesem Zusammenhang intensiv diskutierte, betrafen die Stellung des Verfassungsgerichts im Gefüge der Justiz sowie seine Zusammensetzung. Sollte es an der Spitze der Justiz stehen, obwohl es doch nicht allein ein Organ der Judikative sein, sondern wegen seiner Aufgaben und Kompetenzen weit in die Sphäre des Politischen hinein wirken würde? Sollte die Verfassungsgerichtsbarkeit in den Händen von Richtern anderer, oberster Gerichte liegen? Wie weit sollten die Befugnisse zur Kontrolle parlamentarischer Entscheidungen reichen? Und welche Konsequenzen konnte ein Verfahren haben, in dem Richter über Mehrheitsentscheidungen demokratisch legitimierter Politiker zu Gericht saßen?

Der CDU-Politiker Walter Strauss hatte bereits vor dem Zusammentreten des Parlamentarischen Rates eine Denkschrift veröffentlicht, in der er vor einer Vermischung von Politik und Recht in einem neuen Staats- oder Verfassungsgericht warnte.[15] Strauss plädierte dafür, alle grundsätzlichen Rechtsfragen einem rein richterlich besetzten Obersten Bundesgericht zuzuweisen, das noch über dem Verfassungsgericht stehen sollte. Dieses sollte auf die klassische Staatsgerichtsbarkeit sowie eine eng begrenzte, vor allem verfahrensrechtliche Normenkontrolle beschränkt bleiben. Auf der Seite der Modernisierer setzte sich vor allem Carlo Schmid für ein politisch geprägtes Gericht ein, dessen »höhere Dignität« im Grundgesetz deutlich zum Ausdruck kommen sollte.[16] Wichtiger noch als diese Vorrangstellung war allerdings die Entscheidung über die Rechtswirkung der Urteile in den Verfahren zur Gesetzesüberprüfung. Auch darüber hatte der Parlamentarische Rat lange gestritten, bis sich die Mehrheit schließlich dazu durchrang, den Entscheidungen im Normenkontrollverfahren selbst Gesetzeskraft zuzubilligen. Ein wagemutiger Schritt, denn das Bundesverfassungsgericht wurde damit auf einem denkbar schmalen Grat zwischen Recht und Politik konstruiert: Wenn es ein Gesetz für unvereinbar mit dem Grundgesetz hält, genügen wenige Richterstimmen,[17] um mit knapper Mehrheit in einem der beiden Senate jeden Parlamentsbeschluss vom Tisch zu fegen – ganz gleich, wie breit die Zustimmung der gewählten Volksvertreter dazu ausgefallen war.

Obwohl mit den Festlegungen über die Zusammensetzung des Gerichts, seine Vorrangstellung im Justizgefüge und die Reichweite der richterlichen Normenkontrolle wichtige Weichen gestellt waren, blieben auch nach dem Inkrafttreten des Grundgesetzes wesentliche Fragen der Verfassungsgerichtsbarkeit offen. Trotz der besonderen Hervorhebung des Bundesverfassungsgerichts betraf das nach wie vor auch seine Position gegenüber der restlichen Judikative. So sah das Grundgesetz in Artikel 95 die Schaffung eines Obersten Bundesgerichts vor, das über dem Bundesgerichtshof, dem Bundesverwaltungsgericht, dem Bundesarbeitsgericht und den Spitzen der anderen Fachgerichtsbarkeiten für eine einheitliche Rechtsauslegung zuständig sein sollte. Es war damals keineswegs vorherzusehen, dass die machtbewusste Rechtsprechung des Bundesverfassungsgerichts ein Oberstes Bundesgericht obsolet machen würde.

Wie schwierig die gesetzgeberische Ausgestaltung der Verfassungsgerichtsbarkeit war, lässt sich daran ablesen, dass es noch einmal zwei Jahre dauerte, bis der Bundestag die noch offenen Fragen im Bundesverfassungsgerichtsgesetz regelte. Erst in diesem Gesetzgebungsverfahren einigte man sich zum Beispiel darauf, das neue Gericht auch unmittelbar für die Bürger zu öffnen. Das Recht für »jedermann«, sich mit einer Verfassungsbeschwerde nach Karlsruhe zu wenden, brachte das Gericht mit den Bürgern ins Gespräch. Und für die Deutschen wurde die Verfassungsbeschwerde das Instrument, mit dem sie sich das Grundgesetz wie keine Verfassung zuvor zu eigen machten.

Lange blieb das Bundesverfassungsgericht allerdings ein Fremdkörper im Staatsgefüge der jungen Bundesrepublik. Kaum hatte der Nachzügler unter den Verfassungsorganen im September 1951 seine Arbeit aufgenommen, gab es erste Abwehrreaktionen. Besonders die Justiz reagierte wie auf ein schwer verträgliches Implantat.

Fremd musste in den Augen der großen Mehrheit der deutschen Juristen schon die Zusammensetzung des Bundesverfassungsgerichts anmuten. Auf der Richterbank fanden sich nicht allein klassische Richter: Bis zu fünf der von Bundestag und Bundesrat im Wechsel gewählten Mitglieder jedes Senats können juristisch gebildete Personen sein, die Erfahrungen aus Politik und Wissenschaft einbringen sollen. Einen Vorrang für die klassischen Justizjuristen, die aus den obersten Gerichtshöfen gewählt werden müssen, hatten die Traditionalisten bei der Beratung des Bundesverfassungsgerichtsgesetzes immerhin erkämpft: Für die reinen Karriererichter galt zunächst eine lebenslange Amtszeit am Bundesverfassungsgericht. Erst seit 1971 endet die Amtszeit nach zwölf Jahren oder mit der Erreichung des 68. Lebensjahres.[18]

Es ist kaum zu überschätzen, wie folgenreich sich die Grundentscheidung über die Zusammensetzung des Bundesverfassungsgerichts auswirkte, und schwer auszumalen, wie sich die Rechtsprechung entwickelt hätte, wären die Mitglieder des Gerichts allein aus den obersten Bundesgerichten rekrutiert worden. Die westdeutsche Justiz war von den Entnazifizierungsmaßnahmen der Siegermächte weitgehend verschont geblieben. Corpsgeist und fester Glaube an eine unpolitische Rolle der Justiz im »Dritten Reich« hatten die Zäsuren der Jahre 1945 und 1949 weitgehend ungebrochen überdauert. Nur wenige Richter und Staatsanwälte, die in den Jahren des Nationalsozialismus aus ihren Ämtern gedrängt worden waren, konnten nach Kriegsende ihre Karrieren fortsetzen.[19] Umso kontinuierlicher verliefen die Laufbahnen jener, die dem NS-Regime in der Richterrobe gedient hatten. Fast zehn Jahre nach dem Ende des »Dritten Reichs« waren rund drei Viertel der Richter beim Bundesgerichtshof »alte« Justizjuristen, an den Oberlandesgerichten waren es sogar fast 90 Prozent.[20]

Auch im Bundesverfassungsgericht fanden sich Richter, die in das nationalsozialistische Unrechtssystem verstrickt waren. Willi Geiger, aus dem Bundesgerichtshof kommend, war während des Krieges Staatsanwalt an einem Sondergericht in Bamberg gewesen und hatte an mindestens fünf Todesurteilen mitgewirkt.[21] Der erste Präsident des Bundesverfassungsgerichts, Hermann Höpker-Aschoff, hatte als Jurist in der »Haupttreuhandstelle Ost« gearbeitet, die für die Legalisierung des deutschen Raubzuges in den eroberten polnischen Gebieten zuständig war.[22] Nach dem Krieg war er als Mitglied des Parlamentarischen Rates einer der Mitautoren des Grundgesetzes und machte sich einen Namen als »Vater der Finanzverfassung«.[23]

Die Mehrzahl der Gründungsmitglieder des Bundesverfassungsgerichts allerdings (in jedem der beiden Senate saßen damals noch zwölf Richter) waren keine Funktionsträger des NS-Justizapparates gewesen. Zahlreiche von ihnen hatten unter dem Regime gelitten. Vizepräsident Rudolf Katz, als Jude geboren, 1930 als überzeugter Sozialist aus der jüdischen Gemeinde ausgetreten, floh wenige Wochen nach Hitlers Machtübernahme und emigrierte in die Vereinigten Staaten, wo er am Institute of Public Administration der New Yorker Columbia University lehrte und forschte. Gerhard Leibholz, seit 1931 Professor an der Universität Göttingen, wurde wegen seiner jüdischen Abstammung und politischen Überzeugungen in den Ruhestand versetzt. Zusammen mit seiner Frau Sabine, der Zwillingsschwester Dietrich Bonhoeffers, emigrierte er 1938 nach Großbritannien.[24] Erna Scheffler – die einzige Frau auf der ersten Karlsruher Richterbank – wurde unter Berufung auf die Nürnberger Rassengesetze ebenfalls aus dem Richteramt entlassen, dann auch aus der Anwaltschaft ausgeschlossen.[25] Erwin Stein schied aus dem Justizdienst aus, weil er mit einer Jüdin verheiratet war. Seine Frau nahm sich 1943 aus Angst vor der Deportation das Leben.[26] Martin Drath, SPD-Mitglied seit Mitte der zwanziger Jahre sowie Schüler und Assistent des bedeutenden Weimarer Staatsrechtlers Hermann Heller, hatte die NS-Zeit als Buchhalter und Wirtschaftsprüfer überbrückt. Wilhelm Ellinghaus wurde nach 1933 aus dem Amt eines Regierungsvizepräsidenten entlassen. Julius Federer quittierte den Justizdienst nach der NS-Machtübernahme aus weltanschaulichen Gründen und trat in die Dienste der katholischen Kirche ein. Ernst Friesenhahns hoffnungsvolle akademische Karriere hatten die Nationalsozialisten gestoppt, weil er aus seiner Ablehnung des Regimes keinen Hehl gemacht hatte.[27]

Ganz anders lesen sich die bruchlosen Karrieren, die man am Bundesgerichtshof, dem Obersten Bundesgericht für Zivil- und Strafsachen, studieren konnte. An seiner Spitze stand als erster Präsident Hermann Weinkauff, der zu einem der energischsten Gegenspieler des Bundesverfassungsgerichts werden sollte. Der bei Amtsantritt 56-Jährige hatte eine mustergültige Karriere durchlaufen: Studium an den renommierten Fakultäten in München, Heidelberg und Würzburg, Eintritt in den bayerischen Staatsdienst als Assessor im Justizministerium, Stationen in der Staatsanwaltschaft und bei verschiedenen Gerichten. 1932 wurde Weinkauff Direktor des Landgerichts München. Nach dem Machtwechsel wirkte er zur Zufriedenheit der neuen Herren im Lande: 1935 wurde er Hilfsrichter am Reichsgericht in Leipzig, 1937 Reichsgerichtsrat. Bald darauf erhielt er das silberne Ehrenzeichen, das Hitler »für treue Dienste« seiner Beamten und Richter gestiftet hatte.[28]

Unter der Ägide Weinkauffs setzte der BGH alles daran, die Auslegung des Grundgesetzes nicht allein dem neuen Bundesverfassungsgericht zu überlassen. Einen formalen Hebel glaubte der BGH im später aufgehobenen Paragraf 80 Absatz 1 des Bundesverfassungsgerichtsgesetzes gefunden zu haben. Danach konnten sich untere Gerichte – anders als heute – nicht direkt an das Bundesverfassungsgericht wenden, wenn sie Zweifel an der Vereinbarkeit einer Rechtsvorschrift mit dem Grundgesetz hatten. Entsprechende Vorlagen mussten über die oberen Bundesgerichte eingereicht werden – in der Zivilgerichtsbarkeit also über den BGH. Dieser verband die Weiterleitung der Anträge fortan mit ausführlichen Gutachten[29], in denen die Richter ihren Anspruch unterstrichen, bei der Auslegung des Grundgesetzes maßgeblich mitzureden. Noch 1953 hatte Verfassungsgerichtspräsident Höpker-Aschoff die obersten Bundesgerichte in einem Rundschreiben zu beratenden Stellungnahmen ermuntert.[30] Zwei Jahre später aber erkannte man, dass die Gutachten zum Instrument eines höchstrichterlichen Machtkampfs geworden waren. Kurz und knapp erklärte daher das Bundesverfassungsgericht:»Gutachten des weiterleitenden Gerichts zur Vorlage sind unzulässig.«[31] Die Präsidenten der anderen obersten Bundesgerichte reagierten mit einem Affront: In einer gemeinsamen Stellungnahme erklärten sie das Gutachen-Verbot für irrelevant. Das Bundesverfassungsgericht stehe nicht an der Spitze der Rechtsordnung, hieß es in dem Text, der als offene Kampfansage verstanden werden musste. Es sei vielmehr legitime Aufgabe der obersten Bundesgerichte, an Entscheidungen über die Verfassungswidrigkeit von Gesetzen mitzuwirken. Durch die Anordnung des Bundesverfassungsgerichts solle ihnen »der Mund verboten werden«, befanden die Präsidenten und erklärten selbstbewusst: »Dieser Zustand darf nicht andauern.«[32]

In der neuen Justiz-Metropole Karlsruhe konnten sich die um die Deutungsherrschaft ringenden Kontrahenten täglich auf der Straße begegnen. Bei den Beratungen über das Bundesverfassungsgerichtsgesetz hatte man noch überlegt, das Bundesverfassungsgericht in Bonn anzusiedeln. Das hätte insbesondere dessen Stellung als eigenständiges Staatsorgan neben den beiden Kammern des Parlaments, Regierung und Bundespräsident hervorgehoben. Die Entscheidung für Karlsruhe musste dagegen als Signal verstanden werden, dass sich die Sphären von Recht und Politik trotz der weit reichenden Kontrollfunktionen des neuen Gerichts nicht zu sehr überlagern sollten. So zog das Bundesverfassungsgericht ins Karlsruher Prinz-Max-Palais, einen repräsentativen Bau aus dem späten 19. Jahrhundert, nur wenige Schritte vom heutigen Gerichtsgebäude am Rande des Schlossparks gelegen. Nicht mehr als ein paar Gehminuten waren (und sind) es auch bis zum Bundesgerichtshof, der bis heute im weitaus prächtigeren Erbgroßherzoglichen Palais im Herzen der Karlsruher Innenstadt residiert.

Trotz der räumlichen Nähe rissen konträre Rechtsauffassungen und biographische Voraussetzungen eine tiefe Kluft zwischen beiden Gerichten auf. Das höchstrichterliche Kräftemessen war im Streit um die Gutachterpraxis in einer verfahrensrechtlichen Frage eskaliert; bei der Auseinandersetzung um den Fortbestand von Beamtenverhältnissen nach der Zäsur von 1945 wurde es auch persönlich. Hier traten das unterschiedliche Selbstverständnis der Richter als Staatsdiener ebenso wie der gegensätzliche Umgang mit den eigenen NS-Verstrickungen offen zutage.

Die Diener des NS-Staates

In der Sache ging es um die Frage, ob die Rechtsverhältnisse zwischen Beamten und Staat über den Zusammenbruch von 1945 hinaus fortwirkten. Das Grundgesetz hatte diese Frage offen gelassen und den Gesetzgeber in Artikel 131 mit ihrer Regelung beauftragt. Schon dieser Gesetzgebungsauftrag war ein Erfolg der mächtigen Beamtenlobby: Nach der rigiden Entlassungspolitik der ersten Nachkriegsjahre, die den Großteil der Staatsdiener ihre Ämter gekostet hatte, drängten Briten und Amerikaner auf eine tiefgreifende Umgestaltung des deutschen Berufsbeamtentums. Dass dieses Ziel in der neuen Verfassung nicht ausdrücklich festgeschrieben wurde, konnten die sogenannten 131er als ersten Erfolg verbuchen. Jetzt forderten sie die volle Rehabilitierung und schreckten dabei auch vor Drohungen nicht zurück: Die Beamten und Soldaten hätten »die größten Blutopfer im Kriege zu tragen« gehabt, behauptete der Vorsitzende des Beamtenbundes und fügte ostentativ hinzu, die Beamtenschaft werde »die nötige Achtung vor dem demokratischen Staatsgedanken nicht gewinnen«, wenn ihren Forderungen nicht Genüge getan werde.[33] Das Parlament zeigte sich beeindruckt: Das »Gesetz zur Regelung der Rechtsverhältnisse der unter Artikel 131 des Grundgesetzes fallenden Personen«, kurz G 131, das der Bundestag am 11. Mai 1951 verabschiedete, bildete den förmlichen Abschluss einer weitgehenden Reintegration der entlassenen Beamten in den öffentlichen Dienst.

Dennoch wurden die Gerichte weiterhin mit einer Flut von Klagen überschwemmt. Es ging den Beamten dabei nicht allein um den vollen Ausgleich für entgangene Besoldungs- und Versorgungsansprüche. Im Hintergrund der rechtlichen Auseinandersetzungen stand die Frage, ob die Beamtenschaft für das NS-Unrecht mitverantwortlich gemacht werden konnte. Aus Sicht der 131er war das eine Frage der Ehre. Die Empörung über das den Beamten nach Kriegsende angeblich zugefügte Unrecht nahm zuweilen hysterische Züge an. Das Gesetz sei ein »Verfassungsbruch«, wütete ein badischer Beamtenfunktionär, der alles übersteige, »was sich je das faschistische System des Nationalsozialismus in seiner Beamtenpolitik geleistet hat«.[34]

Im Bundesgerichtshof stieß der Protest auf offene Ohren. Das Gesetz zu Artikel 131 sei verfassungswidrig, befand der Große Senat für Zivilsachen des BGH und zog zur Begründung eine Art Staatsnaturrecht heran: Das Wesen des Beamtentums überdauere alle historischen Zäsuren und Systembrüche. Regierungen kommen und gehen, die Beamtenschaft bleibt. Das war für den BGH auch nach dem 8. Mai 1945 nicht anders.[35]

Auch das Bundesverfassungsgericht wurde zur Anlaufstelle wütender Beamter. Mehr als 2000 Verfassungsbeschwerden zum G 131 gingen dort in den ersten beiden Jahren ein. Am 17. Dezember 1953 verkündete der Erste Senat ein Urteil, das für die Traditionalisten in der Beamtenschaft, aber auch für weite Teile der juristischen Fachwelt ein Schlag ins Gesicht war:[36] In einer ausführlichen Urteilsbegründung entzog das Bundesverfassungsgericht der Legende vom unpolitischen Beamtentum den Boden. Mit der Akribie von Geschichtswissenschaftlern zeichneten die Richter nach, wie sich die Beamtenschaft nahezu vollständig und ohne nennenswerten Widerstand den Zielen des nationalsozialistischen Regimes unterworfen hatte. Auf breiter Quellenbasis dokumentierte die Urteilsbegründung den Übergang ihrer Loyalität vom Staat auf den Führer. Die Beamtenschaft – so wies das Bundesverfassungsgericht nach – war zum »Machtapparat im Dienste der NSDAP« degeneriert. Das Beamtentum habe dadurch eine »tiefgehende, sein Wesen berührende Umgestaltung« erfahren.

Die Konsequenz im zweiten Leitsatz des Urteils lautete kurz und bündig: »Alle Beamtenverhältnisse sind am 8. Mai 1945 erloschen.«

Das Urteil löste einen Proteststurm sondergleichen aus. Die Vereinigung der Staatsrechtslehrer machte das Urteil wenige Monate nach seiner Verkündung zum Thema ihrer Jahrestagung in Tübingen.[37] Reihenweise traten dort empörte Wissenschaftler auf und warfen dem Gericht eine unzulässige Grenzüberschreitung vor. Das Urteil, hieß es, hätte sich auf rechtsdogmatische Aussagen beschränken müssen. Historische und soziologische Begründungen waren nach Ansicht der Kritiker in einem Gerichtsurteil fehl am Platz. Die Karlsruher Richter hätten wohl während des Nationalsozialismus keine ausreichende Bindung zum Beamtentum gehabt, polemisierte in der Frankfurter Allgemeinen Zeitung der Gründungsherausgeber Paul Sethe.[38]

Mit noch vehementerer Aggressivität reagierte der Bundesgerichtshof auf das provozierende Diktum der Kollegen. Am 20. Mai 1954 erließ der Große Zivilsenat unter Präsident Weinkauff einen erneuten Vorlagebeschluss, in dem er dem Bundesverfassungsgericht schlicht die Gefolgschaft aufkündigte. Offenkundig glaubten Weinkauff und seine Kollegen angesichts der breiten Richterschelte, das Bundesverfassungsgericht zur Umkehr zwingen zu können. Noch einmal bot der BGH alle Stereotype auf, mit denen das Idealbild der unpolitischen und an gesetzestreuer Verwaltung orientierten Beamtenschaft gezeichnet wurde. »Trotz des schimpflichen, rechtswidrigen Druckes, der auf ihm lastete«, habe der »überwiegende Teil der deutschen Beamten« sich »dem Staate und seinen legitimen Aufgaben verpflichtet« gefühlt. Die Beamten selbst seien »Betroffene« und »Opfer« des nationalsozialistischen Terrors gewesen, befand der BGH im selben Atemzug, mit dem er dem Bundesverfassungsgericht ein unzulässiges »geschichtliches Werturteil« vorwarf.[39]

Die Verfassungsrichter zeigten sich unbeirrt und selbstbewusst. Anfang 1957 bot ihnen die Verfassungsbeschwerde eines ehemaligen Gestapo-Mannes, der nach den Regeln des 131er Gesetzes keine Wiederaufnahme in den Polizeidienst gefunden hatte,

Anlass zu einem neuerlichen Machtwort.[40] Wieder wies der Erste Senat unter Präsident Höpker-Aschoff detailliert nach, wie tief die Staatsdiener in Hitlers Herrschaftsapparat verstrickt waren. Ausführlich beschrieben die Verfassungsrichter in der sogenannten »Gestapo«-Entscheidung, wie willfährig sich Lehrer, Professoren und Richter dem Führerprinzip unterworfen hatten. Mit einem gesonderten Beschluss wies das Bundesverfassungsgericht schließlich auch die Vorlage des Großen BGH-Zivilsenats als unzulässig zurück.[41]

Die beispiellose Vehemenz der Auseinandersetzung zwischen den höchsten Gerichten zeigte, dass es nicht allein um richterliche Macht ging. Hinter dem Streit um Deutungsmacht und gerichtliche Hierarchien stand die grundsätzliche Frage, wie eine Rechtsordnung auszulegen sei. Reicht dafür das Studium von Normtexten aus? Darf ein Verfassungstext mehr als die Blaupause für Konstruktion und Funktionsweise staatlicher Organe sein? Oder kann eine Verfassung auch die ethischen Grundsätze formulieren, in deren Licht das Recht ausgelegt werden muss? Und sind dafür auch Rechtsvorstellungen jenseits des geschriebenen Rechts zulässig und erforderlich?

»Auf den Schultern von Riesen«:[42] Kelsen, Smend, Schmitt und ihre Erben

Die Suche nach Antworten führt tief in das grundsätzliche Verständnis von Recht und Staat. Für die deutschen Juristen wurde sie in den Nachkriegsjahren zwangsläufig auch Anlass zu kritischer Selbstbefragung. Wie war es dazu gekommen, dass sich die Justiz so willfährig in den Dienst des NS-Regimes gestellt hatte? Was musste sich in den Köpfen der Juristen ändern, damit sie nicht noch einmal zu bereitwilligen Exekutoren eines Unrechtssystems werden konnten?

Eine Antwort auf diese Fragen, die das Rechtsverständnis weiter Teile der deutschen Nachkriegsjustiz und Rechtswissenschaft prägen sollte, hatte bald nach Kriegsende der Rechtsphilosoph

Gustav Radbruch formuliert. In einem 1946 erschienenen Aufsatz unter dem Titel »Gesetzliches Unrecht und übergesetzliches Recht« machte er den Rechtspositivismus der Weimarer Zeit für die Korrumpierbarkeit der Justiz verantwortlich.[43] Der blinde Glaube an die unbedingte Richtigkeit des gesetzlich festgeschriebenen Rechts – so Radbruch – habe die Richterschaft »wehrlos« gegen die Herrschaftsansprüche der Nationalsozialisten gemacht. Mit diesem Vorwurf setzte der Rechtsphilosoph, der in den zwanziger Jahren Justizminister in den Kabinetten von Joseph Wirth und Gustav Stresemann gewesen war, eine Auseinandersetzung fort, die schon in der Weimarer Zeit die Staatsrechtslehre gespalten hatte.

Die Positivisten – im deutschen Sprachraum vor allem die österreichischen Rechtstheoretiker Hans Kelsen und Georg Jellinek – hatten damals das Idealbild einer reinen Sphäre des Rechts behauptet, in der sich jede Norm aus einem übergeordneten Rechtssatz ableitet, bei dem nicht auf außerrechtliche – also religiöse, moralische oder sittliche – Wertvorstellungen zurückgegriffen werden muss. Tatsächlich aber war das Recht auch für die Weimarer Positivisten nicht bar jeder ethischen Fundierung. An der Spitze der von Kelsen konstruierten Rechtspyramide steht eine Grundnorm, aus der sich alles untergeordnete Recht ableiten lässt. Für diese Grundnorm – aber auch nur für diese – bedarf es nach Kelsen eines Rückgriffs auf Grundsätze außerhalb des Rechts. Nach dieser methodisch notwendigen Grenzüberschreitung soll das Recht immun bleiben gegen alles, was seine Reinheit kontaminieren könnte.[44]

Bei nüchterner Betrachtung erstaunt es nicht, dass auch die Nationalsozialisten mit dieser Theorie wenig anfangen konnten. Ein streng positivistisches Rechtsverständnis sperrt sich gegen die Uminterpretation von Gesetzen durch völkische und rassistische Ideologien. Der freigebige Gebrauch bewusst vage formulierter Generalklauseln in der nationalsozialistischen Gesetzgebung kollidiert mit den rigiden Stringenzerfordernissen eines konsequent durchdachten Rechtspositivismus. Das Gleiche gilt für die Dehnung des Strafrechts durch Analogien oder die Aufhebung des strafrechtlichen Rückwirkungsverbots durch die NS-Justiz.

Hans Kelsen stand politisch der Sozialdemokratie nahe. Außerdem war er jüdischer Abstammung. Nach der nationalsozialistischen Machübernahme emigrierte er zunächst in die Schweiz und von dort in die USA, wo er bis 1952 an der University of California in Berkeley lehrte und 1973 starb. Wie hätte sich die Verfassungslehre der Bundesrepublik entwickelt, wenn er nach dem Krieg auf den Lehrstuhl an der Universität Köln zurückgekehrt wäre, von dem er 1933 vertrieben wurde?

Die Frage ist reizvoll, denn es dauerte Jahrzehnte, bis es in Deutschland zu einer differenzierten Rezeption der positivistischen Rechtstheorie kam. In den Nachkriegsjahren wurde sie verzerrt wahrgenommen. Nach der Darstellung ihrer Kritiker zwang sie zu juristischem Kadavergehorsam, der es ausschloss, Sinn oder Unsinn von Vorschriften zu hinterfragen. Die von Kelsen entwickelte Vorstellung von einer Rechtshierarchie wurde damit schlicht mit einer Struktur von Befehl und blindem, obrigkeitsstaatlichem Gehorsam gleichgesetzt. Erst in den sechziger Jahren wich die bis dahin »sorgsam gepflegte Positivismus-Legende«[45] einer unvoreingenommenen Betrachtung. »Wären die Juristen wirklich Positivisten gewesen, hätten sie sich vielem verweigert«, resümiert heute der Rechtssoziologe Hubert Rottleuthner, der an der Freien Universität Berlin in der bislang umfangreichsten Studie die Karriereverläufe von mehr als 30 000 Richtern im »Dritten Reich« untersuchte.[46].

Für Richter wie den BGH-Präsidenten Weinkauff hatte die Verdammung des Rechtspositivismus in den fünfziger Jahren einen willkommenen Nebeneffekt: Sie eröffnete ihnen den nötigen Resonanzraum für eine Wiederbelebung einer naturrechtlichen Rechtsauffassung, die sich auf Thomas von Aquin berief und moralische Postulate einer konservativ-katholischen Familientheologie aufnahm.[47] Entsprechend fand diese Naturrechtsrenaissance am BGH ihren juristischen Niederschlag besonders in der Rechtsprechung zu familienrechtlichen Fragen. So rechtfertigte der BGH in seinem berühmt-berüchtigten Kuppelei-Urteil von 1954 unter Berufung auf ein mystisch verklärtes »Wesen« der Familie sowie ein naturgegebenes Sittengesetz die Strafbarkeit des Hausbesitzers, der einem unverheirateten Paar die Übernachtung im gemeinsamen Zimmer ermöglicht.[48]

Das Ziel, den Positivismus zu »überwinden«, einte auch die Staatsrechtslehre der Nachkriegszeit. Rund achtzig Wissenschaftler fanden sich 1949 zusammen, als man die traditionsreiche Vereinigung der Deutschen Staatsrechtslehrer neu konstituierte. Nur wenige galten als so kompromittiert, dass sie in den ersten Jahren keine Aufnahme fanden. Wirkungslos aber blieben auch die Ausgeschlossenen nicht. Das galt vor allem für Carl Schmitt, der bis in die Gegenwart polarisiert und für Kontinuität wie Diskontinuitäten im Staatsdenken der Weimarer und der Bonner Republik steht.

Schon in den zwanziger Jahren hatte Schmitt mit Schriften, die zwischen wissenschaftlicher Staatstheorie und scharfzüngiger politischer Essayistik oszillierten, für Furore gesorgt. Seine 1928 erschienene »Verfassungslehre«[49] trug entscheidend dazu bei, Verfassung als unabhängigen Gegenstand rechtswissenschaftlicher Analyse (und nicht als untergeordneten Teil der Staatslehre) zu definieren. Anziehend und abstoßend wirkte er durch seine beißende Kritik am Liberalismus und parlamentarischen System der Weimarer Demokratie. Deren bürgerliche Repräsentanten erschienen Schmitt schwächlich und den Phänomenen moderner Massengesellschaften nicht gewachsen. In seinen politischen Schriften[50] zeichnete er das mystisch aufgeladene Bild eines starken, vitalistisch agierenden Staates. Schon in seiner 1923 erschienenen Schrift über »Die geistesgeschichtliche Lage des Parlamentarismus«[51] hatte Schmitt seine Faszination für den italienischen Faschismus erkennen lassen. Die Antwort auf die Labilität der Weimarer Demokratie bestand für ihn in einer autoritären Präsidialverfassung, zunächst mit dem Ziel der Verhinderung eines nationalsozialistischen oder kommunistischen Umsturzes. Im Frühjahr 1933 aber diente sich Schmitt – der zu einem Star des Weimarer Geisteslebens geworden war – bedingungslos dem nationalsozialistischen Regime an. Ein Jahr später rechtfertigte er in seinem Aufsatz »Der Führer schützt das Recht«[52] die Ermordung von innerparteilichen Widersachern um den SA-Chef Ernst Röhm und von Oppositionellen als Ausdruck des »Führertums«, das zugleich ein wahres »Richtertum« sei. War Schmitt von Illusionen geblendet? Verführt vom Werben der neuen Machthaber? Oder war er von Beginn an ein geistiger Wegbereiter des Führerstaates? Verehrer und Gegner Schmitts reden sich darüber bis heute die Köpfe heiß.

Ein akademischer Lehrstuhl wurde ihm nie wieder angeboten. Doch auch für die deutsche Staatsrechtslehre der Nachkriegszeit blieb er ein zentraler und polarisierender Bezugspunkt. Schmitts Wohnhaus in seinem sauerländischen Geburtsort Plettenberg war bis zu seinem Tod 1985 eine Pilgerstätte für Juristen, Philosophen und Historiker. Der spätere Verfassungsrichter Ernst-Wolfgang Böckenförde, der Staatsrechtler Helmut Quaritsch, die Philosophen Hermann Lübbe und Odo Marquard und auch der Historiker Reinhart Koselleck gehören zum Kreis derer, die das Schmittsche Staatsdenken in der Bundesrepublik rezipierten.[53] Für seine Anhänger war er eine Art Wüstenvater der Staatsrechtslehre. Die dem akademischen Lehrbetrieb entrückte Existenz in Plettenberg wurde zum Exil stilisiert, das Schmitt jedoch regelmäßig zu Besuchen ausgewählter Seminare juristischer Fakultäten verließ. Sein Netzwerk kommunizierte nach außen streng kontrolliert, nach innen dafür umso intensiver. Ein Teil der Faszination der Schmitt-Schule bestand darin, dass sie sich mit dem feierlichen Ruch der Konspiration umgab.

Das Denken der Schüler war von den zentralen Dichotomien der Schmitt'schen Lehre geprägt: Freund/Feind sowie Normal-/Ausnahmezustand. Das Grundgesetz maßen sie an der hypothetischen Frage nach seiner Krisentauglichkeit und leiteten daraus eine Fundamentalkritik ab, die in der bis in die sechziger Jahre andauernden Debatte um die Notstandsverfassung politisch wirksam wurde. Der Staat mit seinen Exekutivfunktionen stand für die Schmitt-Schüler im Mittelpunkt ihrer staatsrechtlichen Überlegungen. Seine innere Organisation musste vor allem Entscheidungsfähigkeit garantieren. Nur ein starker Staat könne den widerstreitenden Interessengruppen in der Gesellschaft neutral entgegentreten und im Sinne des Allgemeinwohls wirken. Programmatisch war deshalb der Titel, unter dem sich die Gruppe

1962 ein Publikationsforum schuf: »Der Staat«. Die Zeitschrift –
so hieß es im Editorial – sollte eine »Stätte der Staatsbesinnung«
sein.[54]

Auch die zweite bedeutende Gruppe von Staatsrechtlern in
der frühen Bundesrepublik war durch persönliche Kontinuität mit
der Weimarer Staatsrechtslehre verbunden. Sie sammelte sich um
Rudolf Smend, der sich 1928 mit seinem Buch »Verfassung und
Verfassungsrecht« hohes Ansehen erworben hatte. Smend war
stets auf Distanz zum NS-Regime geblieben und 1935 unter politischem Druck von Berlin auf einen Lehrstuhl an der Universität
Göttingen gewechselt. Sein Verständnis von Staat und Verfassung
hatte seinen Bezugspunkt in der Gesellschaft. Staat und Gesellschaft, Recht und Politik waren für ihn nicht mehr strikt zu tren-
nende Gegensätze, sondern komplementäre Begriffe, Sphären,
die in dynamischer Wechselbeziehung zueinander stehen und
sich dynamisch überlagern. Für ihn ging es nicht darum, diver-
gierende gesellschaftliche Kräfte zu bändigen, sondern sie mit
einem prozeduralen Verfassungsverständnis zu integrieren. Wo
bei Schmitt alles darauf ausgerichtet war, den Staat für tatkräftige
Entscheidungen zu rüsten, suchte Smend nach Verfahren, die Träger unterschiedlicher Interessen in Willensbildungs- und Ent-
scheidungsprozesse einbinden sollten. Für Schmitt waren Extrem-
lagen – Bürgerkrieg, existentielle Staatskrisen, Angriffe von außen –
die Situationen, an denen die Funktionsfähigkeit einer Verfassung
gemessen werden musste. Bei Smend stand der Normalzustand im
Mittelpunkt der Überlegungen.

In einer Gesellschaft, die gerade erst aus einer Katastrophe
hervorgegangen war und nichts so ersehnte wie Normalität, entfaltete Smends Staatsverständnis eine starke Anziehungskraft.
Folglich scharte sich bald eine Gruppe jüngerer Staatsrechtler um
ihn, die erheblichen Einfluss auf die universitäre Staatslehre sowie
auf die Rechtsprechung des Bundesverfassungsgerichts gewinnen
sollte. In den Biographien einiger der bedeutendsten Smend-
Schüler spiegelte sich jene Durchlässigkeit von Recht und Politik,
die auch in seiner Verfassungslehre zum Ausdruck kam: Wilhelm
Hennis wandte sich der Politikwissenschaft zu und wurde auf die-

sem Gebiet einer der einflussreichsten Publizisten der Nachkriegszeit. Horst Ehmke war Professor für Öffentliches Recht in Freiburg, bevor er ab 1969 verschiedene Ministerämter unter den Bundeskanzlern Brandt und Schmidt bekleidete. In Karlsruhe sorgten sein früherer Assistent Martin Drath sowie sein Göttinger Kollege Gerhard Leibholz dafür, dass Smends Verfassungsverständnis Eingang in die Rechtsprechung des Bundesverfassungsgerichts fand. Das zeigte sich unter anderem in den Aussagen des Gerichts zur Werthaltigkeit der Verfassung, für die Smend bereits in seiner Weimarer Lehrzeit Vorüberlegungen formuliert hatte. Nach dem Ausscheiden Draths und Leibholz' war mit Konrad Hesse ein jüngerer Schüler Smends Richter am Bundesverfassungsgericht.[55]

Schon bald nach der Gründung des Bundesverfassungsgerichts trafen Smend-Schüler und Schmittianer in Karlsruhe unmittelbar aufeinander. Den Anlass bot der Streit um einen Wehrbeitrag der Bundesrepublik im Rahmen einer Europäischen Verteidigungsgemeinschaft (EVG). Angesichts des sich verschärfenden Ost-West-Konflikts, der im Sommer 1950 im Korea-Krieg blutig eskalierte, suchten die Westmächte den militärischen Schulterschluss mit dem einstigen Kriegsgegner Deutschland. Für Adenauer war das aus doppeltem Grund attraktiv: Die Mitgliedschaft in einem militärischen Bündnis hätte seine Strategie der Einbindung in die westliche Staatengruppe zu einem denkbar frühen Zeitpunkt unumkehrbar gemacht. Zum anderen musste eine Wiederbewaffnung der noch unter Besatzungsstatut stehenden Bundesrepublik mit erweiterten Souveränitätsrechten einhergehen (siehe S. 251ff.). Ursprüngliche Überlegungen, den Eintritt in die EVG durch eine Änderung des Grundgesetzes vorzubereiten, ließ Adenauer bald fallen, da die notwendige Zweidrittelmehrheit angesichts des vehementen Widerstands der sozialdemokratischen Opposition nicht zu erreichen war. Stattdessen erwog er, der EVG auch ohne Verfassungsänderung beizutreten. Darauf wandte sich die SPD 1952 und 1953 gleich mit mehreren Anträgen an das Bundesverfassungsgericht. Regierung und Opposition umgaben sich in der Auseinandersetzung mit Heerscharen von Staatsrechtlern, die das Gericht mit Gutachten nur so bombardierten. Die Vertreter der Bundesregierung führten eine Art Staatsnaturrecht ins Feld, demzufolge sich jeder Staat auch ohne ausdrückliche Ermächtigung seiner geschriebenen Verfassung mit den notwendigen Mitteln zur Selbstverteidigung rüsten dürfe. Die Gegenseite, auf der auch Smend stand, verwies streng konstitutionell auf den Text des Grundgesetzes, der nun einmal keine Streitmacht vorsehe. Das Bundesverfassungsgericht musste allerdings nicht mehr entscheiden. Nach dem Erdrutschsieg bei der Bundestagswahl 1953 verfügte Adenauer mit seiner Koalition aus FDP, DP und der Vertriebenenpartei über die notwendige Mehrheit zur Verfassungsänderung, mit der die Artikel 79 Absatz 1 Satz 2 und 142 a in das Grundgesetz eingefügt wurden. Die EVG scheiterte erst nach der Ratifizierung der Verträge am Ausscheren Frankreichs. Zurück blieben verstörte deutsche Staatsrechtslehrer: Rudolf Smend sprach in der Rückschau von einer »unglückseligen Gutachterschlacht«, die vor allem zu einem Autoritätsverlust der Staatsrechtslehre geführt habe.[56]

Lüth: Die Karlsruher Magna Charta der Grundrechtsauslegung

Gespalten in widerstreitende Lager, belastet mit der schuldhaften Verstrickung in das NS-Unrecht, hin- und hergerissen zwischen Weimarer Tradition und Aufbruch in eine neue Epoche der modernen Verfassungsgeschichte – im wahrsten Sinne bodenlos war der Zustand, in dem sich die Akteure der Verfassungsentwicklung nach dem Inkrafttreten des Grundgesetzes befanden. Die bewusst als Provisorium gekennzeichnete Verfassung hatte den Plan vorgegeben, nach dem das Räderwerk staatlicher Funktionen in Gang gesetzt worden war. Staatsorgane arbeiteten. Länder rangen um ihre Neugliederung. Gesetze wurden erlassen. All das geschah im Rahmen des Grundgesetzes. Ein Fundament für Staat und Gesellschaft aber war das noch nicht. In den fünfziger Jahren und bis weit in die sechziger Jahre blieb es eine Verfassung im Gärungszustand.

Der Machtkampf zwischen Bundesverfassungsgericht und antimodernen Naturrechtsapologeten in Justiz und Staatsrechtslehre war im Kern eine Auseinandersetzung um die Relevanz des Grundgesetzes. Nach konservativem staatsrechtlichem Verständnis war es letztlich doch nur ein Organisationsstatut, dessen eigentliche Modernisierungsleistung darin bestand, mit seinem Grundrechtsteil werthaltige Leitlinien für das staatliche Handeln zu postulieren. Als Bezugsgröße für die gesamte Gesellschaft aber konnte eine Verfassung nach diesem Verständnis nicht taugen. Auch das Grundgesetz nahm in seinem Artikel 2, den das Bundesverfassungsgericht in seiner Elfes-Entscheidung so weitreichend ausgelegt hatte, Bezug auf eine Normenwelt jenseits des Verfassungstextes: Die Einschränkung der allgemeinen Handlungsfreiheit ergibt sich danach nicht allein aus den förmlichen Gesetzen, sondern ebenso aus dem »Sittengesetz«. Genüsslich haben die Naturrechtsbefürworter diesen Passus als Brücke betrachtet, über die alle erdenklichen Postulate einer bürgerlich tradierten oder religiös begründeten Moral in den Bestand des Verfassungsrechts transportiert werden sollten.

In einigen seiner frühen Entscheidungen hatte auch das Bundesverfassungsgericht durchaus Anklänge an Naturrechtsvorstellungen erkennen lassen.[57] Schon bald aber wiesen die Karlsruher Richter alle Verweise auf »überpositives Recht« oder naturrechtlich begründete Notwendigkeiten entschieden zurück.[58] Die auf dem Recht basierende Ordnung des neuen Staates sollte sich ganz und gar aus dem Grundgesetz ableiten lassen. Insofern bediente sich das Gericht einer positivistisch beeinflussten Methodik. Zugleich suchten die Verfassungsrichter im Grundgesetz nach einer spezifischen Substanz, die über den bloßen Wortlaut hinaus Orientierung bot. Diese Leitfunktion der Verfassung fanden sie in den Grundrechten, aus denen das Gericht Wertentscheidungen herauslas, die nicht allein das Handeln des Staates bestimmen sollten. Jeder Rückgriff auf vorrechtliche Werte sollte überflüssig und rechtsdogmatisch versperrt werden. Mit der Elfes-Entscheidung hatte das Bundesverfassungsgericht 1957 den argumentativen Boden für diese Operation gelegt. Mit dem legendären Lüth-Urteil vollendete es ein Jahr später seine Lehre von der »objektiven Wertordnung« des Grundgesetzes.

Der Rechtsstreit, der in einem der bedeutendsten Urteile des Bundesverfassungsgerichts endete, führt noch einmal weit in die gesellschaftlichen Formierungsprozesse der Nachkriegsgesellschaft zurück. Geschichtsvergessenheit, der Einfluss ehemaliger Nazis und eine beengende, bürgerliche Moral spielen dabei eine Rolle. Ebenso aber werden in dieser deutschen Rechts- und Verfassungsgeschichte das Streben nach einem Neuanfang und die Modernisierungsdynamik sichtbar, die im Lüth-Urteil ihren Ausdruck fanden und prägenden Einfluss auf Recht und Gesellschaft gewannen. Lange ist die Adenauerzeit als Phase geschildert worden, in der allein die Wirtschaft für Aufbruchsstimmung sorgte, die ansonsten aber – wie Günter Grass es polemisch zuspitzte – geprägt war von »katholischem Mief« und »einer Art Spießigkeit, die es nicht einmal bei den Nazis gegeben hatte«.[59] Die Geschichte von Erich Lüth und seinem Rechtsstreit zeichnet ein vielschichtigeres Bild der Epoche.

Erich Lüth gehört nicht in jene Gruppe der Außenseiter und Ausgegrenzten, die erst als hartnäckige Verfechter ihrer Rechte in den Fokus der Historiker gerieten. Lüth war vor dem Krieg Journalist und Mitbegründer der Radikaldemokratischen Partei RDP gewesen, einer sozialliberal und pazifistisch orientierten Gruppierung der letzten Weimarer Jahre. In der NS-Zeit hatte er sich politisch zurückgezogen. 1953 wurde er Direktor der Pressestelle des Hamburger Senats. Lüth engagierte sich für die Wiederbelebung der deutsch-französischen, vor allem aber für die deutsch-israelischen Beziehungen und schrieb mehrere Bücher über Israel.

Im Juli 1950 stieß Lüth bei der Lektüre der Tageszeitung »Die Welt« auf einen Artikel mit der Überschrift »Nun filmen sie wieder«.[60] Darin wurde angekündigt, dass der Filmregisseur Veit Harlan eine Verfilmung von Theodor Storms Novelle »Aquis submersus« unter dem Titel »Unsterbliche Geliebte« plane. In der Hauptrolle sollte Harlans Ehefrau Kristina Söderbaum auftreten, die als NS-Filmstar unter dem Spottnamen »Reichswasserleiche« zu Berühmtheit gelangt war. Harlan hatte sich mit seinen Filmen

»Jud Süß« und »Kolberg« in den Dienst der NS-Rassenhetze und der Durchhaltepropaganda gestellt. Im Entnazifizierungsverfahren war er als »entlastet« eingestuft und 1949 in einem Schwurgerichtsprozess von der Beihilfe zum Völkermord freigesprochen worden. Die Fortsetzung seines Filmschaffens warf nun die Frage nach seiner künstlerischen und moralischen Diskreditierung auf. Erich Lüth wurde zu Harlans Ankläger.

In einer Rede zur Eröffnung der »Woche des Deutschen Films« warnte Lüth vor dem »unabsehbaren Schaden«, der entstehe, wenn ausgerechnet Harlan zum Repräsentanten für den Neuanfang des deutschen Films werde: »Hier fordern wir von den Verleihern und Theaterbesitzern Haltung, die nicht ganz billig ist, die man sich aber etwas kosten lassen sollte: Charakter.« Nach einem Protestbrief von Harlans Produzent Hans Domnick wurde der streitbare Pressedirektor noch deutlicher und antwortete am 27. Oktober 1950 mit einem offenen Brief: »Es ist aus allen diesen Gründen nicht nur das Recht anständiger Deutscher, sondern sogar ihre Pflicht, sich im Kampf gegen diesen unwürdigen Repräsentanten des deutschen Films über den Protest hinaus auch zum Boykott bereitzuhalten.«

Gegen diesen Aufruf beantragte die Domnick-Filmproduktion im November 1950 eine einstweilige Verfügung, die den juristischen Ausgangspunkt des Rechtsstreits bildete, der mehr als sieben Jahre später vor dem Bundesverfassungsgericht endete. Lüth unterlag zunächst in mehreren Instanzen sowohl im Verfahren um den vorläufigen Rechtsschutz als auch in der Hauptsache. Auf unterschiedlichen Wegen kamen die Gerichte immer wieder zum selben Ergebnis: Lüths Boykottaufruf sei ein Verstoß gegen die guten Sitten. Das Landgericht Hamburg berief sich dabei unmittelbar auf das Grundgesetz und die in Artikel 2 »zum Ausdruck kommende demokratische Rechts- und Sittenauffassung des deutschen Volkes«. Das Hanseatische Oberlandesgericht brandmarkte Lüths Erklärung als unerlaubte Handlung nach Paragraf 823 Absatz 1 des Bürgerlichen Gesetzbuchs. Durch die »psychische Beeinflussung« möglicher Kunden werde widerrechtlich in das Geschäft des Filmverleihs eingegriffen. Apodiktisch stellte der Senat fest, dass »der politische Boykott schlechthin sittenwidrig« sei; die Beweggründe Lüths seien unerheblich. Auf der Richterbank der Hamburger Berufungsinstanz saßen neben einem 1934 als »Halbjude« entlassenen Juristen ein früherer SA-Obersturmbannführer sowie ein ehemaliger Beisitzer am Gauehrengericht des NS-Rechtswahrerbundes, der berufsständischen Organisation der Juristen im NS-Regime.

Am deutlichsten bezog im November 1951 das Hamburger Landgericht in seinem Urteil zum Hauptsacheverfahren Stellung. Die Entscheidung las sich wie ein moralischer Freispruch für Harlan, der ein »willenloses Werkzeug« Goebbels' gewesen sei und daher keine Schuld an den Wirkungen seines Hetzfilms »Jud Süß« trage. Auf das Grundrecht auf Meinungsfreiheit dürfe sich Lüth nicht berufen, da »gerade das deutsche Volk in der Vergangenheit sehr eindringlich darüber belehrt worden ist, wohin es führt, wenn ein Einzelner aus irgendwelchen unkontrollierbaren Motiven heraus glaubt, die Freiheitsrechte seiner Mitbürger ausschalten zu können«.

Erich Lüths Weg bis nach Karlsruhe war nur die erste Ebene einer Auseinandersetzung, die über Jahre hinweg die Menschen auf die Straßen trieb. Schon unmittelbar nach dem ersten Urteil kam es zu einer Welle publizistischer und politischer Unterstützung für Lüth. Der Hamburger Bürgermeister Max Brauer, die SPD-Politiker Erich Ollenhauer, Carlo Schmid, Fritz Erler und Adolf Arndt erklärten sich solidarisch. Die Frankfurter Hefte, das von Egon Kogon und Walter Dirks herausgegebene Organ einer neuen, linken Intellektuellenelite, griffen die Kontroverse auf. Die Gesellschaft für Christlich-Jüdische Zusammenarbeit, Gewerkschaften und Studentenverbände organisierten Protestkundgebungen. In Frankfurt, Berlin, Göttingen, Stuttgart, München, Köln, Wiesbaden und Bremen kam es zu Demonstrationen. Katholische Bischöfe forderten gemeinsam mit Vertretern von CDU, SPD, FDP und dem Bund der Verfolgten des Naziregimes ein Verbot des neuen Harlan-Films. Selbst der Bundespräsident ging auf Distanz zu Harlan, der sich in einem Schreiben an Theodor Heuss gewandt und um politische Rückendeckung sowie moralische Absolution gebeten hatte. Der Staat werde ihm »seinen Rechtsschutz nicht versagen«, antwortete das Staatsoberhaupt kühl, fügte aber hinzu: »Eine moralische Rechtfertigung kann jedoch mit hoheitlichen Mitteln nicht erzwungen werden. Sie ist weitgehend durch Ihre eigene Haltung bedingt und findet ihren Ausdruck in der freien Meinungsbildung der Öffentlichkeit.« Er sei überzeugt, schrieb Heuss, »dass die öffentliche Meinung ein im Elementaren richtiges Gefühl für Schuld und Verantwortung entwickelt.«[61]

Auch Harlan mobilisierte die Öffentlichkeit. Im Rahmen eines »Orientierungsfeldzuges« trat er an mehreren Universitäten auf, um für seinen Film zu kämpfen. In Erlangen sprach ihn die Studentenversammlung in einer förmlichen Resolution vom Vorwurf der Rassenhetze frei. In Frankfurt organisierte sein Filmverleih eine »Volksbefragung« unter angeblich 100 000 Haushalten. 88,6 Prozent der Bürger – so verkündete man triumphierend – wollten die »Unsterbliche Geliebte« sehen. In der Tat: Der Film wurde zum Kassenschlager.

Anfang 1952 brachte Harlan seinen zweiten Nachkriegsfilm in die Kinos und spaltete die Öffentlichkeit erneut. Wie die »Unsterbliche Geliebte« sollte auch »Hanna Amon« zum meistgesehenen Kinofilm des Jahres werden. Schon die Premiere am 11. Januar in Freiburg aber konnte nur unter Polizeischutz stattfinden. An den folgenden Tagen kam es immer wieder zu Tumulten. Studenten versuchten Aufführungen zu sprengen. Das Kinopublikum reagierte mit »Heil Hitler«-Rufen und empörte sich über die demonstrierenden »Judenlümmel« und »Judensöldlinge«. Am 16. Januar schließlich eskalierte der Konflikt nach einer Protestkundgebung in der Freiburger Universität in einer wilden Straßenschlacht zwischen Studenten und einer brutal knüppelnden Polizei. Die Badische Landesregierung untersagte daraufhin weitere Vorführungen des Films. Die Universitätsleitung stellte sich hinter ihre Studenten und legte eine Dienstaufsichtsbeschwerde gegen die Verantwortlichen in der Polizei ein. In Berlin erklärte sich der amerikanische Hochkommissar McCloy mit den Demonstranten solidarisch und verkündete, auch er hätte gegen den Harlan-Film protestiert, wäre er Student gewesen.

Als die Freiburger Studenten von der Polizei verprügelt wurden, lag in Karlsruhe bereits die Verfassungsbeschwerde Erich Lüths gegen die einstweilige Verfügung des Hanseatischen Obersten Landesgerichts auf dem Tisch. Im Dezember 1951 hatte Lüth den SPD-»Kronjuristen« Adolf Arndt in dessen Bonner Abgeordnetenbüro besucht. Arndt hatte sich bei den Beratungen für das Bundesverfassungsgerichtsgesetz besonders für die Möglichkeit eingesetzt, auch Bürgern die Möglichkeit zu eröffnen, sich mit Klagen an das neue Gericht zu wenden. Sein Fall, so meinte Lüth, könne doch ein Anlass für so eine neuartige Verfassungsbeschwerde sein. Arndt verwies Lüth an Wilhelm Hennis, der nach seiner Promotion bei Smend in Arndts Bonner Abgeordnetenbüro arbeitete. Für »fürstliche« 2000 Mark, so erinnerte sich Hennis später an den Lüth-Fall, habe er die Beschwerdeschrift entworfen. Sein Lehrer Smend stand beratend im Hintergrund. Arndt »brachte noch etwas forensischen Pfeffer hinein«.[62]

Im zuständigen Ersten Senat blieb die Sache Lüth jedoch nicht weniger als fünf Jahre auf den Schreibtischen verschiedener Richter liegen. Das Gericht war mit dem aufwändigen KPD-Verbotsverfahren mehr als ausgelastet. Nach dem Ausscheiden des ursprünglich zuständigen Berichterstatters Konrad Zweigert im Jahr 1956 – die Senate waren von zwölf auf acht Mitglieder verkleinert worden – übernahm Theodor Ritterspach als für Meinungsfreiheit zuständiger Berichterstatter den Fall. Ritterspach galt als wortmächtigstes Mitglied des Gerichts. Als Berichterstatter war es seine Aufgabe, die mündliche Verhandlung vorzubereiten und auf Grundlage der Senatsberatungen den Urteilsentwurf zu formulieren.

Das Lüth-Urteil wurde zur Magna Charta der Karlsruher Grundrechtsinterpretation. Neu war nicht, dass das Grundgesetz fundamentale Menschen- und Freiheitsrechte postulierte. Das hatte auch die Weimarer Reichsverfassung getan. Nach dem bis dahin geltenden Staats- und Rechtsverständnis aber war die Wirkung von Grundrechten stets auf das Verhältnis zwischen Bürger und Staat beschränkt. Das gab schon die Begrenzung des bis dahin herrschenden Verfassungsbegriffs vor: Die Verfassung regelte das

Recht des Staates, die einfachen Gesetze dagegen die Rechtsverhältnisse der Bürger untereinander. Eine Gesellschaft, die sich in einem rechtlichen und sozialen Gesamtzusammenhang auf der Grundlage einer Verfassung konstituiert, kam in dieser Konzeption nicht vor. Grundrechte konnten folglich allein als Abwehrrechte des Bürgers gegen den Staat aktiviert werden. Erich Lüth hätte sich dementsprechend gegenüber Gerichten und Behörden auf sein Recht zur freien Meinungsäußerung berufen können. Wie weit seine Meinungsfreiheit aber gegenüber dem Mitbürger Harlan reichte, ließ sich nach traditionellem Grundrechtsverständnis allein nach zivilrechtlichen Normen ermessen.

Das Bundesverfassungsgericht entgrenzte nun in seinem Lüth-Urteil die Verfassung: Die Grundrechte dringen seitdem in alle Bereiche des Rechts ein und prägen auch die Rechtsverhältnisse der Bürger untereinander. Allgemeines Vertrags-, Arbeits- und Mietrecht – Bereiche, in denen Bürger autonom und unbehelligt vom Staat miteinander agieren – stehen im Lichte der Verfassung. Die Beschreibung dieser sogenannten »Ausstrahlungswirkung« war der erste bedeutende Gedankenschritt, den das Bundesverfassungsgericht im Lüth-Urteil vollzog.

Das Primat der Grundrechte musste konsequenterweise auch auf jene Gesetze wirken, die nach dem Grundgesetz als Beschränkung der grundrechtlichen Freiheiten wirken sollten. Wenn also nach Artikel 5 Absatz 2 GG die Meinungsfreiheit durch allgemeine Gesetze, Jugendschutzvorschriften und das Recht der persönlichen Ehre beschränkt ist, so müssen auch diese Grundrechtsschranken im Lichte des Freiheitsrechts betrachtet werden. Dass eine Einschränkung grundrechtlicher Freiheit nur in Wechselwirkung mit dem Freiheitsrecht erfolgen kann, war die zweite Kernaussage des Urteils.

Die dritte betraf das Grundgesetz als Ganzes. Mit seinen Feststellungen zur Verfassung als »objektiver Wertordnung« nahm das Gericht die Grenzziehung vor, mit der die Sphären rechtlicher Normen auf der einen sowie der Moral- und Sittengesetze auf der anderen Seite geschieden wurden. Man kann sich dieser Verfassung anvertrauen – das war die aufklärerische Botschaft des Lüth-

Urteils. Die neue Verfassung sollte ein Fundament für Staat und Gesellschaft sein. In diesem Sinne hatten die Väter und Mütter der Verfassung das Grundgesetz konstruiert. Jetzt ermutigte das Bundesverfassungsgericht dazu, diesen Schritt in die Moderne auch beherzt zu gehen.

Viertens war das Lüth-Urteil ein machtvolles Plädoyer für die Meinungsfreiheit. Sie erscheint hier erstmals als eine Art Mutter der Freiheitsrechte. Als unmittelbarster Ausdruck der menschlichen Persönlichkeit sei das Recht auf freie Meinungsäußerung »eines der vornehmsten Menschenrechte überhaupt«. Für eine freiheitlich-demokratische Staatsordnung sei gerade dieses Recht konstitutiv: Der Staat des Grundgesetzes gewährt seinen Bürgern ihre Meinungsfreiheit nicht im Sinne einer für Regierung und Gesetzgeber verfügbaren Ressource. Der freiheitliche Staat entsteht vielmehr erst dann, wenn die Bürger ihre Freiheitsrechte wahrnehmen und den Staat durch freie Meinungsäußerungen mit Leben füllen.

Schließlich – und fünftens – zogen die Verfassungsrichter mit dem Lüth-Urteil endgültig die Auslegungsmacht über das Grundgesetz an sich. Das rechtstechnische Instrument dazu war die Formel von der »mittelbaren Drittwirkung« der Grundrechte. Sie besagt, dass sich ihre Wirkung in anderen Bereichen des Rechts, also Zivil-, Arbeits- oder Verwaltungsrecht, nicht direkt entfaltet, sondern vermittelt über die Normen des einfachen Rechts, die im Lichte der Verfassung interpretiert werden müssen. Hinter dieser Formel verbirgt sich noch einmal die Auseinandersetzung um die höchstrichterliche Deutungshoheit: Geht man von einer unmittelbaren Wirkung der Grundrechte im einfachen Recht aus, können auch die einfachen Gerichte eine direkte Interpretationsmacht über die Verfassung beanspruchen. Es gab neben dem ideologisch aufgeladenen Machtkampf mit dem BGH durchaus Versuche, dem Bundesverfassungsgericht auf diesem Wege die Alleinherrschaft über das Grundgesetz streitig zu machen. Der erste Präsident des Bundesarbeitsgerichts etwa, Hans Carl Nipperdey, hat die These von der unmittelbaren Grundrechtswirkung energisch vertreten und gegen das Bundesverfassungsgericht verfochten. Erst

Mitte der achtziger Jahre schloss sich auch das Bundesarbeitsgericht der Lehre des Bundesverfassungsgerichts an. In der Rechtspraxis aber war der Streit über mittelbare oder unmittelbare Grundrechtswirkung ohne Auswirkungen geblieben.

Als das Bundesverfassungsgericht drei Jahre nach der Lüth-Entscheidung seinen zehnten Geburtstag feierte, hielt Rudolf Smend den Festvortrag. Schon die Wahl des Redners war eine programmatische Entscheidung. Smend war der geistige Vater des modernen Verfassungsdenkens, das zu diesem Zeitpunkt – vermittelt über die Rechtsprechung des Bundesverfassungsgerichts – für die Bundesrepublik prägend geworden war. Nach einem Jahrzehnt des Ringens um richterliche Macht sowie Bedeutung und Grenzen der Verfassung konnte Smend eine Bilanz ziehen, die seitdem unangefochtener Teil der bundesdeutschen Staatsräson ist: »Das Grundgesetz gilt nunmehr praktisch so, wie das Bundesverfassungsgericht es auslegt, und die Literatur kommentiert es in diesem Sinne.«[63]

Gleichberechtigung: Das uneingelöste Versprechen

Wenn es einen Satz des Grundgesetzes gibt, dessen Kerngehalt aus heutiger Sicht keiner Auslegung bedarf und der nicht relativiert werden kann, so ist das Artikel 3 Absatz 2 GG: »Männer und Frauen sind gleichberechtigt.« Der Satz ist schön, weil er einfach ist. Es gibt niemanden, der nicht angesprochen ist. Und jeder sollte verstehen können, was gemeint ist: Männer und Frauen sind gleichberechtigt. Nicht jeder aber wollte verstehen. Erst in einem zähen, mehr als zehn Jahre dauernden Ringen setzte sich die Erkenntnis durch, dass es sich beim Gleichberechtigungssatz um eine wörtlich und ernst zu nehmende Forderung der Verfassung handelt. Die Debatte um den Gehalt von Artikel 3 Absatz 2 GG und seine unmittelbaren Konsequenzen für die gesamte Rechtsordnung zieht sich wie ein roter Faden durch die Verfassungsdiskussion der fünfziger Jahre. In der konkreten Frage nach dem Verhältnis von Mann und Frau verdichten sich noch einmal die

Auseinandersetzungen um das Verhältnis von Staat und Gesellschaft, Naturrecht und Geltungsanspruch der Verfassung sowie um Wirkung und Charakter der Grundrechte.

Dass die Gleichberechtigung einen so schlichten und klaren Ausdruck fand, ist besonders einer Frau zu verdanken: der sozialdemokratischen Juristin Elisabeth Selbert, eine der vier Mütter des Grundgesetzes im Parlamentarischen Rat.

Mit 61 Männern und vier Frauen war die verfassunggebende Versammlung kein Spiegel der Nachkriegsgesellschaft. Bereits in den letzten Kriegsjahren hatte sich Deutschland in weiten Bereichen in eine matriarchale Gesellschaft verwandelt. In Handwerksbetrieben, Geschäften, Kleinunternehmen und auf Bauernhöfen hatten Frauen die Rollen ihrer kämpfenden oder gefallenen Männer übernommen. In den Familien waren die Mütter zu Familienoberhäuptern geworden, die plötzlich eigenständig über Kindererziehung und Haushaltsführung entschieden. Ein Jahr nach Kriegsende konnte in fast der Hälfte der Familien nicht der Vater die Rolle des Ernährers übernehmen. Knapp ein Drittel der Familien war ganz ohne Vater. 18 Prozent der heimgekehrten Väter waren nicht oder nur teilweise erwerbsfähig. Auf 100 Männer zwischen 20 und 30 Jahren kamen zu diesem Zeitpunkt 167 Frauen.[64]

Die Forderung, Männer und Frauen gleichzustellen, war kein verfassungsrechtliches Novum. In der Weimarer Reichsverfassung hatte Artikel 109 festgelegt: »Männer und Frauen haben grundsätzlich dieselben staatsbürgerlichen Rechte und Pflichten.« Damit war die Gleichberechtigung auf den Bereich der staatsbürgerlichen Rechte beschränkt, vor allem auf das aktive und passive Wahlrecht. Außerdem ermöglichte die Formulierung Ausnahmen aller Art. Folglich interpretierte die Weimarer Staatsrechtslehre Artikel 109 der Weimarer Reichsverfassung als bloßen Programmsatz, als freundlichen, letztlich aber unverbindlichen Fingerzeig der Verfassung.

Auch im Parlamentarischen Rat stieß eine ähnlich einschränkende Formulierung zunächst auf breite Zustimmung. Die Anträge der SPD, die einen entschiedenen Schritt auf dem Weg zur Gleichberechtigung machen wollte, wurden sowohl im Ausschuss für Grundsatzfragen[65] als auch im Hauptausschuss[66] mit der Mehrheit von Union und FDP abgelehnt. Die konservativen Skeptiker ahnten, was die Feststellung einer unbeschränkten Gleichberechtigung bedeuten würde: Nicht nur der Staat wäre an ein derartiges Verfassungsgebot gebunden. Geradezu Furcht einflößend wirkte auf viele Verfassungsväter die Vorstellung, dass weite Bereiche des Zivilrechts – insbesondere die Vorschriften des Bürgerlichen Gesetzbuchs zu Ehe und Familie – mit einem Federstrich in Frage gestellt würden. Wortreich illustrierten die Gleichberechtigungskritiker das Szenario eines Rechtschaos mit unabsehbaren Folgen. Als Schutzwall für das geltende Ehe- und Familienrecht schlugen Union und FDP vor, ein grundsätzliches Bekenntnis zum Gleichberechtigungsgedanken mit der Aufforderung an den Gesetzgeber zu verbinden, Gleiches gleich und Ungleiches ungleich zu behandeln. Rechtliche Differenzierungen zwischen Mann und Frau hätten dann stets unter Berufung auf den »natürlichen« Unterschied der Geschlechter verteidigt werden können.

In dieser Situation trat Elisabeth Selbert auf den Plan und mobilisierte Zehntausende Frauen im ganzen Land. Systematisch organisierte sie in der zweiten Hälfte des Jahres 1948 eine Massenbewegung zugunsten des Gleichberechtigungssatzes und traf damit offenkundig einen Nerv der Zeit: Tag für Tag stapelten sich Briefe, Eingaben und Resolutionen von Einzelpersonen und Frauenverbänden auf den Tischen von Selberts Kollegen im Parlamentarischen Rat. Eines der Unterstützerschreiben trug die Unterschriften von nicht weniger als 60 000 Arbeiterinnen der Metallindustrie. Das habe »eingeschlagen wie ein revolutionärer Akt«, erinnerte sich Selbert später in einem Hörfunkbeitrag.[67] Der Spott, mit dem selbst Theodor Heuss anfänglich noch über das von den Frauen entfachte »Quasi-Stürmlein«[68] witzelte, wich zunehmend der Erkenntnis, dass man es mit einer deutlichen Mehrheit der Wahlbevölkerung zu tun hatte. So war Artikel 3 Absatz 2 GG am Ende die einzige Bestimmung des Grundgesetzes, deren Formulierung auf unmittelbaren Druck der Bevölkerung hin zustande kam.

Für Elisabeth Selbert bedeutete ihr Erfolg zugleich das Ende ihrer bundespolitischen Karriere. Bei der Wahl zum ersten Deutschen Bundestag wurde sie von ihrer Partei nicht für ein Mandat nominiert. Auch ein Vorstoß, Selbert als erste Richterin an das Bundesverfassungsgericht zu entsenden, scheiterte. Bis 1958 saß die Vorkämpferin der Frauenrechte als Abgeordnete im Hessischen Landtag. Dann zog sich Selbert aus der Politik zurück und betrieb bis in ihr 85. Lebensjahr eine auf Familienrecht spezialisierte Anwaltskanzlei.

Dass Artikel 3 Absatz 2 GG tatsächlich revolutionäre Wirkungen entfalten würde, lag mit der Verabschiedung des Grundgesetzes auf der Hand. Die Verfassung formuliert die Gleichberechtigung nicht als vages Ziel, sondern fordert unmittelbare Gleichberechtigung in allen Bereichen des Rechts. Lediglich eine vierjährige Frist zur Ausführung des Verfassungsauftrages räumte Artikel 117 Absatz 1 GG dem Gesetzgeber ein. Ab dem 31. März 1953, so die drohende Vorschrift, würden alle Normen, die mit Artikel 3 Absatz 2 GG nicht im Einklang stünden, automatisch außer Kraft gesetzt. Es lag also in der Hand des Parlaments, das befürchtete Rechtschaos zu verhindern.

Kurz nach Inkrafttreten des Grundgesetzes wurde in der Neuen Juristischen Wochenschrift ein für damalige Verhältnisse exorbitantes Preisgeld von 1500 DM für die vollständigste Beantwortung der Frage ausgelobt, welche Rechtsvorschriften durch das Grundgesetz direkt außer Kraft gesetzt würden oder einer dringenden Anpassung bedürften. Ob sich ein fleißiger Jurist den Preis verdiente, ist nicht überliefert.[69] Der Renovierungsbedarf im deutschen Zivilrecht war allerdings immens. Besonders das Ehe- und Familienrecht konservierte ein streng hierarchisches Gesellschaftsbild, in dem der Mann und Vater als alleiniger Machthaber im Ehe- und Familienleben auftrat. Er allein bestimmte den Wohnsitz der Familie; in allen Eheangelegenheiten und Fragen der Kindeserziehung kam ihm das Letztentscheidungsrecht zu. Auch die rechtliche Sorge über das Vermögen der Kinder war dem Vater übertragen. Der Ehemann durfte Arbeitsverträge seiner Frau kündigen und ihr das Recht zum Abschluss von Verträgen im Rahmen der Haushaltsführung – die sogenannte Schlüsselgewalt – entziehen. Im gesetzlichen Güterstand war auch das Vermögen der Frau der Verwaltung und Nutznießung des Ehemanns unterworfen.

Die Bewegung zur Reform des überkommenen Ehe- und Familienrechts, die Elisabeth Selbert 1948/49 angestoßen hatte, setzte sich in den fünfziger Jahren allerdings nicht mit gleichem Schwung fort. Innerhalb kurzer Zeit hatte sich nach Währungsreform und Staatsgründung auch das Lebensgefühl der zunehmend prosperierenden Gesellschaft gewandelt. Nach den Jahren der Entbehrung und unsicheren gesellschaftlichen und familiären Verhältnisse eröffneten sich lange ersehnte Möglichkeiten, Sicherheit und Geborgenheit in vertrauten und überschaubaren Strukturen zu gewinnen. Der Trend zur Kleinfamilie hatte in den fünfziger Jahren bereits eingesetzt, der Zerfall der traditionellen Familie durch steigende Scheidungsraten aber noch nicht begonnen. So wurde die Familie wieder der Rückzugsort, der in einer Zeit individueller und epochaler Umbrüche Kontinuität gewährleistete.[70]

Konservative Politiker, Juristen und Kirchen, die sich schon in den frühen fünfziger Jahren der Gleichberechtigungsbewegung entgegengestellt hatten, konnten angesichts des gewandelten Zeitgeists am Ende der Dekade zumindest auf stillschweigenden Einklang mit weiten Teilen der Bevölkerung rechnen. Entsprechend ließ Konrad Adenauer keine Eile erkennen, um der Forderung der von ihm unterzeichneten Verfassung nachzukommen. Erst nachdem es der SPD mit mehreren Gesetzesinitiativen gelang, in der Öffentlichkeit wieder Interesse für die Gleichberechtigungsfrage zu wecken, reagierte kurz vor Auslaufen der Verfassungsfrist auch die Bundesregierung.

Zwei Gesetzentwürfe aus den Jahren 1952 und 53 sahen nur in Randbereichen des Ehe- und Familienrechts Korrekturen vor.[71] Das Alleinentscheidungsrecht des Mannes blieb im Kern erhalten. Eine Berufstätigkeit sollte der Frau nur dann erlaubt sein, wenn sie ihre ehelichen Pflichten dadurch nicht vernachlässigte. Vor allem die Hausarbeit gehörte weiterhin zu den Pflichtaufgaben der Frau.

Besonders in der durch und durch von Männern dominierten Rechtswissenschaft fand das restaurative Familienbild breiten Rückhalt. Theodor Maunz, wenige Jahre zuvor noch glühender

NS-Jurist, nun einer der führenden Staatsrechtler und Grundgesetz-Kommentatoren, befand, Artikel 3 Absatz 2 GG finde seine immanente Einschränkung im »Ehebild, das unsere Kultur in langen geschichtlichen Zeiträumen entfaltet hat«.[72] Der Erlanger Zivilrechtler Ludwig Schnorr von Carolsfeld stellte kurz und bündig fest: »Wörtlich kann die Vorschrift der Verfassung nicht genommen werden.«[73] Verständnislos zeigte sich der Familienrechtler Günther Beitzke, der meinte, das Grundgesetz habe in seinem Gleichberechtigungsartikel »offen gelassen, was es darunter verstehe und wie Gleichberechtigung verwirklicht werden solle«. Es sei »nicht die Sache einer Übergangsverfassung, grundstürzende soziale Reformen zu normieren«, mahnte Beitzke.[74]

Besonders für die Naturrechtsapologeten war das Gleichberechtigungspostulat ein evidenter Übergriff in die vorstaatlich konstituierte und der gesetzlichen Regelungsgewalt entzogene Ordnung. Der an der Universität Bonn lehrende Familienrechtler Friedrich Wilhelm Bosch profilierte sich in der Gleichberechtigungsdebatte als Vordenker der Naturrechtsrenaissance, die BGH-Präsident Weinkauff durch die Rechtsprechung des Bundesgerichtshofs beförderte. »Das Patriarchat, nicht das Matriarchat, entspricht der Schöpfungsordnung«, verkündete Bosch[75] und folgerte: »Der Ruf nach absoluter Gleichberechtigung, d. h. der Zuerkennung gleicher Rechte für die Frau in jedem Fall, ist nichts anderes als Häresie.«[76] Artikel 3 Absatz 2 GG müsse mit der »natürlichen Ordnung« in Einklang gebracht werden, die eine hierarchische Familienordnung vorgebe. »Die Leitungsgewalt des Vaters und Mannes« war für Bosch »ein bereits präjuristisch geltendes Naturrecht«.[77] Mit seinem in Rechtsdogmatik übersetzten christlichen Fundamentalismus war Bosch keineswegs ein Außenseiter. Seine Thesen wurden in den wichtigsten juristischen Fachzeitschriften abgedruckt; auf dem 38. Deutschen Juristentag, der sich im September 1950 in Frankfurt mit dem Verfassungsgebot und seiner Umsetzung befasste, war er der Wortführer der Gleichberechtigungskritiker.

Zugleich machte der erste Juristentag der Nachkriegszeit – eine Standesversammlung der Rechtswissenschaft und aller juristischen Berufe – deutlich, dass die Entwicklung, die im Gleichberechtigungsgebot ihren Ausdruck gefunden hatte, unumkehrbar geworden war. Zwar hatten die katholisch-konservativen Positionen noch einen breiten, ideologisch vorgeprägten Resonanzboden. Die Erkenntnis aber, dass weite Teile des geltenden Rechts einer Generalsanierung im Zeichen der Gleichberechtigung bedurften, war übermächtig. Erna Scheffler, die bald darauf zur ersten Verfassungsrichterin gewählt wurde und die Karlsruher Rechtsprechung zur Gleichberechtigung maßgeblich prägte, erinnerte sich an den Frankfurter Juristentag »als Wahrzeichen der Wandlung«. Die Kritik an der »Gleichordnung der Frauen« habe »keine Kraft mehr« gehabt. Dafür seien ihre Thesen »von der großen Mehrheit – auch der männlichen Teilnehmer – angenommen worden«.[78] Auch die Mehrheit der Rechtswissenschaftler hat sich ab den frühen fünfziger Jahren nicht mehr für eine fundamentale Ablehnung des Gleichheitsgedankens vereinnahmen lassen. Es ist ein bemerkenswerter Nebenaspekt, dass in der ersten Reihe der Reformer Wissenschaftler wie Hans Dölle und Wolfgang Siebert standen, die noch wenige Jahre zuvor an einer Umgestaltung des BGB-Familienrechts im Sinne der NS-Rassenlehre gearbeitet hatten. Rückblickend konstatiert die Rechtshistorikerin Christine Franzius für die Jahre zwischen 1949 und 1953 einen »erstaunliche(n) Umschwung in der Zivilrechtslehre von der unerbittlichen Verteidigung der patriarchalischen Familienordnung bis hin zur Akzeptanz einer auf Gleichberechtigung beruhenden Ehe«.[79]

Zögernd zeigte sich indes die Politik. Der Erdrutschsieg bei der Bundestagswahl im September 1953 bestärkte Adenauer in seiner katholisch-konservativ geprägten Familienpolitik. In seinem zweiten Kabinett richtete er ein neues Ministerium für Familienfragen ein, an dessen Spitze der ehemalige Zentrumspolitiker Franz-Josef Wuermeling stand, ein entschiedener Verteidiger der »verbindlichen natürlichen Ordnung«, aus der sich die Pflicht des Mannes zur alleinigen Entscheidung aller wichtigen Fragen in Ehe und Familie ableitete. Ein halbes Jahr zuvor hatte die Bundesregierung die Frist zur Anpassung des einfachen Rechts an das Gleichberechtigungsgebot verstreichen lassen.

Das Grundgesetz stand damit vor einer neuartigen Bewährungsprobe: In der Nacht vom 31. März zum 1. April traten laut Artikel 117 GG alle dem Gleichberechtigungsgebot zuwiderlaufenden Rechtsnormen außer Kraft. Die 1500-DM-Preisfrage der Neuen Juristischen Wochenschrift war damit unmittelbar jedem einzelnen Richter gestellt, der mit gleichheitswidrigen Zivilrechtsnormen konfrontiert war. Für die Skeptiker war in diesem Augenblick jene juristische Anarchie Wirklichkeit geworden, vor der sie seit Jahren gewarnt hatten. Sollte tatsächlich ein einfacher Amtsrichter unter Berufung auf das Grundgesetz mehr als ein halbes Jahrhundert geltende Prinzipien des BGB außer Kraft setzen dürfen? Das Wort vom »verfassungswidrigen Verfassungsrecht« machte die Runde; das Grundgesetz – so hieß es – hebele mit seinem Artikel 117 die von ihm selbst garantierten Grundsätze der Rechtsstaatlichkeit und Gewaltenteilung aus den Angeln.[80] Doch das Bundesverfassungsgericht bekräftigte den in der Verfassung angelegten Mechanismus der Rechtsvernichtung: Die *Auslegung* des Grundgesetzes – so die Karlsruher Richter 1953 – obliege allein dem Bundesverfassungsgericht; die *Anwendung* der Verfassung aber sei Aufgabe jeden Richters.[81] Artikel 3 Absatz 2 GG sei »eine allgemeine Rechtsregel«, die zur Ausfüllung von Lücken im »einfachen« Gesetz anzuwenden sei. Diese unmittelbare Anwendung des Verfassungsrechts sei »im modernen Rechtsstaat mehr und mehr zur echten richterlichen Aufgabe geworden«.[82]

Zugleich gab das Bundesverfassungsgericht den unteren Instanzen einen entscheidenden Hinweis: Biologische und funktionale Unterschiede sollten durchaus eine Ungleichbehandlung der Geschlechter rechtfertigen können. Das erste Grundsatzurteil zur Wirkung von Artikel 3 Absatz 2 GG hatte damit einen doppelten Zungenschlag: Einerseits unterstrich es den unbedingten Geltungsanspruch der Verfassung und erteilte allen naturrechtlich begründeten Gegenargumenten eine klare Absage. Zugleich aber öffnete es mit dem Hinweis auf biologische und soziologische Fakten eine verfassungsrechtliche Hintertür, die den Erhalt mancher Differenzierungen ermöglichte.

Es dauerte noch einmal vier Jahre, bis auch der Gesetzgeber

dem Verfassungsauftrag zur gleichheitsgerechten Umgestaltung des Rechts nachkam: Im Sommer 1957 verabschiedete der Bundestag das Gleichberechtigungsgesetz, das am 1. Juli 1958 in Kraft trat. Für die Vorkämpferinnen und Verfechter der Gleichberechtigung war das Ergebnis bestenfalls ein Teilerfolg: Zwar wurde das Alleinentscheidungsrecht des Mannes in der Ehe ersatzlos gestrichen. Dafür sollte bei der Kindererziehung der väterliche Stichentscheid mit dem verfassungsgerichtlich abgesegneten Hinweis auf die »funktionelle Verschiedenheit der Geschlechter« beibehalten werden. Auch der Verweis auf »natürliche und christliche Ordnungsbegriffe« hatte Eingang in die Gesetzesbegründung gefunden.[83] In der Sache entfiel das Kündigungsrecht des Mannes für den Arbeitsvertrag seiner Frau. Die Verpflichtung der Frau zur Hausarbeit sowie das Recht des Mannes, ihr die Schlüsselgewalt für Vertragsabschlüsse zu entziehen, aber blieben. Als gesetzlicher Güterstand wurde die Zugewinngemeinschaft festgelegt. Die Vermögensverwaltung und -nutznießung des Mannes wurde gestrichen.

Noch einmal griff das Bundesverfassungsgericht korrigierend ein: Im Juli 1959 gaben die Richter einer Verfassungsbeschwerde von vier Frauen statt und erklärten den väterlichen Stichentscheid sowie das Alleinvertretungsrecht des Vaters für das Kind für verfassungswidrig.[84] Die erste Phase der Grundrechtsdurchsetzung war damit auch auf dem Gebiet der Gleichberechtigung abgeschlossen.

Das janusköpfige Gesicht, das die Bundesrepublik am Ende der ersten Dekade gezeigt hatte, war paradigmatisch für die gesamte Epoche. Den Beharrungskräften und restaurativen Tendenzen in Rechtswissenschaft, Justiz, Politik und Gesellschaft trat in den fünfziger Jahren ein entschiedener Modernisierungswille entgegen, der in der Diskussion um die Wirksamkeit der Grundrechte deutlichen Ausdruck fand. Mit Erfolg wurde das Grundgesetz als Wegweiser in eine liberalere, auf einem aufgeklärten Rechts- und Staatsverständnis gegründete Gesellschaft verteidigt. Selbstbewusst und mit der Rückendeckung einer wachsenden Mehrheit der Wissenschaft wuchs das Bundesverfassungsgericht in die Rolle des Hüters einer Verfassung hinein, die – obwohl als Provisorium formuliert – zum zentralen Referenzpunkt der gesamten Rechtsordnung wurde.

Streitgespräch: Studentenführer
Dutschke und »Spiegel«-Herausgeber
Augstein bei einer Debatte 1967.

KAPITEL 3
Vielfalt und Öffentlichkeit
Das Grundgesetz und der Staat

Am 7. November 1962 mussten die Bundesbürger erkennen, dass
sie von einem Mann regiert wurden, der die Welt nicht mehr ver-
stand. Seit Stunden hatte Konrad Adenauer, der 86-jährige Bun-
deskanzler, sich von der Regierungsbank aus angehört, wie sein
Innenminister Hermann Höcherl sich der Fragen der SPD- und
FDP-Abgeordneten erwehrte. Es ging um die Durchsuchung der
Redaktionsräume des Magazins »Der Spiegel« in Hamburg und
Bonn. Verteidigungsminister Franz Josef Strauß selbst hatte die
Aktion gegen das Nachrichtenmagazin in Gang gesetzt, wegen
eines Wochen zuvor erschienenen Artikels, der die Schwächen der
NATO-Strategie gegenüber dem Warschauer Pakt offen gelegt
hatte. Staatsanwälte und Polizeibeamte hatten zu nächtlicher
Stunde die Redaktion gestürmt, kistenweise Material beschlag-
nahmt und Herausgeber Rudolf Augstein und seine engsten Mit-
arbeiter verhaftet.

Der Schlag gegen den »Spiegel« erregte im In- und Ausland
ungeheures Aufsehen. Augstein hatte zuvor einen beispiellosen
Pressefeldzug gegen Strauß geführt. Die Reaktion der Justiz schien
den Verdacht, der ehrgeizige Verteidigungsminister sei bis hin zum
Staatsstreich jeder Untat fähig, eindrucksvoll zu bestätigen. Als ein
SPD-Abgeordneter erklärte, die Staatsbürger müssten vor »Will-
kür im eigenen Lande« geschützt werden, schien dem Kanzler die
Zeit für ein klärendes Wort gekommen. Adenauer trat ans Redner-
pult und kam nach einigen Sätzen zum vermeintlichen Kern des
Ganzen: »Es ist Landesverrat ausgeübt worden«, sagte er, und
zwar »von einem Manne, der eine Macht, eine journalistische
Macht in Händen hatte.« Die Worte gingen im Tumult unter, aber
Adenauer ließ nicht locker. Man habe, sagte er schließlich, einen

»Abgrund von Landesverrat im Lande«. Wer das sage? »Ich sage das!«[1]

Adenauer hatte Grund zu glauben, dass das Kanzlerwort seine Wirkung nicht verfehlen werde: Nahezu zeitgleich zu den Durchsuchungen beim »Spiegel« hatte die Kuba-Krise die Welt an den Rand des Atomkriegs geführt. Doch statt über den »Abgrund von Landesverrat« erschrak das Land über ganz andere Dinge: darüber, dass der Kanzler in ein schwebendes Verfahren eingegriffen hatte; dass FDP-Justizminister Wolfgang Stammberger nicht informiert worden war, sondern nur sein Staatssekretär; und dass unklar war, auf welche Weise Franz Josef Strauß den verantwortlichen Spiegel-Redakteur an seinem Urlaubsort im (damals noch faschistisch regierten) Spanien hatte verhaften lassen.

Dies seien doch nur Verfahrensfragen, verteidigte sich der Bundeskanzler. »Lassen wir nicht (…) aus Anlass der Verhaftung von Männern, von denen das Bundesgericht der Auffassung ist, dass sie auf Grund des vorliegenden Materials dringend eines Verbrechens verdächtig sind, lassen wir nicht in diesem Zusammenhang die Frage ›Fehler, Fehler, Fehler, Verfahrensfehler‹ hochkommen! Wir schädigen die deutsche Sache in der ganzen Welt.«[2] Schließlich gebe es korrekte richterliche Haftbefehle. Das Protokoll notiert einen Stoßseufzer des Kronjuristen der SPD-Fraktion, Adolf Arndt: »Sie haben es ja noch nicht verstanden!«[3]

Aus heutiger Sicht fällt es noch schwerer, die Spiegel-Affäre mit den Augen Konrad Adenauers zu sehen. Die Versuchung liegt nahe, seine Angriffe auf Augstein als machtpolitische Vorwärtsverteidigung zu erklären – zumal Strauß von Anfang an mit seinem Wissen und Einverständnis gehandelt hatte. Doch Adenauers Entsetzen über den angeblichen Landesverrat war nicht gespielt. Es zeigte ein Verständnis von Staat und Gesellschaft, das viel älter war als das Grundgesetz. Letztlich ging es in der »Spiegel«-Affäre um die Frage, ob sich die moderne, vom Bundesverfassungsgericht gestaltete Sichtweise des Grundgesetzes auch in der Politik gegen die mächtige Realität dieser Tradition würde durchsetzen können.

Der Obrigkeitsstaat und seine Wurzeln

In Kapitel 1 haben wir die Enttäuschungen und Niederlagen beschrieben, die das liberale Bürgertum im Kampf um nationale Einheit, um Volkssouveränität und demokratische Repräsentation erleben musste. Als das Werk einer nationalen Verfassung 1867/71 schließlich gelang, war dies aus demokratischer Sicht ein höchst ambivalenter Erfolg: Nicht eine gewählte Nationalversammlung, sondern der reaktionäre preußische Ministerpräsident Otto von Bismarck hatte die Verfassung geformt und ins Leben gerufen. Das Verfassungswerk war auf drei gewonnene Kriege und den Machtanspruch des preußischen Königshauses gegründet und nicht auf Wahlen und Willensbekundungen. Die Souveränität, das stellte schon die Präambel klar, lag bei den 25 deutschen Einzelstaaten, deren »Bund« die Reichsverfassung besiegelte – faktisch also beim mit Abstand größten Einzelstaat, Preußen, der den Bundesrat klar dominierte und dessen Regierungschef in Personalunion auch Reichskanzler war. Bismarck hatte die Verfassung gegeben und nahm in Anspruch, sie auch wieder nehmen zu können.[4]

Andererseits sah die Reichsverfassung allgemeine und gleiche Wahlen vor. Das war kein kleiner Schritt, vor allem aus preußischer Sicht, wo immer noch (und weiterhin) nach dem diskriminierenden Dreiklassenwahlrecht gewählt wurde. Jedes Reichsgesetz bedurfte der Zustimmung des Reichstags, der auch das Recht besaß, jährlich den Haushalt zu bewilligen (mit Ausnahme des Heereshaushalts). Tatsächliche Teilhabe an der Regierungsverantwortung verlieh die Verfassung den Volksvertretern allerdings nicht: Die übermächtige Figur des Reichskanzlers war vom Vertrauen des Reichstags unabhängig. Bürokratie und Militär durften sich weiterhin allein dem Monarchen verpflichtet fühlen.

Mit dieser Reichsverfassung hatte Bismarck das Bürgertum dem demokratischen Parlamentarismus auf lange Zeit abspenstig gemacht. Der alte Gegensatz von 1848 zwischen Fürst und Volk schien durch den Erfolg der Reichseinigung ein für allemal diskreditiert, zumal die Einheit der durch Regional-, Konfessions- und Klassengegensätze zerrissenen Nation permanent gefährdet schien und offenbar nur durch den »Staat«, verkörpert durch den Monarchen, seine Beamten und seine Offiziere, würdig repräsentiert werden konnte. Die Parteien, von der Regierungsverantwortung ausgeschlossen, entwickelten kaum Übung darin, machtpolitische Kompromisse zu schließen, Bündnisse zu schmieden und gesellschaftliche Interessen zum Ausgleich zu bringen, sondern beschränkten sich weitgehend darauf, ihre weltanschaulichen Gegensätze zu kultivieren. Verwiesen auf den Vorhof der Macht, konnte sich der Parlamentarismus den Respekt der Deutschen nicht zurückerobern.

Aus der Tatsache, dass ihnen die Emanzipation von der Fürstenherrschaft so schmählich misslungen war, machten die Deutschen eine Quelle nationalen Selbstbewusstseins. Der seelenlosen »Zivilisation« der westlichen Demokratien setzten sie ihre vermeintlich überlegene »Kultur« entgegen. Als 1914 die Gelegenheit zum Kräftemessen gekommen schien, zogen sie mit Pauken und Trompeten in den Krieg. Die antiparlamentarischen Ressentiments des Bürgertums überdauerten die Niederlage ebenso wie die folgende Revolution und die Verfassungsgebung der gewählten Nationalversammlung, die 1919 in Weimar zusammentrat und der durch sie gegründeten Republik ihren Namen gab. Die Weimarer Verfassung bezog ihre Legitimation laut Präambel ausdrücklich vom »deutschen Volk, einig in seinen Stämmen«, und führte das Parlament vom Vorhof ins Zentrum der Macht: Reichskanzler und Minister waren fortan von seinem Vertrauen abhängig. Und in Artikel 1 prägte die Weimarer Nationalversammlung einen Satz, den später der Parlamentarische Rat nahezu wortgleich übernahm: »Die Staatsgewalt geht vom Volke aus.«

Tatsächlich jedoch befand sich die demokratische Verfassung von Beginn an in der Defensive: Im frei gewählten Reichstag büßten die verfassungstragenden Parteien schon nach einem Jahr die Mehrheit ein. Die in rascher Folge wechselnden Minderheitsregierungen stützten sich im Wesentlichen auf ihre Ernennung durch das Staatsoberhaupt, den Reichspräsidenten. 1925 wählten die Deutschen mit dem Ex-Generalfeldmarschall Paul von Hindenburg einen Ersatzkaiser: Die Verfassung gestand dem

Reichspräsidenten die Befugnis zu, im Notfall am Parlament vorbei Verordnungen zu erlassen, und dieses Recht baute das greise Staatsoberhaupt mit seinem Kanzler Heinrich Brüning und dessen Nachfolger Franz von Papen zu einer Art Präsidialdiktatur aus. Der Reichstag sah sich in der Zwickmühle: Er konnte zwar laut Verfassung die Aufhebung der Notverordnungen verlangen, aber dann löste der Reichspräsident den Reichstag auf und setzte Neuwahlen an, was die Nationalsozialisten und Kommunisten gestärkt hätte.

Es gab die Demokratie, doch fehlte es an Demokraten. Das galt nicht zuletzt für das Personal des demokratischen Staates, die Beamten: Sie beugten sich zwar den rechtlichen Vorgaben der Verfassung, aber zur Demokratie blieben sie zumeist auf Abstand. Sie verstanden sich als »Staatsdiener« im Wortsinne: Sie hielten sich für die wahren Repräsentanten des Volkes, legitimiert durch ihre Unabhängigkeit und Pflichterfüllung – im Gegensatz zu den gewählten Politikern, die stets verdächtig waren, nicht das Volk, sondern nur ihre eigenen Interessen oder die ihrer Klientel zu vertreten.

Auch das Recht hatte den Wechsel seiner Verfassungsgrundlage im Wesentlichen unverändert überdauert. Die großen Kodifikationen aus der Zeit des Kaiserreichs, die Justizgesetze der 1870er Jahre und das am 1. Januar 1900 in Kraft getretene Bürgerliche Gesetzbuch (BGB), regelten weiterhin die Lebensverhältnisse der Deutschen und tun es bis heute (was bisweilen insbesondere im Familienrecht, zu Kollisionen mit dem Grundgesetz führte). Zu diesen Kodifikationen zählt auch das Strafgesetzbuch aus dem Jahr 1871, in dem das Staatsverständnis, das Interessenkonkurrenz als Keim des Bürgerkriegs und Meinungsvielfalt als Schwächung gegenüber dem äußeren Feind betrachtete, seinen deutlichen Niederschlag gefunden hatte.

1931 hatte das Reichsgericht über einen Fall zu entscheiden, der viele Parallelen zu der »Spiegel«-Affäre von 1962 aufweist. Der Publizist Carl von Ossietzky hatte in seiner Zeitschrift »Weltbühne« einen Artikel veröffentlicht, der Andeutungen über den heimlichen, weil vom Versailler Vertrag verbotenen Aufbau der

Reichswehr enthielt. Ossietzky wurde wegen Landesverrats ange-klagt und in einem Aufsehen erregenden Geheimprozess zu einer mehrmonatigen Haftstrafe verurteilt. Landesverrat galt als Staats-schutzdelikt in durchaus wörtlichem Sinne: Es ging nicht um den Schutz der Freiheit oder der Verfassung oder des Rechts, son-dern um den Schutz des Staates, im Extremfall auch gegen das Recht. Delikte wie Landesverrat, schrieb Carl Schmitt 1928, schütz-ten »die konkrete Existenz des politisch geeinten Volkes«, nicht »irgendwelche anderen Geltungen und Sollungen«.[5] Die Vorgänge, auf die sich der »Weltbühne«-Artikel bezog, waren eklatant völ-kerrechtswidrig und obendrein nicht einmal ein Geheimnis, aber das spielte im Urteil des Reichsgerichts keine Rolle: »Dem eige-nen Lande hat jeder Staatsbürger die Treue zu halten; auf Durch-führung der Gesetze kann er nur durch Inanspruchnahme der hierzu berufenen innerstaatlichen Organe hinwirken, niemals aber durch Mitteilungen an ausländische Regierungen oder deren Organe.«[6]

Der Straftatbestand des Landesverrats wurde 1962, als die an das Grundgesetz gebundenen Staatsanwälte die Redaktionsräume des »Spiegel« besetzten, im Kern noch ganz ähnlich aufgefasst wie 1931. Dem Landesverräter drohte mindestens ein Jahr Zuchthaus, dem Totschläger hingegen nur sechs Monate. Aus Adenauers Sicht war dies nicht unverhältnismäßig: Landesverrat finde er genauso schlimm wie Mord, erklärte er freimütig[7] und berief sich auf die Meinung »eines großen Teils des deutschen Volkes«: »(W)er Lan-desverrat begeht, den soll man einen Kopf kürzer machen« – auch wenn das einer Minderheit, einer »gewissen Schicht, die gegen uns ist, die glaubt, sie sei erhaben über alles«,[8] nicht passe. Die ver-öffentlichte Meinung jedoch, bis hin zur konservativen Frank-furter Allgemeinen Zeitung, konnte Adenauer nicht mehr folgen. Das war der Kanzler nicht gewöhnt. In den ersten Jahren seiner Regierung hatte er kritische Presse kaum zu fürchten gehabt und war gegen publizistische Gegner rigoros vorgegangen. So hatte er bereits 1952 eine Ausgabe des »Spiegel« beschlagnahmen lassen, in der er mit einem französischen Geheimagenten in Verbindung gebracht worden war. Im Kreis vertrauter Journalisten hatte er sich hinterher gewünscht, von diesem »Schmierblatt«, das »zur Untergrabung der Autorität in ganz starkem Maße« beitrage, könnten »noch 3 bis 4 Nummern hintereinander beschlagnahmt werden«.[9]

Jetzt musste Adenauer zu seiner Überraschung feststellen, dass nicht nur die ausländische Presse die »Spiegel«-Aktion mit Gestapo-Methoden verglich. Sein indignierter Einwand, er sei schließlich selbst zweimal von der Gestapo verhaftet worden,[10] konnte nur als weiterer Beleg dafür verstanden werden, dass der greise Kanzler nicht begriff, worum es ging – Adolf Arndt zufolge nämlich darum, dass die Demokratie gerade deshalb schutzbedürftig sei, weil sie »anders als autoritäre und totalitäre Staaten, sich nur auf rechtsstaatliche Weise verteidigen kann. Das ist eine Schwäche – das ist aber eine Schwäche, auf die wir stolz sind –, dass sie sich nicht anders als auf rechtsstaatliche Weise verteidigen kann!«[11] Nicht mehr der Schutz des Staates, sondern der Schutz der Verfassung stand nun im Mittelpunkt.

Der Landesverratsvorwurf gegen den »Spiegel« ließ sich am Ende nicht halten. Kein einziger Verhafteter wurde angeklagt, wenngleich Augstein ganze 103 Tage in Untersuchungshaft saß. Zwar konnte das Bundesverfassungsgericht 1966 auch keinen Verfassungsverstoß erkennen. Der Erste Senat – freilich intern tief gespalten, die Entscheidung fiel mit vier zu vier Richterstimmen denkbar knapp aus – wies Augsteins Verfassungsbeschwerde zurück. Doch in einer grundsätzlichen Frage waren die Richter sich einig: Die freie Presse sei keine Gefahr, vor der sich der Staat schützen müsse, sondern im Gegenteil »ein Wesenselement des freiheitlichen Staates«. »Insbesondere ist eine freie, regelmäßig erscheinende Presse für die moderne Demokratie unentbehrlich.« Der Bürger müsse, um politische Entscheidungen treffen zu können, informiert sein, andere Meinungen kennen und abwägen können. »Die Presse hält diese ständige Diskussion in Gang«, in ihr artikuliere sich die öffentliche Meinung, sie fungiere als »ständiges Verbindungs- und Kontrollorgan zwischen dem Volk und seinen gewählten Vertretern in Parlament und Regierung«.[12]

Das Urteil zeigt, dass sich nicht nur das Staatsverständnis, sondern auch das Verfassungsverständnis fundamental geändert hatte. Für das Reichsgericht hatte 1931 im »Weltbühne«-Urteil der Staat im Mittelpunkt gestanden: Ihm schuldete der Bürger Treue, auch der Bürger Carl von Ossietzky. In diesem etatistischen Weltbild ist es der Staat, der aus der amorphen Masse der Einzelnen ein geordnetes Gemeinwesen macht und die zerrissene Gesellschaft überwölbt wie im mittelalterlichen Kosmos der gestirnte Himmel die Erdscheibe. Der Staat ist es, der das Recht erlässt, und zwar einschließlich der Verfassung. Im »Spiegel«-Urteil des Bundesverfassungsgerichts kehren sich die Verhältnisse um: Jetzt ist es die Verfassung, die in den Mittelpunkt rückt, oder vielmehr ihr freiheitlich-demokratischer Kern: »Unter dem Bestand der Bundesrepublik Deutschland, den es zu schützen und zu erhalten gilt, ist nicht nur ihr organisatorisches Gefüge, sondern auch ihre freiheitlich-demokratische Grundordnung zu verstehen.« Sie ist es und nicht die Obrigkeit, der Staatsanwälte wie Journalisten Treue schulden.

Meinungsfreiheit: Im hellen Licht der Öffentlichkeit

Für viele Westdeutsche waren die Tage der »Spiegel«-Affäre im Spätherbst 1962 eine Art demokratisches Erweckungserlebnis. Sie gingen auf die Straße, sie trugen Transparente und Plakate mit Aufschriften wie: »Sie schlagen den Spiegel und meinen die Demokratie« oder »Strauß rein – Augstein raus«. Sie besuchten Podiumsdiskussionen, sie verfassten oder unterschrieben Protestdeklarationen, oder sie lasen einfach nur erstaunt und erregt die Zeitung und sahen sich die Fernsehnachrichten an. Dort wurde ein spektakuläres Schauspiel geboten: Die Obrigkeit, die dunkle Welt der Geheim- und Staatsaktionen, ließ ihre Maske fallen. Sie stand mit einem Mal im hellen Licht der Öffentlichkeit.

Öffentlichkeit: Kaum ein Begriff bündelte die gewandelten Erwartungen einer neuen Generation an Staat und Politik so sehr wie dieser. Der Sozialphilosoph Jürgen Habermas beschrieb in seiner 1962 erschienenen Habilitationsschrift »Strukturwandel der

Öffentlichkeit« das politische Räsonnement eines aufgeklärten und gebildeten Publikums von Privatleuten als demokratisches Idealmodell. Obrigkeitsstaatlichen Denkern wie Carl Schmitt war dieser Ansatz völlig fremd: Schmitt hatte Öffentlichkeit als dumpfe, unstrukturierte Massenkundgebung verstanden, die nicht diskutiert oder abstimmt, sondern dem Herrscher per Akklamation zu unbegrenzter Macht verhilft.[13] Habermas und andere dagegen forderten die Bürger zu aktiver, kritischer Teilnahme auf: Die Staatsangelegenheiten sollten nicht länger einer gesonderten Sphäre überlassen bleiben, um die sich der Privatmensch weder kümmern will noch soll, sondern auf dem Forum der öffentlichen Meinung debattiert werden. Durch diese für jedes Thema und für jeden Teilnehmer offene Diskussion, so die Hoffnung, ließen sich »politische Entscheidungen so weit als möglich rational begründbar und damit zugleich kontrollierbar« machen.[14] Wer die Regierung kritisierte, schädigte somit nicht den Staat, sondern tat ihm etwas Gutes.

Dass dieses neuartige Denken über Intellektuellenkreise weit hinausging, zeigten die Ankündigungen des SPD-Kanzlerkandidaten 1961. Willy Brandt, der junge und telegene Bürgermeister von Berlin, versprach einen Bruch mit dem bisherigen Politikstil: Kommunikation werde im Mittelpunkt stehen. Seinen Wahlkampf wollte er als »großes Gespräch« führen, als eine »einzige große Debatte vor dem ganzen Volk«.[15] Dem Verteidigungsminister und CSU-Chef Franz Josef Strauß, dessen Drang zur Macht vielen unheimlich war, warf er vor, den »lebensnotwendigen Kreislauf der Ideen und der Gestaltung in einem demokratischen Gemeinwesen bei sich beginnen und enden« zu lassen, »ohne dass die übrigen Organe und Gruppen des Staates und der Gesellschaft eine andere Aufgabe behielten als die der Akklamation«.[16] Auch die professionalisierte Öffentlichkeit der Medien hatte diesen Erwartungswandel mit geprägt. Noch einige Jahre zuvor war es üblich gewesen, über die so genannten Massenmedien die Nase zu rümpfen und sie als Propagandisten und Protagonisten der kulturellen Verelendung zu verdächtigen. Doch Ende der fünfziger Jahre wurde dieser Snobismus rapide unmodern. Eine neue

Generation junger Journalisten, Augstein war nur einer von ihnen, übte ihren Beruf mit einem neuartigen, an angelsächsischen Vorbildern entwickelten Selbstverständnis aus: Diese Journalisten sahen sich nicht länger als Verbreiter von Regierungsbulletins, sondern als aktive Teilnehmer des politischen Geschehens, als Korrektiv der Regierung, als unabhängige Aufklärer und streitbare Meinungsbildner.[17] Das galt auch für das sich rasch verbreitende neue Leitmedium, das Fernsehen: 1961 gingen Rüdiger Proske und Gert von Paczensky im Norddeutschen Rundfunk mit ihrem betont regierungskritischen politischen Magazin »Panorama« auf Sendung. Konrad Adenauer, der nicht akzeptieren konnte, dass die Presse ihn ungehemmt kritisierte, ohne sich im Geringsten darum zu kümmern, »wo das deutsche Interesse liegt«,[18] betrachtete die Rundfunklandschaft – ebenso wie die Zeitungen – als überwiegend sozialdemokratisch dominiert. Vor allem der 1945 von der britischen Labour-Regierung gegründete Nordwestdeutsche Rundfunk, dessen Sendegebiet von Bonn bis Kiel und Hannover reichte, erschien ihm als Propagandainstrument der SPD, und daran änderte sich auch nach dessen Aufteilung in den Norddeutschen und den Westdeutschen Rundfunk 1955 nichts Wesentliches: 1956 stürzte die CDU-Regierung in Nordrhein-Westfalen und begrub die Pläne der CDU, den nachmaligen »Rotfunk« WDR zum konservativen Gegengewicht des linken NDR umzuformen.

Zehn Jahre lang hatte Adenauer versucht, den Ministerpräsidenten die alleinige Kontrolle über den Rundfunk zu entreißen, auch aus wahltaktischen Gründen: »Wenn die Regelung nicht so erfolgt, wie wir es wünschen«, sagte Adenauer 1959 im CDU-Bundesvorstand, »können wir von unseren Erfolgsaussichten für die Wahl im Jahre 1961 25 % abschreiben.«[19] Die Ministerpräsidenten, auch die seiner eigenen Partei, ließen sich davon nicht beeindrucken. Im Sommer 1960 entschied sich Adenauer, einen anderen Weg zu gehen – einen ganz unerprobten, einen geradezu abenteuerlichen: Er gründete kurzerhand eine privatrechtliche GmbH mit einem Stammkapital von 23 000 DM, wovon laut Gesellschaftsvertrag die eine Hälfte vom Bund, die andere Hälfte von den Ländern getragen werden sollte. Finanzminister Fritz Schäffer finanzierte diesen Länderanteil als »Treuhänder« aus Bundesmitteln, und als die Länder erwartungsgemäß sein Angebot, den »Treuhand«-Anteil zu übernehmen, ausschlugen, übertrug er seine Anteile dem Bund, der so zum Alleineigentümer aufstieg. »Dieser Weg ist so ungewöhnlich, dass die Fantasie des Verfassungsgesetzgebers nicht ausgereicht hat, um ihn rechtzeitig zu versperren«, kommentierte der Politikwissenschaftler Theodor Eschenburg den Vorgang.[20]

Die Fantasie des Bundesverfassungsgerichts in Karlsruhe zeigte sich indessen der des Kanzlers durchaus gewachsen. Das Bundesstaatsprinzip verbiete es, auf diese Weise die Kompetenzen der Länder auszuhebeln, urteilte der Zweite Senat. Was sich Adenauer von seinem Fernseh-Coup tatsächlich versprochen hatte, verriet eine Bemerkung, die er während der »Spiegel«-Affäre im CDU-Bundesvorstand fallen ließ: »Hätten wir das Zweite Fernsehen des Bundes gehabt, das uns das Bundesverfassungsgericht kassiert hat, dann hätten wir uns dieses Instruments bedienen können. Es ist ganz sicher, das Fernsehen hat eine große meinungsbildende Kraft, namentlich in solchen Dingen, die an das Emotionale herangehen.«[21]

Das sah das Bundesverfassungsgericht genauso, zog daraus aber die entgegengesetzte Schlussfolgerung: Der Rundfunk, heißt es in dem Urteil, gehöre ebenso wie die Presse »zu den unentbehrlichen Massenkommunikationsmitteln, durch die Einfluss auf die öffentliche Meinung genommen und diese öffentliche Meinung mitgebildet wird. Der Rundfunk ist mehr als ein ›Medium‹ der öffentlichen Meinungsbildung; er ist ein eminenter ›Faktor‹ der öffentlichen Meinungsbildung.« Da der Rundfunk aber, anders als die Presse, dem öffentlich-rechtlichen Monopol unterworfen sei – Privatfernsehen gibt es in der Bundesrepublik erst seit 1984 –, müsse er umso notwendiger dem staatlichen Einfluss entzogen bleiben. Stattdessen sei er der Aufsicht von Gremien mit »Repräsentanten aller bedeutsamen politischen, weltanschaulichen und gesellschaftlichen Gruppen« zu unterstellen.[22] Mit anderen Worten: Nicht Staatsräson sei für den Rundfunk maßgeblich, sondern gesellschaftlicher Pluralismus.

Ausgangspunkt für diese Schlussfolgerung war Artikel 5 GG.

Aus dem klassischen Individualgrundrecht, seine Meinung frei zu äußern, zu verbreiten und zu vervielfältigen, hatte das Bundesverfassungsgericht eine Blaupause für den modernen, demokratischen Staat gemacht. Die Grundlage dafür hatte es schon 1956 in seinem Urteil zum Verbot der Kommunistischen Partei Deutschlands (KPD) gelegt, in dem das Gericht die Grundzüge einer freiheitlichen (im Gegensatz etwa zu einer kommunistischen) Verfassungsordnung zeichnete (siehe S. 157ff.): Die Menschenwürde des einzelnen Bürgers, war dort zu lesen, verlange eine »möglichst weitgehende Entfaltung seiner Persönlichkeit. Für den politisch-sozialen Bereich bedeutet das, dass es nicht genügt, wenn eine Obrigkeit sich bemüht, noch so gut für das Wohl von ›Untertanen‹ zu sorgen; der Einzelne soll vielmehr in möglichst weitem Umfange verantwortlich auch an den Entscheidungen für die Gesamtheit mitwirken.« Der Staat habe ihm dafür den Weg zu öffnen, und zwar »dadurch, dass der geistige Kampf, die Auseinandersetzung der Ideen frei ist, dass mit anderen Worten geistige Freiheit gewährleistet wird«[23]. Im Lüth-Urteil fand das Gericht die berühmte Formulierung, die freie Meinungsäußerung sei für die freiheitlich-demokratische Grundordnung »schlechthin konstituierend«.[24]

Der Weg dahin führte über die Öffentlichkeit: Die öffentliche Meinung, so das ceterum censeo des Bundesverfassungsgerichts, muss frei und unbeeinflusst bleiben und ungehindert die politischen und staatlichen Prozesse verfolgen können, denn nur so kann der Souverän, das Volk, sich seinen politischen Willen bilden. Aus diesem Grunde stoppte das Bundesverfassungsgericht 1966 die staatliche Parteienfinanzierung,[25] sorgte 1975 für Transparenz bei der Festlegung der Abgeordnetendiäten,[26] untersagte der Regierung 1977, in einer Anzeigenkampagne für »ihre« Wiederwahl zu werben,[27] verpflichtete 1986 das Parlament, soweit irgend möglich öffentlich zu debattieren,[28] und 2001 die Justiz, ebenso öffentlich zu verhandeln.[29] Im letztgenannten Urteil hatte sich die Öffentlichkeitsbegeisterung des Gerichts allerdings schon merklich abgekühlt: Es ging um die Frage, ob in Gerichtsverhandlungen Fernsehkameras zugelassen werden müssen. Im Ergebnis verneinte die Richtermehrheit diese Frage: Die Furcht, die massen-

mediale Verbreitung in Bild und Ton könne die Persönlichkeits-
rechte der Verfahrensbeteiligten verletzen und den »Prozess der
Wahrheitsfindung« beeinträchtigen, überwog. Drei der acht Richter waren anderer Meinung: Die Kommunikation der Bürger
werde in der modernen Informationsgesellschaft von den Medien
bestimmt, insbesondere vom Rundfunk.[30] Daher, so die drei Richter, müssten die Gerichte nicht nur Journalisten mit Notizblöcken
in den Verhandlungssaal lassen, sondern auch Kameras und Mi-
krofone. Sie konnten sich gegen die Bedenken der Senatsmehrheit
aber nicht durchsetzen.

Der Ausbau des Sozialstaats

Trotz seiner Führungsrolle bei der Modernisierung von Staat und
Gesellschaft, die ihm das Bundesverfassungsgericht zugewiesen
hatte, war das Grundgesetz Mitte der sechziger Jahre permanenter
Fundamentalkritik ausgesetzt. Das zu diesem Zeitpunkt gerade
zarte siebzehn Jahre alte Grundgesetz sei »antiquiert« und wurzele
»in geistigen Vorstellungen und gesellschaftlichen Verhältnissen,
die der Vergangenheit angehören«, schrieb der Publizist Helmut
Lindemann 1966 in einem viel beachteten Buch.[31] Das Wort von
einer »Totalrevision« der Verfassung machte die Runde. So weit
wollten zwar nur wenige gehen. Aber dass das Grundgesetz zumindest einer weit reichenden Teilrevision bedurfte, war verbrei-
teter Konsens.

Das moderne demokratische Staatsverständnis, das mit dem

   1966, als Union und SPD ihre erste Große Koalition eingin-
gen, schien der Zeitpunkt dafür günstig wie nie zuvor. Die Regierungsparteien verfügten im Bundestag über 447 von 496 Stimmen,
also weit mehr als die hierfür erforderliche Zweidrittelmehrheit. In
den drei Koalitionsjahren setzten sie zwölf verfassungsändernde
Gesetze in Kraft, beinahe so viele wie in den gesamten siebzehn
Jahren zuvor. Aus Sicht der Beteiligten handelte es sich dabei baga-
tellisierend um die Beseitigung von »Druckstellen«.[32] Tatsächlich
aber ging es um Schwerwiegenderes.
   Das moderne demokratische Staatsverständnis, das mit dem

Grundgesetz an die Stelle der alten Vorstellung vom Obrigkeits-staat getreten war, hatte Folgen weit über die politische Willensbil-dung hinaus. Wenn alle Staatsgewalt vom Volke ausgeht, dann werden die gesellschaftlichen Kräfte legitimerweise danach stre-ben, diese zu ihrem Nutzen einzusetzen. Wenn die Legitimation der Hoheitsgewalt nicht mehr auf gutem und gerechtem Regieren beruht, sondern auf der gleichen Teilhabe aller am politischen Kommunikationsprozess, dann ist die Forderung nicht mehr weit, dass der Staat auch die Voraussetzungen für diese gleiche Teilhabe aller schaffen muss.

Wie eng Demokratie und Sozialstaatlichkeit miteinander ver-knüpft sind, wurde 1954 offenbar, als das Bundesverwaltungsge-richt in einem seiner ersten Urteile mit dem hergebrachten staatli-chen Fürsorgewesen aufräumte: Auch im Obrigkeitsstaat konnten Menschen, die in Not geraten waren, auf staatliche Hilfe hoffen – aber ob und welche Hilfe sie erhielten, das entschieden die Staats-diener nach Gutdünken. Das alte preußische Armenpflegerecht basierte auf dem Grundsatz, dass die Fürsorge der Aufrechterhal-tung der öffentlichen Ordnung diene und nicht dem Bedürftigen als Inhaber von Rechtsansprüchen. Mit dem Grundgesetz, so das Oberste Verwaltungsgericht, sei dies nicht länger vereinbar: Dieses enthalte eine »Leitidee«, und zwar »über das Verhältnis des Men-schen zum Staat: Der Einzelne ist zwar der öffentlichen Gewalt unterworfen, aber nicht Untertan, sondern Bürger.« Darum dürfe ihn der Staat nicht einfach zum Gegenstand seines Handelns ma-chen, sondern müsse ihn als Träger von Rechten wahrnehmen, und zwar gerade dann, wenn es um seine Daseinsmöglichkeiten gehe.[33]

Dem Sozialgesetzgeber fiel es schwer, diese Leitidee zu verin-nerlichen. 1961 erließ er als Konsequenz aus dem besagten Für-sorge-Urteil des Bundesverwaltungsgerichts das Sozialhilfegesetz, das den Bürgern einen Rechtsanspruch auf Hilfe zusprach. 1967 wurde das neue Gesetz vom Bundesverfassungsgericht schon wie-der kassiert. Das Sozialhilfegesetz sah in seiner Ursprungsfassung unter anderem vor, dass die Gerichte Menschen gegen ihren Wil-len in Besserungsanstalten einweisen konnten, wenn sie »aus Mangel an innerer Festigkeit ein geordnetes Leben in der Gemeinschaft nicht führen können«. Das war eklatant verfassungswidrig: Der Staat habe »nicht die Aufgabe, seine Bürger zu ›bessern‹«, urteilte das Verfassungsgericht, »und deshalb auch nicht das Recht, ihnen die Freiheit zu entziehen, nur um sie zu ›bessern‹«.[34]

Im Leitsatz des gleichen Urteils legte das Verfassungsgericht fest, dass das Sozialstaatsprinzip den Staat dazu verpflichte, »für eine gerechte Sozialordnung zu sorgen«. Von diesem Verfassungsauftrag hatte der Gesetzgeber bereits in den fünfziger Jahren massiv Gebrauch gemacht: 1957 koppelte Adenauer die gesetzliche Rente an die Lohnentwicklung und hob sie zugleich um 65 Prozent an, was Millionen von verarmten Rentnern ein gutes Auskommen und der CDU bei der folgenden Wahl die absolute Mehrheit bescherte. Der Staat beließ es aber nicht bei der Absicherung existenzieller Risiken, sondern weitete sein Angebot an kleinen und großen Dienstleistungen stetig aus.

Das hatte seinen Preis. Als 1966 das Wirtschaftswunder eine Atempause einlegte, wurde das Land von Krisenstimmung und Rezessionsangst ergriffen. Im Bundeshaushalt taten sich Deckungslücken in Milliardenhöhe auf. Der neue Kanzler Kurt Georg Kiesinger (CDU) versprach in seiner ersten Regierungserklärung Abhilfe: Als Hauptschuldige hatte er das Parlament und die »Interessengruppen« ausgemacht, die Jahr für Jahr den Haushaltsplan der Bundesregierung mit zusätzlichen Ausgabewünschen und Einnahmeminderungen belastet hätten. Allein im Wahljahr 1965 hatte der Haushaltsgesetzgeber 7,2 Milliarden DM mehr unters Volk gebracht, als ursprünglich eingeplant.[35]

Das Parlament war einst unter anderem zu dem Zweck erfunden worden, den Zugriff der Regierung auf die Steuergelder zu kontrollieren. Mittlerweile schien sich das Verhältnis umgekehrt zu haben: Das Parlament war zum fiskalischen Problem geworden, die Regierung dagegen – zumindest in der verfassungsrechtlichen Theorie – zu dessen Lösung. Artikel 113 GG knüpfte zusätzliche Ausgabenwünsche des Parlaments an die Zustimmung der Regierung. In der Praxis hatten die Regierungen bisher von ihrem Vetorecht kein einziges Mal Gebrauch gemacht. Die Große Koalition

war entschlossen, dieses stumpfe Schwert wieder scharf zu schlei-
fen, und setzte 1969 eine grundlegend überarbeitete Neufassung
des Artikels in Kraft. Vergebens: Artikel 113 blieb »eine einzigartige
Fehlkonzeption, als deren Ausdruck ihre völlige Wirkungslosigkeit
gelten kann«.[36] Politisch sitzen Regierung und Parlamentsmehr-
heit in einem Boot, so dass die Erwartung, beide könnten einander
fiskalisch kontrollieren, sich auch an dieser Stelle als illusorisch erweisen musste (siehe S. 232).

Die fiskalischen Bremsen des Grundgesetzes hatten auch an
anderer Stelle nicht gehalten, was sie versprachen: Schulden durfte
die öffentliche Hand nach Artikel 115 GG nur bei »außerordent-
lichem Bedarf« aufnehmen, und auch dann nur, soweit sie für ge-
werbliche Zwecke Geld benötigte, also nicht für normale öffentliche Investitionen. Wenngleich diese Hürden in der Praxis immer
niedriger wurden, blieb es doch bei dem verfassungsrechtlichen
Grundsatz, dass der Staat für seine regulären Aufgaben nicht mehr
Geld ausgeben darf, als er einnimmt. Die Große Koalition machte
dem 1969 ein Ende: Seither darf der Staat Kredite aufnehmen, soweit deren Umfang nicht die im Haushaltsplan veranschlagten In-
vestitionsausgaben überschreitet. Und auch diese Deckelung darf
er missachten, wenn ihm dies zur Abwehr einer »Störung des ge-
samtwirtschaftlichen Gleichgewichts«[37] nötig erscheint.

Gleichzeitig wurden die »Erfordernisse des gesamtwirtschaft-
lichen Gleichgewichts« – also die Konjunktursteuerung – als
haushaltspolitischer Maßstab und Ziel in die Verfassung aufgenommen. Daran knüpfte sich die zeittypisch keynesianische Erwartung, dass der Staat in schlechten Zeiten Kredite aufnimmt,
den Schuldenberg in Aufschwungphasen aber wieder abträgt.
Diese Erwartung trog: Als 1973/74 der Nachkriegsboom mit Voll-
beschäftigung und jährlichen Wachstumsraten von bis zu 12 Prozent mit dem Konjunktureinbruch ein jähes Ende fand, begann
die öffentliche Gesamtverschuldung ungebremst in die Höhe zu
schießen.

Die Verfassung erwies sich demgegenüber als machtlos: 1989
urteilte das Bundesverfassungsgericht, dass die Schuldenerlaubnis
nicht dazu führen dürfe, dass sich ein »stetig wachsender Schul-

densockel« bildet.[38] Dieser Appell ist seither »ununterbrochen von der Staatspraxis missachtet worden«.[39] Ob das gesamtwirtschaftliche Gleichgewicht tatsächlich gestört und ob die Schuldenaufnahme zur Abwehr einer Störung überhaupt geeignet ist, überlässt das Bundesverfassungsgericht ohnehin dem Ermessen des Gesetzgebers.[40] Zwischen 2002 und 2006 beschloss der Bundestag fünf Jahre hintereinander offen verfassungswidrige Haushaltsgesetze. Die öffentliche Gesamtverschuldung liegt mittlerweile bei fast zwei Dritteln des Bruttoinlandsprodukts.

Politikverflechtung: Bundesstaat und Finanzverfassung

Das Ziel, den Bundeshaushalt zu sanieren, befriedigte keineswegs den verfassungspolitischen Ehrgeiz der Großen Koalition. Kanzler Kiesinger kündigte eine Finanzverfassungsreform an, »welche diese Regierung als eine der großen innenpolitischen Aufgaben betrachtet und verwirklichen will«.[41] Im Mittelpunkt solle die Aufgabenverteilung zwischen Bund, Ländern und Gemeinden stehen.

Mit dem im Grundgesetz niedergelegten Föderalismus, mit der Beschaffenheit der Länder, ihrem Zuschnitt und ihren Zuständigkeiten war von Anfang an kaum jemand wirklich zufrieden. Außer Bayern besaß keins der Flächenländer eine eigenstaatliche Tradition, die Grenzen verliefen vielfach entlang der mehr oder weniger willkürlich eingeteilten Besatzungszonen. Die Westalliierten hatten den Ministerpräsidenten bereits 1948 mit dem Verfassungsauftrag die Weisung erteilt, Vorschläge zu einer Neugliederung zu machen. Und der Parlamentarische Rat hatte dem Bundesgesetzgeber den verbindlichen Auftrag dazu ins Grundgesetz geschrieben.

Doch die Macht des Faktischen war stärker. Nur die Verschmelzung der französisch besetzten Länder Baden und Württemberg-Hohenzollern mit dem amerikanisch verwalteten Württemberg-Baden zum »Südweststaat« Baden-Württemberg glückte 1952, wenn auch gegen den heftigen Widerstand vieler Altbadener, der nur durch eine verfassungsrechtlich fragwürdige Trickserei gebrochen werden konnte: Die nötige Volksabstimmung wurde bis 1970 hinausgezögert, bis sich die Badener daran gewöhnt hatten, von Stuttgart aus – durchaus erfolgreich – regiert zu werden.

Die Landesgrenzen im Rest der Republik – etwa der »Nordstaat« aus Niedersachsen, Hamburg, Schleswig-Holstein und (seit 1990) Mecklenburg-Vorpommern oder die Zusammenlegung von Rheinland-Pfalz und dem Saarland – waren und blieben Gegenstand aller möglichen Verbesserungsvorschläge, von denen jedoch bislang kein einziger auch nur den Hauch einer Chance auf Verwirklichung hatte. Die Pflicht zur Länderneugliederung wurde 1976 auf eine bloße »Kann«-Vorschrift reduziert. Selbst wenn sich, wie im Fall Berlins und Brandenburgs, die Regierungen in ihren Fusionsbestrebungen einig sind, kann der Beharrungswille der Bevölkerung dem entgegenstehen.

Dass die Bundesrepublik überhaupt wieder die Form eines Bundesstaats erhielt, war – wenngleich nie in Frage gestellt – nicht die Entscheidung der Deutschen: Die Westalliierten hatten 1948 in ihrem Auftrag zur Verfassunggebung ausdrücklich von einer »Regierungsform des föderalistischen Typs« gesprochen. Vor allem den Franzosen erschien dies als probates Mittel, den deutschen Nachbarn nicht zu stark werden zu lassen. Den US-Amerikanern leuchtete das Konzept eines Bundesstaats aus anderem Grunde ein: Sie lebten selbst in einem – wenngleich mit feinen, aber umso folgenschwereren Unterschieden im Detail. Nach amerikanischer Lesart heißt Föderalismus, dass Bundes- und Länderebene materiell unterschiedliche Verantwortungsbereiche besitzen, mit eigener Gesetzgebung, eigenen Einnahmequellen und eigener Verwaltung. Nach deutscher Tradition erlässt der Bund im Wesentlichen die Gesetze, die Länder wirken daran mit und führen sie anschließend aus; autonome Landessteuern sind undenkbar. Es gelang nur mit Mühe, die Alliierten von diesem System zu überzeugen. Im März/April 1949 hätten sie beinahe das Grundgesetz an dieser Frage scheitern lassen, so wenig wollte ihnen ein solch vielfach verzahntes Föderalismuskonzept einleuchten.

Dennoch hatten die Verfassungsgründer auf Druck der Alliierten zumindest nominell für eine gewisse Autonomie der Länder gesorgt. Welcher Part im föderalen System wofür zuständig ist und wie viel Geld dafür nach welchen Gesetzen eingetrieben und ausgegeben werden darf – das war 1949 einigermaßen klar geregelt. Doch durch Verfassungsänderungen und durch Schaffung vollendeter Tatsachen verwischten in den folgenden Jahrzehnten Bund und Länder die Trennlinien immer mehr. Die Länder hatten in riesigem Umfang Wohnungen, Krankenhäuser und Sportplätze zu bauen, mussten der viel beschworenen »Bildungskatastrophe« abhelfen und in kurzer Zeit Tausende neuer Hochschul-Studienplätze aus dem Boden stampfen, um nur einige der größten Herausforderungen zu nennen. All dies kostete Geld – mehr, als die Länder zur Verfügung hatten. Der Bund half bereitwillig und ließ einen warmen Zuschussregen auf die Länder niedergehen. Dass er dazu finanziell in der Lage war, hatte er selbst herbeigeführt: Die Ströme der lukrativen und überproportional von der boomenden Nachkriegskonjunktur profitierenden Einkommen- und Körperschaftsteuer, die eigentlich den Ländern zustanden, landeten bald zu erheblichen Teilen in seinen Kassen. Verfassungsrechtlich war diese Mischverwaltung und -finanzierung höchst fragwürdig: Geldfragen sind immer Machtfragen. Der Bund knüpfte seine Zuschüsse an formale und inhaltliche Bedingungen, steuerte so indirekt die politische Agenda der Länder und brachte einen großen Teil der Länderverwaltung faktisch unter seine Kontrolle.

1963 forderten die Länder, die Aufgabenbereiche von Bund und Ländern klarer gegeneinander abzugrenzen und die unsystematische Förderung mit Bundesmitteln zu stoppen. Im Jahr darauf setzte Bundeskanzler Ludwig Erhard unter dem Vorsitz des Vizepräsidenten der Bundesbank, Heinrich Troeger, eine Kommission ein. Die Anfang 1966 vorgelegten Empfehlungen dieser Troeger-Kommission liefen nicht nur auf eine Legalisierung, sondern auf eine Ausweitung der Mischverwaltung und -finanzierung hinaus: Nach Ansicht der Sachverständigen sollte der Bund alle Länderaufgaben, die »für die Gesamtheit bedeutsam sind und einer langfristigen, gemeinsamen Planung bedürfen«,[42] durch einfaches Bundesgesetz mit Zustimmung des Bundesrates zu so genannten Gemeinschaftsaufgaben erheben dürfen. Dies immerhin konnten die Länder verhindern – doch als am 9. Mai 1969 die Föderalismus- und Finanzreform fertig gestellt war, zeigten sich die Zentralisten immer noch hoch zufrieden: Die Mischverwaltung und -finanzierung wurde in Form von definierten Gemeinschaftsaufgaben und Finanzhilfeermächtigungen größtenteils nachträglich legalisiert und der Steuerverbund zwischen Bund und Ländern um die Umsatzsteuer erweitert.

Auch die Gesetzgebung stand unter massivem Zentralisierungsdruck. Im expandierenden Sozialstaat blieb immer weniger Raum für tatsächlich eigenständige Landesgesetze. Einen Bayern rechtlich anders zu stellen als einen Westfalen, musste ungerecht erscheinen, und dies wirkte sich auch auf das Grundgesetz aus: Nach Artikel 72 Absatz 2 GG durfte der Bund Gesetze erlassen, soweit die »Einheitlichkeit der Lebensverhältnisse« eine bundesweite Regelung erforderte. Das Bundesverfassungsgericht riss diese Hürde schon 1953 nieder: Ob erforderlich oder nicht, liege allein im Ermessen des Bundesgesetzgebers und sei gerichtlich nicht überprüfbar.[43] In der Folge schöpfte der Bundesgesetzgeber seine Zuständigkeiten bis zur Neige aus. Außerdem wurde der Bereich, in dem der Bund Gesetze erlassen darf, stetig erweitert: Eine Zuständigkeit nach der anderen, von der Beamtenbesoldung bis zum Tierschutz, ging von den Ländern auf den Bund über.

Die Ministerpräsidenten konnten – anders als die wehrlosen Landtage – den Verlust an autonomen Gestaltungsmöglichkeiten verschmerzen: Sie gestalteten über den Bundesrat die große Politik mit und sorgten dort dafür, dass über kurz oder lang kaum noch ein wichtiges Bundesgesetz ohne ihre Zustimmung in Kraft treten konnte. Auch hier half das Bundesverfassungsgericht: Es befand, dass eine einzige zustimmungsbedürftige Vorschrift in einem Gesetz ausreicht, um das ganze Gesetz zustimmungsbedürftig zu machen – selbst wenn es in keinem weiteren Paragrafen die Angelegenheiten der Länder berührt.[44]

Dieser »kooperative Föderalismus« galt in den sechziger Jahren noch als verfassungspolitische Großtat: Damit, so hoffte man, würde der Bund in die Lage versetzt, mit den Mitteln wissenschaftlicher Planung und unbehindert von Kleinstaaterei und provinziellen Partikularismen alle politischen Probleme großflächig lösen zu können. Doch die hochfliegenden Erwartungen erfüllten sich nicht. Der Bund ging aus der Reform nicht gestärkt, sondern eher geschwächt hervor: Er konnte kaum noch einen Schritt tun, ohne sich mit den Ländern und deren divergierenden Interessen abzustimmen. Bei der Gesetzgebung war er auf die Kooperation der Ministerpräsidenten angewiesen, denn die allermeisten Bundesgesetze brauchten die Zustimmung des Bundesrates, in dem ab Anfang der siebziger Jahre obendrein die CDU/CSU-Opposition in der Mehrheit war. Statt strukturpolitisch sinnvolle Schwerpunkte zu setzen, sah die Bundesregierung sich gezwungen, Fördermittel nach dem Gießkannenprinzip zu verteilen. Mitte der siebziger Jahre begann sich die Öffentlichkeit über den »Bettenberg« zu wundern, der auf rätselhafte Weise in den Krankenhäusern gewachsen war.[45]

Schon damals war im Grunde klar, dass der Föderalismus dringend reformbedürftig war. Dennoch kam es nicht dazu. Dass auch der beste verfassungspolitische Wille gegen die bestehenden Verflechtungen wenig ausrichten kann, zeigte sich 2004: Union und SPD hatten eine Kommission unter Vorsitz der Parteichefs Franz Müntefering (SPD) und Edmund Stoiber (CSU) einberufen, um den Föderalismus einer Generalüberholung zu unterziehen und die ineinander verschränkten Politikebenen zumindest punktuell wieder voneinander zu lösen. Die Kommission scheiterte. Die gebündelte Kraft aller im Bundestag vertretenen Parteien, die sich über das Problem und seine Ursachen bis in viele Detailformulierungen hinein einig waren, hatte nicht ausgereicht. Weder der Bund noch die Ministerpräsidenten waren bereit, wieder herzugeben, was sie für sich errungen hatten.

Es bedurfte einer erneuten Großen Koalition, um zwei Jahre später einen Kompromiss herbeizuzwingen. Kern der Übereinkunft ist, dass die Länder in vielen Fällen, anstatt sich vorrangigem Bundesrecht beugen zu müssen, ihre eigenen Gesetze erlassen können, die von den Bundesregelungen punktuell abweichen. Damit entfällt die Notwendigkeit, diesen Bundesregelungen im Bundesrat zuzustimmen, und es schrumpft – so zumindest die Hoffnung – die Abhängigkeit der Bundespolitik von der Länderebene. Als Preis dafür haben sich die Ministerpräsidenten das Recht ausbedungen, im Bundesrat alle Bundesgesetze stoppen zu können, die »Pflichten der Länder zur Erbringung von Geldleistungen, geldwerten Sachleistungen oder vergleichbaren Dienstleistungen gegenüber Dritten« begründen – beispielsweise Gesetze, die die Länder verpflichten, Kindergartenplätze, Schuldnerberatungen oder Asylbewerberunterkünfte bereitzustellen. Ob dieser Kompromiss tatsächlich dazu taugt, die Bundesgesetzgebung aus der Geiselhaft der Ministerpräsidenten zu befreien, lässt sich noch nicht absehen.[46]

Die Frage nach der Macht: Die gescheiterte Einführung des Mehrheitswahlrechts

Zur Demokratie gehört, dass der Regierung eine Opposition gegenübersteht. Die Opposition hat die undankbare Aufgabe, laufend politische Alternativen zu formulieren und als Reserve bereitzustehen, um die Regierung, wenn sie versagt, abzulösen. Das ist in einer Großen Koalition aus Union und SPD faktisch nicht der Fall.

Den Protagonisten der Regierungsbildung 1966 war offenbar selber nicht ganz wohl mit ihrer übergroßen Mehrheit: Der neue Kanzler Kiesinger sprach die Sorgen gleich in seiner ersten Regierungserklärung offensiv an. Mancher fürchte sich vor »Proporzdemokratie« und »Missbrauch der Macht« – Sorgen, die zu entkräften man natürlich fest entschlossen sei. Die stärkste Absicherung dagegen sei der Wille der Bündnispartner, die große Koalition »nur auf Zeit« einzugehen, also bis zum Ende der Legislaturperiode und keinen Tag länger. Man werde, versprach Kiesinger, das Wahlrecht reformieren, und zwar auf eine Weise, die nicht nur Große Koalitionen, sondern Koalitionen überhaupt in Zukunft überflüssig machen werde.[47]

Eine Reform des Wahlrechts ist ein fundamentaler Eingriff in das Verfassungsgefüge einer Demokratie. Das Wahlrecht ist gleichsam die Software, die aus den Millionen Meinungen, Interessen und Vorurteilen den »Willen des Volkes« generiert, und zwar in Bezug auf die politische Frage aller Fragen: Wer bekommt die Macht?

Das Grundgesetz legt sich, anders als die Weimarer Reichsverfassung, nicht auf ein bestimmtes Wahlsystem fest. Allerdings hatte der Parlamentarische Rat, der diese Entscheidung traf, auch ein Wahlgesetz für die Wahl des ersten deutschen Bundestages zu entwerfen. 1948/49 waren sich die Mitglieder des Wahlrechtsausschusses einig, dass weder das System des Kaiserreichs noch das der Weimarer Republik zum Vorbild taugte: Bis 1918 wurde der Reichstag nach einem absoluten Mehrheitswahlrecht gewählt; das Land war in Wahlkreise aufgeteilt, und ins Parlament zog ein, wer in einem Wahlkreis im ersten oder zweiten Wahlgang die absolute Mehrheit bekam. Das hatte unzählige Absprachen zwischen den konfessionell, regional oder klassengebundenen Parteien und eine bunt gescheckte politische Landkarte zur Folge. Dazu kam ein Gerechtigkeitsproblem: Die Vorstellung, eine homogene Wahlkreisbevölkerung lasse sich mit einem Abgeordneten in der Hauptstadt adäquat vertreten, entsprach in einer ausdifferenzierten Gesellschaft immer weniger der Realität.

Viel gerechtere Ergebnisse schien das Verhältniswahlrecht zu liefern, wonach nicht einzelne Wahlkreiskandidaten, sondern Parteilisten zur Wahl stehen und die Parlamentssitze proportional zu ihren Stimmanteilen an die einzelnen Parteien verteilt werden. Vor allem die SPD kämpfte für diese Option. Nach der Revolution 1918/19 setzte die Weimarer Nationalversammlung die Forderung in die Tat um. Dieses System führte allerdings zu einer noch größeren Zersplitterung der Parteienlandschaft und trug Mitschuld daran, dass in der Weimarer Republik kaum je eine stabile Regierungsmehrheit zustande kam.

Welche Folgerungen daraus zu ziehen seien, war im Parlamentarischen Rat höchst umstritten. Die Union, in dieser Frage angeführt vom CSU-Politiker Gerhard Kroll, focht für ein noch radikaleres Mehrheitswahlrecht: Schon die relative Mehrheit in einem Wahlkreis sollte für den Einzug ins Parlament genügen.

Dieses System galt seit jeher im Mutterland der Demokratie, in Großbritannien, und garantierte dort stabile und handlungsfähige Mehrheiten. Die SPD hielt jedoch am Verhältniswahlrecht fest, ebenso die FDP, für die es um ihre Existenz ging. Wochenlang wiederholten beide Seiten bis zum Überdruss ihre Argumente, ohne sich näherzukommen. Schließlich drohte Kroll sogar mit einem Verhandlungsboykott seiner Fraktion.[48] Erst als sich die Möglichkeit abzeichnete, im künftigen Bundestag mit der FDP zu koalieren, drosselte die Union ihren Widerstand.

Am Ende beschloss der Parlamentarische Rat gegen die Stimmen von CDU/CSU ein Wahlgesetz, das auf dem »modifizierten Verhältniswahlrecht« beruhte: Die Mehrheitsverhältnisse im Bundestag bilden proportional die Stimmanteile der Parteien ab – insoweit handelt es sich um ein Verhältniswahlrecht. Bei der Verteilung der Sitze kommen dagegen Elemente des Mehrheitswahlrechts zum Tragen: Jeder Wahlkreissieger erhält einen Sitz, die übrigen werden nach den Kandidatenlisten der Parteien verteilt. Um einer Zersplitterung des Parlaments vorzubeugen, werden Parteien mit weniger als fünf Prozent Stimmanteil und keinem direkt gewonnenen Wahlkreis von der Mandatsverteilung ausgeschlossen.

»Das schlechteste aller Systeme, das niemand will, ist das Dreiparteiensystem«, hatte der liberale Staatsrechtler Richard Thoma dem Wahlrechtsausschuss mit auf den Weg gegeben.[49] Genau dies bekam die Bundesrepublik: Zwischen den großen Parteien SPD und CDU stand die kleine FDP. Ohne sie war keine Mehrheit möglich, was ihr überproportional viel Einfluss sicherte und sie faktisch unabwählbar machte. Die Union hatte allerdings nicht nur demokratietheoretische, sondern auch politische Gründe, dem bisweilen unbequemen Koalitionspartner das Ende zu wünschen. CDU und CSU blieben trotz ihrer Niederlage im Parlamentarischen Rat bei ihrer Absicht, das Wahlrecht zu Lasten der Liberalen zu ändern.

Mehrere Anläufe waren bereits gescheitert, als 1966 mit Antritt der Großen Koalition der Zeitpunkt für eine Wahlrechtsreform gekommen schien. Diese, so war es mit dem SPD-Chefstrategen Herbert Wehner vereinbart, sollte ein weiteres verfassungspolitisches Meisterstück der Großen Koalition werden. Allerdings war das Projekt auch in der Union nicht mehr unumstritten. Vor allem der junge CDU-Landesvorsitzende aus Rheinland-Pfalz, Helmut Kohl, geißelte die von Bundesinnenminister Paul Lücke vorangetriebene Reform als »völlige Gleichschaltung der Politik«. Ihm gehe es »wider die Natur«, eine zwar renitente, aber etablierte und demokratische Partei handstreichartig abzuschaffen.[50] Drei Jahre später erklomm Kohl mit den Stimmen der FDP den Sessel des rheinland-pfälzischen Ministerpräsidenten, und 1982, mittlerweile Oppositionsführer im Bundestag, gelang es ihm, die Liberalen aus ihrem Bündnis mit der SPD heraus und an seine Seite zu locken. Er wurde Bundeskanzler und blieb bis 1998 im Amt. Von der Gründung der Bundesrepublik bis zu diesem Zeitpunkt regierte die FDP – abgesehen von der Legislaturperiode 1957 bis 1961, als Adenauer die absolute Mehrheit besaß, und den drei Jahren der Großen Koalition – permanent mit.

Das Mehrheitsprinzip schien Ende der sechziger Jahre nicht mehr in die Zeit zu passen: Partizipation und Konsens waren die Schlagworte der Stunde. In einer pluralistischen Gesellschaft schien es nicht mehr legitim, die Bevölkerung nach dem fragwürdigen Kriterium des Wohnorts in Wahlkreise aufzuteilen und von einem Teil dieser Bewohner zu verlangen, sich einer gegen ihr Interesse gerichteten Entscheidung zu beugen, nur weil sie in der Minderzahl sind. Um kollektiv bindende Entscheidungen zu legitimieren, mussten alle an der Entscheidungsfindung beteiligt werden. Die Wahlrechtsreform bekam ein sehr stilles Begräbnis. Die SPD, zusätzlich in Furcht, der Union strukturell unterlegen und bei geändertem Wahlrecht womöglich dauerhaft von der Macht ausgeschlossen zu sein, verzögerte die Reform zum Gehtnichtmehr. Die Union fand sich mit diesem Bruch der Koalitionsvereinbarung schnell ab – mit Ausnahme des Innenministers Lücke, der aus Protest zurücktrat. Die FDP bezahlte ihre Dankesschuld bei der SPD mit barer politischer Münze und verhalf 1969 zuerst dem Sozialdemokraten Gustav Heinemann zur Wahl als Bundespräsident und nach den Bundestagswahlen im gleichen Jahr dem Sozialdemokraten Willy Brandt zur Kanzlermehrheit im Bundestag.

Es hätte freilich auch anders kommen können. Bei der Bundestagswahl 1969 scheiterte die NPD mit 4,3 Prozent nur relativ knapp an der Fünf-Prozent-Hürde. Am Wahlabend sah es kurzzeitig so aus, als könnte die wenige Jahre zuvor gegründete rechtsextreme Partei tatsächlich den Einzug in den Bundestag schaffen: Die Hochrechnung um 19:40 Uhr sah die NPD bei 5,0 Prozent und versprach ihr 26 Sitze im Bundestag. Wäre es so gekommen, hätten SPD und FDP keine Mehrheit mehr gehabt. Da der FDP der Weg zurück an die Seite der Union faktisch verbaut war, wäre keine andere Möglichkeit geblieben als eine erneute Große Koalition – ohne den Schwung und das Selbstbewusstsein von 1966, sondern beladen von Zweifeln und Streit.

1973 konnte der Politologe Wilhelm Hennis noch frohlocken: »Auch ohne Wahlrechtsänderung beruht das parlamentarische System der Bundesrepublik (...) auf einem Zweigruppensystem, in dem nicht der Ausgang von Koalitionsverhandlungen, sondern die Entscheidung des Wählers die Aufgabe des Regierens oder Opponierens zuweist.«[51] Doch so, wie 1969 eine andere Entwicklung denkbar gewesen wäre, erlaubt auch heute die Parteienlandschaft keine klare Gegenüberstellung von Regierung und Opposition mehr. 2005 gelang es der PDS, bis dahin eine ostdeutsche Regionalpartei, ein Bündnis mit abtrünnigen SPD-Politikern und anderen westdeutschen Linken zu schmieden und sich so als gesamtdeutsche Partei links von der SPD zu platzieren. Ihr Wiedereinzug in den Bundestag 2005 nahm sowohl der Union als auch der SPD auf absehbare Zeit jede Aussicht, eine eigene oder auf ein Bündnis mit einem kleinen Koalitionspartner gestützte Mehrheit zu erlangen. Als einzige Option blieb eine von niemandem gewollte und von niemandem gewählte Neuauflage der Großen Koalition.

Dass das Wahlvolk – wie nach der Bundestagswahl 2005 erstmals geschehen – nicht am Wahlabend, sondern erst nach langwierigen Koalitionsverhandlungen weiß, wer es künftig regiert, wird immer mehr zum Regelfall. In fünf Bundesländern regieren mittlerweile Große Koalitionen. In Hamburg taten sich überraschend Union und Grüne zusammen, in Hessen unternahm die SPD gegen alle Versprechen den Versuch, ein Bündnis mit der

Linkspartei einzugehen. Entsprechend wächst die Kritik am Verhältniswahlrecht: Je breiter sich das Spektrum der im Parlament vertretenen Interessen auffächert, desto schwächer wird die Legitimationskraft des Wahlakts – also des Vorgangs, in dem nach dem Willen des Grundgesetzes das Volk in allererster Linie seine Souveränität ausübt.

Notstand der Verfassung? APO-Protest und Ausnahmezustand

Bundeskanzler Kiesinger dürfte 1969 der Abschied von der Wahlrechtsreform auch deshalb leichtgefallen sein, weil sich seine Hoffnung, den Menschen die Angst vor der Machtballung der Großen Koalition zu nehmen, sowieso nicht erfüllt hatte. Der faktische Ausfall parlamentarischer Alternativen begünstigte den Aufstieg der »Außerparlamentarischen Opposition« (APO), die sich aus Gewerkschaftlern, Studenten, Literaten und Wissenschaftlern zusammensetzte und ihren gemeinsamen oppositionellen Nenner vor allem im vierten verfassungspolitischen Großprojekt der Regierung Kiesinger gefunden hatte – der Notstandsverfassung.

Die Verfassungsgründer hatten 1949 für den Notfall, für Krieg und Katastrophe, nur sehr dürftige verfassungsrechtliche Vorsorge getroffen, was in einem besetzten Land wie der Bundesrepublik zunächst auch gar nicht anders vorstellbar war. Seit aber das Provisorium dauerhaft und die Bundesrepublik souverän geworden war, stand die verfassungsrechtliche Regelung der Notstandsfrage auf der Tagesordnung – zumal, so argumentierte die Bundesregierung, nur so die alliierten Vorbehaltsrechte, etwa zum Abhören von Telefonen, abgelöst werden konnten.

Die 1968 beschlossenen Regeln zum inneren und äußeren Notstand gehören zu den Passagen des Grundgesetzes mit der geringsten praktischen Relevanz. Es gibt kaum Anwendungsfälle, kaum Urteile und eine nur spärliche wissenschaftliche Literatur. Fast könnte man meinen, man hätte es mit toter Gesetzesmaterie zu tun, wie dem einst ebenfalls umstrittenen Artikel 131, der das

Fortkommen einstiger NS-Beamter regelt. Nichts weniger als das. Die Frage, ob die Regierung im Fall des Staatsnotstands Grundrechte und Gewaltenteilung suspendieren darf oder nicht, ist die Gretchenfrage des modernen Verfassungsstaats.

Rechtliche Vorsorge, was bei Krieg und Aufruhr zu tun ist, gab es schon früh: In Preußen beispielsweise war es von 1851 bis zum Ende des Ersten Weltkriegs Gesetz, dass die Obrigkeit bei drohender Gefahr mit Trommelschlag oder Trompetenschall den »Belagerungszustand« auszurufen habe, währenddessen sie die Grundrechte der Bürger außer Kraft setzen und alles Nötige veranlassen durfte, nicht ohne aber zu späterer Rechenschaft verpflichtet zu sein. Dies war der »Ausnahmezustand«, im Gegensatz zum Regelzustand, in dem alles seinen verfassungsrechtlich geordneten Gang ging. In der Weimarer Republik war bekanntlich der Ausnahmezustand zuerst allmählich und dann ganz plötzlich zum Regelzustand geworden – ein Vorgang, dessen verfassungsrechtliche Absicherung Carl Schmitt besorgt hatte (siehe S. 94f.).

Die ersten Entwürfe für die Notstandsverfassung standen noch im Zeichen des Ausnahmezustands: Im Wesentlichen übertrugen sie, darin dem preußischen Gesetz über den Belagerungszustand ähnlich, im Notstandsfall alle Macht auf die Exekutive, schalteten Parlament und Justiz aus und suspendierten in großem Umfang die Grundrechte. Als die Notstandsgesetze 1968 schließlich in Kraft traten, war davon nicht mehr viel übrig: Im äußeren Notstand, dem »Verteidigungsfall«, schlägt keineswegs die »Stunde der Exekutive«,[52] sondern die eines »Gemeinsamen Ausschusses« aus Mitgliedern von Bundestag und Bundesrat. Dass das Bundesverfassungsgericht nicht ausgebootet werden kann, legt das Grundgesetz ausdrücklich fest. Im inneren Notstand, bei Bürgerkrieg und bewaffnetem Aufstand, darf der Bund immerhin die Bundeswehr ausrücken lassen. Aber eine Suspendierung der Grundrechte ist – zumindest nominell – nicht vorgesehen. Das Recht auf Streik bleibt in jedem Fall geschützt. Außerdem gibt das Grundgesetz seit 1968 den Bürgern das Recht auf Widerstand gegen jeden, der die verfassungsmäßige Ordnung beseitigen will.

Bis dahin war wohl kein verfassungspolitisches Vorhaben in

der Bundesrepublik von so viel Angst und Protest begleitet wie diese Notstandsgesetze. Etwa 20 000 Menschen kamen am 30. November 1966 zum Kongress »Notstand der Demokratie« in Frankfurt am Main, wo auf sechs Foren alles, was im linksliberalen Spektrum aus Literatur, Wissenschaft und Gewerkschaften Rang und Namen hatte, über die Folgen der Notstandsgesetze diskutierte. Abschreckendes Anschauungsmaterial lieferte der Militärputsch am 21. April 1967 in Griechenland, der in dem NATO-Mitgliedsstaat unter Berufung auf den Notstands-Artikel 91 eine blutige Diktatur errichtete. Als im Juni 1967 bei einer Demonstration gegen den Staatsbesuch des Schahs von Persien ein Westberliner Polizist den Studenten Benno Ohnesorg auf offener Straße erschoss, schienen sich die schlimmsten Befürchtungen der APO zu bestätigen. Nach dem Attentat eines rechtsradikalen Arbeiters auf den Studentenführer Rudi Dutschke am 11. April 1968 lieferten sich Tausende von Demonstranten in Berlin, Frankfurt und anderen Städten veritable Straßenschlachten mit der Polizei, was den Putsch- und Bürgerkriegsassoziationen auf beiden Seiten zusätzlich Nahrung gab: Notstandsgesetze und Protest schienen sich wechselseitig zu rechtfertigen, wenngleich die um Deeskalation bemühte Bundesregierung sich hütete, dergleichen zu formulieren.

Wer schützt die Pressefreiheit vor sich selbst?

Am 28. Mai 1968, einen Tag vor der Verabschiedung der Notstandsgesetze, fand im Frankfurter Funkhaus des Hessischen Rundfunks eine hochkarätige Veranstaltung statt: 22 Wissenschaftler und Literaten sollten sprechen, darunter Heinrich Böll, Rolf Hochhuth, Walter Jens und der ehemalige Verfassungsrichter Martin Drath. Die Tagungsleitung hatte der Sozialpsychologe Alexander Mitscherlich übernommen. Das Fernsehen übertrug live – Öffentlichkeit im besten Sinne also. Doch die Veranstaltung endete im Eklat. Einige Redner zogen die Legitimation der Veranstaltung in Zweifel.[53] Man tage vor der Kamera, aber hinter verschlossenen Türen, kritisierte der Schriftsteller Hans Magnus Enzensberger.

145

Der wahre Protest finde draußen auf der Straße statt. Die »Kapitalisten und die Partei- und Gewerkschaftsbosse, die uns regieren«, seien für derlei Literatenproteste unempfänglich. In Frankreich hatten die Studenten in diesen Tagen die Universitäten besetzt, die Arbeiter waren im Generalstreik, und General de Gaulle war untergetaucht. »Schaffen wir französische Zustände«, rief Enzensberger. Sein Nachredner, der Philosoph Oskar Negt, schlug in dieselbe Kerbe: »Diese Fernsehveranstaltung sollte ursprünglich wohl ein Stück liberaler und diskutierender Öffentlichkeit sein.« Auf die liberale Öffentlichkeit sei aber kein Verlass, »weil es sie als politische nicht mehr gibt«, klagte der Vordenker der Neuen Linken und rief zum sofortigen Generalstreik auf.

Rudolf Augstein, der Herausgeber des »Spiegel«, dessen Untersuchungshaft unter Franz Josef Strauß seinen Ruhm als Märtyrer der Demokratie begründet hatte, trat als Nächster ans Rednerpult. Als Augstein die Studenten beschuldigte, einem »Illusions-Revolutionarismus« zu frönen, brach Tumult aus. Augstein wurde überschrien und niedergeklatscht. Nachdem er minutenlang vergebens versucht hatte, sich Gehör zu verschaffen, ließ Tagungsleiter Mitscherlich abstimmen und stellte eine »überwältigende Mehrheit« dafür fest, dass Augstein den Mund halten solle. Unter Buhrufen räumte dieser die Bühne. Der Hessische Rundfunk hatte sich, als der Lärm anschwoll, ausgeblendet. Das »große Gespräch« war zum Verstummen gebracht worden, und zwar nicht vom Staat, sondern von denjenigen, denen die Veranstalter die Rolle des Zuhörers zugedacht hatten.

Tatsächlich wurde die politische Rolle von Pressezaren wie Augstein mittlerweile von vielen Seiten als fragwürdig angesehen – nicht nur seitens der radikalen Studenten, die Axel Springers »Bildzeitung« am liebsten durch einen revolutionären Akt enteignet hätten. Viele der nach 1945 gegründeten Regionalzeitungen waren verschwunden oder von Konkurrenten, allen voran Axel Springer, übernommen worden. 1954 hatte es noch 225 unabhängige Zeitungsredaktionen in Deutschland gegeben, 1968 waren es noch 150, 1975 nur noch 121 (heute sind es, Ostdeutschland eingeschlossen, 136). Der Staat, eben noch der obrigkeitsstaatlichen

Meinungslenkung verdächtigt, sah sich mit der Forderung konfrontiert, gesetzgeberisch einzugreifen und das Grundrecht vor den Grundrechtsträgern zu schützen. »Ein erdrückendes Übergewicht einzelner Pressekonzerne verstößt gegen das eine Machtballung verhindernde Prinzip der Gewaltenteilung und beeinträchtigt die Pressefreiheit«, schrieb der Presserechtsspezialist Martin Löffler.[54] Wie ein privates Medienunternehmen überhaupt gegen die staatliche Gewaltenteilung verstoßen könne, schien dem Juristen keiner Begründung wert.

1969 hatte das Bundesverfassungsgericht, wie schon beim Lüth-Urteil, über einen Boykottaufruf zu urteilen. Auch in diesem Fall hatte ein herausgehobener Grundrechtsträger der Pressefreiheit, der Verleger Axel Springer, gegen einen Meinungskonkurrenten mobil zu machen versucht. Sein Gegner hieß Ernst Aust, bekennender Kommunist aus Hamburg und späterer Gründer der maoistischen KPD/ML. Aust hatte 1953 das Hamburger Wochenblättchen »Blinkfüer« übernommen und zu einem marxistisch-leninistischen Propagandainstrument ausgebaut. Anders als Lüth wandte sich Springer aber nicht an die Öffentlichkeit, sondern wählte einen wirkungsvolleren Weg: Nach dem Mauerbau am 13. August 1961 schrieben seine Verlage allen Zeitungshändlern Hamburgs einen Brief und forderten sie auf, keine Blätter mehr zu vertreiben, die Fernsehprogramme des DDR-Rundfunks abdruckten. Anderenfalls müsse man prüfen, ob man die Geschäftsbeziehung fortsetzen könne.

Aust zog vor das Bundesverfassungsgericht und gewann: Springers Boykottaufruf, so der Leitsatz des Urteils, sei »nicht durch das Grundrecht der freien Meinungsäußerung geschützt und verstößt gegen das Grundrecht der Pressefreiheit«. Hätte Springer sich auf publizistische Mittel beschränkt, wäre dagegen nichts einzuwenden gewesen. Aber wirtschaftlichen Druck auszuüben, um die Verbreitung anderer Meinungen zu verhindern, widerspreche »dem Sinn und dem Wesen des Grundrechts der freien Meinungsäußerung, das den *geistigen* Kampf der Meinungen gewährleisten soll«.[55]

Als Feinde der Pressefreiheit wurden die Zeitungseigentümer

auch an anderer Stelle bezeichnet: »Pressefreiheit ist die Freiheit von zweihundert reichen Leuten, ihre Meinung zu verbreiten«, so ein viel zitiertes Bonmot des Leitartiklers der Frankfurter Allgemeinen Zeitung Paul Sethe aus dem Jahr 1965.[56] Was war davon zu halten, wenn die Verleger ihre Angestellten, die Redakteure, politisch auf Linie brachten? Musste nicht ein innerer redaktioneller Freiraum geschaffen werden, in dem sich die Pressefreiheit überhaupt erst entfalten konnte? Und wenn ja, von wem, wenn nicht vom Staat? In der ersten Hälfte der siebziger Jahre überschlugen sich die Parteien mit medienpolitischen Verbesserungsvorschlägen. Die SPD hielt 1971 sogar einen Parteitag dazu ab. 1974 plädierte die sozialliberale Koalition für ein »Presserechts-Rahmengesetz«, das den publizistischen Einfluss des Verlegers weitgehend auf »Grundsätze« beschränken und Redakteursvertretungen mit weitreichenden Rechten installieren sollte. Das Gesetz kam nicht zustande, anders als das Gesetz zur Pressefusionskontrolle, das seit 1976 strengere kartellrechtliche Maßstäbe für Verlage vorsieht.

Die Zuständigkeit, ein Pressegesetz zu erlassen, hat der Bund zwar 2006 mit der Föderalismusreform aufgegeben. Aber die Sorge um die »innere Pressefreiheit« ist angesichts des Zeitungssterbens wieder aufgeflammt.[57] Der Sozialphilosoph Jürgen Habermas, der den modernen Öffentlichkeitsbegriff mitgeprägt hat, ruft sogar nach einer »öffentlich-rechtlichen Presse«, weil die privaten Medienunternehmen unter dem Konkurrenzdruck des Internet ihre politische Diskurs- und Kontrollaufgabe nicht länger erfüllen könnten oder wollten.[58] Doch die Zuversicht, dass der Staat das Problem gesetzgeberisch lösen könne und müsse, ist bei weitem nicht mehr so groß wie in den frühen siebziger Jahren.

Mehr Demokratie wagen: Der Staat reformiert
die Gesellschaft

1969 wählten die Abgeordneten von SPD und FDP Willy Brandt
zum Bundeskanzler. Für die Bundesrepublik war dies schon deswegen ein Einschnitt, weil die bundesdeutsche Demokratie damit
bewiesen hatte, dass sie zu einem friedlichen Machtwechsel in der
Lage war (wenngleich dieser nur durch den Koalitionswechsel der
FDP ermöglicht worden war; die CDU/CSU war nach wie vor
stärkste Fraktion). Aus zeitgenössischer Perspektive markierte
diese Kanzlerwahl aber eine viel weiter reichende Zäsur. Die Erwartung, erst jetzt könne die Modernisierung von Staat und Gesellschaft beginnen, griff Brandt am 28. Oktober 1969 in seiner
ersten Regierungserklärung auf, die mit den Worten schloss: »Wir
stehen nicht am Ende unserer Demokratie, wir fangen erst richtig an!«[59]

Nach zwanzig Jahren CDU-Regierung präsentierte sich die
Demokratie in Westdeutschland stabil wie noch nie – und Brandt
fing erst richtig an? Bestritt damit der Kanzler nicht die demokratische Legitimation seiner christdemokratischen Vorgänger?
»Ein starkes Stück! Unglaublich! Unerhört!«, ereiferte sich Uni-
ons-Fraktionschef Rainer Barzel.[60] Tatsächlich aber hatte Brandt
etwas ganz anderes im Sinn. Sein Demokratisierungsehrgeiz bezog sich – abgesehen von der Senkung des Wahlalters von 21 auf
18 Jahre im Juni 1970 – nicht so sehr auf Veränderungen im Insti-
tutionengefüge des Grundgesetzes. Die Ära der großen Verfas-
sungsreformen war mit dem Ende der Großen Koalition vorbei.
Zwar berief seine Regierung eine Enquête-Kommission ein, die
weiteren Reformbedarf für das Grundgesetz klären sollte, aber die
blieb weitestgehend ohne Resonanz.

Es waren vor allem Veränderungen der Gesellschaft, die
Brandt im Auge hatte. Der Staat, das war das erklärte Ziel seiner
Kanzlerschaft, sollte die Gesellschaft demokratisieren, sollte ihr die
duckmäuserischen und autoritären Untugenden austreiben, die
der Soziologe Ralf Dahrendorf 1965 diagnostiziert hatte.[61] Für
sein Programm berief sich Brandt direkt auf die Verfassung: »Das

Grundgesetz«, schrieb er 1969, »will nicht nur die staatliche Ordnung beschreiben; es will auch sagen, dass es den demokratischen und sozialen Rechtsstaat zu verwirklichen gilt.« Die Union verstehe unter Demokratie eine »Organisationsform des Staates«. Das sei eine »ehrliche konservative oder alt-liberale Überzeugung« und verdiene Respekt, aber »modern ist sie nicht«. Anders die SPD: Für sie bedeute Demokratie »ein Prinzip, das alles gesellschaftliche Sein der Menschen beeinflussen und durchdringen muss«.[62]

Alles gesellschaftliche Sein durchdringen? Der Totalitätsanspruch, der darin mitschwang, ließ auch manchen Zeitgenossen schaudern.[63] In seiner Berufung auf das »große Angebot«, wie der Bundesjustizminister und spätere Bundespräsident Gustav Heinemann das Grundgesetz 1968 mit pastoralem Pathos bezeichnet hatte, konnte sich Brandt allerdings auf namhafte Verfassungsjuristen beziehen: Artikel 21 GG fordert, dass die Parteien bei der Willensbildung des Volkes mitwirken und ihre innere Ordnung demokratischen Grundsätzen entsprechen müssten. Der Staatsrechtler Helmut Ridder formulierte schon 1954 die These, dass dies auch auf die Presse und andere Faktoren der öffentlichen Meinung übertragbar sei.[64]

Viele der in der Ära Brandt erregt diskutierten Demokratisierungsforderungen gingen aber weit über die öffentliche Meinungsbildung hinaus: Kaum ein Gesellschaftsbereich – Bildung, Wissenschaft, Wirtschaft, Kirchen, auch Familien und überhaupt alle Formen des menschlichen Miteinanders –, dem nicht »autoritäre« Strukturen attestiert wurden, welche nach staatlich gelenkten Korrekturen verlangten. Universitäten, Schulen, Unternehmen wurden nicht mehr in erster Linie als Orte des Forschens, Lernens oder Geldverdienens betrachtet, sondern als Herrschaftsorganisationen, in denen – wie im Staat – wenige Funktionsträger Entscheidungen treffen, die das Leben Vieler verändern.

Das Grundgesetz kam ins Spiel, weil die betroffenen Organisationen Träger von Grundrechten waren, die ihnen Schutz davor versprachen, zu Werkzeugen des gesellschaftlichen Interessenausgleichs umfunktioniert zu werden. Das galt vor allem für die heiß umkämpften Universitäten. Schon 1968 hatten einige Länder begonnen, die Alleinherrschaft der Ordinarien zu brechen und den Studenten und dem akademischen Mittelbau Mitbestimmungsrechte einzuräumen. 1973 setzte das Bundesverfassungsgericht dem Eifer der Hochschulreformer Grenzen: Das Grundrecht auf freie Forschung und Lehre, so der Erste Senat, schütze die Wissenschaft vor dem gesellschaftspolitischen Gestaltungswillen der Politik. Der Staat dürfe zwar die Hochschulgremien für Studenten, Assistenten und Verwaltungspersonal öffnen, aber er dürfe den Wissenschaftlern nicht vorschreiben, wie sie zu forschen hätten. Aus diesen Prämissen zog das Verfassungsgericht die höchst umstrittene Schlussfolgerung, dass in Fragen von Forschung und Lehre die Professoren stets im Besitz der absoluten Mehrheit bleiben müssen.[65]

Die »Demokratisierung« der Wirtschaft gelang erst nach Jahren erbitterten Streits. Die Forderung nach »Wirtschafts-Demokratie« und Mitbestimmung der Arbeitnehmer in den Betrieben und Unternehmen ist weit älter als das Grundgesetz; in der Weimarer Reichsverfassung war sie sogar ausdrücklich anerkannt.[66] Schon ab Anfang der fünfziger Jahre hatten die Arbeitnehmer das Recht, ein Drittel der Aufsichtsratsmitglieder zu stellen, in der Schwerindustrie sogar die Hälfte. Brandt versprach, diese paritätische Mitbestimmung auf alle Branchen auszudehnen. Eingelöst wurde das Versprechen erst 1976 von seinem Nachfolger Helmut Schmidt – gegen den heftigen Widerstand von Unternehmen, Arbeitgeberverbänden und Aktionärsvereinigungen. Diese zogen nach Karlsruhe mit dem Argument, der Gesetzgeber funktioniere private Unternehmen in öffentliche Anstalten um. Dem Bundesverfassungsgericht mochte das nicht einleuchten, zumal den Anteilseignern im Aufsichtsrat ohnehin ein leichtes Übergewicht verblieb.[67]

Wesentlich empfindlicher reagierte das Verfassungsgericht eineinhalb Jahrzehnte später auf gesetzgeberische Versuche, auch die öffentliche Verwaltung zu »demokratisieren«: 1990 trat in Schleswig-Holstein ein Gesetz in Kraft, das alle »innerdienstlichen« Entscheidungen der Behörden in weitem Umfang von der gleichrangigen Mitbestimmung und Mitgestaltung der Personalräte abhängig machte. Das Verfassungsgericht sah darin einen Verstoß gegen – ausgerechnet – das Demokratieprinzip: Behördliche Entscheidungen, ob innerdienstlich oder nicht, seien Ausübung von Staatsgewalt und müssten demokratisch legitimiert sein. Das heiße, dass »alle der Staatsgewalt Unterworfenen den gleichen Einfluss auf die Ausübung von Staatsgewalt haben müssen und deshalb Bürgern, die von einer bestimmten Ausübung der Staatsgewalt individuell betroffen sind, keine besonderen Mitentscheidungsbefugnisse eingeräumt werden dürfen«. Daher müsse das letzte Wort bei der Behördenleitung bleiben und die Mitbestimmung des Personalrats auf die spezifische Interessenvertretung der öffentlichen Bediensteten beschränkt sein.[68] Von dem eigentümlichen Demokratiebegriff, den das Verfassungsgericht dieser Entscheidung zugrunde legte, wird noch zu reden sein (siehe S. 281f.).

Ihren Zenit hatte die Demokratisierungseuphorie zu diesem Zeitpunkt längst überschritten. Willy Brandt war 1974 zurückgetreten. Parallel dazu setzten der Ölpreis-Schock und der Konjunktureinbruch 1973/74 dem langen Nachkriegsboom ein Ende. Brandts Nachfolger erbte ein tief verunsichertes Land. Nach dem Scheitern der hochfliegenden Reformhoffnungen wurde lebhaft darüber diskutiert, was Politik in diesen Zeiten überhaupt noch zu leisten imstande sei. Der Topos von der »Unregierbarkeit« moderner Demokratien machte die Runde.[69]

Die konservativen Etatisten unter den Staatsrechtlern hatten es immer schon gewusst: »Die Zeit der großen Reformen ist (…) vorbei«, schrieb Ernst Forsthoff bereits 1960.[70] In einem pluralistischen Staat, der sich mit den inner- und außerparteilich organisierten gesellschaftlichen Interessen auf das Engste abstimmt, ist für die große staatsmännische Geste und radikale Umgestaltungsvisionen kein Platz. Die Hoffnung der SPD-Sozialingenieure, mit den Mitteln rationaler Planung und reformerischer Gesetzgebung die Gesellschaft gerechter und die Regierung effizienter machen zu können, ihr Glaube an überindividuell vernünftige und wissenschaftlich fundierbare Gestaltungsziele und -methoden scheiterte ebenso an der Realität wie der bis in die jüngste Vergangenheit fortdauernde Glaube der achtziger Jahre, durch Privatisierung und »Rückzug des Staates« dessen Gestaltungskraft wiederherstellen zu können.

Ohnmacht und Stärke: Ringfahndung
nach den Entführern von Hanns
Martin Schleyer 1977.

KAPITEL 4
Verfassungsschutz
Das Grundgesetz und seine Feinde

Am 16. Oktober 1977, frühmorgens noch vor Sonnenaufgang, war das Bundesverfassungsgericht im Karlsruher Schlosspark bereits hell erleuchtet. Im Ankleideraum legten die sechs anwesenden Mitglieder des Ersten Senats ihre roten Roben an und machten sich auf den Weg in den Verhandlungssaal. Um 5 Uhr 50 verkündete Ernst Benda, der Präsident des höchsten deutschen Gerichts, eine Entscheidung, von der die wenigen Anwesenden wussten, dass sie ein Todesurteil bedeutete. Für einen Augenblick schien Benda zu stocken, als er die Urteilsformel verlas: »Im Namen des Volkes: Die Verfassungsbeschwerde wird abgewiesen.«

Mit diesem Satz scheiterte der letzte, verzweifelte Versuch der Familie Hanns Martin Schleyers, das Leben des von RAF-Terroristen entführten Arbeitgeberpräsidenten zu retten. Im Namen seines Vaters hatte sich Hanns-Eberhard Schleyer an das Bundesverfassungsgericht gewandt. Durch eine einstweilige Anordnung wollte er die Bundesregierung zwingen, der Forderung der Kidnapper nach Freilassung ihrer inhaftierten Gesinnungsgenossen nachzugeben, um das Leben seines Vaters zu retten.

In den populären Erzählungen des »bleiernen Herbstes« von 1977 fand die dramatische Nachtsitzung von Karlsruhe erstaunlich wenig Beachtung.[1] Im Selbstverständnis des Bundesverfassungsgerichts dagegen wirkt das Schleyer-Urteil bis heute als traumatische Erfahrung nach. Es sei die »menschlich schwierigste und tragischste Entscheidung in der fünfzigjährigen Gerichtspraxis« gewesen, schrieb Jutta Limbach.[2] Mehrfach hat sich das Gericht später auf das Schleyer-Urteil bezogen, zuletzt im Februar 2006 in seiner Entscheidung zum Luftsicherheitsgesetz, in der es die gesetzliche Ermächtigung zum Abschuss entführter Passagierflugzeuge für verfassungswidrig erklärte.[3] In einer Zeit, in der der globale Terrorismus den Rechtsstaat herausfordert, gewinnen die Schleyer-Entscheidung und ihre Vorgeschichte neue Aktualität: Der Rechtsstaat am Limit seiner Möglichkeiten, das offenkundige Eingeständnis seiner Ohnmacht, die Frage nach den Grenzen rechtsstaatlich zulässiger Mittel – das sind die existentiellen Themen, die den zeitgeschichtlichen Bezugsrahmen für das Urteil von 1977 ebenso wie für die gegenwärtigen Debatten über die Reaktion auf den neuen Terrorismus des 21. Jahrhunderts bilden.

Die Ursprünge des Konflikts, der im Herbst 1977 blutig eskalierte, reichen bis in die unmittelbaren Nachkriegsjahre zurück. Die Auseinandersetzung des demokratisch verfassten Rechtsstaats mit seinen Gegnern ist ein Gründungsthema der Bundesrepublik. Ihre Identität wurde in den fünfziger Jahren durch eine zweifache Abgrenzung geprägt: historisch gegen die radikalen Kräfte des politischen Extremismus, der die Weimarer Demokratie zerstört hatte, aktuell gegen ein sozialistisches Staatensystem, das bis zum Fall von Mauer und Eisernem Vorhang mit seinen expansiven Energien in die Bundesrepublik hineinwirkte. Parteien, Publikationen, Studentenorganisationen, Friedensgruppen und RAF-Terroristen wurden über Jahrzehnte hinweg von der DDR unterstützt, finanziert, vor Strafverfolgung geschützt und ideologisch munitioniert. Der westdeutsche Staat hat sich gegen beide Pole des politischen Extremismus mit einem Arsenal rechtlicher Instrumente zur Wehr gesetzt: mit Parteiverboten, politischem Strafrecht, berufsrechtlichen Maßnahmen gegen so genannte Radikale und schließlich im offenen Kampf gegen die Terroristen. Der Staat steckte dabei die äußersten Grenzen einer Verfassung ab, die auch als Gegenverfassung – gerichtet gegen die Feinde der Demokratie und die von ihnen ausgehenden Bedrohungen – Gestalt annahm.

Paradoxe Interventionen: Die Parteiverbote gegen SRP und KPD

Das schärfste Schwert, das die Verfassung dem Staat zur Abwehr seiner Gegner im Inneren in die Hand gab, war das Parteiverbot. Seine Wirkung entfaltet es genau in jenem Freiheitsraum politischer Betätigung, den es zugleich schützen soll: Um den Demokraten die Freiheit zu sichern, wird sie den Extremisten genommen. Toleranz gegenüber Andersdenkenden, Fremden und Schwachen soll erzwungen werden, indem der Staat sich politischen Aggressoren gegenüber intolerant zeigt. Das Parteiverbot ist eine paradoxe Intervention. Zwei Mal hat die Bundesrepublik in ihren Gründungsjahren davon Gebrauch gemacht. Das Schlagwort von der »wehrhaften Demokratie« wurde zum Label einer aus bitterer Erfahrung klug gewordenen Republik.

Die Verbotsverfahren gegen die rechtsextreme Sozialistische Reichspartei (SRP) und die KPD nahmen im Herbst 1951 ihren Ausgang. Innerhalb weniger Tage reichte die Bundesregierung beide Verbotsanträge beim Bundesverfassungsgericht ein. Das Verfahren gegen die SRP endete nach etwas weniger als einem Jahr mit der Feststellung der Verfassungswidrigkeit und dem daraus resultierenden Verbot. Der KPD-Prozess dagegen zog sich über fast fünf Jahre hin und fand seinen Abschluss mit der umfangreichsten Urteilsbegründung, die das höchste deutsche Gericht bis heute verfasst hat.

Während das KPD-Verbot auf gespaltene Reaktionen stieß, wurde das der SRP nahezu einhellig als Ausdruck eines geläuterten Staatsverständnisses gefeiert. Die SPD, die im Vorfeld noch die Sorge geäußert hatte, die Funktionäre der SRP könnten zu politischen Märtyrern gemacht werden, begrüßte das Urteil, das sich »wohltuend von manchen höchstrichterlichen Entscheidungen der Weimarer Zeit« abhebe. Auch das Presseecho war überwiegend positiv.[4] Die Entscheidung stehe für einen »Strukturwandel von höchster Bedeutung« und zeige, dass die Bundesrepublik »innenpolitisch wehrhaft geworden« sei, begeisterte sich Marion Gräfin Dönhoff in der »Zeit«.[5] Wegen ihrer Bereitschaft, die Grenzen der

Verfassung deutlich zu markieren, habe sich die Bundesrepublik als »neuer Typ der Demokratie« bewährt.

Die SRP war in den ersten Nachkriegsjahren keineswegs das einzige Sammelbecken für einstige NSDAP-Mitglieder und hartnäckige Anhänger nationalsozialistischer Überzeugungen.[6] Keine andere Partei aber gerierte sich so offen und konsequent als Nachfolgeorganisation der NSDAP. Expansives Großmachtstreben, aggressiver Nationalismus, Führerprinzip und unverhohlener Antisemitismus kennzeichneten Ideologie und Organisation der Partei. Kurz vor der niedersächsischen Landtagswahl am 6. Mai 1951, bei der die SRP 11 Prozent der Stimmen erreichte und als viertstärkste von acht Parteien in das Landesparlament einzog, kündigte die Bundesregierung an, die Partei vom Bundesverfassungsgericht verbieten lassen zu wollen. Unmittelbar nach der Niedersachsen-Wahl erklärte Adenauer im Bundeskabinett, dass »mit allen Mitteln versucht werden müsse, das Umsichgreifen derartiger Organisationen zu verhindern. Es dürfe nicht noch einmal dazu kommen, dass die Demokratie, wie es 1933 geschehen sei, an den demokratischen Grundsätzen sterbe.«[7]

Innenminister Robert Lehr war auch aus biographischen Gründen ein entschiedener Befürworter dieses Parteiverbots: Während des Zweiten Weltkrieges gehörte er im Sauerland einem oppositionellen Kreis um den späteren nordrhein-westfälischen Ministerpräsidenten Karl Arnold an, der in Verbindung mit den Putschisten vom 20. Juli 1944 stand. Einer der Mitbegründer und führenden Köpfe der SRP, Otto Ernst Remer, war maßgeblich an der Niederschlagung der Revolte beteiligt und von Hitler persönlich wegen seiner Loyalität befördert worden. Noch während des SRP-Verbotsverfahrens wurde Remer, der in der Nachkriegszeit zu einem prominenten Geschichtsrevisionisten avanciert war, in einem Aufsehen erregenden Strafprozess wegen übler Nachrede und Verunglimpfung des Andenkens Verstorbener angeklagt und verurteilt. Bemerkenswert war die Deutlichkeit, mit der das Gericht die Verschwörer des 20. Juli von dem noch immer auf ihnen lastenden Vorwurf des Hochverrats freisprach und ihnen bescheinigte, im Interesse und für das Wohl des ganzen Landes gehandelt zu haben.[8]

Solche Erkenntnisse waren seinerzeit alles andere als populär. Auch bei ihrem Verbotsverfahren gegen die SRP konnte die Bundesregierung nicht auf die Unterstützung der Bevölkerungsmehrheit setzen. In einer Umfrage des Allensbacher Instituts für Demoskopie äußerten 19 Prozent der Befragten die Vermutung, die SRP werde nicht wegen ihrer Politik verfolgt, sondern wegen ihres Mutes gegenüber den alliierten Besatzungsmächten. 32 Prozent der Befragten sprachen sich gegen ein SRP-Verbot aus; nur 23 Prozent hielten den Kurs der Bundesregierung für richtig.[9]

Und tatsächlich waren die amerikanische Besatzungsmacht sowie die Sorge um das internationale Ansehen der Bundesrepublik treibende Kräfte hinter dem Verbotsverfahren. Am Tag nach Adenauers Verbotsforderung machte der alliierte Hochkommissar John McCloy dem Kanzler unmissverständlich klar, dass sich die Besatzungsmächte der Partei annehmen würden, wenn die Regierung ihre Ankündigungen nicht entschlossen umsetze.[10] Auch Innenminister Lehr verwies auf die »außerordentlich heftige« Reaktion der ausländischen Presse nach der niedersächsischen Landtagswahl. Die Kommentatoren sprächen davon, dass »die junge und zarte Pflanze Demokratie mit der Wahl eine entscheidende Niederlage erlitten habe«, hieß es in einem Memorandum des Innenministeriums.[11] Wie häufig in den Nachkriegsjahren war am Ende nicht mehr klar zu unterscheiden, wie weit die Handelnden von eigenen Motiven bestimmt oder von Forderungen der Besatzungsmächte getrieben waren.

Im November beantragte die Bundesregierung beim Bundesverfassungsgericht, die Verfassungswidrigkeit der SRP nach Artikel 21 Absatz 2 GG festzustellen. Ein knappes Jahr später, am 23. Oktober 1952, sprach das Bundesverfassungsgericht das Verbot aus. Die Partei, so hieß es in der Entscheidungsbegründung, habe »seit Beginn ihres Wirkens« darauf abgezielt, »die freiheitliche demokratische Grundordnung zu beeinträchtigen und schließlich zu beseitigen«. Im »Gesamtstil« der SRP entdeckten die Richter »im Großen und bis in kleinste, ja sogar physiognomische Züge Übereinstimmungen mit der NSDAP«.[12]

Der wuchtige Schlag, zu dem der Rechtsstaat mit seinem ers-

ten Parteiverbot ausgeholt hatte, traf allerdings nur noch eine
politische Leiche. Noch vor der Urteilsverkündung hatte sich die
Partei unter dem Druck der Besatzungsmächte, Behörden und
Medien selbst zerlegt. Innerparteiliche Machtkämpfe und Que-
relen hatten die SRP-Führung zusätzlich aufgerieben. Als letzte
autonome Handlung beschloss sie im September 1952 – fast zwei
Monate vor der Urteilsverkündung in Karlsruhe – die Selbstauf-
lösung. Die Bemühungen, noch während des Prozesses eine Nachfolgeorganisation zu gründen, scheiterten.[13] Das Urteil hatte damit vor allem signalhafte Bedeutung: Nach außen – gegenüber den
Besatzungsmächten, ausländischen Medien und Regierungen –
demonstrierte es Entschlossenheit, das Treiben unbelehrbarer
Nationalsozialisten mit aller Macht des Staates zu unterdrücken.
Nach innen trug das Urteil dazu bei, einen Tabuisierungskonsens
zu festigen, der in der Folge zum festen Bestandteil westdeutscher
Staatsräson wurde. Offener Rechtsextremismus, Antisemitismus
und das populistische Jonglieren mit Versatzstücken nationalsozialistischer Ideologie lösen bis heute einen politischen Abwehr-
mechanismus aus, dem ursprünglich auch ambivalente Motive zu
Grunde lagen. In den fünfziger Jahren jedenfalls hatte die dezi-
dierte Distanzierung von der NS-Vergangenheit, die im SRP-
Verbot zum Ausdruck kam, eine zugleich legitimatorische und
verschleiernde Funktion. Sie erlaubte es im Schlagschatten einer
pathetischen Abwehrgeste, die radikalen Entnazifizierungsmaßnahmen der Besatzungsmächte großzügig zu revidieren und die
(Re-)Integration früherer NS-Funktionseliten in Justiz sowie Be-
amtenapparat zu überdecken.

Während sich im SRP-Verbot ein doppelsinniger Konsens zur
Verurteilung und Verschleierung der NS-Vergangenheit mani-
festierte, wurde im zeitgleich anlaufenden Verfahren gegen die
KPD eine sich vertiefende Spaltung der Gesellschaft erkennbar. Sie
verlief zunächst zwischen gegensätzlichen politischen Lagern.
Zunehmend aber wurde sie auch als generationenspezifischer
Bruch spürbar, der schließlich in die Eskalation der siebziger Jahre
mündete.

Die Bekämpfung der Kommunisten war in Westdeutschland

schon bald Teil des Kalten Krieges. Bereits vor dem KPD-Verbotsverfahren war mit dem Ersten Strafrechtsänderungsgesetz von 1951 ein weit reichendes politisches Strafrecht eingeführt worden, dessen Anwendung besonderen Strafkammern zugewiesen wurde. Zunächst war dabei noch die Bekämpfung rechtsextremistischer Bestrebungen das Hauptmotiv gewesen. Im Zeichen des Korea-Krieges und des sich verschärfenden Ost-West-Konflikts aber wandelte sich die Stoßrichtung. Der anfänglich gegen rechts wie links gerichtete Antitotalitarismus wurde mehr und mehr zu einem unerbittlichen Antikommunismus. Er einte die bürgerliche Mitte mit der SPD, die eine scharfe Abgrenzung von den Kommunisten in den fünfziger Jahren als existentiell für sich betrachtete. Noch bevor das Bundesverfassungsgericht das Verbot der KPD besiegelte, kam es zu nicht weniger als 35 000 Ermittlungsverfahren und 425 Prozessen gegen Mitglieder kommunistischer Organisationen.[14] Kontakte zu Gewerkschaften und anderen parteinahen Organisationen in der DDR führten regelmäßig zu unangenehmen Begegnungen mit der Justiz. Gestützt auf die rigide Rechtsprechung des Bundesgerichtshofs, wurden selbst Streikaufrufe als Vorbereitung gewalttätiger Handlungen unter Strafe gestellt.[15]

Das Vorhaben, sich mit einem gezielten Doppelschlag gegen links und rechts der politischen Extremisten des Parteienspektrums zu entledigen, war die Übersetzung der damals weltweit blühenden Totalitarismustheorie in die verfassungsrechtliche Praxis der Bundesrepublik.[16] Beide Verfahren wurden von den Akteuren des Regierungslagers zunächst eng miteinander verknüpft. Ausdrücklich hatte zum Beispiel die FDP ihre Zustimmung zum SRP-Verbotsantrag an die Bedingung geknüpft, dass sich das Vorgehen des Staates »auf jede totalitäre Gruppe oder Partei – gleichgültig ob von rechts oder von links« erstrecke.[17]

Am 22. November 1951, nur drei Tage nach dem gegen die Rechtsextremisten gerichteten Antrag, reichte die Bundesregierung ihren Antrag zum KPD-Verbot beim Bundesverfassungsgericht ein. Während die SRP zu diesem Zeitpunkt aber schon bedeutungslos geworden war, stellte die KPD nach wie vor eine nicht nur traditionsreiche, sondern auch bedeutende politische Kraft dar. 1949 hatte sie bei der ersten Bundestagswahl 5,7 Prozent der Stimmen erreicht und war mit 15 Abgeordneten im Parlament vertreten. Ein knappes Jahr nach Eröffnung des Verbotsverfahrens war der Stimmenanteil bei der zweiten Bundestagswahl zwar auf 2,2 Prozent gesunken, die Partei zählte aber immer noch 65 000 Mitglieder, hatte 1400 Betriebsgruppen und gab 500 Betriebszeitungen heraus. Vor diesem Hintergrund war allen Beteiligten klar, dass sich ein Verbot der KPD schwieriger gestalten würde als der Prozess gegen die randständige SRP. So dauerte es drei Jahre, bis es im November 1954 zur mündlichen Verhandlung kam, die sich bis in den Juli des folgenden Jahres hinzog. Nie wieder hat das Bundesverfassungsgericht ein Verfahren mit ähnlichem Aufwand betrieben. Entsprechend wurde die Begründung des am 17. August 1956 verkündeten Urteils zum längsten bis heute publizierten Richterspruch aus Karlsruhe. Mit 308 Seiten, auf denen die Geschichte der KPD, die von beiden Seiten vorgetragenen Argumente sowie die Gründe für das Verbot dargelegt werden, füllt das Urteil fast den gesamten fünften Band der offiziellen Entscheidungssammlung des Bundesverfassungsgerichts.[18]

Dass sich die Partei kurz vor Verkündung des Urteils von früheren Programmsätzen distanziert und ein Bekenntnis zum parlamentarisch-demokratischen System abgelegt hatte, rechneten ihr die Richter nicht mehr an.[19] Entscheidend für die Feststellung der Verfassungswidrigkeit blieben die militanten Aussagen, mit denen die KPD in den Vorjahren über »Pseudowahlen in Deutschland«[20] gehöhnt sowie den »Sturz des Adenauer-Regimes«[21] als geschichtsnotwendige Tatsache im Sinne der marxistisch-leninistischen Lehre prophezeit hatte. In den Äußerungen, auf die das Bundesverfassungsgericht sein Urteil stützte, hatten die Kommunisten immer wieder deutlich gemacht, dass sie den Machtwechsel nicht auf dem Wege der Wahlen, sondern »im unversöhnlichen und revolutionären, außerparlamentarischen Kampf«[22] anstrebten. Aus damaliger Perspektive hatte der Rechtsstaat gute Gründe, die KPD zum Feind zu erklären.[23]

Neuer und alter Rechtsextremismus:
Der Umgang mit der NPD

Die Verbote von KPD und SRP waren Ausdruck des unbedingten Willens, die Republik in der politischen Mitte zu stabilisieren. Der Abgrenzungskonsens gegen jede Form des Extremismus ließ sich jedoch in keiner der beiden Richtungen reibungsfrei und konsequent durchhalten. Einerseits war die Bekämpfung rechtsradikaler Parteien und Organisationen mit ihrer Mischung aus strafrechtlicher Sanktionierung und gesellschaftlicher Tabuisierung durchaus erfolgreich. Nie wieder jedenfalls konnten sich rechtsextreme Parteien auf Bundesebene langfristig etablieren (siehe S. 230). Anders als in vielen anderen europäischen Ländern waren selbst Erfolge rechtspopulistischer Parteien in Deutschland stets regional und zeitlich begrenzt. Andererseits lebten autoritäre Strukturen und dezidiert antiliberales Denken in sublimierten Erscheinungsformen noch mindestens bis in die sechziger Jahre fort. Sie konnten sich insbesondere dort erhalten und entfalten, wo sie sich nicht dezidiert politisch äußerten: in Familien, Schulen, Hochschulen, in der Psychiatrie sowie in Teilen der Justiz und des Strafvollzugs.[24] Ein neuer Rechtsradikalismus aber fand in der Bundesrepublik bis 1990 weder politisch noch intellektuell breiteren Rückhalt und stieß da, wo er sich zu formieren versuchte, auf entschiedenen Widerstand.

Das änderte sich erst wieder in Folge der Wiedervereinigung. Insbesondere in den östlichen Bundesländern wurden Neonazismus und Rechtsextremismus zum Ventil, durch das sich der soziale und ökonomische Druck entlud. Politische Orientierungslosigkeit und wirtschaftliche Probleme in den neuen Ländern hatten ein explosives Frustrationspotential aufgebaut. Bürgerliche Lebens- und politische Streitkultur waren in den beiden aufeinander folgenden Diktaturen im Osten Deutschlands weitgehend unterdrückt worden; nun fielen sie als stabilisierende Faktoren aus. Wo soziale und politische Ausgrenzung nicht mehr als Sanktion empfunden werden kann, weil sie als allgemeines Lebensgefühl akzeptiert oder propagiert wird, kann der Tabuisierungsmechanismus nicht mehr greifen, mit dem der Rechtsextremismus in der alten Bundesrepublik an die extremen Ränder der Gesellschaft gedrängt wurde.

Als Bundesregierung, Bundestag und Bundesrat 2001 das Instrument des Parteiverbots wiederbelebten, um die rechtsextreme NPD zu zerschlagen, war dies auch ein Eingeständnis der Rat- und Hilflosigkeit des politischen Establishments. Von Beginn an stand der Verbotsprozess gegen die NPD unter einem schlechten Stern. Politisch war er das Ergebnis eines Überbietungswettbewerbs, mit dem insbesondere Union und SPD während der parlamentarischen Sommerpause des Jahres 2000 um die Aufmerksamkeit der Medien buhlten. Vor diesem Hintergrund hatte man das Verfahren in Karlsruhe von Beginn an mit Skepsis beobachtet. Hinter den Kulissen ließen Mitglieder des zuständigen Zweiten Senats früh erkennen, dass sich die engmaschige Überwachung der NPD durch die Verfassungsschutzbehörden als zentrales Problem für den Prozess erweisen könnte. Tatsächlich stellte sich im Laufe des Verfahrens heraus, dass mehrere mit verfassungsfeindlichen Äußerungen zitierte NPD-Funktionäre zumindest zeitweilig bezahlte Informanten von Verfassungsschutzbehörden gewesen waren. Im Januar 2002 setzte das Bundesverfassungsgericht deswegen die bereits auf fünf Tage terminierte mündliche Verhandlung aus. Im März 2003 schließlich scheiterte das Verfahren endgültig. Drei der nach dem Ausscheiden von Präsidentin Jutta Limbach verbliebenen sieben Mitglieder des Zweiten Senats waren zu der Auffassung gelangt, dass eine rechtsstaatlich hieb- und stichfeste Beurteilung der Partei wegen der offenkundig hohen Zahl von Verfassungsschutzinformanten in der NPD-Führungsebene nicht möglich sei. Parteien und Staat – so das zentrale Argument – müssten gerade in einem Verbotsverfahren klar unterscheidbar sein: »Nur eindeutige und offene Zurechnungen von Personen, Verhalten und Äußerungen entweder zur Sphäre der Antragsteller oder der der Antragsgegnerin ermöglichen es dem Gericht, eine verfassungsrechtlich vertretbare Entscheidung über Verfassungswidrigkeit oder Verfassungsmäßigkeit der Partei (…) zu finden und zu verantworten.«[25] Das Gericht – oder besser: die in diesem Sonderfall herrschende

164

Sperrminorität – stellte die Staatsorgane damit vor eine heikle Alternative, die einen neuen Anlauf zu einem NPD-Verbot sowie andere Parteiverbotsverfahren in Zukunft erheblich riskanter werden lässt: Eine intensive nachrichtendienstliche Beobachtung und ein offenes Verbotsverfahren schließen sich seit der Karlsruher NPD-Entscheidung von 2003 faktisch aus. Zumindest während eines laufenden Verfahrens müssen alle Informanten der Geheimdienste aus der betroffenen Partei abgezogen werden. Die Richter verlangten dem Rechtsstaat damit ein widersprüchliches Verhalten ab: In dem Augenblick, in dem er sich durch eine Partei bedroht sieht und zum letzten Abwehrmittel greifen will, soll er die Beobachtung der Extremisten drastisch einschränken.

Auch jenseits dieser rechtlichen Argumente illustrierte der fehlgeschlagene Prozess gegen die NPD, dass sich sowohl Regierung und Parlament als auch das Bundesverfassungsgericht mit Parteiverbotsverfahren beinahe zwangsläufig selbst überfordern. Nicht allein die zuweilen chaotisch anmutende Beweissammlung von Bund und Ländern bedrohte zunehmend den Fortgang des Prozesses. Das Bundesverfassungsgericht selbst wäre bei einer Fortsetzung des Verfahrens mit schweren organisatorischen Problemen konfrontiert worden. Nachdem Jutta Limbach die Altersgrenze erreicht hatte und im April 2002 aus dem Gericht ausgeschieden war, konnten nur noch jene sieben Richter am Verfahren mitwirken, die es von Beginn an begleitet hatten. Damit drohte das Gericht unter massiven Zeitdruck zu geraten: Mitte 2003 nämlich endete auch die Amtszeit des Richters Bertold Sommer. Wäre der Prozess bis dahin nicht beendet worden oder einer der Richter an der weiteren Mitwirkung verhindert gewesen, hätte der Senat seine Entscheidungsfähigkeit verloren. Das gesamte Verfahren hätte mit den Nachfolgern Limbachs und Sommers neu aufgerollt werden müssen.

Derartige Schwierigkeiten hatte man in Karlsruhe schon vorhergesehen. Bereits Mitte der neunziger Jahre gab es Überlegungen, Parteiverbotsverfahren grundsätzlich neu zu ordnen oder einem besonderen, nur für solche Prozesse zu bildenden Gericht zuzuweisen.[26] Dahinter stand nicht allein die Sorge um den rechtsstaatlich geordneten Verlauf möglicher Parteiverbotsverfahren, sondern auch die Befürchtung, das Gericht könnte durch die Belastung eines solchen Prozesses faktisch lahmgelegt werden. Überlegungen zur Reform des Parteiverbotsverfahrens aber blieben verfassungsrechtliche Theorie. Daran wird sich wohl auch kaum etwas ändern. Denn solange die Rufe nach einem nochmaligen Anlauf zum NPD-Verbot nicht verhallen, wäre eine Neuordnung der Verfahrensvorschriften mit dem Verdacht behaftet, ein Sonderrecht zu Lasten einer bestimmten Partei zu schaffen. So bleibt die ernüchternde Erkenntnis, dass das Parteiverbotsverfahren vom scharfen Schwert zu einer stumpfen, kaum noch handhabbaren Waffe des Rechtsstaats geworden ist. Man muss das nicht bedauern. Es zeichnet eine liberale Demokratie aus, wenn sie die verfassungsrechtliche Vernichtung ihrer Gegner an harte Bedingungen knüpft.

Die Debatte um den Extremistenerlass von 1972

Mit der Reaktion auf den seit den späten sechziger Jahren erstarkenden linken Radikalismus tat sich der Rechtsstaat schwerer als mit der Grenzziehung zum Rechtsextremismus. Das geschichtliche Urteil über die rechtsextremen Exzesse der Deutschen war 1945 unwiderruflich gefallen. Das Ende der Diktatur in der anderen Hälfte Deutschlands und in Osteuropa dagegen ließ noch 44 Jahre auf sich warten. Ganz gleich wie anziehend oder abstoßend der real existierende Sozialismus im Westen wirkte: Die Welt jenseits von Mauer und Eisernem Vorhang führte immer wieder aufs Neue vor Augen, dass das linke Experiment noch nicht beendet war. Teilen einer sich selbstbewusst und lautstark artikulierenden neuen Generation erschien es nicht als Widerspruch, das Verhalten der Väter in der NS-Diktatur zu verurteilen und im selben Atemzug mörderische Diktatoren wie Ho Chi Minh oder Mao Tse-tung zu preisen.

Vor diesem Hintergrund entwickelten sich die sechziger und siebziger Jahre zu einer von gegenläufigen Tendenzen bewegten und erregten Epoche. Auf der einen Seite standen Liberalisierungen in Politik und Gesellschaft, auf der anderen eine sich bis in den Terrorismus radikalisierende Linke. Die bürgerliche Mitte reagierte verunsichert, irritiert und provoziert. Die gegen Kommunisten gerichtete Kriminalisierungsstrategie wurde Gegenstand einer kontroversen Debatte in Medien, Politik und Rechtswissenschaft. Für eine neue Generation liberaler oder betont linker Juristen wurde neben der Kritik an den Notstandsgesetzen die Forderung nach einer »Befreiung der KPD aus der Verstrickung in das Verbotsurteil«[27] maßgebend. Hans-Dietrich Genscher, damals ein junges Mitglied der FDP-Bundestagsfraktion, führte 1967 in einem Beitrag für die Neue Juristische Wochenschrift ein weiteres Argument für eine Wiederzulassung der KPD ein: Es könne Situationen geben, in denen durch eine Wiederzulassung der KPD ein Beitrag zur Lösung der deutschen Frage geleistet werden könne.[28] In einer anderen Fachzeitschrift meldete sich im gleichen Jahr Bundesjustizminister Gustav Heinemann zu Wort, der bereits in den fünfziger Jahren zu den Kritikern des damals neu eingeführten politischen Strafrechts gehört hatte.[29] Heinemann wies darauf hin, dass die Forderungen nach einer Aufhebung des Parteiverbots sich immer auf die KPD, nicht aber auf die SRP bezögen. Der Blick auf die Rechte aber zeigte nach Heinemanns Auffassung auch, dass der Staat zu einem souveräneren Umgang mit politisch extremen Gruppierungen gefunden hatte: »Das Entstehen der NPD ist praktizierte Freiheit zur Parteigründung«, erklärte der Bundesjustizminister und zeichnete damit gleichsam regierungsamtlich den Weg zur Neugründung einer kommunistischen Partei in Westdeutschland auf. Im folgenden Jahr wurde die DKP gegründet, die sich ganz offen als »Neukonstituierung der Kommunistischen Partei Deutschlands« präsentierte. Nach parteioffizieller Lesart hatte die KPD nie aufgehört zu existieren.[30]

Obwohl auch die DKP ihre enge ideologische, organisatorische und finanzielle Verbindung mit dem SED-Regime kaum verbarg, wurde sie im politischen Klima der späten sechziger und frühen siebziger Jahre nicht mehr als existenzbedrohende Gefahr für Staat und Demokratie wahrgenommen. Der Blick der Politik hatte sich von den Parteien auf die Gesellschaft gerichtet. Das prägte die Wahl der Mittel, mit denen sich der Staat gegen innere Gegner wehren zu müssen glaubte.

Die Antwort auf den von linken Idealisten wie Ideologen angekündigten »Marsch durch die Institutionen« war der so genannte Radikalenerlass von 1972. Beamte und Angestellte im öffentlichen Dienst, die als Gegner der freiheitlich demokratischen Grundordnung ausgemacht wurden, sollten aus dem Staatsdienst ausgegrenzt werden. Der Extremistenbeschluss markierte den Übergang vom strafrechtlich bewehrten Antikommunismus zum verwaltungsrechtlichen Staatsschutz.[31] Es war der Versuch, einen personell definierten Kernbereich des Staates vor den politisch extremen Erscheinungsformen einer gesellschaftlichen Liberalisierungsdynamik zu schützen, die in weiten Kreisen von Politik und Verwaltung immer noch mit Skepsis beobachtet wurde. Dies warf zugleich die Frage auf, was dieser schutzbedürftige Kernbereich ist, genauer: aus welchen Personen er sich zusammensetzt. Gehören beamtete Lokomotivführer und Krankenschwestern ebenso dazu wie Lehrer, Professoren und Polizisten?

Im Januar 1972 entschlossen sich die Regierungschefs der Länder auf einer Konferenz mit Bundeskanzler Willy Brandt, alle Bewerber für den öffentlichen Dienst künftig auf ihre Verfassungstreue zu überprüfen. Egal ob Beamter, Angestellter oder Arbeiter: für jeden sollte eine Regelanfrage beim Bundesamt für Verfassungsschutz gestellt werden, um mögliche Verbindungen künftiger Staatsdiener zu extremistischen Milieus aufzudecken. Nicht nur die Mitgliedschaft in radikalen Parteien wie der DKP, sondern auch Aktivitäten in linken Friedensgruppen oder Organisationen für Wehrdienstverweigerer wurden als Indiz für mangelnde Verfassungstreue gewertet. 1976, knapp vier Jahre nach dem Beschluss der Innenministerkonferenz, hatte Bundesinnenminister Werner Maihofer rund 500 000 Anfragen an den Bundesverfassungsschutz registriert. In circa 5000 Fällen waren zudem Einzelfallüberprüfungen angeordnet worden. Etwa 500 Bewerber hatten schließlich keine Aufnahme in den öffentlichen Dienst gefunden. Die Zahlen sollten sich im Laufe der siebziger Jahre verdoppeln.[32]

Die erregte Debatte, die der Extremistenbeschluss und seine Umsetzung auslösten, spiegelte eine zunehmende Polarisierung der westdeutschen Gesellschaft. Die Protestbewegung setzte den Staat auf die Anklagebank: Das so genannte »Dritte Internationale Russell-Tribunal« verhandelte im Stil von Kriegsverbrecherprozessen über die »Situation der Menschenrechte in der Bundesrepublik« und prangerte die »Berufsverbote« als Menschenrechtsverletzungen an.[33] Der Vorsitzende der linksliberalen FDP-Jugendorganisation »Jungdemokraten« glaubte in einem Beitrag für die »Zeit« gar »ein Stückchen Faschismus« in der politischen Gegenwart des Jahres 1973 auszumachen.[34] In seiner Dankesrede zur Verleihung des Friedenspreises des Deutschen Buchhandels zog der französische Historiker Alfred Grosser 1975 in der Frankfurter Paulskirche eine Parallele zur Reintegration ehemaliger Nationalsozialisten: »Wenn man die Nürnberger Judengesetze als normales Recht ausgelegt hat, durfte man Staatssekretär im neuen Rechtsstaat werden. Wenn man die Gestapo polizeirechtlich gerechtfertigt hatte, durfte man in der freiheitlichen Grundordnung Rektor und Kultusminister werden. Die Kriterien, die nun verbieten sollen, Zollbeamter oder Dorfschullehrer zu werden, scheinen mir wahrlich strenger zu sein.«[35]

Die Kritik an der staatlichen Einstellungspraxis stieß auch in Karlsruhe auf offene Ohren. Im Mai 1975 korrigierte das Bundesverfassungsgericht die Umsetzung des Extremistenbeschlusses und forderte eine individuelle Betrachtung jedes Einzelfalls.[36] Bloße Verweise auf die Mitgliedschaft in bestimmten Organisationen reichten nicht für den Ausschluss eines Bewerbers aus. Vielmehr musste selbst bei Angehörigen explizit verfassungsfeindlicher Organisationen eine Gesamteinschätzung der Persönlichkeit erfolgen. Regelanfragen an den Verfassungsschutz sollten auf Beamte beschränkt werden und bei Angestellten und Arbeitern im öffentlichen Dienst nur dann zulässig sein, wenn die Betreffenden mit hoheitlichen Aufgaben betraut werden würden. Anfragen, die auf die Zeit vor dem 18. Lebensjahr zurückgingen, wurden untersagt.

Vier Jahre nach dem Beschluss zog auch der mittlerweile zurückgetretene Willy Brandt eine selbstkritische Bilanz: »Der Versuch, der mit dem sogenannten Extremistenbeschluss Anfang 1972 gemacht wurde, ist gescheitert. Das habe ich einzugestehen. Ich habe mich damals geirrt«, gestand er 1976. Nachträglich stellte er auch einen Zusammenhang zwischen dem Extremistenbeschluss und dem verfassungsrechtlichen Geschütz des Parteiverbots her: Er habe damals unter Druck gestanden, erklärte Brandt: »Ich wollte eine neue Diskussion um ein DKP-Verbot vermeiden.«[37]

In seiner Regierungserklärung zur Bildung seines zweiten Bundeskabinetts nahm auch Brandts Nachfolger Helmut Schmidt Bezug auf die Debatte: »Wir wollen keine Opportunisten und Angepassten«, beteuerte Schmidt. »Was wir brauchen, sind freie, selbstbewusste, sind mutige und engagierte Bürger, die nicht geduckt oder gedrückt werden.«[38] Der Bundeskanzler konnte nicht wissen, dass ihm und seiner Regierung die härteste Konfrontation mit dem linken Extremismus erst noch bevorstand.

Stammheim: Folter im Verfassungsstaat?

Am 4. Dezember 1974 besuchte der französische Philosoph Jean-Paul Sartre die deutsche Untersuchungshaftanstalt in Stammheim bei Stuttgart, wo der zwei Jahre zuvor verhaftete RAF-Terrorist Andreas Baader auf seinen Prozess wartete. Sartre und Baader unterhielten sich etwa eine Stunde lang in einem Besuchsraum des Gefängnisses. Unmittelbar danach gab der Philosoph eine Pressekonferenz im Hotel Zeppelin in der Stuttgarter Innenstadt. »Baader hat das Gesicht eines gefolterten Menschen«, erklärte Sartre den versammelten Journalisten. »Baader und die anderen leben in einer weißen Zelle. In dieser Zelle hören sie nichts außer drei Mal am Tag die Schritte der Wärter, die das Essen bringen. Vierundzwanzig Stunden brennt das Licht.«[39] Wenige Tage später wiederholte Sartre seine Anklage gegen die deutsche Justiz in einem Artikel für die Tageszeitung »Libération«. Unter der Überschrift »La morte lente d'Andreas Baader« – »Der langsame Tod des Andreas Baader« – schilderte der Philosoph der französischen Leserschaft einen Justizmord auf Raten: »Diese Art der Folter führt beim Gefangenen zu Mangelerscheinungen; sie führt zum Stupor oder zum Tod.«[40] Ähnlich hatte zuvor schon Ulrike Meinhof ihre Haftbedingungen in der Justizvollzugsanstalt Köln-Ossendorf angeprangert, wo sie bis zur Verlegung nach Stammheim in strenger Einzelhaft untergebracht war. In ihren »Briefen aus dem toten Trakt« verglich Meinhof die Wirkung der totalen Stille in ihrer Zelle mit Elektroschocks und forderte ihre Strafverteidiger auf, Anzeige gegen die Justizbehörden wegen Körperverletzung zu stellen. Ausdrücklich zogen sowohl Meinhof als auch Gudrun Ensslin Parallelen zwischen ihren Haftbedingungen in der Bundesrepublik und Auschwitz.[41]

Der Vorwurf der »Justizfolter« und »Vernichtungshaft« war Mitte der siebziger Jahre das effektivste Mobilisierungsinstrument für eine neue Generation von RAF-Terroristen, deren Hauptziel darin bestand, die inhaftierten Gesinnungsgenossen freizupressen. Hatte der Rechtsstaat im Umgang mit seinen mörderischen Gegnern tatsächlich die Verfassung aus den Augen verloren?

Der Historiker Gerd Koenen, in den siebziger Jahren Mitglied des »Kommunistischen Bundes Westdeutschland« und heute einer der besten Kenner der Geschichte der RAF sowie des linken Extremismus in der Bundesrepublik, bemängelt, dass es nach wie vor keine wissenschaftlich fundierte Untersuchung der Haftbedingungen gibt.[42] Das gilt insbesondere für die Zeit vor der Zusammenlegung der RAF-Führung in Stammheim. In Köln-Ossendorf saß Ulrike Meinhof die ersten beiden Jahre in einem Gefängnis alten Stils ein. Noch war eine Verordnung von 1934 die rechtliche Grundlage für den Umgang mit Strafgefangenen in deutschen Gefängnissen. Erst 1969 war durch die erste große Strafrechtsreform die Zuchthausstrafe abgeschafft worden.[43] 1972 mahnte das Bundesverfassungsgericht in einem bahnbrechenden Urteil, dass auch Strafgefangene Träger von Grundrechten seien, die nur auf Grund eines Gesetzes eingeschränkt werden dürften.[44] Bis dahin hatten Rechtswissenschaftler die Theorie der »besonderen Gewaltverhältnisse« postuliert: Gefängnisse waren demzufolge wie Schulen und Kasernen Sonderzonen staatlicher Herrschaft, in denen Grundrechte nicht oder nur eingeschränkt galten. Die Karlsruher

Richter beklagten nun, dass diese Rechtsauffassung es erlaubt habe, »die Grundrechte des Strafgefangenen in einer unerträglichen Unbestimmtheit zu relativieren«.[45] Der Gesetzgeber wurde aufgefordert, eine gesetzliche Grundlage für den Strafvollzug zu schaffen. Wesentliche Eckpunkte hatte die Bundesregierung bereits bei der mündlichen Verhandlung zum Karlsruher Strafgefangenen-Urteil präsentiert. Vier Jahre später verabschiedete der Bundestag das Strafvollzugsgesetz, das die Resozialisierung von Straftätern zum Hauptziel des Strafvollzugs erklärte.[46] Das Gesetz trat am 1. Januar 1977 in Kraft.

Der Prozess von Stammheim und der blutige Kampf der RAF zur Befreiung der inhaftierten Terroristen fielen mithin in eine Zeit des Wandels im Strafvollzug. Ulrike Meinhofs fensterlose Isolationszelle in Köln-Ossendorf war noch Teil des alten Systems gewesen. Stammheim dagegen war ein Labor, in dem sich eine bizarre Versuchsanordnung ergab: Im Rahmen eines großzügig reformierten Strafvollzugs entstand auf der siebten Etage der Haftanstalt eine nach innen wie außen aggressiv politisierte Wohngemeinschaft. Bis zu neun RAF-Mitglieder waren zeitweilig im Hochsicherheitstrakt untergebracht. Anders als im Regelvollzug in den unteren Stockwerken waren Männer und Frauen zusammengelegt. Tagsüber konnten die Angeklagten ihre Zellen weitgehend nach Belieben aufschließen lassen, um sich in der »Fresszelle«, der »Bücherzelle« mit eigener Bibliothek oder dem Aktenraum zur Prozessvorbereitung zu treffen. In der »Sportzelle« stand ein Hometrainer bereit. Die Einzelzellen waren individuell ausgestattet: Bis zur Eskalation im Herbst 1977 verfügte jeder Gefangene über ein Radio- und ein Fernsehgerät sowie private Buchbestände. Bei Andreas Baader hingen ein Che-Guevara-Poster und Landkarten an der Wand.[47] Angebote zum Hofgang mit anderen Untersuchungshäftlingen lehnten die RAF-Mitglieder kategorisch ab. Sie verstanden sich als politische Gefangenenelite, die mit gemeinen Kriminellen nichts zu tun haben wollten. Dennoch sprach sich unter den übrigen Untersuchungshäftlingen herum, dass im siebten Stock besondere Bedingungen galten. Während die Strafverteidiger der Terroristen in der linken Szene gegen die »Isolationsfolter« in Stammheim mobil machten, musste das baden-württembergische Landesjustizministerium Beschwerden von regulären Häftlingen über Sondervergünstigungen im Hochsicherheitstrakt bearbeiten.[48]

Wie konnte dennoch das Zerrbild von den angeblich menschenunwürdigen Haftbedingungen so nachhaltig in der Öffentlichkeit verbreitet werden? Für Jean-Paul Sartres denkwürdigen Stuttgarter Auftritt lieferte der für die RAF-Häftlinge zuständige Justizbeamte Horst Bubeck nachträglich eine denkbar simple Erklärung: Sartre – zum Zeitpunkt seines Besuchs schon halb erblindet – habe geglaubt, dass es sich bei dem kahlen Besuchsraum der Haftanstalt um Baaders Zelle gehandelt habe.[49] Gerd Koenen vermutet, dass sowohl die Schilderungen Sartres als auch die anklagenden Kassiber Meinhofs und Ensslins von autosuggestiven Motiven geprägt waren. Ihre Funktion als »Zentralmythos« der nachfolgenden RAF-Generationen sowie ihrer Sympathisanten erfüllten die Stammheim-Legenden jedenfalls höchst effizient: Sie waren – so Koenen – der »emotionale Kitt«, durch den »das illusionäre Projekt der RAF eine historische Tiefendimension (gewann), die bis in die Gegenwart reicht«.[50]

Eigentlicher Schauplatz der rechtsstaatlichen Auseinandersetzung mit der RAF-Gründergeneration war das Verhandlungsgebäude, das aus Sicherheitsgründen eigens für das Verfahren gegen Ulrike Meinhof, Andreas Baader, Gudrun Ensslin und Jan-Carl Raspe auf dem Gelände der JVA Stammheim errichtet worden war. Der fensterlose Zweckbau, der mehr den kühlen Charme einer Turnhalle als die Würde eines Gerichtssaals ausstrahlte, bot sich als weitere Projektionsfläche für die Kritik am angeblichen Sonderrecht für die RAF-Terroristen an. In der Tat waren die Strafverfahren gegen RAF-Mitglieder Auslöser für eine ganze Reihe zum Teil einschneidender Änderungen im Strafprozessrecht.

Entscheidend dafür war, dass in den siebziger Jahren eine neue Generation von Strafverteidigern die Bühne betrat, die die Prozesse nicht nur als rein rechtliche Verfahren, sondern auch oder vor allem als Arena politischer Auseinandersetzung verstanden, an der sie aktiv teilnahmen. Schon die Welle der Kommunistenprozesse in den fünfziger Jahren hatte zu einer Politisierung eines Teils der Anwaltschaft geführt. Rechtsanwälte wie Diether Posser und Gustav Heinemann (beide waren in einer Sozietät verbunden und hatten im Laufe ihrer politischen Karrieren Ministerämter inne; Heinemann wurde Bundespräsident) oder Heinrich Hannover bezogen in der Öffentlichkeit pointiert Stellung gegen die politische Strafrechtspraxis der Adenauer-Zeit. In den Jahren des RAF-Terrors stand nun eine jüngere Generation politisch bewegter Strafverteidiger an der Seite der angeklagten Terroristen. Sie verstanden sich nicht mehr im traditionellen Sinne als »unabhängige Organe der Rechtspflege«, sondern organisierten ihre Verteidigungsstrategien als politische Kampagnen, deren Wirkung weit über den Gerichtssaal hinaus reichen sollte.[51] Zwei Rechtsanwälte – Horst Mahler und Siegfried Haag – schlossen sich dem bewaffneten Kampf an und gingen mit ihren Mandanten in den Untergrund. Ihre Kollegen wurden von den Angeklagten unter massiven Druck gesetzt, sich zu entscheiden: »Für uns – dann aber mit aller Konsequenz – oder gegen uns.«[52] In dieser Atmosphäre verschwamm die Grenze zwischen Strafverteidigung und Komplizenschaft. Insbesondere als Kuriere machten sich zahlreiche Anwälte zu Handlangern der inhaftierten Terroristen. Nach einem ausgeklügelten »Info-System« schmuggelten sie Nachrichten zwischen verschiedenen Gefängnissen hin und her oder überbrachten Botschaften an Unterstützergruppen und Medien.[53]

Die Gerichte reagierten auf die provokativen Verteidigungsstrategien und bewussten Regelüberschreitungen der Anwälte zunächst irritiert und hilflos. Unter rechtlich fragwürdiger Berufung auf ein angebliches Notstandsrecht wurden Verteidiger von laufenden Verfahren ausgeschlossen, unter ihnen Otto Schily, der damalige Wahlverteidiger Gudrun Ensslins. Schily setzte sich in mehreren Instanzen zur Wehr und erzielte schließlich vor dem Bundesverfassungsgericht einen Teilerfolg: Der Ausschluss des Strafverteidigers sei »zur Zeit weder durch Gesetz noch durch Gewohnheitsrecht gedeckt«, entschieden die Karlsruher Richter, gaben damit aber zugleich dem Gesetzgeber einen Hinweis.[54] Die Bundesregierung schnürte ihr erstes »Anti-Terror-Paket«, das unter anderem die geforderte Rechtsgrundlage für den Ausschluss von Strafverteidigern schuf. 1976 wurden die Vorschriften über die »Bildung terroristischer Vereinigungen« in das Strafgesetzbuch eingefügt, die bis heute die zentrale Rechtsgrundlage der Terrorismusbekämpfung sind.

Lebensschutz und terroristische Erpressung: Wie der Rechtsstaat lernte, seine Bürger zu opfern

In den dramatischsten Momenten der Auseinandersetzung zwischen Rechtsstaat und Terroristen ging es nicht mehr allein um Schutz und Durchsetzung rechtlicher Grundprinzipien, sondern um das nackte Leben. Als die »Bewegung 2. Juni« 1975 den Berliner CDU-Politiker Peter Lorenz und zwei Jahre später die RAF den Arbeitgeberpräsidenten Hanns Martin Schleyer in ihre Gewalt brachten und die Freilassung von inhaftierten Gesinnungsgenossen forderten, lag das Leben der Entführten nicht allein in den Händen der Terroristen. Die Reaktionen der staatlichen Organe auf die terroristischen Erpressungsversuche wurden zu Entscheidungen über Leben und Tod. Konnte das Grundgesetz der Maßstab dafür sein?

Die Suche nach einer Antwort auf diese Frage führt zunächst zu einer ganz anderen Verfassungsdebatte der siebziger Jahre: dem Streit um das Abtreibungs-Strafrecht, in dessen Zentrum der Begriff des Lebensschutzes stand. In seinem ersten Abtreibungsurteil im Februar 1975 hatte das Bundesverfassungsgericht noch rigider als in seiner späteren Rechtsprechung die Schutzpflichten des Staates für noch ungeborenes Leben unterstrichen.[55] Erst im zweiten Abtreibungsurteil vom Mai 1993 rückte auch der Konflikt zwischen dem Lebensrecht des Embryos und den Grundrechten der Frau stärker in den Mittelpunkt.[56]

1975 verwarf das Gericht mit Hinweis auf die weit reichenden staatlichen Pflichten zum Schutz des ungeborenen Lebens die im Vorjahr vom Bundestag beschlossene Fristenregelung zum Schwangerschaftsabbruch. Artikel 2 Absatz 2 GG, der jedem das

Recht auf Leben garantiert, bedürfe einer »extensiven Auslegung«,[57] hieß es in dem Urteil. Das bedeute nach den bereits entwickelten Auslegungsprinzipien, dass »in Zweifelsfällen diejenige Auslegung zu wählen ist, welche die juristische Wirkungskraft der Grundrechtsnorm am stärksten entfaltet«.[58] Das Grundgesetz bekenne sich damit »zu einer Staatsauffassung, die sich in betonten Gegensatz zu den Anschauungen eines politischen Regimes stellt, dem das einzelne Leben wenig bedeutete«.[59] Das war zunächst Ausdruck historischer Erfahrung und des darauf gegründeten antitotalitären Konsenses. In den neuen Fallgestaltungen, die der Terrorismus wenig später mit sich brachte, eröffnete das Abtreibungsurteil noch weitere Interpretationsmöglichkeiten, auf die sich später auch die Anwälte Hanns Martin Schleyers vor dem Bundesverfassungsgericht beriefen: Die Schutzverpflichtung, die dem Staat für das ungeborene Leben auferlegt war, musste erst recht für den gefährdeten Staatsbürger Schleyer gelten. Aber musste eine noch abstrakte Gefahr für die Allgemeinheit automatisch niedriger bewertet werden als das konkret bedrohte Leben des Einzelnen?

Mit dieser Frage wurde der Staat bereits zwei Tage nach der Verkündung des Abtreibungsurteils auf dramatische Weise konfrontiert. Am 27. Februar 1975, drei Tage vor der Wahl zum Berliner Abgeordnetenhaus, wurde der damalige Spitzenkandidat der CDU, Peter Lorenz, von der Terroristengruppe »Bewegung 2. Juni« entführt.[60] Im Gegenzug für seine Freilassung forderten die Geiselnehmer, mehrere inhaftierte Gesinnungsgenossen aus der Haft zu entlassen. In zwei Rechtsgutachten ließ Bundesjustizminister Hans-Jochen Vogel klären, welche Handlungsoptionen die Verfassung dem Staat lasse. Den Mitgliedern des im Bonner Kanzleramt gebildeten Krisenstabes war dabei klar, dass eine unnachgiebige Linie gegenüber den Terroristen mit hoher Wahrscheinlichkeit durch den Tod des Entführungsopfers bezahlt werden müsste. Im Fall Lorenz war man dazu noch nicht bereit. Helmut Kohl, der als Bonner Oppositionsführer Mitglied des Krisenstabes war, erinnerte sich in seinen Memoiren, es habe damals »überhaupt keine Diskussion mehr darüber (gegeben), ob der Staat nachgeben und sich erpressen lassen dürfe«.[61] Fünf inhaftierte Terroristen wurden in den Jemen ausgeflogen. Mehrere der im Tausch gegen Lorenz frei gekommenen Terroristen beteiligten sich später an weiteren Verbrechen. Einer von ihnen, Rolf Heißler, soll nach Angaben eines ehemaligen RAF-Mitglieds zu den Mördern Hanns Martin Schleyers gehört haben.[62]

Die Befürchtung, dass ein erpressbarer Staat zu weiteren Gewalttaten einlade, sollte sich schon bald nach der Lorenz-Entführung bestätigen. Nur zwei Monate danach besetzte ein RAF-»Kommando Holger Meins« die Deutsche Botschaft in Stockholm und verlangte die Freilassung von 26 inhaftierten RAF-Terroristen, darunter mit Ulrike Meinhof, Andreas Baader, Gudrun Ensslin und Jan-Carl Raspe die gesamte Führungsspitze der Gruppe. Schnell wurde deutlich, dass sich die Haltung der Bundesregierung in den wenigen Wochen seit dem Entführungsfall Lorenz grundlegend gewandelt hatte: »Meine Herren, mein ganzer Instinkt sagt mir, dass wir hier nicht nachgeben dürfen«, eröffnete Bundeskanzler Helmut Schmidt die erneute Zusammenkunft des Krisenstabs im Bonner Kanzleramt. Schon unmittelbar nach Beginn der Geiselnahme hatten die Entführer in Stockholm Andreas von Mirbach, den Militärattaché der Botschaft, tödlich verletzt, nachdem sich die schwedische Polizei geweigert hatte, ihre Einsatzkräfte aus einem Teil des Gebäudes abzuziehen. Kaum hatten die abendlichen Fernsehnachrichten Helmut Schmidts Ankündigung, dieses Mal nicht nachzugeben, verbreitet, erschossen die Terroristen auch den Wirtschaftsattaché Heinz Hillegaart. Kurz vor Mitternacht kam es zum blutigen Ende der Geiselnahme, als ein Sprengsatz der Terroristen aus ungeklärten Gründen explodierte und die Polizei eingriff. Zwei der Geiselnehmer starben, die verbliebenen Geiseln erlitten zum Teil schwere Verletzungen.

Es war diese Reihung konkreter Erfahrungen, die zwischen dem ersten Abtreibungsurteil von 1975 und der Schleyer-Entführung 1977 in der Exekutive die Haltung entstehen ließ, dass das allgemeine Sicherheitsinteresse im Extremfall auch die Preisgabe eines einzelnen Lebens erfordern könne.

»Ein Todesurteil« im Bundesverfassungsgericht

Als sich Hanns-Eberhard Schleyer im Oktober 1977 im Namen seines Vaters an das Bundesverfassungsgericht wandte, hatte seine
Familie bereits fünf Wochen lang vergeblich darauf gewartet, dass
der beispiellose Fahndungseinsatz der Polizei auf die Spur der
Kidnapper führen würde. Über einen Genfer Vermittler hatte
Hanns-Eberhard Schleyer selbst Kontakt mit den Entführern aufgenommen und sich in telefonischen Verhandlungen ergebnislos
um die Freilassung seines Vaters gegen Zahlung eines Lösegeldes
in Millionenhöhe bemüht. Nun blieb nach Schleyers Ansicht nur
noch ein Weg, das Leben des RAF-Gefangenen zu retten: Die Bundesregierung sollte ihre unnachgiebige Haltung aufgeben und den
Forderungen der Entführer nachkommen. Am 35. Tag der Geiselnahme gab der junge Rechtsanwalt einem Kollegen in seiner Stuttgarter Kanzlei die Anweisung, den vorbereiteten Antragsschrift-
satz in Karlsruhe einzureichen.

Schleyer argumentierte darin, das in Artikel 2 Absatz 2 GG
garantierte Grundrecht auf Leben verpflichte den Staat dazu, alle
Möglichkeiten auszuschöpfen, um einen konkret gefährdeten
Bürger zu schützen. Zwar gestand er der Regierung durchaus
einen Spielraum zu. Nach dem Scheitern aller anderen Optionen
aber habe sich ihre Handlungsfreiheit so weit verengt, dass sich
die letzte Chance, nämlich die Erfüllung der terroristischen Forderungen, zur verfassungsrechtlichen Handlungspflicht verdichtet
hätte.

In Karlsruhe war man bereits darauf vorbereitet, dass die Familie Schleyer das Gericht anrufen würde. Bis auf zwei verreiste
Richter hatten sich die Mitglieder des Ersten Senats auch am Wo-
chenende für ein Eilverfahren bereitgehalten. Noch am frühen
Samstagabend trat das Gericht hinter verschlossenen Türen zusammen. Von da an lag das Leben Hanns Martin Schleyers für eine
Nacht in den Händen von sechs Karlsruher Richtern. Helmut Simon, damals Mitglied des Ersten Senats, erinnerte sich später in
einem Interview an die bedrückte Stimmung, die in dem Bera-
tungszimmer in der ersten Etage des Gerichtsgebäudes herrschte:

»Uns war bewusst, was es bedeuten würde, wenn wir die Regierung in ihrer unnachgiebigen Haltung bekräftigten. Es war ja wahrscheinlich, dass auch die Terroristen auf ihrer Linie bleiben ...« – Simon zögerte, bevor er fortfuhr – »... und wir damit ein Todesurteil unterschreiben würden.«[63]

Trotz der drohenden Konsequenzen stand die Entscheidung des Gerichts schon kurz nach Beginn der Beratung fest. Keiner der sechs Richter zeigte sich ernsthaft bereit, der Bundesregierung das Heft des Handelns aus der Hand zu nehmen: Die Exekutive müsse eigenverantwortlich entscheiden, welches Mittel sie zum Schutz des bedrohten Lebens ergreife, hieß es in der knappen Urteilsbegründung.[64] Aus den Normen der Verfassung lasse sich nicht generell herauslesen, wie der Staat auf terroristische Erpressungen zu reagieren habe. Er müsse jedoch beachten, dass seine Schutzpflicht nicht nur dem Einzelnen, sondern auch der Gesamtheit aller Bürger gelte.

Dass die Sorge, ein Erpressungsversuch werde den nächsten nach sich ziehen, keine bloße Hypothese war, hatte bald nach der Entführung Schleyers die Kaperung des Lufthansa-Flugzeugs »Landshut« deutlich gemacht. Die Parallelität der Ereignisse prägte auch das Karlsruher Nachtverfahren: Noch während der Beratungen hatte der Bonner Krisenstab dem Gericht signalisiert, dass man möglicherweise noch in derselben Nacht die im jemenitischen Aden gelandete Maschine durch die Anti-Terror-Einheit des Bundesgrenzschutzes stürmen lassen werde. Weil man fürchtete, ein Zusammentreffen des Urteils mit der Befreiungsaktion werde die Lage zusätzlich verschärfen, baten die Regierungsvertreter das Gericht, die Urteilsverkündung noch hinauszuzögern. Erst als Gerichtspräsident Benda in den Frühnachrichten hörte, dass die Nacht in Aden ruhig verlaufen und die Aktion offensichtlich verschoben worden war, entschloss er sich zur Urteilsverkündung. Richter und Prozessvertreter, die die Nacht in ihren Büros und auf gepolsterten Bänken im Foyer verbracht hatten, wurden geweckt und in den Verhandlungssaal gerufen.

Im 46. Band der Entscheidungssammlung des Bundesverfassungsgerichts nimmt die Begründung der Schleyer-Entscheidung nur wenig mehr als eine Druckseite ein. Das zentrale Argument lautet, die Regierung dürfe nicht »auf eine Festlegung auf ein bestimmtes Mittel« verpflichtet werden, »weil dann die Reaktion des Staates für Terroristen von vornherein kalkulierbar würde«.[65] Dieses Diktum stand freilich im Widerspruch zu der Haltung, die die Bundesregierung im Fall Schleyer mit aller Entschlossenheit verteidigte: Gerade in ihrer Unnachgiebigkeit sollte die Reaktion des Staates auf diesen und künftige Erpressungsversuche kalkulierbar sein. Wer sich einmal erpressen lässt, lädt zum nächsten Versuch ein. Das war die psychologische Logik, die das Handeln der Regierung bestimmte. Was das Bundesverfassungsgericht im Kern seines Urteils bestätigt hatte, war die tödliche Abwägung hinter diesem Kalkül. Faktisch wurde das Leben Hanns Martin Schleyers geopfert, um andere Bürger vor künftigen Bedrohungen zu schützen.

Die parlamentarische Demokratie im Bunker: Das Regime der Krisenstäbe

In einer Videobotschaft aus der RAF-Gefangenschaft drückte Hanns Martin Schleyer am 12. September 1977 seine Verzweiflung über Behörden und Bundesregierung aus, die nach seinem Empfinden nicht genug zu seiner Rettung unternommen hatten: »Nachdem das BKA vor allem bei den vorbeugenden Maßnahmen eindeutig versagt hat, die Bundesregierung sich offenbar nicht zum Handeln entschließen kann, der Bundeskanzler ebenfalls keine Entscheidung trifft, ist es nunmehr Aufgabe der Opposition, die Verantwortlichkeiten klarzustellen und offenzulegen.« Schleyer setzte seine letzte Hoffnung auf eines der fundamentalen Prinzipen der parlamentarischen Demokratie: die Gewaltenteilung. Er konnte nicht ahnen, dass es zu diesem Zeitpunkt faktisch keine Opposition mehr gab, die die Bundesregierung zum Handeln treiben konnte. Im Bonner Krisenstab hatten sich die führenden Vertreter aller Parteien sowie Abgesandte der Bundesländer zu einer All-Fraktionen-Regierung zusammengeschlossen. Keine Rechtsvorschrift regelte, wie sich das Gremium zusammensetzte und wie seine Entscheidungen über Leben und Tod zustande kamen. Der Krisenstab hatte sich als ein nicht vorgesehenes, »ungeschriebenes« Verfassungsorgan[66] der Bundesrepublik etabliert, in dem die Grenzen zwischen Parlament und Regierung, Bundes- und Länderebene sowie zwischen Regierung und Opposition aufgehoben waren. Das System der Checks and Balances war zugunsten eines Notstandsregimes ausgehebelt, das Entschlossenheit, Einigkeit und Stärke verkörpern sollte. In der ersten Sitzung des großen Krisenstabs in der Nacht vom 6. auf den 7. September erklärte Bundesjustizminister Hans-Jochen Vogel, es gehe bei der Antwort auf die terroristische Herausforderung »nicht um eine normative Entscheidung, sondern um eine rein tatsächliche Handlung«. Es handele sich dabei um eine »verfassungsorientierte, politische Ermessensentscheidung«, die nicht allein von Regierungsmitgliedern, »sondern im Großen Politischen Beraterkreis erarbeitet und von den daran Beteiligten verantwortet werden« müsse. [67]

Welche gedanklichen Spielräume sich mit dem Begriff der »verfassungsorientierten Ermessensentscheidung« eröffneten, wurde bald deutlich: In der Sitzung des Krisenstabs am Abend des 8. September forderte der Bundeskanzler die Anwesenden auf, »das Undenkbare zu denken« und »exotische Vorschläge« zu unterbreiten.[68] Der Auftrag war unmissverständlich. Der Regierungschef hatte die Frage in den Raum gestellt, wie ein Staat auf die terroristische Herausforderung reagieren könnte, der nicht mehr an das Grundgesetz gebunden wäre. Das Ergebnis des verfassungsrechtlich entgrenzten Gedankenspiels war ein neun Punkte umfassender Maßnahmenkatalog. Überlegungen zur Einführung einer Kronzeugenregelung, von Internierungslagern für Sympathisanten sowie zur Überrumpelung der Entführer bei einem vorgetäuschten Gefangenenaustausch bildeten nur den Anfang der Liste. Der am weitesten reichende Vorschlag ging auf eine Anregung von Generalbundesanwalt Kurt Rebmann zurück. Unter Ziffer sechs fand sich die Idee, »unverzüglich« das Verbot der Todesstrafe in Artikel 102 GG durch Beschluss des Bundestags zu streichen. Nach einer solchen Verfassungsänderung, hieß es weiter, könnten durch richterliches Todesurteil jene Terroristen hingerichtet werden, deren Freilassung von den Erpressern gefordert wurde.

Der Ruf nach »kurzem Prozess« war in diesen erregten Tagen auch auf den Straßen des Landes wieder laut geworden. Erstmals seit sechs Jahren diagnostizierte das Allensbacher Institut für Demoskopie wieder eine Mehrheit für die Wiedereinführung der Todesstrafe.[69] Fernsehnachrichten und Zeitungen transportierten die aufgewühlte Stimmung bis hinter die verschlossenen Türen des Krisenstabs. In einem Telefonat mit dem französischen Staatspräsidenten Valéry Giscard d'Estaing klagte Bundeskanzler Schmidt laut Gesprächsprotokoll, die öffentliche Meinung befinde sich in einem »schrecklichen Zustand«. Von allen Seiten, sogar von Politikern, werde von ihm verlangt, Geiselerschießungen unter inhaftierten Terroristen vorzunehmen.[70] Knapp zwanzig Jahre nach der letzten Bundestagsdebatte über eine Wiedereinführung der Todesstrafe stand das Thema wieder im Raum.

Die Versuchung, sich der Fesseln der Verfassung zu entledigen und mit ungebändigter Staatsmacht gegen die Terroristen vorzugehen, war greifbar. Dennoch bildeten die Grundsätze der Verfassung auch in dem Augenblick eine mentale Hemmschwelle, als sich der Krisenstab auf das Gedankenexperiment einer bewussten Verfassungsüberschreitung eingelassen hatte. Immer wieder, so erinnerte sich der damalige Vorsitzende der CSU-Landesgruppe im Bundestag, Friedrich Zimmermann, habe Bundesjustizminister Vogel »den Finger gehoben und gesagt ›dieses verstößt gegen den Rechtsstaat, jenes verstößt gegen den Rechtsstaat‹«.[71]

Dass sich auch innerhalb der Schranken des Grundgesetzes die Regierungstätigkeit im Notfall rasant beschleunigen ließ, zeigte sich beim Erlass des Kontaktsperregesetzes: Innerhalb weniger Tage hatten Regierung und Parlament das Gesetz Ende September durch ein bis dahin beispielloses Gesetzgebungsverfahren gepeitscht. Bereits wenige Stunden nach der Entführung Hanns Martin Schleyers hatte die baden-württembergische Justiz alle Vergünstigungen für die in Stammheim inhaftierten RAF-Mitglieder aufgehoben und ein strenges Isolationsregime eingeführt. Die Türen der Zellen wurden durchgehend verschlossen und schallgedämmt, um eine Kommunikation zwischen den Gefangenen zu unterbinden. Gleichzeitig wurde jeglicher Kontakt mit den Strafverteidigern untersagt, da man fürchtete, es könnte über das »Info-System« zu Absprachen mit dem Entführungskommando kommen. Fernseher und Radiogeräte wurden aus den Zellen entfernt. Erst jetzt war tatsächlich jenes Abschottungsszenario Wirklichkeit geworden, mit dem die Inhaftierten und ihre Anwälte die Öffentlichkeit jahrelang aufgewühlt hatten. Obwohl der Bundesgerichtshof wenige Tage nach Verhängung der Kontaktsperre eine Haftbeschwerde von sieben betroffenen Häftlingen zurückgewiesen hatte, entschloss sich der Krisenstab, im Eiltempo eine gesetzliche Grundlage für die einschneidenden Maßnahmen zu schaffen. Innerhalb weniger Tage arbeitete das Bundesjustizministerium einen Entwurf für die Einfügung von acht Paragrafen (§§ 31 bis 38) in das Einführungsgesetz zum Gerichtsverfassungsgesetz aus. Innerhalb von zwei Tagen durchlief das Gesetz die Beratungen im Rechtsausschuss sowie die drei erforderlichen Lesungen im Bundestag. Am 29. September stimmte das Parlament mit einer fraktionsübergreifenden Mehrheit zu – vier Abgeordnete stimmten dagegen, 17 enthielten sich. Am Tag darauf stimmte auch der Bundesrat zu, wiederum einen Tag später wurde das Gesetz vom Bundespräsidenten ausgefertigt, unterzeichnet und im Bundesgesetzblatt verkündet, um mit Anbruch des nächsten Tages in Kraft zu treten. Noch in der Nacht ordnete Bundesjustizminister Vogel für 72 Inhaftierte die Verhängung der Kontaktsperre an. Zwei Wochen später, drei Tage nach der Ermordung Hanns Martin Schleyers, wurde die Anordnung wieder aufgehoben.

Das Bundesverfassungsgericht erklärte im folgenden Jahr sowohl das Gesetz als auch den Weg zu seinem Erlass für verfassungskonform.[72] Bundeskanzler Schmidt allerdings gestand nach dem Ende des Geiseldramas auch öffentlich ein, wie hart man sich an der Grenze des verfassungsrechtlich Zulässigen bewegt habe. In einem Interview erklärte der Bundeskanzler Anfang 1979, er könne den deutschen Juristen nachträglich nur »danken, dass sie das alles nicht verfassungsrechtlich untersucht haben«.[73] Schmidt erinnerte in diesem Zusammenhang an seine Erfahrungen als

Hamburger Innensenator während der Flutkatastrophe von 1962. Auch damals habe man »wissentlich und willentlich« die Grenzen der Hamburger Landesverfassung überschritten.

Der Blick auf die Lebensläufe der Männer, die sich 1977 im Bonner Krisenstab versammelten, ermöglicht eine biographische Deutung der Bereitschaft, sich in der Stunde der Not auf eine derartige Gratwanderung einzulassen: Die wichtigsten Akteure gehörten allesamt der Kriegsgeneration an, mehrere von ihnen hatten als Soldaten in der Wehrmacht gedient. In einer Interviewsequenz in Heinrich Breloers Dokudrama »Todesspiel« listet Friedrich Zimmermann mit leuchtenden Augen die einstigen Dienstränge der Politiker auf, die während der Schleyer-Entführung in der Bonner Regierungszentrale zusammensaßen: Oberleutnant Schmidt, Oberleutnant Strauß, Oberleutnant Wischnewski, Leutnant Zimmermann, Leutnant Herold. Sosehr der erst im Vorjahr bezogene Neubau des Bonner Kanzleramts in seiner funktionalen Schlichtheit die zivile Gesinnung der Bundesrepublik symbolisierte: Bei den Versammlungen des Krisenstabes herrschte offenbar zuweilen die Atmosphäre eines Offizierskasinos. An anderer Stelle beschreibt Zimmermann, wie er in den Stunden vor der Erstürmung der entführten Lufthansa-Maschine mit dem Bundeskanzler militärische Exerzierübungen und das Präsentieren des Gewehrs rekapitulierte. »Wir haben irgendeinen Gehstock dafür hergenommen und ausprobiert, wer von uns alten Offizieren das noch am besten konnte.«[74]

Regierung und Sicherheitsbehörden haben sich in der Krise des Jahres 1977 als mächtig und als ohnmächtig zugleich erwiesen. Stärke und Souveränität bewies der Staat, weil er sich letztlich nicht aus dem Rahmen des Grundgesetzes drängen ließ. Die Terroristen wollten die Verfassung als Maske entlarven, die dem Staat mit Gewalt vom Gesicht gerissen werden sollte. Dahinter, so prophezeiten sie, werde eine Fratze der ungezügelten Repression und Unmenschlichkeit zum Vorschein kommen. Tatsächlich aber erwies sich das Grundgesetz in entscheidenden Momenten der Krise als verbindlicher Maßstab des staatlichen Handelns.

Ohnmächtig blieb der Rechtsstaat, weil er trotz eines nie zu-

vor dagewesenen Fahndungsaufwands weder das Leben Hanns
Martin Schleyers retten, noch die folgenden Morde der dritten
RAF-Generation verhindern konnte. Selbst bei der Aufklärung
der letzten RAF-Morde stieß der Staat an die Grenzen seiner
Leistungsfähigkeit: Bis heute wissen wir nicht, wer die tödlichen
Schüsse auf Detlev Karsten Rohwedder abgab und wer die Bombe
legte, die Alfred Herrhausen tötete.

Datenschutz und Selbstbestimmung

Zu den weniger bekannten Randereignissen der dramatischen
Wochen im Herbst 1977 gehört die Geschichte des verloren gegan-
genen Hinweises auf das erste Versteck, in dem die RAF den entführten Hanns Martin Schleyer gefangen hielt. Anwohner hatten
die Polizei auf eine Mietwohnung in einer anonymen Hochhaus-
siedlung im Kölner Vorort Erftstadt-Liblar aufmerksam gemacht.
Alle Merkmale, die in den Datenrastern der neuartigen Polizei-
computer verdächtige Menschen und Objekte aus der Masse des
Unverfänglichen heraussieben sollten, trafen auf diese Wohnung
zu. Nicht ahnend, dass er nur wenige Meter von Schleyer und seinen Kidnappern entfernt war, klingelte ein Beamter der örtlichen
Polizeiwache an der Tür – und machte unverrichteter Dinge kehrt,
als niemand öffnete. Aus nie geklärten Gründen ging ein Fern-
schreiben, mit dem der Polizist den Hinweis an das BKA weiterge-
ben wollte, verloren.[75]
    Vielleicht wären Begriffe wie Rasterfahndung und Polizei-
computer heute anders – positiver – besetzt, hätte die Polizei mit
Hilfe ihrer neuen Datentechniken im Herbst 1977 ihren wichtigsten Erfolg feiern und das Leben Hanns Martin Schleyers retten
können. Das Bild aber, das blieb, war ein anderes: Als »Helden von
Mogadischu« wurden die Angehörigen der Grenzschutzeinheit
GSG 9 nach dem erfolgreichen Befreiungseinsatz in Somalia gefeiert. Horst Herold dagegen, der anerkanntermaßen brillante Kopf
an der Spitze des Bundeskriminalamtes, war dem Entführungskommando Schleyers trotz seiner beispiellosen Datensammlung

nicht auf die Spur gekommen. In seiner letzten Botschaft aus der RAF-Gefangenschaft hatte Hanns Martin Schleyer selbst dem BKA in bitteren Worten Versagen vorgeworfen. Der Entführte konnte nicht wissen, wie nah Herolds akribische Fahndungsmethoden die Polizei an sein Versteck geführt hatten. Und doch fürchtete er zu Recht, dass die Bemühungen um seine Rettung vergebens bleiben würden.

Fünfzehn Computer hatte die Polizei damals in ihrem Kölner Lagezentrum installiert und mit dem neu entwickelten Fahndungssystem PIOS (Personen, Institutionen, Objekte, Sachen) rund 70 000 Datensätze abgeglichen.[76] Für damalige Verhältnisse war das eine ungeheure Menge an Informationen. Nach der Krise des Jahres 1977 konnte Herold auch Fahndungserfolge vorweisen: Im Herbst 1979 glich das BKA den Datensatz aller Personen, die ihre Stromrechnungen bar bezahlt hatten, mit den Daten aller Behörden ab, die Namen speichern – Meldebehörden, Arbeitsämter, Rentenversicherer etc. Amtlich bekannte Namen wurden gelöscht. Im Raster blieben damit all jene hängen, die aus irgendwelchen Gründen den Bezahlungsweg der Überweisung scheuten und gleichzeitig einen Namen angaben, den keine Behörde kannte. Am Ende seien genau zwei Männer übrig geblieben, schrieb Herold später: Einer sei ein international gesuchter Rauschgifthändler gewesen, der andere der RAF-Terrorist Rolf Heißler.[77]

Das Problem dabei war aber, dass alle anderen, deren Daten die Polizei durch den Computer laufen ließ, weder mit Rauschgifthandel noch mit Terroranschlägen das Geringste zu tun hatten. *Worin* ihre Beeinträchtigung genau bestand, war zunächst schwer zu sagen: Ihnen geschah ja eigentlich nichts. *Dass* aber die elektronische Massenverarbeitung persönlicher Daten den einzelnen Bürger beeinträchtigte, schien unabweisbar – und dabei kam es nicht so sehr darauf an, was die Polizei mit den Daten tatsächlich tat, sondern was sie möglicherweise damit tun konnte. Die Vorstellung, dass der Staat, aber auch private Unternehmen den Bürger zum Objekt eines unersättlichen Datenhungers machen, betraf den Kern des in Karlsruhe entwickelten Grundrechteverständnisses. Schon im Elfes-Urteil 1957 (siehe S. 77ff.) hatte das Bundesverfassungsgericht den Grundsatz aufgestellt, dass dem Einzelnen aufgrund seiner Menschenwürde eine unantastbare »Sphäre privater Lebensgestaltung« verbleiben müsse[78] – also gleichsam eine Kapsel, die den Menschen vor den auf ihn eindringenden Zumutungen der Außenwelt abschirmt. 1969 hatte das Gericht diese Forderung in einer Entscheidung konkretisiert, die bereits den Weg zur späteren Datenschutzrechtsprechung des Bundesverfassungsgerichts in den achtziger Jahren wies. Damals ging es um eine repräsentative Befragung der Bevölkerung zu Statistikzwecken, in der unter anderem detaillierte Angaben zu Urlaubsreisen erhoben werden sollten. Die Menschenwürde, so das Gericht, verbiete es dem Staat, »den Menschen zwangsweise in seiner ganzen Persönlichkeit zu registrieren und zu katalogisieren«.[79] Der Kampf um den Erhalt dieser geschützten Privatsphäre durchzieht die gesamte Geschichte des Grundgesetzes. Die verfassungsrechtliche Gestaltungsmacht des Bundesverfassungsgerichts bei dieser Auseinandersetzung fand ihr deutlichstes Beispiel in der Erfindung des Grundrechts auf »informationelle Selbstbestimmung«.

Auslöser für die Rechtsprechung, mit der dieses neue Grundrecht geschaffen wurde, war der Plan der Bundesregierung, 1983 eine groß angelegte Volkszählung durchzuführen, um den Behörden eine zuverlässige Datenbasis über die gesamte Bevölkerung zu verschaffen: Jeder in Deutschland Ansässige sollte zu detaillierten Auskünften über Familien-, Berufs- und Wohnungsangelegenheiten verpflichtet werden. Vorarbeiten zur Volkszählung waren bereits seit Ende der siebziger Jahre in Gang gewesen, ohne dass sich breiterer Widerstand dagegen geregt hätte. Doch nun machte sich die Protestkultur, die sich Anfang der achtziger Jahre durch Friedens-, Anti-Atomkraft- und Umweltbewegung etabliert und organisiert hatte, auch das Thema Volkszählung zu eigen. Im Frühjahr 1983 schossen – völlig überraschend für Politik und Verwaltung – Hunderte lokaler Bürgerinitiativen aus dem Boden, die zum Boykott der Volkszählung aufriefen. Beim Bundesverfassungsgericht gingen 1310 Verfassungsbeschwerden ein.[80] Wenige Tage vor dem geplanten Beginn der Befragung stoppte das Gericht die Volkszählung per einstweiliger Anordnung und bestätigte die Entscheidung am Ende des Jahres in einem bahnbrechenden Urteil.

Aus Sicht des Ersten Senats drohte der Einzelne zum Objekt einer totalen Datenerfassung zu werden. Persönliche Informationen, auch wenn sie für sich genommen »belanglos« erscheinen, seien unbegrenzt speicherbar, in Sekundenschnelle abrufbar und könnten per Computer »zu einem teilweise oder weitgehend vollständigen Persönlichkeitsbild zusammengefügt werden, ohne dass der Betroffene dessen Richtigkeit und Verwendung zureichend kontrollieren kann«.[81] Selbstbestimmung, so urteilten die Richter, setze voraus, dass der Bürger die Kontrolle darüber behalte, welche Informationen über ihn im Umlauf seien. Dazu bedürfe es einer neuartigen Konkretisierung der Menschenwürde und der Handlungsfreiheit, die das Gericht mit dem Grundrecht auf »informationelle Selbstbestimmung« formulierte.

Ein Vierteljahrhundert später, im Zeitalter weltumspannender Kommunikations- und Datenströme, mutet die verfassungsrichterliche Forderung nach einer selbstbestimmten Verfügung über die eigenen Daten fast utopisch an. Wer immer heute E-Mails oder SMS-Nachrichten verschickt, bloggt, mit Kreditkarte bezahlt und Online-Formulare ausfüllt, kurz: ein ganz normales Leben im digitalen Zeitalter führt, tut dies, ohne wirklich kontrollieren zu können, was in den Weiten des Netzes mit seinen Daten geschieht. Ein großer Teil der jüngeren Generation von Internetnutzern, die Teile ihres Privatlebens sorglos in der globalen Öffentlichkeit sozialer Netzwerke gestalten, war noch nicht einmal geboren, als das Bundesverfassungsgericht 1983 sein Volkszählungsurteil sprach. Die darin illustrierte Vision, dass mittels »Data-Mining« »Persönlichkeitsbilder« von arglosen Bürgern und Verbrauchern angefertigt werden könnten, ist mittlerweile millionenfache Wirklichkeit. Die meisten Online-Käufer aber fühlen sich offenbar keineswegs vergewaltigt, wenn ihr Lieblings-Buchversand ihnen auf Basis ihrer bisherigen Käufe persönlich auf sie zugeschnittene Kaufempfehlungen gibt oder der Einzelhandel ihnen Rabattkarten anbietet, deren Nutzung das Erstellen individueller Konsumentenprofile erlaubt. Dagegen scheinen die Appelle von Datenschützern, »Informationsaskese«[82] zu üben, wie ein Echo aus einer vergangenen Epoche zu verhallen.

Der lauschende Staat

Im selben Jahr, in dem das Bundesverfassungsgericht das Grundrecht auf informationelle Selbstbestimmung schuf, veröffentlichte der Bonner Staatsrechtsprofessor Josef Isensee ein Buch, das wie ein Gegenpol zu der Karlsruher Grundrechtsneuschöpfung erschien. Auch Isensee glaubte, aus dem Zusammenhang der Verfassung ein Grundrecht herauslesen zu können, das sich so im Wortlaut der Verfassung nirgends findet: ein »Grundrecht auf Sicherheit«.[83]

Zuerst, so Isensee, sei es die Furcht vor dem Mitbürger gewesen, vor Raub, Mord und Bürgerkrieg, die dazu geführt habe, den modernen Staat mit seinem Gewaltmonopol überhaupt zu errichten. Erst dann, in einer zweiten, sozusagen nachgeordneten Stufe sei die Furcht vor dem allmächtigen Staat entstanden und mit ihr die Notwendigkeit, liberale Grundrechte zu etablieren, die den Staat auf Abstand halten.[84] Ihr Fundament bleibe aber die Sicherheit vor dem gewalttätigen Mitbürger. Ohne sie sei Freiheit gar nicht möglich. Die Konsequenz: Der Staat habe Leib und Leben, Freiheit und Eigentum seiner Bürger von Verfassungs wegen nicht nur selbst unangetastet zu lassen, sondern diese Grundrechte – ebenfalls von Verfassungs wegen – auch vor Angriffen anderer Bürger aktiv zu schützen. Beide Grundrechtsdimensionen, die abwehrende und die zum Schutz verpflichtende, stünden sich gleichrangig gegenüber.[85] Jedem, der sein Grundrecht auf Freiheit geltend macht, stehe damit ein anderer gegenüber, der auf sein Grundrecht auf Sicherheit pocht.

Der Antagonismus von Freiheit und Sicherheit, der in den beiden Grundrechtspostulaten des Jahres 1983 zum Ausdruck kam, prägt die Verfassungsdebatten bis in die Gegenwart. Rechtsprechung und Verfassungslehre reagierten damit auf die gegenläufigen Entwicklungen, die auch die Lebenswirklichkeit seit den achtziger Jahren beherrschen: Neue Freiheitsräume entstanden durch das Zusammenwachsen Europas und die schier unbegrenzten Möglichkeiten einer weltumspannenden Kommunikation im digitalen Zeitalter. Zugleich aber wuchsen mit der grenzüberschreitend organisierten Kriminalität und dem globalen Terrorismus neue Bedrohungen für Staat und Gesellschaft.

Neue, sprichwörtlich grenzenlose Freiheitsräume entstanden in Westeuropa schon vor dem Fall von Berliner Mauer und Eisernem Vorhang. 1985 hatten sich in dem luxemburgischen Städtchen Schengen zunächst fünf Vertragsstaaten, darunter die Bundesrepublik, verpflichtet, ihre wechselseitigen Grenzkontrollen zu reduzieren. Damit wuchs aber zugleich auch die Furcht vor den negativen Folgen der neuen Bewegungsfreiheit: Sicherheitspolitiker, Strafermittler und Kriminalpolizei warnten vor einer neuartigen Dimension organisierter Kriminalität und riefen nach neuen Kompetenzen, um der Bedrohung Herr werden zu können: V-Leute und verdeckte Ermittler sollten leichter in mafiöse Kreise eingeschleust werden können und aussagewillige Überläufer mit der »Kronzeugenregelung« geködert werden. Zum verfassungsrechtlich heikelsten Vorhaben entwickelte sich indes die Erweiterung von Abhörbefugnissen der Sicherheitsbehörden im privaten Lebensraum. Der so genannte »Große Lauschangriff« führte zu einem der umfangreichsten und am heftigsten umstrittenen Eingriffe in den Grundrechteteil der Verfassung.

Schon immer war in der Bundesrepublik gelauscht und abgehört worden.[86] Zwar gab es bis 1968 keine Rechtsgrundlage dafür – insbesondere das Fernmeldegeheimnis galt einschränkungslos –, aber die Geheimdienste der Alliierten waren an das Grundgesetz nicht gebunden. Erst mit der Notstandsverfassungsgebung wurden die alliierten Vorbehaltsrechte abgelöst und das Brief-, Post- und Fernmeldegeheimnis aus Artikel 10 des Grundgesetzes eingeschränkt: Zum Zwecke des Verfassungs- und Staatsschutzes sollte es fortan auch den deutschen Geheimdiensten erlaubt sein, Telefonleitungen anzuzapfen und Gespräche mitzuschneiden – und zwar ohne dass der Betroffene davon erfahren musste und ohne die Möglichkeit, gerichtlichen Rechtsschutz zu erlangen. Vor allem deshalb zog die Regelung massive Kritik auf sich. Mit »mosaischem Zorn«[87] warf sich besonders der Tübinger Staatsrechtslehrer Günter Dürig der Abhörermächtigung entgegen.[88] Seine Stimme hatte großes Gewicht in der Zunft: In den fünfziger Jahren hatte er in einer regelrechten »Zwiesprache mit dem Bundesverfassungsgericht«[89] maßgeblichen Einfluss auf die Karlsruher Grundrechtejudikatur ausgeübt. In dem »Orwellschen Experiment«, ohne Mitteilung und Rechtsschutz Telefongespräche abzuhören, sah Dürig einen eklatanten Angriff auf die Würde des Menschen. In diesem Fall aber folgte das Bundesverfassungsgericht den Thesen Dürigs nicht. 1970 ließ es das Gesetz in seinem »Abhörurteil« mit einigen Einschränkungen passieren.[90]

Der zweite massive Eingriff in das Fernmeldegeheimnis fand in den neunziger Jahren statt: Das »Verbrechensbekämpfungsgesetz« ermächtigte den Bundesnachrichtendienst 1994, auch ohne konkreten Verdacht den internationalen Telefonverkehr zu überwachen, um Terroristen, Waffen- und Rauschgiftschmugglern und Geldwäschern sowie -fälschern auf die Spur zu kommen. Dies sollte nicht durch gezieltes Anzapfen bestimmter Telefonanschlüsse geschehen, sondern mittels bestimmter kritischer Suchbegriffe. Auch diese »strategische Telefonüberwachung« passierte 1999 im Wesentlichen die Prüfung durch das Bundesverfassungsgericht.[91]

Die Richter ließen dabei allerdings keinen Zweifel aufkommen, dass sie das Belauschen von Telefongesprächen für einen massiven Grundrechtseingriff hielten. Noch gravierender musste der Freiheitsverlust deshalb erscheinen, wenn eine Abhörmaßnahme nicht nur das vertrauliche Gespräch am Telefon, sondern das intime Geflüster im eigenen Schlafzimmer betreffen sollte.

Einen absoluten Schutz vor staatlichen Lauschangriffen hatte das Grundgesetz nie gewährt. Auch in seiner ursprünglichen Fassung gestattete das Grundrecht auf Unverletzlichkeit der Wohnung in Artikel 13 GG Eingriffe »zur Verhütung dringender Gefahren für die öffentliche Sicherheit und Ordnung«. Die Polizei durfte somit zur Abwehr drohender Gefahren auf landespolizeirechtlicher Grundlage Wohnräume akustisch überwachen – nicht aber zu dem Zweck, Kriminelle nach der Tat zu verfolgen. 1998 fand ein Paradigmenwechsel statt, als nach langen Jahren erbitterten politischen Streites Bundestag und Bundesrat Artikel 13 GG neu fassten, um den »Großen Lauschangriff«[92] einführen zu können – also in Wohnungen, in denen sich verdächtige Schwerkriminelle aufhalten, Wanzen anzubringen, um die dort geführten Gespräche abzuhören und dabei eventuell Beweismittel zu gewinnen.

Das Bundesverfassungsgericht hatte auch den »Großen Lauschangriff« am Maßstab der Menschenwürde zu überprüfen. Das Urteil, das im März 2004 erging, war von schwer zu überbietender Ambivalenz: Einerseits pochte es auf die Achtung der Privatwohnung als »letztes Refugium« zur Entfaltung höchstpersönlicher Angelegenheiten.[93] Dies verlange zwar keinen absoluten Schutz der Räumlichkeiten, wohl aber einen »absoluten Schutz des Verhaltens in diesen Räumen, soweit es sich als individuelle Entfaltung im Kernbereich privater Lebensgestaltung darstellt«. Man müsse in den eigenen vier Wänden »innere Vorgänge wie Empfindungen und Gefühle sowie Überlegungen, Ansichten und Erlebnisse höchstpersönlicher Art« zum Ausdruck bringen können, ohne befürchten zu müssen, belauscht zu werden. Absoluter Schutz heißt, dass der Staat auch bei noch so gravierendem Verdacht auf schwerste Kriminalität das Sicherheitsinteresse der Allgemeinheit nicht schwerer gewichten dürfe als dieses Recht auf die eigene Intimsphäre. Der Gesetzgeber müsse alles tun, um diesen Schutz soweit irgend möglich sicherzustellen; Aufzeichnungen, die unter Verstoß gegen diese Maßgabe zustande gekommen seien, müssten umgehend gelöscht werden und dürften im Strafprozess als Beweismittel keinerlei Rolle mehr spielen. Ins Praktische übersetzt heißt das: Solange der Abgehörte mit seinen begangenen oder geplanten Straftaten prahlt, und sei es gegenüber der eigenen Ehefrau, dürfen die Ermittler zuhören und die Aufnahmegeräte laufen lassen. Sobald es aber Grund zu der Vermutung gibt, dass er mit seiner Frau intim werden könnte, müssen sie die Kopfhörer ablegen und die Geräte abschalten.

Andererseits geriet der Senat mit dieser Linie in ein Dilemma:

Wenn der Zugriff der Ermittler auf bestimmte Äußerungen des Verdächtigen von deren Inhalt abhängt, dann setzt dies denklogisch voraus, dass dieser Inhalt erst einmal zur Kenntnis genommen werden muss. Dies war den Richtern durchaus bewusst: »Gewissheit über die Zuordnung zum Bereich des Höchstpersönlichen oder zum Sozialbereich ist regelmäßig erst mit der Erhebung der Information zu erlangen.«[94] Das Gericht gab den Ermittlern eine Reihe von Anhaltspunkten an die Hand, die auf Intimsphäre bzw. Sozialbereich hindeuteten, und ließ ansonsten zu, dass die Bänder mit »größtmöglicher Zurückhaltung« abgehört werden dürfen, um dann notfalls die verbotenen Intim-Passagen herausschneiden zu können.[95]

Mit dieser »salomonischen« Lösung hatte die Senatsmehrheit vermieden, Verfassungsrecht für verfassungswidrig erklären zu müssen. Die Richterinnen Renate Jaeger und Christine Hohmann-Dennhardt fügten der Entscheidung jedoch ein ungewöhnlich hart formuliertes Sondervotum hinzu: Der neue Artikel 13 Absatz 3 hätte ihrer Ansicht nach als Verstoß gegen das Gebot der Menschenwürde für nichtig erklärt werden müssen. Wenn »selbst die persönliche Intimsphäre, manifestiert in den eigenen vier Wänden, kein Tabu mehr ist, vor dem das Sicherheitsbedürfnis Halt zu machen hat, stellt sich auch verfassungsrechtlich die Frage, ob das Menschenbild, das eine solche Vorgehensweise erzeugt, noch einer freiheitlich-rechtsstaatlichen Demokratie entspricht. Umso mehr ist Artikel 79 Absatz 3 GG streng und unnachgiebig auszulegen, um heute nicht mehr den Anfängen, sondern einem bitteren Ende zu wehren.«[96]

In den fünf Jahren zwischen der Grundgesetzänderung zum »Großen Lauschangriff« und dem Karlsruher Urteil wurden die Sicherheitsbehörden mit ganz neuen Bedrohungsszenarien konfrontiert. Das Bild von Drogenschmugglern, Geldwäscherringen und Prostituiertenhändlern, die ihre schmutzigen Geschäfte in Hinterzimmern abwickeln, verblasste angesichts des globalen Terrorismus. Dabei rückte die Furcht in den Vordergrund, dass Terroristen im Internet ungestört und unbeobachtet mit Komplizen und Auftraggebern kommunizieren und Informationen zum

Bombenbau und anderen tödlichen Techniken zusammentragen. Aus Sicht der Sicherheitsbehörden lag die Konsequenz auf der Hand: Sie mussten sich ihrerseits Zugang zu den von Terrorverdächtigen verwendeten Speichermedien verschaffen können. Das taten sie auch, bis sie im Februar 2007 der Bundesgerichtshof darauf hinwies, dass es für solche »Online-Durchsuchungen« keine hinreichende Rechtsgrundlage gab. Daraufhin entbrannte auf Bundes- und Länderebene ein heftiger Streit, ob und in welcher Weise Verfassungsschutz und Polizei zur Online-Durchsuchung ermächtigt werden sollten. Nordrhein-Westfalen preschte vor und erließ ein entsprechendes Gesetz, das umgehend vor dem Bundesverfassungsgericht landete.

Für die meisten Menschen spielt sich der »Kernbereich der privaten Lebensgestaltung« nicht mehr allein in den eigenen vier Wänden oder am Telefon ab. Sie sind auf der Festplatte ihres PC, auf der Speicherkarte ihres mobilen Handy-Computers oder auf ihrer Website im Internet ebenso »zu Hause« wie im heimischen Wohnzimmer. Sie sind über ein flimmerndes Kommunikationsgespinst mit unzähligen Menschen auf der ganzen Welt vernetzt.

Im Februar 2008 unternahm das Bundesverfassungsgericht noch einmal den Versuch, mit der Schöpfung eines neuen Grundrechts den Schutz von Persönlichkeit und Menschenwürde der Ära des Internets anzupassen.[97] Es trägt den unhandlichen Namen »Grundrecht auf Gewährleistung der Vertraulichkeit und Integrität informationstechnischer Systeme« und soll dem Einzelnen Sicherheit gewähren, dass er genauso unbelauscht und unmanipuliert seine digitale und virtuelle Existenz führen kann wie seine reale Existenz aus Fleisch und Blut.

Die Unantastbarkeit der Menschenwürde

Dass Günter Dürig Ende der sechziger Jahre so wütend gegen die Abhörermächtigung gekämpft hatte, lässt sich auf einen bestimmten Begriff von Menschenwürde zurückführen. Der Tübinger

194

Staatsrechtler Dürig gab zusammen mit seinem älteren Kollegen Theodor Maunz (siehe S. 35f.) den so genannten »Maunz/Dürig« heraus, einen der wichtigsten Kommentare zum Grundgesetz, für den er 1958 den Artikel 1 GG: »Die Menschenwürde ist unantastbar« selbst kommentierte. Er hatte dabei eine Formel aufgestellt, anhand derer sich eine Verletzung der Menschenwürde identifizieren ließ: Die Menschenwürde sei immer dann verletzt, »wenn der konkrete Mensch zum Objekt, zu einem bloßen Mittel, zur vertretbaren Größe herabgewürdigt wird«.[98] Diese »Objektformel« wurde zu einem staatsrechtlichen Grundton der Bundesrepublik, der fortan jeder Verfassungsinterpretation unterlegt war.

Nach Dürig nahm Artikel 1 GG eine solitäre Stellung im Grundrechtsgefüge der Verfassung ein: Wo andere Grundrechte gegeneinander abgewogen, durch Gesetze beschränkt und relativiert werden durften, blieb das Gebot zur Achtung der Menschenwürde ein unverrückbares Fundament, auf dem die gesamte Verfassungsordnung aufliegt. Es war die Schnittstelle zwischen einer Welt vorrechtlicher, dem Zugriff des Staates entzogener Wertvorstellungen und dem positiven Recht.

Der »Maunz/Dürig« besteht aus mehreren Ordnern, aus denen regelmäßig Teile der Kommentierung entfernt und durch Neubearbeitungen ersetzt werden. Im Februar 2003 erhielten die Bezieher der Loseblattsammlung Post vom Münchner Verlag des Standardwerks. Mit der »42. Ergänzungslieferung« sollte die von Dürig verfasste Kommentierung zu Artikel 1 GG aussortiert und durch eine Neukommentierung des Bonner Verfassungsrechtlers Matthias Herdegen ersetzt werden. Dieser vollzog in seiner Neuinterpretation einen für die Fachwelt spektakulären Bruch mit dem naturrechtlich geprägten Menschenwürdeverständnis – einen »Epochenbruch«, wie der frühere Bundesverfassungsrichter Ernst-Wolfgang Böckenförde befand.[99] Der »kategorische Würdeanspruch aller Menschen« blieb zwar nach wie vor der zentrale Bezugspunkt des Grundgesetzes. »Art und Maß des Würdeschutzes« aber waren nach Ansicht Herdegens »für Differenzierungen durchaus offen«.[100] Damit wurde der Artikel 1 GG in den Bereich des für Staat und Gesetzgeber verfügbaren Verfassungsrechts hineingeholt. Der Würdeanspruch ragt nicht mehr aus einer jenseitigen Sphäre in das Recht hinein, sondern er bedarf – so wie andere Verfassungsnormen auch – der Anpassung an konkrete Umstände und entsprechender Relativierungen. Im Ergebnis bedeutet das: Die Menschenwürde kann eingeschränkt werden, wenn sie in Konflikt mit Würdeansprüchen oder Lebensrechten eines anderen gerät. Herdegen war nicht der erste, der eine solche Überlegung in den Raum gestellt hatte. Indem sie nun aber Eingang in den «Maunz/Dürig» fand, wurde sie gleichsam geadelt und aus dem weiten Feld des wissenschaftlichen Räsonierens an den Rand der Rechtspraxis überführt. Würden sich als Nächstes nun auch Gerichte der Relativitätstheorie Herdegens anschließen? Würde das Parlament Gesetze erlassen, auf deren Grundlage sich die Würde einzelner Bürger einschränken ließ? Ernst-Wolfgang Böckenförde jedenfalls warnte: »Die Menschenwürde *war* unantastbar.«[101]

In der heftigen Kritik, die Herdegen mit seiner Neukommentierung auf sich zog, kam nicht nur ein tiefer fachlicher Dissens, sondern auch der Generationenwechsel in der deutschen Staatsrechtslehrerschaft zum Ausdruck. Für die Älteren unter ihnen war der Menschenwürdeschutz des Grundgesetzes biografisch verwoben mit dem Erschrecken der Kriegs- und unmittelbaren Nachkriegsgeneration über die Verbrechen des nationalsozialistischen Regimes. Artikel 1 GG war für sie die direkte Übersetzung der politisch-moralischen Forderung »Nie wieder!« in die verfassungsrechtliche Normensprache des Grundgesetzes. Böckenförde, 1930 geboren, machte vor diesem Hintergrund keinen Hehl daraus, dass ihn die Verfassungsinterpretation seines Bonner Kollegen auch ganz persönlich als »schmerzlichen Abschied von den Verfassungsvätern« getroffen hatte.[102]

Der 27 Jahre jüngere Herdegen hatte bei der Arbeit an seiner Grundgesetz-Kommentierung vor allem Fragestellungen der Gegenwart vor Augen. Im Zentrum der ersten Fassung seines Textes (es folgten in den weiteren Jahren mehrere Nachbearbeitungen) stand die Debatte um den Embryonenschutz, die durch den Fortschritt der Biotechnologie und Humangenetik eine neue Aktualität gewonnen hatte. Die Frage, ob und unter welchen Umständen menschliche Embryonen für Forschungszwecke genutzt werden dürfen, hatte zu lebhaften Debatten in Wissenschaft, Politik sowie in den Medien geführt. Herdegen plädierte in seinem Kommentar für eine »prozesshafte Betrachtung des Würdeschutzes«, dessen Konsequenzen sich nach dem Stand der Entwicklung des ungeborenen Lebens richten sollten.[103]

Die eigentliche Brisanz der von Herdegen vertretenen Verfassungsinterpretation zeigte sich allerdings erst mit Blick auf ein ganz anders Thema: die Diskussion um die Zulässigkeit der Folter. Durch den Begriff der Menschenwürde sind beide Debatten – die um die Grenzen des medizinisch Erlaubten sowie jene um die Zulässigkeit der Folter – miteinander verbunden. In beiden Streitfällen geht es den Verfechtern eines absolut verstandenen und keiner Abwägung zugänglichen Achtungsgebots darum, einen argumentativen Damm gegen reale Entwicklungen zu errichten, die ihre ganze Bedrohlichkeit erst durch eine gedanklich antizipierte Fortschreibung entfalten.

So viel die Diskussionen um Embryonenschutz und Folter in ihrem Bezug auf den Menschenwürdebegriff des Grundgesetzes gemeinsam haben, so unterschiedlich verlaufen die argumentativen Fronten quer durch politische und wissenschaftliche Lager. In den bioethischen Fragen sind es Wissenschaftler und liberale Befürworter neuer Forschungsmethoden, die sich gegen eine dogmatische Überhöhung und Verabsolutierung des Menschenwürdebegriffes wenden. In der Folter-Debatte dagegen sind es eher konservativ gesinnte Juristen, die sich für eine differenzierende und relativierende Interpretation des Menschenwürdegebots stark machen, um den Staat für den Kampf gegen seine neuen terroristischen Feinde aufzurüsten.

Die Vehemenz, mit der die Diskussion um das Folterverbot Rechtswissenschaft und Öffentlichkeit erfasste, hing mit einer zeitlichen Koinzidenz zusammen. Ein Jahr nach den Terrorangriffen auf die USA wurde in Frankfurt am Main der elfjährige Bankierssohn Jakob von Metzler entführt und ermordet. Im Zuge der polizeilichen Ermittlungen trat eine Situation ein, die den Konflikt zwischen Folterverbot und Lebensrecht von Verbrechensopfern so drastisch wie in einem akademischen Lehrbuch illustrierte: Im Gewahrsam der Polizei befand sich der Jurastudent Magnus Gäfgen, der zwar die Entführung gestand, sich aber hartnäckig weigerte, den Ort preiszugeben, an dem er sein Opfer versteckt hatte. Der Frankfurter Polizeipräsident Wolfgang Daschner wies daraufhin einen ihm untergebenen Polizeikommissar an, Gäfgen unter Androhung körperlicher Gewalt zum Sprechen zu bringen.

Der Fall wirft Fragen auf, die 2002 und in den folgenden Jahren auch die Öffentlichkeit aufwühlten: Wie hätte man selbst sich an Stelle des Polizisten verhalten? Welche Erwartungen würde man an die Polizei richten, wäre das eigene Kind Opfer der Entführung? Würde nicht jeder den beharrlich schweigenden Täter an den Schultern packen und schütteln? Vielleicht auch schlagen? Würgen? Oder einfach bis weit über die Grenze totaler Erschöpfung hinaus verhören? Und sind das alles nicht längst polizeiliche Verhörmethoden, denen wir allabendlich in den Kriminalserien des Fernsehens begegnen, ohne das Gefühl zu haben, Zeugen von Folterszenen zu sein? Rechtlich betrachtet aber steht außer Frage: Jede dieser Handlungen fiele unter den Tatbestand, den Paragraf 240 des Strafgesetzbuches als Nötigung erfasst. Es wäre Folter.

»Ich würde diesen Menschen so lange quälen, bis er das Versteck seiner Geisel nennt«, gestand der Hamburger Sozialforscher Jan Philipp Reemtsma, selbst einst Opfer einer Entführung, in einem Buch über den Frankfurter Fall. Die Grenze des Möglichen, so vermutet Reemtsma, würde »nicht das Mitgefühl mit dieser Person ziehen, sondern der irgendwann eingetretene Ekel vor mir selbst«.[104] Reemtsma weist damit auf einen entscheidenden Punkt hin, der sich auch in der Debatte über Folter im Kampf gegen den globalen Terrorismus zeigt: Es geht nicht allein um die Würde von Gefolterten und Verbrechensopfern. Auch dem Folternden droht ein Verlust von Würde und Selbstachtung. Die Vorstellung, man könnte Folter wie eine medizinische Behandlung durch einen Arzt »anwenden«, bleibt zwangsläufig illusionär: Im Fall Daschner konnte nicht aufgeklärt werden, ob die Androhung physischer Schmerzen nicht auch mit rassistischen Gewaltphantasien verbunden war. Die Folter-Theoretiker in Washington und an ameri-

kanischen Law-Schools mussten durch die Bilder aus Abu-Ghu-
raib erkennen, dass die Folter-Praxis der amerikanischen Truppen
im Irak die vermeintlich klare Unterscheidung zwischen Gut und
Böse ad absurdum führte, die dem Krieg gegen den Terror zugrunde lag.

Daschner selbst hatte unmittelbar nach seiner Anweisung
einen Aktenvermerk angefertigt, der den Auslöser für Ermittlungen und die folgende Anklage durch die Frankfurter Staatsanwaltschaft bildete. Das Landgericht Frankfurt sprach in seiner
rechtlichen Aufarbeitung des Falls Daschner und den von ihm an-
gewiesenen Beamten schuldig wegen Nötigung in einem besonders schweren Fall, verhängte jedoch lediglich geringe Geldstrafen
in Höhe von 90 bzw. 60 Tagessätzen, die zudem in Verbindung mit
einer Verwarnung zur Bewährung ausgesetzt wurden. Das war die
weitestmögliche Abmilderung des Urteils, die das Gericht mit
»massiv mildernden Umständen« begründete.[105] Dennoch ließen
sich die Richter nicht auf eine Relativierung des Achtungsgebots
aus Artikel 1 GG ein, aus dem sich das absolute Folterverbot ableitet.[106] Eine Rechtfertigung der Folter käme auch in diesem Fall
einem Tabubruch gleich, der vor dem Hintergrund der deutschen
Geschichte nicht toleriert werden dürfe. Das Gericht zog eine weitere historische Parallele: Wenn es selbst den RAF-Terroristen
nicht gelungen sei, den Rechtsstaat mit brutaler Gewalt aus den
Angeln zu hebeln, dürfe dies auch einem Entführer und Kinder-
mörder nicht gelingen. Wussten die Frankfurter Richter, wie weit
im Herbst 1977 die Gedankenspiele im Bonner Krisenstab schon
gediehen waren? Und hätten die damals Verantwortlichen der Versuchung des Tabubruchs widerstanden, wenn einer der Entführer
Hanns Martin Schleyers gefasst worden wäre und sich geweigert
hätte, das Versteck der Geiselnehmer preiszugeben?

Andere Juristen hatten bereits vor dem Daschner-Urteil den
gedanklichen Weg zu einer neuen Bewertung des Folterverbots ge-
bahnt. 1996 hatte der Heidelberger Staatsrechtler Winfried Brugger in der Fachzeitschrift »Der Staat« die Frage aufgeworfen, ob
eben dieser, der Staat, »ausnahmsweise« foltern dürfe.[107] Brugger
griff dabei auf einen Musterfall zurück, den der Soziologe Niklas

Luhmann wiederum drei Jahre zuvor entworfen hatte: Ein erpresserischer Terrorist bedroht eine ganze Stadt durch eine mit einem Zeitzünder versehene Atombombe. Als er bei dem Versuch der Geldübergabe gefasst wird, weigert er sich, Versteck und Deaktivierungscode der Bombe preiszugeben. Darf der Staat foltern?

Luhmann ging es bei seiner Überlegung darum, auf einer systemtheoretischen Ebene zu demonstrieren, dass sich »unverzichtbare Normen« in einer existentiellen Bedrohungslage kaum noch widerspruchsfrei anwenden lassen.[108] Die normative Auflösung des Falles lieferte der Rechtswissenschaftler Brugger nach: Seiner Auffassung zufolge dürfe der Staat in extremen Bedrohungslagen nicht nur ausnahmsweise foltern, er sei sogar dazu verpflichtet.[109] Bruggers Aufsatz leitete die Karriere eines neuen Begriffs in der Rechtswissenschaft ein: den der »Rettungsfolter«. In einer ganzen Reihe von rechtswissenschaftlichen Kommentaren und Fachaufsätzen und immer offensiver wurde die Folter in den folgenden Jahren als adäquate Antwort des Rechtsstaates auf die Kollision widerstreitender Würdeansprüche von Tätern und Opfern in extremen Bedrohungslagen angepriesen.[110] Derartige Überlegungen verblieben allerdings immer im theoretischen Raum des wissenschaftlichen Diskurses. Da der Frankfurter Polizeipräsident Daschner und sein mitangeklagter Kollege das gegen sie ergangene Urteil nicht anfochten, hatten die oberen Gerichte keinen Anlass, die Frage nach einer möglichen Zulässigkeit der Folter höchstrichterlich zu klären. Und in der Politik war bislang niemand zu erkennen, der sich dafür stark gemacht hätte, durch eine Änderung des Strafgesetzbuches oder gar des Grundgesetzes am geltenden Folterverbot zu rütteln.

Anders sieht es für den Fall eines hypothetischen Würdekonflikts aus, den die rot-grüne Bundesregierung 2005 mit dem Luftsicherheitsgesetz regeln wollte.[111] Den unmittelbaren Anstoß dazu gab ein psychisch gestörter Hobbypilot, der im Januar 2003 mehrere Stunden mit einem Motorsegler über der Innenstadt von Frankfurt gekreist war und damit gedroht hatte, sich mit seinem Flugzeug in ein Hochhaus zu stürzen. Die Bilder weckten zwangsläufig böse Erinnerungen an die eineinhalb Jahre zuvor verübten

Attentate in den USA. Die Bundesregierung sah vor diesem Hintergrund Handlungsbedarf und wollte mit dem Luftsicherheitsgesetz ein Verfahren regeln, das im Extremfall auch den Abschuss eines zivilen Passagierflugzeuges erlaubt hätte, wenn »nach den Umständen davon auszugehen« sei, dass es für einen Terrorangriff nach dem Vorbild der Anschläge vom 11. September 2001 benutzt werden solle.

Bereits Bundespräsident Köhler hatte angesichts dieser gesetzlichen Lizenz zum Töten unschuldiger Bürger »erhebliche Bedenken«. Dennoch unterzeichnete der Bundespräsident das Gesetz, rief aber gleichzeitig dazu auf, das Gesetz durch das Bundesverfassungsgericht überprüfen zu lassen.[112] Als das Gericht am 25. Februar 2006 sein Urteil sprach, zeigte sich, dass man den alten Menschenwürde-Kommentar Günter Dürigs in Karlsruhe nicht zu den Akten gelegt hatte. Das Bundesverfassungsgericht verwarf die entscheidende Klausel des Luftsicherheitsgesetzes unter Berufung auf jene Objektformel, die ein halbes Jahrhundert zuvor die Essenz des Dürigschen Menschenwürdeverständnisses gewesen war. Der Staat, der ein mit unschuldigen Passagieren besetztes Flugzeug abschieße, um eine unbestimmte Zahl anderer Menschen vor einer tödlichen Gefahr zu schützen, mache die Flugzeuginsassen zu bloßen Objekten seiner Abwehrmaßnahmen. Ganz konkret malten die Richter »die räumliche Enge eines im Flug befindlichen Luftfahrzeugs« aus, um die Hilflosigkeit der potentiellen Abschussopfer zu veranschaulichen. Artikel 1 GG verpflichte den Staat, seinen sorgenden Blick nicht allein auf die Vielzahl möglicher Opfer eines Terroranschlags auf dem Boden zu richten. Die Achtung der Menschenwürde gebiete es vielmehr, »sich schützend und fördernd vor das Leben eines jeden Einzelnen zu stellen«.[113] Die Insassen eines zum Abschuss freigegebenen Flugzeuges würden »dadurch, dass ihre Tötung als Mittel zur Rettung anderer benutzt wird, verdinglicht und zugleich entrechtlicht«.

Das Bundesverfassungsgericht stützte sein Urteil über das Luftsicherheitsgesetz allerdings nicht allein auf das Ergebnis seiner Abwägung konkurrierender Würdeansprüche und Lebensrechte. In der mündlichen Verhandlung des Falles hatten sich die Richter einen detaillierten Überblick über die praktischen Umstände verschafft, unter denen das Schreckensszenario eines Terrorangriffs im Stil der Attentäter vom 11. September in Deutschland Wirklichkeit werden könnte. Ist angesichts des engen Luftraums über Deutschland überhaupt eine zuverlässige Einschätzung der Gefährdungslage möglich, die Grundlage einer Entscheidung über Leben und Tod unschuldiger Flugzeuginsassen sein könnte? Können angesichts der kurzen Entscheidungszeiträume sinnvolle Befehlsketten zwischen Regierung, Luftwaffenführung und Kampfpiloten organisiert werden? Die Karlsruher Richter fanden auf diese Fragen keine befriedigenden Antworten. Selbst der Bundesinnenminister musste auf ihre bohrenden Fragen eingestehen, dass die umstrittene Abschussbefugnis des Luftsicherheitsgesetzes keine Lösung für einen Anschlag mit entführten Passagierflugzeugen bieten würde. Die in der Öffentlichkeit propagierte Begründung des Gesetzes war damit schon aus rein praktischen Erwägungen in sich zusammengebrochen.

Damit bleibt allerdings auch die verfassungsrechtliche Frage unbeantwortet, wie ein direkter Konflikt fundamentalster Verfassungsrechte im Ernstfall gelöst werden könnte. Auf Niklas Luhmanns Szenario einer tickenden Bombe gibt auch die Entscheidung des Bundesverfassungsgerichts zum Luftsicherheitsgesetz keine Antwort. Der Raum für rechtswissenschaftliche Spekulationen ist nach wie vor weit geöffnet und schafft ein Biotop, in dem auch bizarr anmutende Phantasien gedeihen. Dazu gehört die schmale Denkschrift des Kölner Staatsrechtlers Otto Depenheuer über die »Selbstbehauptung des Rechtsstaats«, die für einige Zeit für Furore in Fachwelt und Öffentlichkeit sorgte.[114] Mit triumphaler Geste lässt Depenheuer darin den Geist Carl Schmitts aus der Gruft der Rechtswissenschaft wiederauferstehen, um ihn zum staatsrechtlichen Heilsbringer in der Zeit des globalen Terrors zu erklären. In Depenheuers Augen ist die Entscheidung des Bundesverfassungsgerichts Ausdruck eines in Dekadenz und »Verfassungsautismus« erstarrten Grundrechteverständnisses. Dem verfassungsrichterlichen Appell zum Schutz hilfloser Flugzeuginsassen stellt der Staatsrechtler das Ideal eines »Bürgeropfers« entgegen, für das Hanns Martin Schleyer das Rollenbild liefert. Noch drastischer als Böckenförde in seinem Plädoyer für das unbedingte Achtungsgebot des Artikel 1 GG drückt Depenheuer aus, dass es auch ihm bei seiner gezielten Provokation um ein staatsrechtliches Lebensgefühl geht: Der Kölner Hochschullehrer stilisiert sich zum staatstreuen Vorkämpfer gegen das »Lebensgefühl einer saturierten und hedonistischen Erlebnis- und Spaßgesellschaft« und die »Schönwetterdogmatik einer immer offeneren Gesellschaft von Verfassungsinterpreten«.[115]

Depenheuers Streitschrift wäre kaum mehr als das Zeugnis einer juristischen Subkultur geblieben, wenn nicht Bundesinnenminister Wolfgang Schäuble in einer Pressekonferenz auf das Buch verwiesen und es den Kritikern des Luftsicherheitsgesetzes zur Lektüre empfohlen hätte. Schäubles Buchtipp löste allerdings vor allem vehementen Widerspruch aus, durch den Depenheuer erst wirklich als Randphänomen markiert wurde. Nicht nur Journalisten skandalisierten die juristische Opfermythologie Depenheuers.[116] Auch Vertreter der konservativen Bonner Staatsrechtsschule, der Depenheuer angehört, widersprachen dem Kollegen und warnten vor einer »intellektuelle(n) Lust am antizipierten Ausnahmezustand«.[117]

Auf einer kollektiven Ebene spiegelt die Debatte um Rettungsfolter, Bürgeropfer und die Relativierbarkeit des Achtungsgebots aus Artikel 1 GG das Dilemma, das Jan Philipp Reemtsma in seiner autobiographisch geprägten Betrachtung über den Fall des Frankfurter Polizeipräsidenten schilderte. Die Frage der Selbstachtung, die der Soziologe mit seinem Bekenntnis aufgeworfen hatte, in höchster Not zur nackten Gewalt zu greifen, stellt sich für den gesetzgebenden Staat allerdings schon vor dem Ernstfall. Noch ist die deutsche Gesellschaft nicht so von Ängsten beherrscht, dass sie den mit historischen Erfahrungen unterlegten und im Grundgesetz manifestierten Widerwillen gegen Folter und die Idealisierung des staatsbürgerlichen »Opfertodes« hinter sich lassen würde.

Kollektive Meinungsäußerung:
Bauern-Demonstration in Bonn 1971.

KAPITEL 5

Wir sind das Volk
Das Grundgesetz und die Demokratie

Es kommt nicht alle Tage vor, dass sich das Staatsoberhaupt mitten im Jahr via Fernsehen und Rundfunk an das Volk wendet. Als Bundespräsident Karl Carstens am 6. Januar 1983 vor die Kameras trat, hatte er Gravierendes mitzuteilen: Er habe, sagte er mit ernster Miene, sich entschlossen, den Deutschen Bundestag aufzulösen. Zuvor hatte Bundeskanzler Helmut Kohl das Parlament aufgefordert, ihm das Vertrauen auszusprechen, und dafür keine Mehrheit bekommen. Das Grundgesetz sieht in diesem Falle die Option für Neuwahlen vor.

Kohl war ein Vierteljahr zuvor an die Macht gekommen, nachdem die FDP die sozialliberale Koalition verlassen und Kanzler Helmut Schmidt gestürzt hatte. Dieser Machtwechsel war strikt nach dem verfassungsrechtlich vorgeschriebenen Verfahren verlaufen: Der Bundestag hatte Kohl mit absoluter Mehrheit gewählt. Das genügte der neuen Koalition aus CDU, CSU und FDP aber nicht: Die drei Parteien hatten verabredet, möglichst rasch Wahlen herbeizuführen und der Regierung nicht nur eine verfassungsrechtliche, sondern auch eine unmittelbar auf den Wählerwillen gegründete Legitimation zu verschaffen – zumal die Umfragen der Union einen Erdrutschsieg vorhersagten. Schnell stellte sich allerdings heraus, dass die Verfassung es außerordentlich schwer macht, vorzeitig Neuwahlen herbeizuführen.

Den Bundestag vor Ablauf seiner regulären Legislaturperiode aufzulösen, sieht das Grundgesetz nur in zwei Fällen vor: Wenn der Kanzler zurücktritt und in drei Wahlgängen niemand sonst eine absolute Mehrheit bekommt – und wenn das Parlament sich auf die Frage des Kanzlers hin weigert, ihm das Vertrauen auszusprechen. Ein Rücktritt kam für Kohl, der seine Partei nach dreizehn Jahren Opposition wieder an die Macht geführt hatte, aus politischen Gründen nicht in Frage. Also entschied er sich gemeinsam mit den Koalitionsfraktionen für den zweiten Weg. Am 17. Dezember 1982 stellte der Kanzler die Vertrauensfrage, FDP und Union enthielten sich der Stimme und überließen es so der Opposition, dem Kanzler im Namen des Deutschen Bundestages das Misstrauen auszusprechen.

Das sah nach Trickserei und Manipulation aus. Viele Juristen sahen in dem Vorgehen Kohls und seiner Koalitionsmehrheit einen eklatanten Verfassungsverstoß. »Ich will nicht verschweigen, dass mir die vorgetragenen Bedenken zu schaffen gemacht haben«, erklärte Carstens im Fernsehen. Aber sämtliche Parteien im Bundestag seien für Neuwahlen gewesen, daher würde niemand übervorteilt. Und die Koalitionsspitzen hätten ihm erklärt, die Regierung Kohl habe nur vorläufig ihr Vertrauen besessen, um den dringlichen Haushalt verabschieden zu können. Das sei jetzt geschehen, und damit sei ihr Vertrauen erschöpft. »Das sind Tatsachen, an denen ich nicht vorübergehen kann«, erklärte Carstens.[1]

Auch das Bundesverfassungsgericht fand fünf Wochen später keinen Anhaltspunkt, die Bundestagsauflösung für verfassungswidrig zu erklären. Mit scharfen Worten wandten sich die Richter freilich gegen die Annahme, ein vom Bundestag ohne Befragung der Wähler bestimmter Bundeskanzler sei unzureichend legitimiert: Es sei ein »unverantwortliches Unterfangen, verfassungsmäßige Verfahren mit der Behauptung abzuwerten oder auszuhöhlen, sie erfordert daneben weitere Legitimationen«. Vielmehr dürfe der Kanzler die Vertrauensfrage nur stellen, »wenn es politisch für ihn nicht mehr gewährleistet ist, mit den im Bundestag bestehenden Kräfteverhältnissen weiter zu regieren«. Ob dem tatsächlich so sei, müsse er allerdings selbst wissen.[2]

Ein knappes Vierteljahrhundert später schien sich die Geschichte auf gespenstische Weise zu wiederholen: Wieder wollte ein Bundeskanzler Neuwahlen herbeizwingen. Wieder stellte er die Vertrauensfrage in der Absicht, sie zu verlieren. Wieder entbrannten heiße verfassungsrechtliche Diskussionen und teilten das Lager der Experten in zwei Hälften. Wieder trat ein sichtlich zerquälter Bundespräsident vor die Kamera, um zu erklären, er habe sich die Entscheidung nicht leicht gemacht, könne aber leider nicht anders. Wieder stellte das Bundesverfassungsgericht fest, dass man keinen Anhaltspunkt für einen Missbrauch feststellen könne.[3] Diesmal hießen der Bundeskanzler Gerhard Schröder und der Bundespräsident Horst Köhler.

Etwas aber war anders. Schröder hatte, anders als Kohl, tatsächlich allen Grund zu zweifeln, ob die von seiner Agenda-2010-Politik zutiefst verunsicherte SPD-Fraktion noch hinter ihm stand. Er aber wollte nicht das Vertrauen seiner Fraktion, sondern Neuwahlen. Die Lage war an Paradoxie nicht zu überbieten: Die mit dem Vorwurf, ihrem Kanzler nicht mehr zu folgen, konfrontierten Abgeordneten folgten diesem treu, indem sie erklärten, ihm nicht mehr zu folgen. Das verfassungsrechtliche Verfahren der Vertrauensfrage war zu einer Travestie geworden. Und nicht wenige Parlamentarier empfanden tiefe Scham, an diesem Spektakel mitzuwirken.

Durchaus ähnlich war dagegen das Motiv der beiden Kanzler: Was sie wollten, war ein Plebiszit. Kohl besaß die ganze Macht, wollte sie aber durch Volkes Wille zusätzlich abstützen. Schröder, umstellt von der Blockademehrheit der Union im Bundesrat, der entstehenden Linksopposition und der gähnenden Leere in der Bundeskasse, glaubte keinerlei Macht mehr zu besitzen und suchte den plebiszitären Befreiungsschlag.

Das zwiespältige Erbe der Französischen Revolution

Es gehört zu den Charakteristika des Grundgesetzes, dass es Plebiszite nicht will. Die direkte Anrufung des Volkes zur Entscheidung von Macht- oder Sachfragen wird bewusst auf ein Minimum reduziert. Ist diese anti-plebiszitäre Ausrichtung gut und richtig oder ein undemokratischer Strukturmangel? Über kaum eine verfassungspolitische Grundsatzfrage wurde in der Geschichte der Bundesrepublik so lange und erbittert gestritten wie über diese.

»Alle Staatsgewalt geht vom Volke aus«, heißt es mit geflügel-

ten Worten in Artikel 20 Absatz 2 Satz 1 GG. Weniger populär ist
der folgende Satz, der beschreibt, was mit der Staatsgewalt
anschließend passiert: »Sie wird vom Volke in Wahlen und Abstimmungen und durch besondere Organe der Gesetzgebung, der
vollziehenden Gewalt und der Rechtsprechung ausgeübt.« Sie geht
somit zwar vom Volke aus, von dort aber unverzüglich in die
Hände der Parlamente, Ministerien, Behörden und Gerichte über.
Und auch das Wort, das den Bürgern über ihr Wählervotum hinaus eine direkte Entscheidungsbefugnis zu versprechen scheint –
»Abstimmungen« –, bleibt in Wahrheit auf Bundesebene ohne
Konsequenzen: Denn tatsächlich sind Volksabstimmungen, (abge-
sehen von dem aus anderen Gründen seltenen Sonderfall einer
Länderneugliederung, Artikel 29 GG) im Grundgesetz an keiner
Stelle vorgesehen.

Nach gängiger Definition ist eine politische Organisationsform demokratisch, wenn sie die Bürger »unter der Voraussetzung
ihrer individuellen Freiheit einander so zuordnet und miteinander
verbindet, dass die ihr Zusammenleben regelnden Entscheidungen ihnen als eigene zugerechnet werden können und damit zuletzt als selbstgegeben erscheinen«.[4] Historisch gibt es dafür drei
ganz unterschiedliche Vorbilder: zum Ersten die ungeschriebene
Verfassung des Königreichs England, dessen demokratische Strukturen und Institutionen sich aus dem mittelalterlichen Ständestaat
entwickelten und in vielen kleinen und großen Reformen zu ihrer
heutigen Gestalt heranreiften. Zum Zweiten die Verfassung der
Vereinigten Staaten von 1787, die aus dreizehn revolutionären Kolonien einen Staat und aus deren Bevölkerungen ein Volk schuf.
Und zum Dritten die französische Verfassung von 1793, die an die
Stelle des hingerichteten Königs eine radikale und totale »Volksherrschaft« setzte.

Zwischen dem britischen und dem amerikanischen Vorbild
einerseits und dem französischen andererseits gibt es aber einen
fundamentalen Unterschied, und der betrifft Idee und Funktion
der Volksvertretung. Auf den Britischen Inseln entwickelte sich das
Parlament aus den mittelalterlichen Ständen. Es spiegelt die bunte
Vielfalt der Bevölkerung wider und bietet Raum für die unter-

schiedlichsten Interessen, Wertvorstellungen und Prioritäten, die miteinander in lebhaftem Wettbewerb stehen und im Zweifel nur gebündelt durch Absprachen und Kompromisse Aussicht auf eine Mehrheit haben. Repräsentanten der Nation als Ganzes bleiben der König sowie in neuerer Zeit der Premierminister (bzw. der Oppositionsführer als Regierungschef in spe). In den USA ist es, mutatis mutandis, genauso. Das Demokratiemodell der französischen Verfassung von 1793 ist dagegen radikal anders: Nach den von den Lehren Jean-Jacques Rousseaus inspirierten Vorstellungen der Jakobiner nimmt das Parlament die Stelle des geköpften Königs ein und repräsentiert das Gemeinwohl. Die Regierung, die »Exekutive«, ist lediglich Vollzugsorgan. Für Partikularinteressen irgendwelcher Art ist in der »Nation une et indivisible« ebenso wenig Platz wie für Mehrheitsentscheidungen, Koalitionen oder Kompromisse.

Der Unterschied wird noch greifbarer, wenn man die Rolle betrachtet, die der »Wille des Volkes« dabei spielt:[5] Im angelsächsischen Demokratieverständnis wird er nicht als gegeben vorausgesetzt. Das Volk bildet sich seinen Willen vielmehr anhand und durch die Politik seiner Vertreter, deren Für und Wider lebhaft diskutiert wird, was Öffentlichkeit voraussetzt und Bereitschaft zur Auseinandersetzung. Damit unterwirft sich die Volksvertretung dem Willen des Volkes eher im Nachhinein: Ist dieses nicht einverstanden, wählt es sich ein anderes Parlament.

Das französisch-kontinentale Demokratieideal ist viel anspruchsvoller als dieses pragmatisch-empirische Modell der Volksherrschaft: Sein Ziel ist nichts weniger als die Identität von Herrschenden und Beherrschten. Die Volksvertreter sollen keine eigenen politischen Ziele verfolgen, sondern den Willen des Volkes umsetzen. Damit ist keineswegs die Summe der Wünsche und Interessen aller Individuen gemeint, sondern ihr »objektiver«, ihr »vernünftiger« Wille. Dieser vernünftige Wille bleibt der Wille des Volkes, auch wenn nur eine kleine Minderheit ihn zu erkennen vermag. Dass dies leicht dazu führt, dass eine bestimmte Gruppe den Volkswillen usurpiert und in seinem Namen alle übrigen politischen Interessen unterdrückt, liegt auf der Hand, zumal es schon der ersten Französischen Republik so erging: Die Tugendherrschaft der Jakobiner endete in einer totalitären Diktatur und in einem unvorstellbaren Blutbad. Dem Reiz, den das identitäre Demokratiemodell bis in die jüngste Vergangenheit gerade auf Intellektuelle ausübte, konnte diese historische Erfahrung merkwürdig wenig anhaben.

Mitte der sechziger Jahre begann sich in intellektuellen Kreisen eine »Neue Linke« zu formieren, die kaum ein gutes Haar an der parlamentarisch-repräsentativen Demokratie der Bundesrepublik zu finden bereit war und für revolutionäre Veränderungen stritt. Nicht ohne Grund sammelte sie sich unter der Bezeichnung »Außerparlamentarische Opposition« (APO). »Wir haben eine Interessendemokratie«, sagte der charismatische Berliner Studentenführer Rudi Dutschke 1967 in einem Interview. Eine Vielfalt von Interessengruppen treffe sich »an der politischen Börse« und führe dort »nur noch einen Scheinkampf um den Anteil am Bruttosozialprodukt«. Auf die Frage, ob er den in der Bundesrepublik existierenden Parlamentarismus abschaffen wolle, antwortete Dutschke unumwunden mit »Ja« und forderte an ihrer Stelle eine »Rätedemokratie«, in der sich das »Maß von Herrschaft von Menschen über Menschen auf das kleinstmögliche Maß reduzieren« würde.[6] Das Stichwort »Rätedemokratie« sollte an die deutsche Revolution 1918/19 erinnern und meinte im Kern, die öffentliche Gewalt einschließlich der Kontrolle über Wirtschaftsbetriebe und Produktionsmittel direkt gewählten Ausschüssen zu überantworten. Diese Ausschüsse sollten nur das Allernötigste selbst entscheiden und ansonsten strikt an das Mandat ihrer Urwähler gebunden bleiben, von denen sie auch jederzeit abberufen werden könnten. Auf diese Weise sollte es zu einer maximalen Identität von Herrschenden und Beherrschten kommen – wobei im Detail vieles offen blieb, wie etwa die Frage, wer die Urwähler nach welchen Kriterien in Wahlkreise einteilt.

Sosehr sich APO und Neue Linke nach der Revolution sehnten – ihr Verhältnis zum konstitutiven Text der realen Herrschafts- und Eigentumsverhältnisse, zum Grundgesetz nämlich, blieb eigenartig ambivalent: Die Verfassung, insbesondere ihre politischen Grundrechte, schien manchem unter ihnen als Verheißung, die sich gegen die Verfassungswirklichkeit in Stellung bringen ließ, ja sogar den revolutionären Umsturz dieser Wirklichkeit forderte. »Die Verfassung ist ein Versprechen, das die herrschende Klasse weder halten kann noch halten will. Nur die Revolution kann sie einlösen«, schrieb der Schriftsteller Hans Magnus Enzensberger 1968.[7]

Man musste kein Revolutionär sein, um an der parlamentarisch-repräsentativen Verfassungswirklichkeit zu leiden. Der SPD-Politiker Peter von Oertzen mühte sich nachzuweisen, dass die Rätedemokratie mit ein paar Modifikationen mit der freiheitlich-demokratischen Grundordnung durchaus in Einklang zu bringen und damit auf dem Wege der Verfassungsänderung einführbar sei.[8] Generell zeigte die breite Bevölkerung gegenüber der Demokratie ein Maß an Grämlichkeit, das skeptische Beobachter wie den Politikwissenschaftler Ernst Fraenkel aufs Höchste beunruhigte – zumal es in eklatantem Widerspruch stand zu der satten Zufriedenheit, die die von zwei Jahrzehnten Wirtschaftswunder und politischer Stabilität verwöhnten Deutschen an den Tag legten. Fraenkel attestierte 1966 der westdeutschen Bevölkerung ein »unterschwelliges Missbehagen« am parlamentarischen Betrieb, für das er den Begriff »Parlamentsverdrossenheit« prägte[9] – ein Begriff, der in leichten Abwandlungen (Parteienverdrossenheit, Politikverdrossenheit) bis heute die politischen Feuilletons beschäftigt. Hinter diesem auch in anderen Staaten Kontinentaleuropas grassierenden Unbehagen vermutete Fraenkel eine »vulgärdemokratische Verfassungsideologie«, die sich unkritisch aus dem Gedankenschatz der radikaldemokratischen Jakobiner von 1793 bediene.

Parlamentsverdrossenheit und Bürgerbewegungen

Der unselige Einfluss der Jakobiner war aber, anders als Fraenkel 1966 vermutete, nicht die einzige Wurzel der Parlamentsverdrossenheit. Die Interessen der Bevölkerung hatten sich verändert, und die Parteien und Parlamente begannen zu spüren, dass sie damit nur schwer zurechtkamen. Säkularisierung und Modernisierung hatten die vertrauten, verfestigten Konfliktlinien der Gesellschaft – Arbeit gegen Kapital, Christentum gegen Sozialismus – verwischt. Damit geriet auch die Funktion der Parteien, diese Konflikte in der Arena des Parlaments mit den Waffen der Demokratie auszutragen, in Gefahr. Die wohlhabenden und gut ausgebildeten Westdeutschen kämpften nicht länger allein für das Wohl ihrer Klasse oder Konfession, sondern für alle möglichen Anliegen materielle und »post-materielle«, wichtige und banale, lang- und kurzfristige. Den Parteien fiel es immer schwerer, diese zersplitterten Interessen zu bündeln und zu polarisieren und den Wählern griffige Regierungs-Oppositions-Alternativen anzubieten. Die Mitgliederzahlen von CDU und SPD erreichten bis Anfang der achtziger Jahre ihren Zenit[10] und begannen zu sinken, erst allmählich, dann immer schneller. Die neue Interessenvielfalt zwang die Regierung, ihre Entscheidungen nicht in öffentlicher Debatte, sondern in informellen Verhandlungen vorzubereiten und sich permanent auf Kompromisse und »Kuhhandel« einzulassen. Das pluralistische Ideal stieß hart auf die lobbyistische Realität. Das Versprechen der repräsentativen Demokratie, durch Diskussion und Öffentlichkeit das Gemeinwohl herbeizuführen, bekam einen hohlen Klang.

In den siebziger Jahren wurde die Kritik an diesem Modell zum Massenphänomen. In der Republik schossen Hunderte von Bürgerinitiativen aus dem Boden, die gegen Atomkraft und Aufrüstung und für Umweltschutz und Emanzipation stritten. Beflügelt wurde der Aufstieg der »neuen sozialen Bewegungen« durch einen dramatischen Stimmungsumschwung gegenüber der modernen Industriegesellschaft, deren Errungenschaften noch wenige Jahre zuvor der ganze Stolz der Bundesrepublik gewesen waren. Die Unternehmen produzierten, die Forscher wussten, die Ingenieure bauten, die Politiker regelten unendlich viel mehr, als sich die Menschen wenige Generationen zuvor auch nur auszumalen gewagt hätten. Aber gerade das machte Angst. Die riesigen Apparate folgten eigenen Gesetzen. Sie wirkten unpersönlich und

»kalt« und erschienen immer mehr Bürgern zutiefst unheimlich. Vor dem Hintergrund der atomaren Aufrüstung und der nun wahrgenommenen Umweltzerstörung braute sich in weiten Teilen der Gesellschaft eine trübe Weltuntergangsstimmung zusammen: Die Wissenschaftler hatten den Atomkern gespalten und die Politiker daraus Bomben gebaut, die Wirtschaft fraß mit unstillbarer Gier die ökologischen Ressourcen des Planeten kahl – die Zukunft der Welt erschien mit einem Mal in einem apokalyptischen Zwielicht.

Die umwelt- und friedensbewegten Bürgerinitiativen riefen den globalen Notstand aus, einen Ausnahmezustand von unten: Die »parteiprofessionellen Quasi-Monopolisten der Willens- und Entscheidungsfindung« seien außerstande, auch nur zu erkennen, was überhaupt auf dem Spiel stand, nämlich nichts weniger als die Frage, »wie Menschen künftig leben müssen, wenn sie überleben wollen«.[11] Wenn nur eine Minderheit sensibel, aufgeklärt und frei genug war, das Menetekel an der Wand zu lesen, stand diese Minderheit dann moralisch nicht umso mehr in der Pflicht, sich einzumischen und »Widerstand« zu leisten?

Neben der Frage der Raketenstationierung wurde vor allem die Kernkraft zum Katalysator: Bürgerproteste flammten überall dort auf, wo ein Kernkraftwerk gebaut oder ein Entsorgungsbergwerk erkundet werden sollte. Im badischen Wyhl stürmten 1975 30 000 Demonstranten den Bauplatz des geplanten Kernkraftwerks und hielten ihn so lange besetzt, bis die Pläne aufgegeben wurden. Anderswo verlief der Protest gewaltsamer. Im norddeutschen Brokdorf etwa kam es immer wieder zu heftigen Ausschreitungen, bei denen Polizei und Demonstranten mit Wasserwerfern und Tränengas respektive Zwillen und Steinen aufeinander losgingen.

1985 nahm das Bundesverfassungsgericht die Brokdorf-Demonstrationen zum Anlass, das Recht, sich friedlich zu versammeln, mit einem starken Schutzwall gegen die Hüter von Sicherheit und Ordnung zu umhegen: Die »Freiheit zur kollektiven Meinungskundgabe« durch Demonstration sei nötig, um ein Gegengewicht gegen Lobbyismus und Massenmedien zu schaffen. »Große Verbände, finanzstarke Geldgeber oder Massenmedien können beträchtliche Einflüsse ausüben, während sich der Staatsbürger eher als ohnmächtig erlebt.« Im Kräfteparallelogramm der politischen Willensbildung könne sich »erst dann eine relativ richtige Resultante herausbilden (…), wenn alle Vektoren einigermaßen kräftig entwickelt sind«. Dem Einzelnen bleibe, außer dem Engagement in Parteien und Verbänden, nur die Möglichkeit, sich mit vielen anderen auf die Straße zu stellen. Dieses Recht dürfe man ihm nicht nehmen, schon um »dem Bewusstsein politischer Ohnmacht und gefährlichen Tendenzen zur Staatsverdrossenheit« keinen Vorschub zu leisten.[12]

Über kurz oder lang mussten die Bürgerbewegungen aber erkennen, dass ihre Möglichkeiten, mit Demonstrationen und Protesterklärungen von außen auf das »System« einzuwirken, arg begrenzt waren. Als im März 1977 eine Massenkundgebung am festungsartigen Bauzaun des Kernkraftwerks Grohnde zu einer veritablen Schlacht mit der Polizei ausartete, suchten viele Kernkraftgegner nach anderen Möglichkeiten, sich politisch zu engagieren. Die Überlegung, den Protest in die Parlamente zu tragen, gewann immer mehr Anhänger. In den Ländern formierten sich alle möglichen Bunten/Alternativen/Grünen Listen, die sich an Kommunal- und Landtagswahlen beteiligten, zum Teil mit beträchtlichem Erfolg.

Die erste Bürgerinitiative, die den Sprung in ein gewähltes Gremium schaffte, kam aus Zehlendorf, einem bürgerlichen Villenvorort im Südwesten Berlins, und hatte mit Kernkraft, Frieden und sonstigen Welt- und Lebensthemen nichts zu tun – sehr wohl aber mit dem verbreiteten Misstrauen gegen die etablierte Politik: Stein des Anstoßes war der Plan der Kommunalverwaltung, einen großen Tunnel zu bauen und die verkehrsreiche Bundesstraße 1 unter die Erde zu verlegen. Der Plan war in einem langjährigen Verwaltungsverfahren korrekt beschlossen worden, und seine kommunalpolitischen Urheber empfanden den Bürgerprotest als illegitim und lästig. Daraufhin entschlossen sich die betroffenen Bürger aus Zehlendorf-Mitte, 1975 zu den Kommunalwahlen anzutreten. Das war keine Selbstverständlichkeit, denn das Berliner Wahlgesetz ließ nicht parteigebundene Kandidaten bei den Wahlen nicht zu – ein Relikt aus »Frontstadt«-Zeiten, mit dem SPD, CDU und FDP kommunistische »Unabhängige« fernhalten wollten, was natürlich eklatant verfassungswidrig war. Die »Wählergemeinschaft Unabhängiger Bürger« (WUB) klagte und gewann. Sie musste zugelassen, die Wahl wiederholt werden. Der Erfolg blieb nicht aus: Die WUB landete bei spektakulären 12,9 Prozent und schickte sechs Abgeordnete in die Bezirksverordnetenversammlung. Der Tunnel wurde nie gebaut.

Mit dem Wahlerfolg war die WUB Teil des Apparats geworden: Die engagierten Bürger, die eigentlich nur etwas gegen den Baulärm vor ihrer Haustür hatten tun wollen, stellten mit einem Mal den Gesundheitsstadtrat. Die WUB wurde schnell zum festen Bestandteil der Zehlendorfer Kommunalpolitik, trat bei jeder Wahl wieder an, mit wachsendem Erfolg. Die alternative Friedens-, Umwelt- und Anti-Atom-Bewegung tat sich da schon schwerer. Ab 1977 nahmen einzelne Gruppen an Kommunal- und Landtagswahlen teil. 1980 gelang die Gründung der bundesweiten Partei »Die Grünen«, die 1983 schließlich in den Bundestag einzog – sehr zur Beunruhigung manches Verfassungsjuristen: Kurz nach der Wahl mühte sich der Staatsrechtsprofessor und Berliner Justizsenator Rupert Scholz nachzuweisen, dass die Grünen keine Partei seien, da der Parteienstatus »definitiv die ernsthaft und auf Dauer angelegte Bereitschaft, gesamtstaatliche Verantwortung vor allem auf Grundlage der parlamentarischen Demokratie zu übernehmen«, voraussetze.[13]

Der epochale Erfolg der grünen »Anti-Parteien-Partei« – seit 1949 waren alle Versuche, neue Parteien zu gründen, an der Fünf-Prozent-Hürde gescheitert – stellte die Friedens-, Umwelt- und Anti-Atom-Bewegung allerdings vor ein nahezu unlösbares Dilemma: Einerseits standen die neuen Parlamentarier unter hohem Druck, Veränderungen zu bewirken. Andererseits hing die Legitimation des ganzen Unternehmens davon ab, sich vom Parteienestablishment abzugrenzen und die Fahne des identitären Demokratieideals hochzuhalten: Die Bürger, die Basis hatten den Kurs vorzugeben, und zwar durch Diskussion, nicht durch Macht.

Mehr als einmal sah es so aus, als müsse die Partei an diesem Spagat zerbrechen.

Für die Akzeptanz des Parlamentarismus hatte der Dauerkonflikt der Grünen allerdings segensreiche Folgen. Die Alternative Machterwerb oder Fundamentalopposition war für die linksalternativen Strömungen der siebziger und achtziger Jahre eine Art Wasserscheide: Der größere Teil optierte für den Machterwerb, nahm am Parteienwettbewerb teil, erntete die Früchte des sich allmählich einstellenden politischen Erfolges und söhnte sich mit den repräsentativen Verfahren des Grundgesetzes aus. Der kleinere Teil spaltete sich ab, um in sektiererischen Gruppen und Grüppchen und später in der PDS respektive Linkspartei die eigene Machtferne als radikalrevolutionäre Standfestigkeit zu verklären. Nur wenige beschlossen, tatsächlich Ernst zu machen mit der Revolution und den bewaffneten Kampf gegen das »System« aufzunehmen (siehe S. 170ff.). Ihr eklatanter Misserfolg trug zusätzlich dazu bei, die Links-Alternativen politisch zu reintegrieren. Im Laufe der Jahre wurden die Grünen zu einer ganz normalen Partei – mit einem weiterhin um Macht und Posten konkurrierenden Führungspersonal, für vielerlei Koalitionsmöglichkeiten offen und mit einem dicht geknüpften Anhänger- und Mitgliedernetzwerk in Behörden, Gerichten, internationalen Organisationen, Medien und Verbänden vertreten.

Die Chronique scandaleuse der Parteienfinanzierung

Die von Ernst Fraenkel 1966 beobachtete Verdrossenheit der Bürger gegenüber Parteienstaat und Parlament hatte unterdessen unmerklich ihre Gestalt verändert: In den sechziger Jahren richtete sich die Kritik immer noch in erster Linie gegen den rücksichtslosen Eigennutz der Parteien und ihre vermeintlich erodierende Wirkung auf die Einheit des Staates. In den achtziger und neunziger Jahren kam eine neue Kritik auf. Diese galt nicht der Eigenart der Parteien, das Große und Ganze nicht im Blick zu haben, sondern dem genauen Gegenteil: Sie vertraten das Große und Ganze viel zu sehr.[14] Sie waren überall. Sie hatten ihre Leute in den Gerichten und Behörden, in den Rundfunkanstalten, den Sparkassen und Landesbanken, den Verbänden und Großunternehmen bis hin zu den Spitzenverbänden des Sports.[15] Sie hatten sich den »Staat zur Beute« gemacht, so der Titel eines (von einem Verfassungsrechtsprofessor geschriebenen) Bestsellers der neunziger Jahre.[16] Nirgends schien dieser Skandal offener hervorzutreten als auf dem Feld der Parteienfinanzierung.

Das Grundgesetz in seiner Auslegung durch das Bundesverfassungsgericht hatte bei dieser Entwicklung keine geringe Rolle gespielt. Nach Artikel 21 GG wirken die Parteien »bei der Willensbildung des Volkes mit«. Bereits 1952 urteilte das Bundesverfassungsgericht, dass diese vom Grundgesetz zugewiesene Rolle die Parteien »aus dem Bereich des Politisch-Soziologischen in den Rang einer verfassungsrechtlichen Institution« erhebt.[17] Das war mehr als eine feierliche Formel: Zwei Jahre später schlussfolgerte das Gericht aus dieser angeblich durch das Grundgesetz vorgenommenen Rangerhebung, dass die Parteien, wenn sie sich durch Wahlgesetze in ihren Rechten verletzt fühlen, den eigentlich für Staatsorgane vorgesehenen Weg der Organklage beschreiten müssten, anstatt wie jede andere Bürgervereinigung Verfassungsbeschwerde einzulegen.[18] Die treibende Kraft dahinter war der Verfassungsrichter Gerhard Leibholz. Der Staatsrechtsprofessor aus Göttingen bestimmte ab 1951 zwei Jahrzehnte lang den Kurs der Verfassungsrechtsprechung mit und galt im Zweiten Senat als einer der einflussreichsten Richter.[19] Leibholz hatte die Kriegsjahre im britischen Exil verbracht und sich dort mit der Funktionsweise der britischen Demokratie vertraut gemacht. Seine Lehre vom »Parteienstaat« hatte er aber schon vorher begründet: »Die Einschaltung der zentralistischen Partei als des ›Sprachrohrs des organisierten Volkes‹ ist in den Massendemokratien der großen Flächenstaaten (...) fast zwangsläufig«, schrieb er schon 1929 in seiner Habilitationsschrift. »Durch sie werden die Wählermassen erst zu politisch wirklich aktionsfähigen Gruppen zusammengeschlossen.«[20] Die Parteien als Teilinteressen und das Volk als Ganzes gegeneinander auszuspielen, war aus Leibholz' Sicht unzutreffend und gefährlich: »Ein Volk würde politisch ohnmächtig und hilflos sein, wenn man ihm die Parteien nehmen würde, die es überhaupt erst in der politischen Sphäre als handelnde Einheit real existent erscheinen lassen.«[21]

Unter seinem Einfluss erklärte das Bundesverfassungsgericht 1958 die indirekte staatliche Parteienfinanzierung durch steuerliche Abziehbarkeit von Spenden für verfassungswidrig und verwies die Parteien stattdessen auf die Finanzierung durch den Staat: Parteien seien dazu da, Wahlen vorzubereiten, und nähmen insoweit eine öffentliche, von der Verfassung geforderte Aufgabe wahr. Daher müsse es auch »zulässig sein, nicht nur für die Wahlen selbst, sondern auch für die die Wahlen tragenden politischen Parteien finanzielle Mittel von Staats wegen zur Verfügung zu stellen«.[22]

Geklagt hatte die hessische Landesregierung, vertreten vom SPD-Kronjuristen Adolf Arndt und gestützt vor allem auf das Argument, der Staat dürfe nicht seine Steuerkompetenz zur Parteienfinanzierung missbrauchen. Diese sei »keine Staatsaufgabe, da die freiheitliche demokratische Grundordnung keine Staatsparteien dulde«.[23] Leibholz' Parteienstaats-Lehre war auch bei pluralistisch orientierten Politikern und Juristen wie Arndt alles andere als unumstritten. Zwar hatte sie die Parteien vom Ruch des Staatszersetzenden befreit, aber dabei in deren Augen das Kind mit dem Bade ausgeschüttet: Die Schlussfolgerung, die Parteien zu Verfassungsorganen zu erheben, hatte »eine goldene Eingangspforte für den triumphalen Einzug der Parteien in das Innerste des Verfassungsstaates« geöffnet.[24] Die staatliche Parteienfinanzierung »denaturiert und korrumpiert« die Parteien, warnte Arndt in seinem Plädoyer in Karlsruhe.[25]

1966 schloss sich das Gericht schließlich dieser Meinung an: Die Willensbildung des Volkes und die der Staatsorgane seien zwar vielfach miteinander verflochten, doch bringe die Willensbildung des Volkes, die in Wahlen münde, die Staatsorgane überhaupt erst hervor. »Das bedeutet, dass es den Staatsorganen grundsätzlich verwehrt ist, sich in Bezug auf den Prozess der Meinungs- und Willensbildung des Volkes zu betätigen, dass dieser Prozess also grundsätzlich ›staatsfrei‹ bleiben muss.« Den Parteien als dem »Sprachrohr« des Volkes – mit dieser Formulierung verneigte sich das Gericht vor seinem Vordenker Leibholz gerade in dem Moment, als es ihm die Gefolgschaft aufkündigte – dürfe der Staat allenfalls die Wahlkampfkosten im engen Sinne ersetzen. Das Argument, damit würden die Parteien stärker von Spenden abhängig, ließ der Zweite Senat nicht gelten: Das Grundgesetz habe grundsätzlich nichts gegen diese »geläufige Form tatsächlicher politischer Interessenwahrnehmung« und unterscheide nicht zwischen »legitimer und die freie politische Willensbildung störender Einflussnahme der Spender«, sofern die Parteien die Herkunft ihrer Mittel offenlegen.[26]

Der Bruch mit Leibholz' Lehre vom Parteienstaat war dem Zweiten Senat nur auf fragwürdigem und schmerzhaftem Wege möglich: Seine Senatskollegen schlossen ihn von der Urteilsfindung aus, weil er bei einer wissenschaftlichen Fachtagung für die staatliche Parteienfinanzierung geworben hatte und der Senatsmehrheit daher befangen erschien.[27] Die spärlich begründeten Ausschlussbeschlüsse nährten den Verdacht, dass sie damit die Mehrheitsverhältnisse im Senat zu ihren Gunsten verändern wollten. Leibholz wiederum nahm bei seiner öffentlichen Kritik des Urteils kein Blatt vor den Mund: »Nicht vom Staat, sondern von den an bestimmten, gesellschaftlich partikularen Interessen orientierten Verbänden, Unternehmen und finanzkräftigen Einzelpersonen wird in Wirklichkeit heute die Selbständigkeit der Parteien in dem ihnen vom Grundgesetz zugewiesenen Aufgabenbereich in Frage gestellt«, geißelte er das Votum seiner Senatskollegen. Vor allem aber sei der Versuch der Senatsmehrheit, die Parteien aus der Sphäre des Staates zu verbannen und auf die Willensbildung des Volkes zu beschränken, ein Rückfall in die Staatslehre des 19. Jahrhunderts. Staat und Volk seien im modernen Parteienstaat unlösbar miteinander verschränkt. »Zerstört man dieses strukturelle Verhältnis der wechselseitigen Verklammerung von Staat und Volk, so rüttelt man unbewusst zugleich an den Grundlagen unserer heutigen Demokratie.«[28]

Das Urteil der Senatsmehrheit bewirkte, dass der Gesetzgeber endlich seinem Verfassungsauftrag nachkam und ein Parteiengesetz erließ. Dieses trat im Juli 1967 in Kraft. Es sah eine nicht zu knapp bemessene Wahlkampfkostenpauschale vor, deckelte die steuerliche Abziehbarkeit von Spenden und forderte deren Offenlegung, allerdings nur, soweit sie durchaus großzügige Schwellenwerte überstiegen, die obendrein bei Unternehmensspenden zehnmal so hoch lagen wie bei Privatspenden. Das Gericht billigte 1968 das Gesetz und verwarf nur die Privilegierung von Unternehmensspenden, für welche, so die Richter, sich »ein vernünftiger, aus der Natur der Sache sich ergebender oder sonstwie einleuchtender Grund nicht finden« lasse.[29]

Dass Leibholz' Warnung vor den potenziell üblen Folgen von Parteispenden nicht aus der Luft gegriffen war, wurde Jahre später offenbar: 1981 durchsuchte die Staatsanwaltschaft Bonn die Zentrale des Flick-Konzerns in Düsseldorf und förderte dabei Überraschendes zutage. Der Konzern hatte offenbar alle Parteien jahrelang mit stattlichen Beträgen geschmiert, die in keinem öffentlichen Rechenschaftsbericht auftauchten. Staatsanwälte und Enthüllungsjournalisten brachten nach und nach ans Licht, dass die Parteien, vor allem CDU, CSU und FDP, über Jahre hinweg ein raffiniertes Geflecht von Scheinfirmen und Geldwaschanlagen installiert hatten, um die verfassungsrechtlichen Transparenzvorschriften und Einschränkungen zu umgehen. Die Parteien gerieten mit einem Mal in den Geruch des Kriminellen.

Aus der Innensicht der Parteizentralen sah die Sache ganz anders aus: Das Bundesverfassungsgericht habe ihnen doch gar keine andere Wahl gelassen, als in solche »Grauzonen« auszuweichen, erklärte CSU-Chef Franz Josef Strauß am 3. Mai 1984 in der Unionsfraktion.[30] Die Regierung beschloss ein neues Parteiengesetz, das die steuerliche Absetzbarkeit von Parteispenden wieder deutlich ausweitete. Und da man nicht die ganze politische Klasse des Landes ins Gefängnis stecken wollte, schien den Regierungsparteien CDU, CSU und FPD eine umfassende Amnestie die beste Lösung zu sein. Daraufhin brach im Sommer 1984 der Sturm der Entrüstung erst richtig los. Der Beweis, dass die Politik sich von der Willensbildung des Volkes abgekoppelt und nichts als die

Mehrung der eigenen Macht im Sinn hatte, schien endgültig erbracht.

Am 9. April 1992 fällte der Zweite Senat erneut eine Entscheidung zur Parteienfinanzierung, die sich in Teilen wie eine Kapitulationserklärung las: Das Gericht räumte ein, dass seine 1966 eingeschlagene Linie, staatliche Zuschüsse auf Wahlkampfkosten zu beschränken, nicht länger haltbar war. Parteien seien nicht nur dazu da, Wahlkämpfe abzuhalten, sie sammelten generell die im Volk vorhandenen Meinungen, Interessen und Bestrebungen, glichen sie in sich aus und formten sie zu Alternativen, unter denen die Bürger wählen könnten. »Nicht zuletzt über Parteien nimmt das Volk auch zwischen den Wahlen Einfluss auf die Entscheidungen der obersten Staatsorgane.«[31] An dem Grundsatz, dass die Parteien »staatsfrei« bleiben müssen, änderte der Senat nichts, wohl aber an seiner primären Stoßrichtung: Anders als 1966 ist von der Gefahr, dass die Staatsorgane die Willensbildung des Volkes manipulieren, kaum die Rede – umso mehr aber davon, dass die Parteien »sich aus ihrer gesellschaftlichen Verwurzelung« lösen. Die Richter sahen nunmehr das Hauptproblem darin, dass die Parteien sich aus der Staatskasse bedienten, sich vom Zuspruch ihrer Politik in der Gesellschaft unabhängig machten und zu abgelösten Machtkartellen mutierten.[32]

Auf dem Fundament dieser Erkenntnis errichtete das Gericht eigenhändig die Eckpfeiler eines verfassungsmäßigen Parteienfinanzierungsrechts, die der Gesetzgeber nur noch mit normativem Fachwerk auszufüllen hatte. Danach dürfen die Parteien sich bis zu einer relativen (an den Gesamteinkünften der Partei gemessenen) und absoluten (an den Gesamtausgaben des Staates für die Parteienfinanzierung gemessenen) Obergrenze Geld direkt vom Staat holen. Auch die Schwelle, ab der Parteispenden offengelegt werden müssen, bestimmte das Gericht, allerdings nicht ohne eine mahnende Anmerkung hinzuzufügen: »Allem Bemühen«, die Offenlegung der Parteispenden verfassungsrechtlich zu erzwingen, »sind Grenzen gesetzt«. Das Ziel, den politischen Einfluss von Spendern durch Transparenzvorschriften zu neutralisieren, könne man mit den Mitteln des Rechts »nur annäherungsweise (…) erreichen. Letztlich liegt es in der Verantwortung der Parteien selbst, den sachwidrigen Einfluss finanzkräftiger Interessenten vom sachgerechten zu unterscheiden und dem auf sie eindrängenden Druck der Interessenten zu widerstehen. Die Art und Weise, wie sie dieser Verantwortung gerecht werden, bestimmt zu einem wesentlichen Teil ihr Ansehen und damit zugleich das Ansehen des demokratischen Staates.«[33]

Dass dieser Appell zumindest bei der CDU nichts gefruchtet hatte, zeigte sich 1999: Erneut stellte sich heraus, dass die Partei von Ex-Kanzler Kohl zu dessen Regierungszeit im großen Stil »schwarze Kassen« im Ausland unterhalten und Spenden systematisch verschleiert hatte.[34] Kohl, der schon den Parteispendenskandal der achtziger Jahre nur mit viel Glück und einem erstaunlichen Maß an Unverfrorenheit politisch überlebt hatte, reagierte auf die Enthüllungen keineswegs zerknirscht: Im Gegenteil weigerte er sich unter Berufung auf sein »Ehrenwort«, die anonymen Spender wenigstens nachträglich zu nennen. Um wen es sich handelte, weiß bis heute außer Kohl kein Mensch – nur, dass es sie gab und sie ein derart dringliches Interesse daran hatten, anonym zu bleiben, dass selbst der Kanzler dieses Interesse höher gewichtete als die Verfassung.

Die Bürgerbewegung und das Ende der DDR

Die Bürgerbewegung hatte in Westdeutschland bereits viel von ihrem direkt-demokratischen Schwung verloren, als ihr in Ostdeutschland, im anderen, fast vergessenen Teil jenseits der innerdeutschen Grenze, ein spektakulärer Erfolg gelang. Auch dort gab es friedens- und umweltbewegte Christen und andere engagierte Bürger, und die machten sich Ende der achtziger Jahre daran, in immer größerer Zahl zu protestieren, auf die Straße zu gehen und den Mund aufzumachen, der furchtbaren Macht des Ministeriums für Staatssicherheit zu trotzen und auf diese Weise unter Einsatz ihrer Freiheit und ihres Lebens und ohne einen einzigen Schuss die vierzigjährige Diktatur der SED zu beenden.

Auch die »Volksdemokratie« DDR hatte sich auf das identitäre Demokratieideal berufen, als wahre Herrschaft des »werktätigen Volkes« unter Führung der Avantgarde der Arbeiterklasse, der kommunistischen Partei. Wie von Rousseau gepredigt und von den Jakobinern vorexerziert, erwuchs in der DDR »die Rechtmäßigkeit der Parteiherrschaft eben nicht aus der Mehrheit der *volonté de tous*, sondern aus der politischen Macht der *volonté générale*, die von einer Minderheit der um den Gang der Geschichte Wissenden und dadurch ›Aufgeklärten‹ definiert und ausgeübt wurde«.[35] Je mehr diese Macht zerbröckelte, je zahlreicher die Bürger dem Land bei jeder sich bietenden Gelegenheit den Rücken kehrten, je fadenscheiniger das Versprechen einer klassenlosen Gesellschaft und eines kommunistischen Paradieses wurde, desto dünner wurde die legitimatorische Basis, auf der das ganze Staatsgebäude ruhte. Die Bürgerinnen und Bürger, die am 9. Oktober 1989 die Leipziger Ringstraße entlangzogen und »Wir sind das Volk!« skandierten, auf die Gefahr hin, ähnlich wie die Studenten auf dem Tienanmen-Platz in Peking von Panzern niedergerollt und erschossen zu werden, bildeten zwar nur einen Bruchteil der DDR-Bevölkerung. Aber sie hatten das berechtigte Gefühl, mit ihrem Ruf die SED-Parteidiktatur aus den Angeln heben zu können. Zehn Tage später trat Erich Honecker zurück.

Auch in der DDR waren in den achtziger Jahren Ansätze zu einer oppositionellen Umwelt- und Friedensbewegung entstanden. Dazu kamen Bürgergruppen, die sich für die Einhaltung der Menschenrechte engagierten, deren Geltung die DDR-Regierung mit ihrer Unterschrift unter die KSZE-Schlussakte in Helsinki 1975 formell anerkannt hatte. Im Frühjahr 1989 gelang es oppositionell eingestellten Bürgern im ganzen Land, mit erheblichem organisatorischem Aufwand die SED-Regierung einer folgenschweren Lüge zu überführen: Am 7. Mai waren Kommunalwahlen angesetzt. Jeder wusste, dass die SED die Ergebnisse fälschte. Die Wahlbeteiligung lag stets bei 99 Prozent, obwohl offenkundig viele nicht hingingen. Freiwillige zogen in die Wahllokale und ließen sich dort die Zahl der abgegebenen Nein-Stimmen geben.

Überall zeigte sich, dass die Zahl vor der offiziellen Beaknntgabe herunterkorrigiert worden war.

Es ging dabei gar nicht so sehr um das korrekte Ergebnis. Niemand behauptete, dass die SED in Wahrheit die Wahl verloren hatte. Aber die Regierung hatte vorgegeben, die Zustimmung zu ihrer Politik durch ein objektives Verfahrens zu ermitteln, was ihr eine, wenn auch schmale Legitimationsbasis verschaffte. Diese von ihr selbst aufge-stellten Regeln hatte sie gebrochen. Wahlfälschung war auch nach DDR-Recht strafbar. Dafür fiel auch dem gläubigsten Anhänger des Marxismus-Leninismus keine plausible Rechtfertigung mehr ein.

Ende August begannen sich die informellen Netzwerke aus Bürgergruppen, Friedenskreisen und Einzelpersonen organisatorisch zu formieren. Die Schwäche der SED trat offen zu Tage und rief nach Strukturen, die in die entstandene Lücke stoßen konnten. Das erwies sich als ausgesprochen schwierig. Die Bürgerbewegungen waren nicht ausgezogen, um Macht zu erwerben, sondern um sich gemeinsam gegen die Macht zu wehren. Man war stolz darauf, ohne Hierarchien auszukommen, ohne interne Machtzirkel und verfestigte Strukturen. Ihr Kampf galt zwar primär der von der SED-Diktatur geprägten Verfassungswirklichkeit der DDR – aber deren parlamentarisch-repräsentatives Gegenstück in der Bundesrepublik war ihnen vielfach kaum sympathischer. Mit dem Ende der SED-Herrschaft schien sich die historisch einmalige Chance aufzutun, endlich jenen lange erträumten dritten Weg zwischen doktrinärem Parteikommunismus und liberalem Kapitalismus einzuschlagen und das Ideal der wahren, der identitären Demokratie zu verwirklichen, ohne Entfremdung zwischen Volk und Herrschenden und ohne »Ellenbogen- und Konsumgesellschaft«.

Die Machtscheu der Bürgerbewegung nutzte letztlich, wohl zu deren eigener Überraschung, der SED-Regierung: Sie wurde weder gestürzt noch davongejagt, sondern lediglich zum Hinsetzen gezwungen. Am 7. Dezember konstituierte sich im Kirchsaal der Herrnhuter-Brüdergemeinde in Berlin der so genannte »Zentrale Runde Tisch«, an dem je fünfzehn Vertreter der Oppositionsbewegung und der Blockparteien einschließlich der SED saßen. Ähnliches geschah auf lokaler und regionaler Ebene überall im Land. Nach polnischem, tschechoslowakischem und ungarischem Vorbild sollte diese Runde den friedlichen Übergang von der kommunistischen Alleinherrschaft zur Demokratie sicherstellen und unumkehrbar machen. Der Runde Tisch (genau genommen war er rechteckig) war von Anfang an ein Mythos: Alle sitzen gleichberechtigt, keiner erhöht, niemand am Tischende, alle in gleicher Nähe und Distanz. Besonders inspirierte Beobachter fühlten sich an König Artus' Tafelrunde erinnert, welche »ein gleichberechtigtes Neben- und Miteinander vieler in einem politischen Gemeinwesen auf der Suche nach Erlösung« sowie »das Moment des friedlichen Übergangs in eine transzendente Form des Seins« symbolisiere.[36]

In der ersten Sitzung wurde beschlossen, sofort mit der Arbeit an einer neuen Verfassung zu beginnen. In den folgenden Monaten erstellte eine Arbeitsgruppe einen vollständigen Verfassungsentwurf mit 136 Artikeln und einer von der Schriftstellerin Christa Wolf verfassten Präambel. Dieser Entwurf erwies sich als kuriose Mischung: Darin fanden sich Bruchstücke liberaler Verfassungstradition, wie etwa das freie Abgeordnetenmandat, neben orthodoxem Sozialismus – landwirtschaftlicher Grundbesitz von über 100 Hektar in privater Hand war verboten; Unternehmen und Gewerbebetriebe konnten ohne vollen Wertausgleich enteignet und verstaatlicht werden. Abtreibung war legal; »der Staat schützt das ungeborene Leben durch das Angebot sozialer Hilfen«. Umweltschutz war »Pflicht des Staates und aller Bürger«, die lebenslange Freiheitsstrafe ebenso abgeschafft wie die Wehrpflicht. Das Volk konnte in Plebisziten die Gesetzgebung unmittelbar mitbestimmen, und die Rolle der Bürgerbewegungen bei der politischen Meinungsbildung wurde ausdrücklich hervorgehoben: Sie genossen »als Träger freier gesellschaftlicher Gestaltung, Kritik und Kontrolle den besonderen Schutz der Verfassung«.

Am 4. April 1990 wurde der Entwurf der Volkskammer übergeben. In der Zwischenzeit hatte sich die Situation jedoch radikal gewandelt. Den Runden Tisch gab es nicht mehr; er war durch

die freien Volkskammerwahlen am 18. März 1990 überflüssig geworden. Sein Mythos war zuletzt ohnehin verblasst; je näher die
Volkskammerwahl rückte, desto mehr war er zum Schauplatz von
Profilierungskämpfen herabgesunken. Vor allem aber war den
Bemühungen der Bürgerbewegung, der DDR eine gerechtere und
demokratischere Verfassung zu geben, der Gegenstand abhanden
gekommen. Denn die DDR gab es eigentlich gar nicht mehr. Und
das war keine westdeutsch-kolonialistische Verschwörung, das
war nicht die Tat von Helmut Kohl und Willy Brandt und auch
nicht der Springer-Presse. Die Bürger der DDR hatten entschieden, wie sie leben wollten – wie die Westdeutschen nämlich, mit
der D-Mark und vollen Ladenregalen, mit möglichst viel Konsum
und möglichst wenig Verzicht um des Guten willen, sei dies nun
der Sozialismus oder der Frieden und der Umweltschutz. Bei der
Volkskammerwahl kamen die drei in der Bürgerbewegung wur-
zelnden Wahlbündnisse zusammen nur auf 5,05 Prozent.

Mehr Volk in die Verfassung?

Die Paradoxie dieses Moments war für die Bürgerrechtler, und
nicht nur für sie, kaum zu begreifen: Im Herbst hatte das »Volk der
DDR« seine Geschicke selbst in die Hand genommen, im Frühjahr
gab es sich wieder in fremde Hände? Im Herbst standen die Bürgerrechtler noch an der Spitze, im Frühjahr irgendwo im Abseits?
Was hatte das zu bedeuten? Waren diese sechs Monate der ultima-
tive Triumph der Idee der Volkssouveränität oder ihre bitterste
Niederlage?

Vorläufig verlagerte sich die Diskussion auf die das Grundgesetz ganz unmittelbar betreffende Frage, welcher Weg zur Wiedervereinigung beschritten werden sollte – der des Beitritts zum
Geltungsbereich des Grundgesetzes oder der einer neuen gesamtdeutschen Verfassungsgebung (siehe S. 68f.). Die Entscheidung
stand im Wesentlichen mit dem Ergebnis der Volkskammerwahl
fest. Der klare Wahlsieger, das konservative Wahlbündnis unter
Lothar de Maizière, hatte eine möglichst rasche Wiedervereini-

gung versprochen – vor allem, um die Ausreisewelle zu stoppen. Eine Nationalversammlung einzuberufen, monatelang mit ungewissem Ausgang tagen zu lassen und ihr Ergebnis einer Volksabstimmung zu unterwerfen, das hätte mehr Zeit und Mühe beansprucht, als die allermeisten Deutschen in Ost und West zu investieren bereit waren. Am 23. August legte sich die Volkskammer auf die Beitrittsvariante fest, und keine drei Monate später war die DDR Geschichte. Die Möglichkeit, nach Artikel 146 eine neue Verfassung ins Leben zu rufen, bestand theoretisch weiter, und so mühte sich ein »Kuratorium für einen demokratisch verfassten Bund deutscher Länder« aus ost- und westdeutschen Bürgerrechtlern nebst einer Anzahl Sozial- und Politikwissenschaftler noch eine Weile, die Anstöße des Runden Tisches zu verwirklichen, bis auch sie erkannten, dass der revolutionäre Moment von 1989 unwiederbringlich vorüber war.

Dabei beherrschte das Gefühl, dass nach dieser epochalen Zäsur verfassungsrechtlich nicht einfach alles beim Alten bleiben könne, auch die Protagonisten der Beitrittslösung: Der Einigungsvertrag empfahl in Artikel 5 Bundesrat und Bundestag, »sich innerhalb von zwei Jahren mit den im Zusammenhang mit der deutschen Einigung aufgeworfenen Fragen zur Änderung oder Ergänzung des Grundgesetzes zu befassen«. Eine Kommission aus je 32 Bundestagsabgeordneten und Länderministern nahm im Januar 1992 ihre Arbeit auf und ermutigte die Bürger, Eingaben und Vorschläge einzusenden. Das taten diese aber nur begrenzt. Nur ein Thema stieß auf gewisse öffentliche Resonanz – die Frage, ob das Grundgesetz um »plebiszitäre Elemente« erweitert werden solle.

Die prinzipiellen Argumente für und gegen Volksabstimmungen waren in Westdeutschland schon seit Jahrzehnten durchdiskutiert worden. Den Haupteinwand hatte bereits Theodor Heuss im Parlamentarischen Rat formuliert: Volksabstimmungen seien eine »Prämie für jeden Demagogen«.[37] Vielfach wurden seine Worte als Warnung vor Weimar gedeutet – untauglicherweise, denn in der Weimarer Reichsverfassung gab es zwar Plebiszite, aber die tatsächlich durchgeführten Volksabstimmungen hatten beim Sturz

227

der Demokratie keine entscheidende Rolle gespielt. Dennoch fehlte es nicht an historischen Belegen für Heuss' These – etwa der Staatsstreich des nachmaligen Kaisers Napoleon III., der 1851 in Frankreich gegen die Zweite Republik putschte, Tausende von politischen Gegnern deportieren und sich mittels eines Plebiszits vom Volk unbeschränkte Macht einräumen ließ.[38]

In den Gründungsjahren der Bundesrepublik gab es obendrein, so kurz nach dem Ende der NS-Diktatur, gute Gründe, dem deutschen Volk und seinem Willen zur Demokratie zu misstrauen. Dieses Argument verlor im Lauf der Jahre an Zugkraft, was aber nichts änderte: In den siebziger Jahren überprüfte die von der Regierung Brandt einberufene Enquête-Kommission zur Verfassungsreform das Für und Wider von Volksabstimmungen im Grundgesetz, mit negativem Ergebnis. Auch in der neuerlichen Verfassungsreformkommission, die am 5. November 1993 ihren Abschlussbericht vorlegte, war wegen des Widerstands der CDU/CSU die nötige Zweidrittelmehrheit unerreichbar.

Plebiszite kennt das Grundgesetz bis heute nicht, auch wenn die Diskussion vor allem im Umfeld europarechtlicher Verträge regelmäßig wieder aufflammt. In der staatsrechtswissenschaftlichen Debatte wird das Thema mittlerweile relativ entspannt diskutiert. Als »Balancierungs- und korrigierendes Element«[39] in der repräsentativen Demokratie können sich auch solche Staatsrechtler für punktuelle Volksbegehren und Volksentscheide erwärmen, die für die »Identität von Regierenden und Regierten« nichts übrig haben. Auf Landes- und vor allem auf kommunaler Ebene sind denn auch in den letzten Jahren die Voraussetzungen für Plebiszite geschaffen und in erheblichem Umfang genutzt worden.

In der Verfassungsreformkommission von 1992/93 tauchte allerdings ein neues Argument für die Einführung plebiszitärer Elemente auf. Wolfgang Thierse, der spätere Bundestagspräsident, forderte sie gleichsam als verfassungsrechtliche Verneigung vor der friedlichen Revolution von 1989: »Als neuer Bundesbürger« könne er nur nachdrücklich dafür plädieren, »dass wir unsere Erfahrungen aus dem leidenschaftlichen Aufbruch im Herbst 1989, einem Akt (...) der Selbstbefreiung, mitbringen dürfen. Denn sie allein konstituiert den Rest von Selbstbewusstsein, den wir in diesem gemeinsamen Land noch haben dürfen.« Die aus der DDR kommenden Deutschen wollten »das positive Erlebnis von unmittelbarer Demokratie, das uns wie ein Fest erschien, festhalten und mitbringen«. Das Fest-Erlebnis von 1989 stellte Thierse in scharfen Gegensatz zur trüben Realität der bundesdeutschen Parlamentsdemokratie, zum »Politikmonopol der Parteien«, das »den Volkssouverän auf Akklamation bei Wahlen reduziert«.[40]

Ob die Einführung bundesweiter Plebiszite im Grundgesetz tatsächlich dem »Rest von Selbstbewusstsein« der ehemaligen DDR-Bürger wieder auf die Beine geholfen hätte, ist ungewiss. Tatsache ist jedoch, dass sich nach dem Beitritt der fünf ostdeutschen Bundesländer zum Geltungsbereich des Grundgesetzes am 3. Oktober 1990 sehr schnell herausstellte, dass sich eine bestürzend große Zahl der 17 Millionen neuen Bundesbürger mit den politischen Realitäten im vereinigten Deutschland nur schwer abfinden wollte. Und auch im Westen fiel das ohnehin schon angeschlagene Ansehen der Politik ins Bodenlose. 1992 wurde das alte Schlagwort von der »Politikverdrossenheit« zum »Wort des Jahres« gewählt. Im gleichen Jahr sprach Bundespräsident Richard von Weizsäcker sein Aufsehen erregendes Wort von der »Machtversessenheit und Machtvergessenheit« der Parteien.[41]

Der Anstieg der Politikverdrossenheit hatte zweifellos mit den Kosten der Wiedervereinigung zu tun, die entgegen den Versprechungen der Regierung Kohl mittlerweile offenbar geworden waren. Neu war das Phänomen nur quantitativ, nicht qualitativ: Die Demokratie und ihre Institutionen in der Bundesrepublik blieben von dem Vertrauensverlust zunächst unberührt.[42] Ab Mitte der neunziger Jahre begann sich dies aber zu wandeln. Nicht nur die Art und Weise, wie Demokratie in Deutschland praktiziert wird, missfiel immer mehr Bürgern, sondern auch die Idee der Demokratie an sich – und zwar im Osten viel dramatischer als im Westen. Dieser Trend verschärfte sich in den folgenden zehn Jahren immer mehr. Glaubt man den Umfragen, sind die dem Grundgesetz freundlich gesinnten Demokraten in Ostdeutschland mittlerweile sogar relativ in der Minderheit.[43]

Von der »Politikverdrossenheit« der achtziger und frühen neunziger Jahre unterscheidet sich diese primär ostdeutsche, aber auch im Westen um sich greifende Kollektiveinstellung ganz erheblich. Es geht nicht länger um moralisch begründete Politiker-schelte oder um die Kluft zwischen Verfassungsanspruch und -wirklichkeit, es geht um die Verfassungsordnung selbst.

2004 zog die rechtsextreme NPD mit 9,2 Prozent in den sächsischen Landtag ein. 2006 gelang ihr derselbe Erfolg mit 7,3 Prozent in Mecklenburg-Vorpommern. 1964 als nationalkonservative Sammlungsbewegung am äußersten rechten Rand begründet, hatte sie sich unter ihrem Vorsitzenden Udo Voigt massiv radikalisiert und für harte, gewalttätige Neonazis geöffnet. Der Versuch, sie in Karlsruhe als verfassungsfeindliche Partei verbieten zu lassen, war 2003 kläglich gescheitert (siehe S. 163ff.). Dass sie verfassungsfeindlich ist, bezweifelt indes niemand – auch ihr Vorsitzender äußert sich öffentlich sehr freimütig dazu. »Es ist unser Ziel, die BRD ebenso abzuwickeln, wie das Volk vor fünfzehn Jahren die DDR abgewickelt hat«, erklärte der ehemalige Berufssoldat kurz nach der Sachsen-Wahl in einer nationalkonservativen Wochenzeitung.[44]

Auch die NPD nennt sich demokratisch: Sich auf den Willen des Volkes zu berufen, fällt den Völkischen nicht schwer. Dem »liberal-kapitalistischen System« werde man nach der nationalen Erhebung ein Ende setzen – und zwar durch »Volksgemeinschaft« und ein »revolutionär verändertes Wahlrecht«. Über die neue Ordnung werde das deutsche Volk »in freier Selbstbestimmung« entscheiden. Volksabstimmungen seien dabei ein »wichtiger Eckpfeiler«.[45]

Voigts prahlerische Hoffnung, dass in Sachsen am Wahlabend 2004 die »nationale Erhebung« begonnen habe, ist indessen enttäuscht worden. Bei den Landtagswahlen in Westdeutschland blieb die NPD völlig erfolglos, ebenso bei der Bundestagswahl 2005. Auch in Sachsen kam die NPD bei den Kommunalwahlen 2008 nur noch auf 5,1 Prozent. Dass das Glück der Deutschen, die ihr Fernsehgerät aus Südkorea und das Fernsehprogramm aus den Vereinigten Staaten beziehen und den Grenzübertritt ins europäische Ausland kaum noch als solchen wahrnehmen, ausgerechnet in der »Volksgemeinschaft« zu suchen sei, leuchtet offenbar außerhalb der Sächsischen Schweiz nur relativ wenigen Menschen ein.

Anpassung oder Verfall?
Entparlamentarisierung und Informalisierung

Nicht nur die Verfechter eines identitären Demokratieideals, sondern auch und gerade die Befürworter des repräsentativen Parlamentarismus waren mit der Verfassungswirklichkeit der Bundesrepublik keineswegs immer einverstanden. Von Beginn an sorgten sich Verfassungsjuristen und Politologen um die wachsende Kluft zwischen Grundgesetz und Realität. Kein Bereich eignete sich so sehr, das Auseinanderklaffen von Norm und Praxis anzuprangern, wie der Parlamentarismus.

Dass Artikel 38 Absatz 1 Satz 2 GG – wonach die Abgeordneten des Deutschen Bundestages »Vertreter des ganzen Volkes, an Aufträge und Weisungen nicht gebunden und nur ihrem Gewissen unterworfen« sind – mit dem parlamentarischen Alltag wenig bis nichts zu tun hat, war schon in der ersten Legislaturperiode offenbar geworden: In Wirklichkeit saßen die Abgeordneten als Vertreter ihrer Partei im Bundestag, die sie nominiert und auf ihre Wahlliste gesetzt hatte. Sie hatten täglich zwar nicht »Aufträge und Weisungen«, aber doch Erwartungen im Dutzend zu erfüllen, aus der Partei, aus der Fraktion und von Lobbys und Interessengruppen, deren Unterstützung sie politisch brauchten. Auch dem klassischen Gedanken der Gewaltenteilung, wonach das Parlament die allgemeinen Regeln des Zusammenlebens festlegt und die Regierung bei der Umsetzung dieser Entscheidungen kontrolliert, schien die parlamentarische Wirklichkeit Hohn zu sprechen: Vier von fünf Gesetzen werden nicht von Abgeordneten, sondern von Ministerialbeamten geschrieben, und tatsächlich vollzieht nicht die Regierung den Willen des Parlaments, sondern genau umgekehrt.

1984 starteten die FDP-Politikerin Hildegard Hamm-Brücher und 110 weitere Abgeordnete aus allen Fraktionen eine Initiative mit dem Ziel, Buchstaben und Wirklichkeit der Verfassung wieder zusammenzuführen und dem »freien Abgeordnetenmandat« seinen ursprünglichen Rang zurückzugeben. Der Antrag stieß bei allen Fraktionen auf warme Sympathie. »Ein selbstbewusstes Parlament sollte sich nehmen, was ihm rechtlich wie politisch zukommt«, appellierte Bundestagspräsident Rainer Barzel.[46] Obwohl der Antrag einstimmig angenommen wurde, blieb er vollkommen wirkungslos.

Nun kann man in Frage stellen, ob an dieser Stelle Verfassung und Verfassungswirklichkeit tatsächlich so weit auseinanderklafften wie von den Abgeordneten wahrgenommen. Immerhin ist die Garantie des freien Abgeordnetenmandats in erster Linie als Abwehrrecht gegen Pressionen der Regierung entstanden. Insoweit ist seine Bedeutung hauptsächlich historischer Natur, denn heute wird die Regierung vom Parlament gewählt. Schon deshalb kann das altliberale Ideal eines Honoratiorenparlaments, das in freier Rede und mit der Kraft des Arguments der bewaffneten Hoheitsgewalt des Monarchen die Stirn bietet, nicht das des Grundgesetzes sein.

Hinter dem wachsenden Unbehagen der Parlamentarier steckte aber mehr als nur Nostalgie. Tatsächlich machte sich in den achtziger Jahren bemerkbar, dass die Politik auf schleichende und beunruhigende Weise ihren Ort verlagert hatte. Das Parlament, die unmittelbare Vertretung des Volkes, war nicht mehr zentraler Schauplatz des Geschehens. Die eigentlichen Entscheidungen fielen längst anderswo. Das parlamentarische Gesetzgebungsverfahren schien mehr und mehr zu einem leeren Ritual zu degenerieren.

Andere, informelle Gremien waren entstanden, die sich offenbar viel besser für die politische Entscheidungsfindung eigneten: Nach der Bundestagswahl 1983 hatte CSU-Chef Franz Josef Strauß, der dem Kabinett nicht angehörte, auf einem »Koalitionsgremium« bestanden, um sich von München aus Einfluss auf die Bonner Politik zu sichern.[47] Diese Runden erwiesen sich als äußerst nützlich, um unter Ausschluss der Öffentlichkeit zwischen den verbissen streitenden Koalitionspartnern tragbare Kompromisse auszuhandeln und so die Regierung einigermaßen handlungsfähig zu halten. In der Großen Koalition unter Angela Merkel wurde der mittlerweile monatlich tagende Koalitionsausschuss zum wichtigsten Entscheidungsgremium der Politik.

Aber nicht nur innerhalb des Staates, auch im Verhältnis zu privaten Interessen verlagerte sich die Politik immer mehr ins Informelle: Konsensrunden und Expertenkommissionen, die schon unter Helmut Kohl die politische Landschaft bereicherten, wurden ab 1998 zum Kennzeichen der rot-grünen Regierung Gerhard Schröders. Viele der gesetzgeberischen Monumentalbauten seiner Regierungszeit, allen voran die nach dem Kommissionsvorsitzenden Peter Hartz benannten Arbeitsmarktreformen 2002, ließ Schröder in solchen mit Interessenvertretern aller Couleur bestückten Runden bis ins Detail durchplanen, bevor sie auf der offiziellen Tagesordnung des Gesetzgebers auftauchten.

Schröders unzählige Kommissionen waren sichtbarer Ausdruck eines längerfristigen Trends, der längst alle Bereiche staatlichen Handelns durchzieht und den viele Verfassungsjuristen als unheimlich empfinden. Nach der verfassungsrechtlichen Theorie sollen gesellschaftliche Konflikte dadurch gelöst werden, dass der Staat abstrakte und für alle geltende Regeln in Kraft setzt – formelle Gesetze also. Dem geht eine öffentliche Debatte im Parlament voraus, die gewährleistet, dass die Regierungslösung gut begründet ist und die Opposition Gelegenheit bekommt, alternative Lösungen zur Diskussion zu stellen. Die Praxis sieht häufig ganz anders aus: An die Stelle der hoheitlichen Entscheidung ist die Verhandlung getreten. Wenn die Regierung ein gesellschaftliches Problem erkennt, setzt sie sich mit denjenigen, die das Problem erzeugen, zusammen und handelt eine Lösung aus. Das Ergebnis hat mehr Ähnlichkeit mit einem Vertrag als mit einem Gesetz, wenngleich es anschließend oft zu einem solchen wird. Nicht selten ersetzt die Abmachung aber auch das Gesetz: Die bloße Möglichkeit, die Sache gesetzlich zu regeln, genügt der Regierung, um den Problemerzeuger zur Kooperation zu bewegen.

Der Grund für diesen Trend liegt in den enorm gestiegenen Anforderungen, denen der Staat sich ausgesetzt sieht: Die Gesellschaft macht ihn für Probleme verantwortlich, deren Ausmaß und Komplexität sich in den Gründertagen der parlamentarischen Demokratie noch niemand hätte vorstellen können – von den zyklischen Schwankungen der Weltkonjunktur bis zur Klimaerwärmung. Mit den klassischen rechtsstaatlichen Mitteln – Gesetz, Verordnung, hoheitlicher Verwaltungsakt – kommt der Staat oft nicht mehr weit: Er ist auf die Kooperation der Problemerzeuger angewiesen, schon um an die nötigen Informationen zu kommen. Er muss ihre Interessen und Wünsche berücksichtigen, denn tut er es nicht, verfügen die Regelungs-»Unterworfenen« über unzählige Möglichkeiten, seine Ziele und Erwartungen zu durchkreuzen.[48]

Vor allem Verfassungsjuristen graut vor dieser offenbar unaufhaltsamen Entwicklung, die sie für den Substanzverlust des Parlaments, der »Entscheidungsmitte der Demokratie«,[49] verantwortlich machen. Nicht weniger graut ihnen allerdings vor der Erkenntnis, dass sich mit den Mitteln des Verfassungsrechts dagegen nur wenig ausrichten lässt: Sosehr die Informalisierung anscheinend die parlamentarische Demokratie bedroht – zu handfesten Verfassungsverstößen, gegen die sich das Bundesverfassungsgericht anrufen ließe, kommt es nur selten, zumal das Parlament seiner eigenen Entmachtung selbst keinen nennenswerten Widerstand entgegensetzt.[50] Und auch verfassungs*politisch* scheint kein Kraut dagegen gewachsen: Man kann der Regierung das Verhandeln ja nicht verbieten.

Der Grad der Alarmiertheit hängt allerdings stark davon ab, was man vom Parlament überhaupt erwartet. Die Idee, es müsse in offener Debatte um die Erkenntnis des Richtigen ringen und als »Gesetzgeber« diese Erkenntnis in rechtliche Formen gießen, ist keineswegs alternativlos. Nach dem Grundgesetz hat der Bundestag auch andere Aufgaben: Er wählt den Kanzler, der die Richtlinien der Politik bestimmt. »Das Parlament regiert nicht, auch nicht in Teilen, sondern lässt regieren.«[51] So gesehen besteht seine Aufgabe nicht darin, die politischen Entscheidungen aus seinem Inneren hervorzubringen, sondern die Regierungspolitik zu vermitteln, ihr Für und Wider sichtbar zu machen und sie mit den verschiedenen gesellschaftlichen Interessen und Wertvorstellungen abzugleichen. Und nach diesem Maßstab lassen sich bislang nicht allzu viele Beispiele anführen, bei denen informelle Regierungsverhandlungen das Parlament tatsächlich hätten ins Leere laufen lassen – am allerwenigsten die Hartz-Beschlüsse, die bekanntlich die Regierung Schröder bis an den Rand des parlamentarischen Scheiterns führten. Auch dort, wo Kommissionsbeschlüsse und Abmachungen an die Stelle gesetzlicher Regelungen getreten sind – etwa der 2002 vorgelegte »Corporate-Governance-Kodex«, der die börsennotierten Aktiengesellschaften auf bestimmte Standards der Unternehmensaufsicht und -kontrolle verpflichten soll –, hatte es an öffentlicher und auch parlamentarischer Debatte nicht gefehlt.

Im Übrigen ist das Grundgesetz keineswegs unschuldig, wenn sich das Parlament von lauter Verhandlungsprozessen umzingelt fühlen muss, die seinen Entscheidungsspielraum einengen. Das liegt nicht zuletzt an der Institution des Bundesrats. Die Länderkammer ist seit den neunziger Jahren zu einem Instrument informeller Politik sondergleichen geworden, und dies nicht trotz, sondern wegen ihrer verfassungsrechtlichen Ausgestaltung: Sie setzt sich aus Regierungsmitgliedern der Länder zusammen und nicht, wie etwa der Senat in den USA, aus gewählten Ländervertretern. Dies hatte dazu geführt, dass sich die Zuständigkeiten im Bundesstaat auf nahezu unentwirrbare Weise miteinander verflochten und die Landtage kaum noch substanzielle Gesetze zu beschließen hatten (siehe S. 134ff.). Damit hatte sich aber auch die Funktion der Landtagswahlen geändert: Die Wähler waren zunehmend dazu übergegangen, sie als eine Art regionale Zwischen-Bundestagswahl zu behandeln und mit ihrer Stimme die Politik der Bundesregierung zu kommentieren. Die Konsequenz: Wer in Bonn regierte, sah sich über kurz oder lang einer feindlichen Mehrheit im Bundesrat gegenüber. So ging es der sozialliberalen Regierung von 1972 bis 1982, so ging es Helmut Kohl in den Neunzigern und der rot-grünen Regierung nahezu während ihrer gesamten Dauer von 1999 bis 2005.

Damit stand die Opposition vor der Alternative, entweder zu blockieren oder zu kooperieren. Die erste Strategie, von der SPD 1997 erfolgreich gegen Helmut Kohls Steuerreform eingesetzt, hat ihre Risiken, wie die Union 2000 erfuhr, als die geplante Revanche misslang und Gerhard Schröder sich für seine Steuerreform die Bundesratsmehrheit kurzerhand zusammenkaufte. Die Alternative hat aber ebenfalls Schattenseiten: Wenn sich die Opposition auf Verhandlungen mit der Regierung einlässt, hört sie auf, Opposition zu sein. Sie ist nicht mehr Alternative zur Regierung, sondern trägt selbst Mitverantwortung für deren Erfolge oder Misserfolge. Und die Regierung kann ihrerseits ohne Zustimmung der politischen Konkurrenz kaum noch einen Schritt tun. Es ist kein Zufall, dass sich Union und SPD gerade auf dem Scheitelpunkt dieser Entwicklung im Jahre 2003 – wenn auch zunächst erfolglos – zu einer Föderalismusreform entschlossen, um diese für alle Seiten schädliche »informelle große de-facto-Koalition auf Dauer«[52] wieder beenden zu können (siehe S. 137f.).

Für Verhandlungen zwischen Regierungsmehrheit und Bundesrat gibt es den so genannten Vermittlungsausschuss: Vertreter beider Seiten setzen sich hinter verschlossener Tür zusammen und formulieren einen Einigungsvorschlag, den der Bundestag akzeptieren oder ablehnen, aber nicht mehr inhaltlich verändern kann. Das allein schon schmälert den Gestaltungsbereich des Parlaments: Das Vermittlungsergebnis abzulehnen, wäre meist nur um den Preis enormen politischen Schadens möglich, daher bleibt faktisch oft nur die kritiklose Zustimmung. Über solche Kompromisspakete können aber auch Regelungen ins Gesetzgebungsverfahren eingespeist werden, mit denen sich das Parlament noch nie beschäftigt hat. Das Bundesverfassungsgericht hatte 2000 dem Vermittlungsausschuss zwar untersagt, parlamentarisch unberatene Regelungen in seine Einigungsvorschläge aufzunehmen.[53] Doch dieser zeigte sich wenig beeindruckt: In der Nacht vom 14. auf den 15. Dezember 2003 schnürten SPD, CDU, CSU und FDP ein steuer- und arbeitsmarktpolitisches Vermittlungspaket von nie da gewesenen Ausmaßen. Teil des Pakets war ein von den Ministerpräsidenten von Hessen und Nordrhein-Westfalen, Roland

Koch und Peer Steinbrück, ausgehandeltes Programm zum Subventionsabbau. Diese so genannte »Koch-Steinbrück-Liste« war zuvor mit keinem Wort im Parlament diskutiert worden.

Eine Entscheidung des Bundesverfassungsgerichts dazu steht noch aus. In einem anderen Fall, der die Unternehmensteuerreform 1997 betraf, hat das Gericht mittlerweile aber zu deutlichen Worten gefunden: »Der Vermittlungsausschuss darf mit seinem Vorschlag weder ein ihm nicht zustehendes Gesetzesinitiativrecht beanspruchen noch das parlamentarische Gesetzgebungsverfahren verkürzen und der öffentlichen Aufmerksamkeit entziehen«, schreiben die Richter. Er dürfe nur Regelungen vorschlagen, die bis zur letzten Lesung im Bundestag eingeführt und zumindest in ihrer »sachlichen Tragweite dem Grunde nach erkennbar« waren. Bloße Zielformulierungen genügen nicht.[54] Dennoch konnte sich das Gericht nicht dazu durchringen, das Gesetz für nichtig zu erklären: Das sei nur bei evidenten Verfahrensmängeln angemessen, und ein solcher liege hier nicht vor. Faktisch bleibt es damit dabei, dass die Arkan-Gesetzgebung im Vermittlungsausschuss keine Sanktionen befürchten muss.

Die Länder waren aber nicht nur Motor der Informalisierung, sondern bisweilen auch Leidtragende: Das zeigte sich, als die rot-grüne Bundesregierung im Juni 2000 den »Atomkonsens« mit den vier großen Energieversorgungsunternehmen verkündete. Nach der grundsätzlichen Einigung über den Ausstieg aus der Kernenergie hatte das von Jürgen Trittin (Grüne) geführte Bundesumweltministerium mit dem Stromerzeuger RWE ein detailliertes Konzept zur Laufzeitbegrenzung und Nachrüstung des hessischen Kernkraftwerks Biblis A ausgehandelt. Das von CDU und FDP regierte Land Hessen, das nach dem Grundgesetz eigentlich für atomrechtliche Genehmigungsverfahren zuständig war, fand sich vor vollendete Tatsachen gestellt: Es war weder beteiligt noch unterrichtet oder auch nur angehört worden. Ihm blieb nur noch, das Verhandlungsergebnis in die Form eines Verwaltungsbescheids zu bringen. Hessen klagte in Karlsruhe – vergebens: Die Senatsmehrheit konnte keinen Verstoß gegen die Kompetenzordnung des Grundgesetzes erkennen. Die Länderverwaltung handle im Bereich des Atomrechts im Auftrag des Bundes und müsse sich daher dessen Anordnungen fügen. Im Rahmen dieser Anordnungsbefugnis dürfe der Bund, solange er keine informale Nebenverwaltung aufbaue, auch direkt mit den an dem Genehmigungsverfahren des Landes beteiligten Dritten verhandeln.[55] Zwei der acht Richter waren anderer Meinung: Das Vorgehen des Bundes »desavouiert das Land«, warnten die Richter Udo Di Fabio und Rudolf Mellinghoff; »es erscheint als ohnmächtiges Werkzeug des Bundeswillens. Damit wird die auch der Freiheitswahrung der Bürger dienende vertikale Gewaltenteilung jedenfalls im Bereich der Bundesauftragsverwaltung zu einer substanziell entleerten Fassade.«[56]

Die Informalisierung der öffentlichen Verwaltung kann auch ein ganz anderes Gesicht annehmen. 1985 verklagte der Nudelhersteller Birkel das Land Baden-Württemberg auf Schadensersatz in Höhe von 43 Millionen DM, weil eine Landesbehörde in einer irreführenden Pressemitteilung Birkel-Nudeln in Zusammenhang mit ekelerregenden Flüssigeiprodukten gebracht hatte. Die Behörde hatte keinen Verwaltungsakt erlassen, hatte von ihrer Hoheitsgewalt gar keinen Gebrauch gemacht – und doch ein Privatunternehmen um einen Millionenbetrag gebracht. Der Grundrechtsschutz reicht in solchen Fällen nicht weit. Das Bundesverfassungsgericht ordnete diese Art informellen Verwaltungshandelns 2002 – es ging um die Veröffentlichung einer Liste angeblich glykolverseuchter Weine – als ganz normale »Teilhabe an öffentlicher Kommunikation« ein, die den Schutzbereich der freien Berufsausübung nicht einmal berühre.[57]

Nicht nur Gesetzgebung und Verwaltung, auch die Justiz kann sich dem Trend zur Informalisierung immer weniger entziehen. Eine große Zahl von Strafverfahren, vor allem komplizierte und langwierige Wirtschafts- und Steuerstrafsachen, enden mittlerweile in einem so genannten »Deal« zwischen Staatsanwalt, Verteidigung und Gericht: Man einigt sich auf die Schuld des Angeklagten und auf ein moderates Strafmaß, das Gericht kann die Akten schließen, und alle sind zufrieden. Auf der Strecke bleiben die klassischen Grundsätze des rechtsstaatlichen Strafprozesses: Danach legitimiert sich die staatliche Strafe – mit der schärfste Grundrechtseingriff, den man sich vorstellen kann – aus dem Anspruch, von Amts wegen in öffentlicher Hauptverhandlung die Wahrheit über die Tat ermittelt zu haben. Jetzt legitimiert sich die Strafe dadurch, dass der Angeklagte ihr demütig zustimmt – auch wenn er zuvor durch jahrelange Untersuchungshaft »weichgekocht« wurde.

Gemeinsam ist all diesen Strängen der Informalisierung, dass das klassische Rechtsstaatsverständnis an seine Grenzen stößt. Die formellen und materiellen Regelungen des nationalen Gesetzgebers, auch des Verfassungsgesetzgebers, erweisen sich als unzureichend, um mit der Komplexität der Sachverhalte fertig zu werden. Kein noch so tüchtiger Strafrichter kann allein mit dem Strafrechtstatbestand der Untreue die Schuld oder Unschuld des Managers eines globalen Investmentfonds ermessen. Kein noch so rechtskundiger Oberregierungsrat kann über den Genehmigungsantrag eines investitionswilligen Chemiekonzerns allein mit einem Blick ins Bundesimmissionsschutzgesetz entscheiden. Energie und Umwelt, Wirtschaft und Handel, Datenverkehr und Migration, Kriminalität und Terror – wo immer der Staat auf regelungsbedürftige Probleme trifft, stößt er an seine Grenzen.

Weltordnungen: NATO-Runde
in Paris, 1957.

KAPITEL 6

Jenseits der Grenzen
Das Grundgesetz unter Globalisierungsdruck

Anfang der neunziger Jahre mehrten sich die Anzeichen, dass die nationalstaatlichen Verfassungen durch Prozesse ausgehöhlt werden, die grenzüberschreitend stattfinden und keine Rücksicht nehmen auf die Ansprüche der Nationalstaaten, ihren Bürgern eine letztverbindliche Rechtsordnung zu bieten. Eine mit Gewinnen lockende, aber auch mit den Risiken ihrer hypersensiblen Finanzmärkte drohende globale Wirtschaft schien die Staaten zu erpressbaren, nur noch reagierenden Wirtschaftsstandorten zu degradieren, die sich keinen politischen Gestaltungswillen mehr leisten konnten. Ein gleichfalls global operierender Terrorismus hatte diesen Staaten den Kampf angesagt und trieb sie zur Entgrenzung ihrer Sicherheitsregime. In der Rückschau erschienen die vier Nachkriegsjahrzehnte der Bundesrepublik wie ein »Goldenes Zeitalter«[1] des demokratischen Rechts- und Interventionsstaates, der anscheinend früher noch in der Lage gewesen war, seine Ressourcen zu kontrollieren, Recht zu setzen und zu sprechen, demokratische Legitimität zu erzeugen und soziale Gerechtigkeit herzustellen.

Nostalgische Betrachtungsweisen erzeugen jedoch Zerrbilder – sowohl der Vergangenheit, deren Nöte und Zwänge vergessen werden, als auch der Gegenwart und Zukunft, die mehr Alternativen und Chancen bieten, als es auf den ersten Blick erscheinen mag. Der Topos der »Entstaatlichung« hat in der jüngsten Finanzkrise viel von seiner Evidenz eingebüßt: Fast scheint es, als stehe dem rettenden Interventionsstaat – verkörpert durch »Super-Sarko«, den französischen Staatspräsidenten Nicolas Sarkozy – eine Renaissance bevor. Die überstaatlichen Strukturen sind jedoch einstweilen nicht die Verlierer dieses Prozesses. Weiterhin schaffen private und staatliche Akteure auf transnationaler, supranationaler, internationaler Ebene neue Ordnungen, Regeln und Verfahren, um ihre eigenen Interessen, aber auch universalisierte Werte durchzusetzen.[2] Der Raum von Rechtsstrukturen und -normen, der sich jenseits des Geltungsbereichs des Grundgesetzes ausbildet, lag lange Zeit im Dunkeln und wird erst in jüngster Zeit systematischer beobachtet und wissenschaftlich vermessen. Vielleicht wird einmal aus ihm so etwas wie eine fest gefügte, verlässliche »Verfassung« entstehen. Vielleicht wird jedoch unsere Normenwelt am Ende nur noch eine Trümmerlandschaft sein, wie sie der Rechtshistoriker Rainer Maria Kiesow in einem apokalyptischen Szenario als »Weltrecht Ruinenrecht« ausmalt, in dem Juristen als »Partisanen des Augenblicks« regieren.[3] Wahrscheinlich ist aber auch diese gedankliche Alternative falsch und lediglich Ausdruck von Nostalgie: Auch heterogene, dynamische Rechtsstrukturen könnten in der Lage sein, dem Einzelnen ausreichenden Rechtsschutz zu bieten und Freiheitsgewinne zu ermöglichen, die hinter den Angeboten des Nationalstaats nicht unbedingt zurückbleiben müssen. Vielleicht lässt es sich in wetterfest gemachten und hübsch eingerichteten Ruinen sogar besser wohnen als in einem Haus, durch dessen Dach es regnet und dessen ewig gleiche Zimmerfolge uns beengt?

Wohin immer diese Entwicklung führen wird – sicher ist, dass die nationalstaatlichen Verfassungen weder überflüssig sein werden noch ihre hegemoniale Stellung, ihre »Kompetenz-Kompetenz«[4] in allen rechtlich zu regelnden Lebensbereichen werden aufrechterhalten können. Vor allem die supranationale Europäische Union (EU), aber auch internationale Rechtsgebilde wie die Welthandelsorganisation (WTO) und die Vereinten Nationen (UN) wirken in die einzelnen Nationalstaaten hinein, nachdem sie von diesen einst selbst errichtet wurden. Die Staaten gehen ebenso von sich aus mit transnationalen Organisationen privatrechtlicher Natur zunehmend Partnerschaften ein, um deren Problemlösungskompetenzen für »gutes Regieren« zu nutzen. In der Regel liegen diese zwischenstaatlichen und staatlich-privaten Kooperationen wie auch die Entstehung supranationaler Behörden im Interesse aller Beteiligten; sie sind politisch gewollt. Für das Staatsrecht allerdings ergeben sich daraus Schwierigkeiten, die in den althergebrachten Kategorien kaum zu lösen sind. Zwei eng miteinander verknüpfte Konzepte des Staatsrechts werden durch Globalisierung und Internationalisierung besonders herausgefordert: zum einen die nationalstaatliche Souveränität, da die Staaten zwar durch Kooperationen einerseits ihre Handlungsspielräume erweitern, sich andererseits aber auch binden. Die Kooperationen werden irreversibel und entfalten eine Eigendynamik, die sich zunehmend nationalstaatlicher Kontrolle entzieht. Auch die demokratische Legitimation ist betroffen, da die Kooperationen von den Exekutiven ausgehen und somit viele Bereiche nicht mehr dem Gesetzgebungsmonopol der Parlamente unterliegen.

Tatsächlich funktionieren die internationalen, supranationalen und transnationalen Rechtsetzungen und Rechtsfindungen häufig ganz anders, als es im Grundgesetz vorgesehen ist. Das Berufungsgericht der WTO zum Beispiel, der »Appellative Body«, spricht Recht auf der Grundlage von Normen, die in Expertengremien entwickelt worden sind. Die Instanzen, die im Sinne der Gewaltenteilung eigentlich Gesetze erlassen sollen – die gewählten Parlamente –, sind an diesen Verfahren überhaupt nicht mehr beteiligt. Auch die Regierungen, die ursprünglich durch internationale Abkommen das Gericht ins Leben gerufen haben, kommen ohne private Akteure nicht mehr aus. Beraterfirmen, Rechtsanwaltskanzleien, Lobbyisten, Wissenschaftler, unterschiedliche Nichtregierungsorganisationen bereiten die Abkommen vor, leisten Formulierungshilfe, begleiten die komplizierten Abstimmungsprozesse und vermitteln die Ergebnisse der Öffentlichkeit. Dabei entstehen Ansätze von Rechtsstaatlichkeit, wenn sich dem »Appellative Body« etwa starke wie schwache Parteien unterwerfen, wenn seine Verfahren von den Klagenden genutzt und von den Beklagten anerkannt werden. Doch geht es nicht mehr darum, wie im klassischen Gerichtsprozess Schuldige und Unschuldige, Gewinner und Verlierer zu bestimmen. Die Streitschlichtungs- und Konfliktregelungsmechanismen können und wollen letztlich nicht mehr leisten als eine Eingrenzung und Kanalisierung der weltweiten Auseinandersetzungen um Märkte, aber auch um Überzeugungen, Werte und Traditionen. Am Schluss fällt nicht der Hammer, vielmehr entstehen diskursive Räume für weitere Verhandlungen. Die Konflikte werden lediglich verschleppt, bis sie sich eines Tages von selbst erledigen. Dieses System der »Global Governance« kann Ungerechtigkeiten nicht verhindern – verhindert wird bestenfalls der Rückfall in den Kriegszustand.

Im Doppelpack: Globalisierung und Nationalstaatlichkeit

Der Krieg aller gegen alle, die Schreckensvision der sich zerfleischenden Menschheit, die die Staatstheorie des Thomas Hobbes begründete, ist immer eine im Grundsatz entgrenzte, weltumspannende Angelegenheit. Auch wenn die Globalisierung ihre volle Dynamik erst in den letzten Jahren entfaltete: Ihre Geschichte reicht bis in graue Vorzeit zurück. Grenzüberschreitende Vernetzungen durch Warenverkehr, Kommunikation, Kulturaustausch und Migration haben seit jeher auch grenzüberschreitende Konflikte erzeugt. Ab dem Spätmittelalter eroberte sich der Handel alle Weltgegenden. Dabei entwickelten die europäischen Kaufleute dort, wo sie ohne staatliche Rechtsinstitutionen auskommen mussten, Handelsbräuche und -gewohnheiten, über deren Einhaltung die Kaufmannsgilden wachten. In Häfen, auf Messen und Märkten wurden Handelsgerichte eingerichtet, die aus informellen Vereinbarungen stabile Regelwerke und damit ein allgemeines, privates Handelsrecht schufen. Die sogenannte »lex mercatoria« bestand neben den kirchlichen, kaiserlichen und lokalen Rechtssystemen und wirkt bis heute fort, wenn etwa globale Konzerne Verträge abschließen, die an keinen Gerichtsstand und kein nationalstaatliches Recht gebunden sind, sondern eine private Schiedsgerichtsbarkeit vorsehen.[5]

Wenn es aber wirklich hart auf hart kommt, ist das private Handelsrecht schnell am Ende. Die streitenden Parteien brauchen dann das Gewaltmonopol des Staates: nicht nur Gesetze und unabhängige Richter, sondern auch die Polizei, die nötigenfalls mit physischer Gewalt das Urteil durchsetzt und den Schwächeren vor dem Stärkeren schützt. Mit den zunehmenden Verflechtungen, den immer weiter greifenden Bewegungen von Waren und Ideen und Menschen nahmen ab dem 15. Jahrhundert in Europa auch die Streitigkeiten zu. Die rivalisierenden Herrschaftsformen und Rechtssysteme ließen den Kontinent jahrhundertelang in Bürgerkriegen versinken. Erst die modernen Territorialstaaten konnten die Rechtssicherheit garantieren, die der Handel benötigte. Da ihre Jurisdiktion räumlich beschränkt war, vertieften sich zunächst einmal die binnenstaatlichen Märkte. Die wirtschaftenden und Handel treibenden Deutschen allerdings stießen in der deutschen Kleinstaaterei ständig an Grenzen: Zollgrenzen, Währungsgrenzen, Grenzen für Maße und Gewichte, vor allem aber auch Rechtsgrenzen; und die Zollunion im schwachen Deutschen Bund schuf hier nur unzureichend Abhilfe. Mit der Gründung des Deutschen Reiches 1871, also eines Nationalstaats, durchliefen die Deutschen einen Integrationsprozess, der in vielen Weltgegenden entweder schon abgeschlossen war oder noch stattfand oder gerade in Gang kam. Dass die Nationalstaaten sich nach innen konsolidierten und nach außen abgrenzten, war eine frühe Antwort auf die Globalisierung: Der »Deutsche« konnte in Deutschland bessere Geschäfte machen als der »Bayer« in Bayern, er hatte auch eine größere staatliche Macht im Rücken, um in der Konkurrenz mit Franzosen und Engländern zu bestehen.

Die Nationalstaaten reagierten jedoch nicht nur, sondern wurden selbst Motoren der Globalisierung, die sie Ende des 19. Jahrhunderts dank ihrer geballten Kräfte in Schwung brachten. Die Staaten monopolisierten die weltumspannende Telegrafie und Telefonie; sie schickten ihre Diplomaten aus, um internationale Bündnisse zu schmieden und weltpolitische Konstellationen mitzugestalten; sie organisierten Weltausstellungen, auf denen sich die heimische Wirtschaft und Wissenschaft präsentieren konnte; vor allem aber wurde der Kolonialismus zum gewaltsamen Mittel, um sich Rohstoffe und Märkte jenseits der eigenen Grenzen zu erschließen. Die gerade erst geeinten Deutschen kompensierten ihren Mangel an Kolonien, indem sie das Vakuum in den zerfallenden Reichen des Ostens zu nutzen versuchten: In den Städten des Osmanischen Reichs beispielsweise etablierten sie – wie auch andere europäische Großmächte – Konsuln, die deutschen Firmen Aufträge für Elektrifizierung und Eisenbahnbau zuschanzten, ihnen beim Aufkauf oder bei der Pacht ganzer Landstriche halfen sowie niedergelassenen oder durchreisenden Deutschen Rechtsschutz und Rechtsprechung boten, da Ausländer der osmanischen Hoheitsgewalt nicht unterworfen waren.

Der Globalisierungsschub, der mit dem Kolonialismus einherging, führte zu neuen Abgrenzungen und einem unauflösbaren Knoten von Interessenkonflikten, den die Nationalstaaten schließlich mit militärischer Gewalt zu durchschlagen versuchten. In dem mit dem Ersten Weltkrieg einsetzenden »europäischen Bürgerkrieg« brach sich die Hoffnung Bahn, das von der Globalisierung erzeugte Geflecht der Abhängigkeiten, Anpassungszwänge und Ungerechtigkeiten in einem großen, reinigenden Blutbad lösen zu können. Der Nationalsozialismus zog aus dieser Hoffnung die letzte Konsequenz: Wenn es der deutschen »Herrenrasse« gelänge, sich die ganze Welt untertan zu machen, wären alle Probleme mit einem Schlag gelöst. In diesem »universalistischen« Konzept kontrastiert der »totale Krieg«, der finale Kampf zur Durchsetzung einer Weltordnung, auf das Schärfste mit der »Global Governance«, die Konflikte nicht lösen, sondern nur befrieden will.

Souveränitätsgewinn durch Souveränitätsverzicht I: Vom Besatzungsstatut zum Generalvertrag

Als der Zweite Weltkrieg zu Ende ging, herrschte zumindest unter den europäischen Eliten weitgehende Einigkeit darüber, dass nationalstaatliche Abgrenzung und stures Pochen auf das eigene Recht und eigene Interessen nicht weiterführten. Internationale Kooperation und europäische Integration erschienen als der einzig gangbare Weg, um mit den global verschränkten Problemen umzugehen. Die Erfahrungen der Weimarer Republik hatten gezeigt, dass Bündnispolitik und Völkerrecht allein nicht ausreich-

ten, um den Frieden zu bewahren. Die deutsche Rechtswissenschaft und Rechtsprechung hatte bis 1945 die Ansicht vertreten,
dass Völkerrecht erst in nationales Recht transformiert werden
muss, um innerstaatlich zu wirken.[6] Bereits der Verfassungskonvent auf Herrenchiemsee brach mit dieser Tradition. Treibende
Kraft war der Sozialdemokrat und Verfassungsjurist Carlo Schmid,
der argumentierte, dass die allgemeinen Regeln des Völkerrechts –
wie es im angelsächsischen Rechtsdenken angelegt war – in den
Staat hineinwirken und als innerstaatliches Recht binden sollten.[7]
Er setzte sich mit diesem Plädoyer auch im Parlamentarischen Rat
ohne nachhaltigen Widerspruch durch. Den Abgeordneten dort
war klar, dass supranationale Behörden entstehen würden, denen
die Nationalstaaten Hoheitsrechte abzutreten haben würden: »Wir
müssen (…) zu solchen Organisationen kommen; sonst gehen
wir zugrunde.«[8] Das Grundgesetz brauchte dafür entsprechende
Klauseln.

Zu diesem Zeitpunkt verfügten die Deutschen allerdings nicht
einmal ansatzweise über eine staatliche Souveränität, von der sie
hätten abgeben können. Souverän waren ausschließlich die Besatzungsmächte. Dass diese ihre Befugnisse in einem Besatzungsstatut fixierten – in den Augen Carlo Schmids angesichts der
Machtverhältnisse im besetzten Deutschland die »eigentliche
Verfassung«[9] –, ging mit der Staatsgründung Hand in Hand. So
wie das Grundgesetz von den Westalliierten genehmigt werden
musste, musste das Besatzungsstatut von den Deutschen angenommen werden. Der Souveränitätsverlust wurde mit Souveränitätsgewinn belohnt, weiterer Verzicht ins Auge gefasst. Deutschland sollte von den Beschränkungen der Besatzungsherrschaft
gleichsam in die Beschränkungen supranationaler und internationaler Einbindung hinüber gleiten. Es sollte zwar eines Tages
gleichberechtigt, aber nie wieder uneingeschränkt selbstbestimmt
sein, wie Sebastian Haffner im »Observer« schrieb: »Die gesamte
Entwicklung der Atlantischen Gemeinschaft bewegt sich weg von
der Idee der nationalen Souveränität. Was für ein Widersinn wäre
es da, Deutschland die volle Souveränität zurückzugeben, während wir selbst, Briten, Franzosen und Amerikaner, gerade dabei

sind, Teile unserer Souveränität aufzugeben. Allerdings kann und sollte es letztendlich unser Ziel sein, Westdeutschland in einem zukünftigen westlichen Bündnis, in dem keiner mehr für sich souverän ist, einen gegenüber den anderen Mitgliedern gleichberechtigten Status einzuräumen.«[10]

Die Architekten der Verfassung der Bundesrepublik sahen sich einem unauflösbaren Widerspruch gegenüber: Einerseits gab es keine Alternative zum Konstrukt der »Volkssouveränität«, wenn die Abgeordneten des Parlamentarischen Rates eine legitime Verfassung erarbeiten wollten. Der Artikel 20 GG, der wie Artikel 1 unter der »Ewigkeitsgarantie« des Artikel 79 Absatz 3 steht und nicht geändert werden darf, definiert die Volkssouveränität neben der Rechtsstaatlichkeit, Sozialstaatlichkeit und Bundesstaatlichkeit als tragenden Pfeiler der verfassungsrechtlichen Grundordnung. Andererseits konnte keine Rede davon sein, dass das »deutsche Volk« in den drei Westzonen 1948/49 selbstbestimmt zur Verfassungsschöpfung geschritten wäre. Das »Staatsfragment«, von dem Carlo Schmid sprach,[11] bezog sich nicht nur auf das um Ost- und Mitteldeutschland reduzierte Staatsgebiet und -volk, sondern auch auf die durch die Besatzungsherrschaft eingeschränkte Staatsgewalt. Dass in der Bundesrepublik Deutschland – und dies mit guten Gründen – nicht alle Staatsgewalt vom Volke ausging, wurde eskamotiert, da sonst das neue Staatswesen mit einem nicht zu kompensierenden Legitimationsmangel gegründet worden wäre. Um aus dem Dilemma herauszukommen, brauchte es ein gerüttelt Maß an Idealismus: Das »souveräne deutsche Volk« wurde quasi als ideelles Subjekt in einer höheren Sphäre angesiedelt, ganz ähnlich wie der deutsche Staat, der nach der Fortbestandslehre ebenfalls in einer höheren Sphäre alle Niederlagen, Umbrüche und Teilungen hienieden überdauert hatte.

Dementsprechend schwer fiel es den Abgeordneten im Parlamentarischen Rat, den Konnex zwischen Besatzungsstatut und Staatsgründung anzunehmen. Weiterhin würden die Alliierten die Herren im Hause sein: Jedes vom Bundestag beschlossene Gesetz musste der Hohen Kommission vorgelegt werden, bevor es in Kraft treten durfte. Die Bundesrepublik würde weder ein diplomatisches

Corps noch eine eigene Armee besitzen, weiterhin Reparationszahlungen leisten und die Kosten für den alliierten Verwaltungsapparat decken. Die Alliierten behielten sich Kontrollbefugnisse in Wirtschaft, Außenhandel und Devisenverkehr vor. Von umso größerer symbolischer Bedeutung war die fortlaufende Beschwörung nationaler Selbstbestimmung und »Souveränität«, in die auch der leidenschaftliche Europäer Carlo Schmid einstimmte, obwohl er davon »einen anderen Gebrauch« zu machen versprach, »als es die Übung der vergangenen Jahrzehnte gewesen ist. Während man sonst Souveränität wollte, um sie mit Zähnen und Klauen zu verteidigen und sie zum Selbstzweck zu machen, wollen wir heute diese Souveränität haben, um Deutschland in Europa aufgehen zu lassen.«[12] Vor allem die FDP aber beharrte bei jeder Gelegenheit auf »deutscher Autonomie«, da das »deutsche Volk (…) nicht besser, aber auch nicht schlechter als andere Völker« sei, und prangerte das Besatzungsstatut an: »Worauf wir 4 Jahre nach Beendigung des Krieges Anspruch haben, der Friede und die deutsche Souveränität, sie werden uns nicht gegeben. Was man uns gewährt, kann man als Demokratie auf *Probe* bezeichnen. Wir dürfen unter Aufsicht von Gouvernanten Demokratie und Selbstregierung *spielen*.«[13]

Der Verlust von Hoheitsrechten im Besatzungsregime der Siegermächte lief den Interessen und Ansprüchen der neu konstituierten Staatsorgane der Bundesrepublik natürlicherweise entgegen. Die in Artikel 24 festgeschriebene Öffnung des Grundgesetzes für die Übertragung von Hoheitsrechten an internationale und zwischenstaatliche Organisationen dagegen eröffnete den Deutschen wichtige Perspektiven: Nur durch internationale Einbindung, kollektive Bündnisse und europäische Integration konnten sie hoffen, wieder am Tisch der Nationen Platz nehmen zu dürfen. Das Staatsziel eines »vereinten Europa«, in dem die Bundesrepublik »als gleichwertiges Glied (…) dem Frieden der Welt zu dienen« hatte, war in der Präambel, im Fundament der Bundesrepublik, verankert. Im Artikel 24 öffnet sich das Grundgesetz einer Übertragung von Hoheitsrechten auf zwischenstaatliche Einrichtungen und weiterer Souveränitätsbeschränkungen im Rahmen kollektiver Sicherheitsbündnisse. Wer immer sich seitdem auf »Deutschland« im Sinne des Grundgesetzes beruft, muss den Souveränitätsverzicht als einen Teil der bundesdeutschen Identität mitdenken.

Konrad Adenauer war der Politiker, der von Anfang an das komplizierte Wechselspiel von Anerkennung des Souveränitätsverlustes, von Souveränitätsgewinn und -verzicht am besten beherrschte. Während der Beratungen des Parlamentarischen Rates hielt er den Kontakt zu den Alliierten. Als erster Bundeskanzler des neu gegründeten Staates begründete er eine Außenpolitik, die von Verlässlichkeit, Vertragstreue, Geduld und Kompromissbereitschaft geprägt war und doch keinen Zweifel daran ließ, dass es ihm um die Gleichberechtigung und Wiederherstellung der Handlungsfähigkeit Deutschlands ging. Am 21. September 1949 nutzte der Bundeskanzler ausgerechnet die Übergabe des Besatzungsstatuts durch die drei Hohen Kommissare zu einer Demonstration seines Selbstbewusstseins. Die Vertreter der Siegermächte hatten geplant, Adenauer eine symbolische Geste der Demut und Unterordnung abzuverlangen: Sie selbst standen auf einem Teppich, Adenauer und seine Kabinettskollegen sollten auf dem blanken Fußboden bleiben, nachdem sie lange im Freien gewartet hatten. Adenauer aber kehrte die Symbolik um und trat beherzt auf den Teppich. Diese Geste konnte er sich nur erlauben, weil die Kommissare wussten, dass er normalerweise nicht auftrumpfte und mit dem Besatzungsstatut vertrauenswürdig und zuverlässig umgehen würde.

Bereits zwei Monate später hatte er erreicht, dass das Besatzungsstatut einiges von seiner Schärfe verlor: Im Petersberger Abkommen vergrößerten die Alliierten den außenpolitischen Spielraum der Bundesregierung und begrenzten die Demontagen. Im Gegenzug akzeptierte Adenauer die Internationale Ruhrbehörde, die bis dahin unter Ausschluss der Deutschen die Industrie im Ruhrgebiet kontrolliert hatte. Nun sollten auch die Deutschen vertreten sein – sie konnten allerdings jederzeit überstimmt werden. Den Bundestag hatte Adenauer an dieser Entscheidung nicht beteiligt. Dies, vor allem aber die Empörung darüber, angeblich nationale Interessen preisgegeben zu haben, führte in der Nacht vom 24. zum 25. November 1949 zu einer erregten Debatte im Bundestag, in der SPD und KPD bittere Vorwürfe erhoben: »Sind Sie noch Deutscher? – Sprechen Sie als deutscher Kanzler?« Der SPD-Vorsitzende Kurt Schumacher nannte ihn sogar »Bundeskanzler der Alliierten«, eine Beschimpfung, die allgemein als ungeheuerlich empfunden wurde. Zu unvertraut, zu sehr im Widerspruch zum herkömmlichen Souveränitätsdenken, zu unsicher in seinen Erfolgsaussichten erschien in diesen frühen Jahren das Adenauersche Kalkül, dass eine geschickte Regierungspolitik aus einem Weniger ein Mehr an deutschen Handlungsmöglichkeiten zaubern würde.

Der Trend zu internationaler Kooperation und Einbindung stieß nach 1945 mit großer Wucht auf die sich rasch entfaltende Konstellation des Kalten Krieges. Auch ohne die Ost-West-Konfrontation hätte es europäische Integration, internationale Handelserleichterungen und Friedenssicherungsinstrumente gegeben. Doch die Art und Weise der Integration und Internationalisierung sowie die Geschwindigkeit, mit der die Bundesrepublik von ihnen profitieren konnte, erklären sich nur aus der »sowjetischen Gefahr«. Vor allem den USA war daran gelegen, die Bundesrepublik als Bündnispartner in Europa aufzubauen und zu stärken.

Bei der Gründung der NATO im April 1949 hatte noch die »deutsche Gefahr« im Vordergrund gestanden. Der Koreakrieg 1950 änderte jedoch die Wahrnehmung: Um den Einmarsch der Kommunisten in Westeuropa zu verhindern, schien die Einbindung der Bundesrepublik in ein westliches Sicherheitssystem unerlässlich, auch wenn insbesondere die Franzosen nach wie vor deutschen Militarismus fürchteten. Zunächst konnte man sich deutsche Soldaten nur vollständig integriert in einer europäischen Armee vorstellen: Adenauer selbst schlug dies im August 1950 den Alliierten vor. Im Oktober 1950 entwickelte Frankreich den Plan einer Europäischen Verteidigungsgemeinschaft (EVG), in deren gemeinsamer Armee die nationalen Kontingente miteinander verschmolzen werden sollten, mit einem Generalstab unter französischer Führung und einem europäischen Verteidigungsminister.

Während die anderen Westeuropäer ihre Nationalarmeen behalten durften, sollte den Deutschen die Wehrhoheit – eines der wichtigsten Merkmale nationalstaatlicher Souveränität – vorenthalten bleiben. In den folgenden anderthalb Jahren gelang es Adenauer, unterstützt von den USA, diese auch militärisch nicht sinnvolle, außerdem nur scheinbar supranationale, in Wirklichkeit französisch dominierte Konstruktion so zu verändern, dass die deutschen Truppenteile mehr Eigenständigkeit erhielten und Frankreich stärker eingebunden wurde. Die Bereitschaft zu einem deutschen Wehrbeitrag verknüpfte er mit der Forderung, dass das Besatzungsstatut aufgehoben und der deutschen Bevölkerung »Handlungsfreiheit und Verantwortlichkeit« zurückgegeben werden müsse, um »ihr die Erfüllung dieser Pflichten sinnvoll erscheinen« zu lassen. Ihr müsse »wie allen anderen westeuropäischen Völkern der Weg zur Freiheit offen sein«.[14] Eine Forderung nach voller nationalstaatlicher Souveränität war dies nicht. Wieder verwandelte Adenauer Souveränitätsverzicht in Souveränitätsgewinn, um Ergebnisse zu erzielen, die er außenpolitisch für durchsetzbar und im deutschen Interesse für am günstigsten hielt. Am 26. Mai 1952 wurde der »Deutschlandvertrag« (oder »Generalvertrag«) unterzeichnet: Die Bundesrepublik sollte wieder über ihre äußeren und inneren Angelegenheiten bestimmen. Die Alliierten sicherten sich einige wichtige Vorbehaltsrechte: »in Bezug auf Berlin und Deutschland als Ganzes« sowie hinsichtlich der Stationierung von Truppen und für den Fall eines inneren oder äußeren Notstands. Am nächsten Tag folgte die Unterzeichnung des EVG-Vertrages. Bis zur Ratifizierung des »Deutschlandvertrags« sollten allerdings noch mehrere, von innenpolitischen Auseinandersetzungen geprägte Jahre vergehen.

Die SPD-Opposition und der eher national und antiwestlich gesinnte Teil der Bevölkerung konnten Adenauer nicht folgen. Kurt Schumacher mobilisierte mit der Parole »Wer diesem Generalvertrag zustimmt, hört auf, ein Deutscher zu sein!«[15] gegen den Souveränitätsverzicht. Drei national gefärbte Ängste motivierten diesen Satz: zum einen die Angst vor einer staatlichen Selbstaufgabe angesichts der »Vorleistungen« Adenauers, verbunden mit dem Widerwillen gegen eine deutsche Wehrpflicht bei europäischer Wehrhoheit; sodann die von der Stalin-Note angestachelte Sorge, dass die Westbindung die Wiedervereinigung auf lange Sicht unmöglich machen würde; schließlich die Befürchtung, dass Deutschland auf beiden Seiten des Eisernen Vorhangs zum ersten Opfer einer durch die Wiederbewaffnung provozierten militärischen Konfrontation werden würde.

Die innenpolitischen Widerstände führten zur ersten großen Verfassungskrise der jungen Bundesrepublik. Das Grundgesetz verpflichtete auf die Wiedervereinigung – von Soldaten, Waffen und einer europäisch integrierten Armee war hingegen keine Rede. Bis die verfassungsrechtlichen Fragen geklärt waren, wollte Bundespräsident Theodor Heuss die entsprechenden Gesetze, die von Bundestag und Bundesrat mit einfacher Mehrheit angenommen worden waren, nicht unterzeichnen. Insgesamt fünf Verfahren waren 1952/53 vor dem Bundesverfassungsgericht anhängig, das nun über die Verfassungsmäßigkeit der Verträge entscheiden sollte und damit zur Überraschung Adenauers ungeahnten Einfluss auf die Regierungspolitik bekam. In einem juristischen Ringen, in dem alle verfahrensrechtlichen Register gezogen wurden, versuchten sowohl Regierung als auch Opposition, den Ausgang zu beeinflussen. Dabei wurden dem Ersten Senat Sympathien für die SPD-Position unterstellt, während der Zweite Senat als eher regierungstreu galt. Das Gericht musste bei diesem Gerangel um seine Autorität fürchten. Es verschob die Entscheidung, bis sich die Verfahren durch neue politische Entwicklungen von selbst erledigten, und ging dadurch gestärkt aus den Auseinandersetzungen hervor.

Die Ergebnisse der Bundestagswahl im September 1953 bestätigten die Adenauersche Westpolitik mit einem Erdrutschsieg. Mit einer erweiterten Koalition verfügte er nun über die erforderliche Zweidrittelmehrheit, um die verfassungsrechtlichen Hürden zur Wiederbewaffnung durch eine Grundgesetzänderung zu überwinden. Dies war es ihm auch wert, die durch die nationalsozialistische Vergangenheit ihrer führenden Köpfe stark belastete Vertriebenenpartei in seine Regierung aufzunehmen. Die »erste

Wehrergänzung« wurde im März 1954 ins Grundgesetz eingefügt. (1956 wurde die Bundeswehr in einer weiteren Ergänzung einer engmaschigen parlamentarischen Kontrolle unterstellt.) Doch während die Bundesdeutschen dem Verzicht auf eine Souveränität, die sie gar nicht besaßen, nun ins Auge sahen, hatte sich das Blatt in Frankreich gewendet: Unter dem Eindruck ihres Debakels in Indochina schien es den Franzosen nicht mehr ratsam, ihre militärische Souveränität preiszugeben. Am 30. August 1954 lehnte die Assemblée Nationale die Ratifizierung des EVG-Vertrags mit großer Mehrheit ab. Das Projekt eines supranationalen Sicherheitssystems in Westeuropa war damit gescheitert.

Dieser 30. August 1954 war ein »schwarzer Tag für Europa«,[16] denn ein militärischer und politischer Zusammenschluss, analog zur wirtschaftlichen Vereinigung, hätte in späteren Krisensituationen eine effizientere und stringentere europäische Politik erlaubt. Doch für deutsche Souveränitätswünsche erwies sich dieser Tag als Glücksfall, wenn auch die Aufhebung des Besatzungsstatuts sich noch einmal verzögerte. Die Briten und Amerikaner beeilten sich nun, die Bundesrepublik als nahezu gleichberechtigten Bündnispartner in die NATO aufzunehmen. Auf mehreren Konferenzen in Paris im Oktober 1954 wurde ein Vertragswerk erarbeitet, das für die Bundesrepublik faktisch einem Friedensvertrag mit den Westalliierten gleichkam. Der »Deutschlandvertrag« wurde so umgearbeitet, dass die Vorbehaltsrechte der Alliierten im Falle eines Notstandes durch eine deutsche Notstandsgesetzgebung abgelöst werden sollten; auch entfiel nun die »Bindungsklausel«, die ein wiedervereinigtes Deutschland auf die Westverträge festlegte. Dennoch gab es für die Deutschen einige Kröten zu schlucken: Auf eine Produktion von ABC-Waffen und schwerem Kriegsgerät musste die Bundesrepublik verzichten. Die als schwacher Ersatz für die EVG und als Ergänzung zur NATO ebenfalls in Paris gegründete Westeuropäische Union (WEU) sollte insbesondere die deutschen Rüstungsbeschränkungen kontrollieren. Vor allem aber musste die Bundesrepublik dem autonomen Saarstatus zustimmen, der das Saargebiet an Frankreich band. Allerdings durfte die Saarbevölkerung 1955 über den Status abstimmen, was entgegen allen Erwartungen dazu führte, dass das Saarland 1957 dem Geltungsbereich des Grundgesetzes beitrat.

Im Mai 1955 traten die Pariser Verträge in Kraft. Die außerparlamentarische Protestbewegung dagegen ebbte bald ab. Symbolisch wirkungsvoll holten die drei Hohen Kommissare auf dem Petersberger Alliierten Hauptquartier ihre Flaggen ein und verließen das Land. »Wir sind wieder wer«, konnten sich die Bundesdeutschen nun sagen; und Adenauer ging noch weiter: Es sei mit den Verträgen »der Status wiedererrungen, den eine Großmacht haben muss«.[17] Von der »überholten Souveränitätsvorstellung im Stil des nationalistischen 19. Jahrhunderts«[18] allerdings distanzierte er sich. Auch wenn die EVG gescheitert war – das Fernziel eines nicht nur verbündeten, sondern geeinten Europas verlor er nie aus den Augen. Wenn deutsche Handlungsspielräume ausgebaut und europäische Kriege weiter verhindert werden sollten, gab es zum fortschreitenden nationalstaatlichen Souveränitätsverzicht und einer wie auch immer gearteten politischen Integration Europas keine Alternative.

Eine Art Monster? Die Gründung der Europäischen Gemeinschaften

Ein politisch integriertes Europa hatte Winston Churchill schon 1946 in Zürich gefordert: »We must build a kind of United States of Europe.«[19] Doch in der Unbestimmtheit dieses »kind of« lag das Problem. Es sollte irgendetwas zwischen nationalstaatlicher Kooperation und supranationaler Integration entstehen, irgendetwas, das mehr war als ein Staatenbund, aber weniger als ein Bundesstaat. Auch sollte sich dieses Etwas nicht abschotten, sondern wiederum international vernetzt und integriert sein und insbesondere eng mit den USA zusammenwirken. Die Organisation für Europäische Wirtschaftliche Zusammenarbeit (OEEC)[20] und der Europarat waren erste Versuche einer europäischen Kooperation, zunächst auf rein zwischenstaatlicher Ebene. Das Abkommen für wirtschaftliche Zusammenarbeit im April 1948 unterzeichneten für die Deutschen noch die Oberkommandierenden der westlichen Besatzungszonen. Dem im Mai 1949 geschaffenen Europarat, der die Mitgliedsstaaten auf Frieden und Menschenrechte verpflichtete, wäre die neu gegründete Bundesrepublik gerne beigetreten. Doch steckte sie in einem Zwiespalt, der bis 1973 auch ihre Aufnahme in die Vereinten Nationen verhinderte: So wie dort die Sowjetunion eine gleichzeitige Aufnahme der DDR zur Bedingung machte, forderte im Europarat Frankreich die Aufnahme des Saarlandes. Damit hätte die Bundesrepublik den Saarstatus anerkannt – und das war mit ihren nationalen Interessen nicht vereinbar.

Um in Europa überhaupt weiterzukommen, mussten Mittel und Wege gefunden werden, die vitalen Bedürfnisse und Ängste der Deutschen und Franzosen zu einem Ausgleich zu bringen. Bündnisse halfen nicht weiter. Gefragt war eine Konstruktion, die den nationalstaatlichen Interessen entgegenkam und sie gleichzeitig überwand – eine supranationale Organisation mit nationalstaatlich verliehenen, aber dann selbst ausgeübten Hoheitsrechten, die die Nationalstaaten banden und ihre widerstreitenden Interessen integrierten. Eine solche Konstruktion war überhaupt nur deshalb zu bewerkstelligen, weil die kontinentaleuropäischen Länder auf einer jahrhundertealten gemeinsamen Rechtstradition und -kultur aufbauen konnten. In der Sphäre der mit »win-win-Situationen« vertrauten und in internationalen Kooperationen erfahrenen Wirtschaft schien sie am leichtesten realisierbar. Im Mai 1950 präsentierte der französische Außenminister Robert Schuman einen Plan, der von einem Geschäftsmann, Jean Monnet, entwickelt worden war: Die Gesamtheit der französisch-deutschen Kohle- und Stahlproduktion sollte – ohne die Eigentumsverhältnisse anzutasten – einer Hohen Behörde unterstellt werden, im Rahmen einer »Montanunion«, der auch die anderen europäischen Staaten beitreten könnten. Für die Schwerindustrien wurde ein gemeinsamer Markt ohne Zölle und Handelsbeschränkungen ins Auge gefasst. Die diesbezüglichen Entscheidungen der Hohen Behörde sollten Vorrang vor nationalem Recht haben und von einem eigens geschaffenen Europäischen Gerichtshof kontrolliert werden. 1951 unterzeichneten Frankreich, Italien, die Benelux-Länder und Deutschland den Vertrag, der die »Europäische Gemeinschaft für Kohle und Stahl« (EGKS) begründete, und 1952 konnte die Hohe Behörde unter dem ersten Präsidenten Jean Monnet ihre Arbeit aufnehmen.

Wirtschaftlich profitierte Frankreich zunächst mehr von der EGKS als Deutschland, dessen Stahlkonzerne sich über Benachteiligungen beklagten. Der Wirtschaftsminister Ludwig Erhard kritisierte zudem einen neuen Protektionismus, der die Gewinnchancen der deutschen Wirtschaft in einem liberalisierten Welthandel eher mindere als erhöhe. Aber nicht Gewinnstreben, sondern politische Zielsetzungen standen hinter der Gründung der EGKS: Mit der Verschmelzung der Kohle- und Stahlindustrie entfiel ein Hauptgrund für die »Erbfeindschaft« zwischen Frankreich und Deutschland. Um Lothringen oder das Ruhrgebiet musste nicht mehr gestritten werden, auch war es nicht mehr möglich, diese Industrien für Kriege gegeneinander in Stellung zu bringen. Das Friedensargument des deutschen Delegationsleiters Walter Hallstein – »Ist die Sicherung des Friedens nicht ein Gewinn, der alle Bilanzen übertrifft?« – erwies sich schließlich auch ökonomisch als schlagend: Frankreich hatte Sicherheitsgarantien genug, um auf das Ruhrstatut und die Abspaltung der saarländischen Kohlegruben von Deutschland zu verzichten. Die Reparationszahlungen und wirtschaftlichen Beschränkungen hörten auf, die deutsche Volkswirtschaft konnte weitgehend unbelastet den Weg zum »Wirtschaftswunder« antreten.

Als das Saarproblem entschärft war, konnte die Bundesrepublik auch dem Europarat beitreten. Jedes Stück neu gewonnener außenpolitischer Handlungsfreiheit nutzte Adenauer, um den jungen, sozusagen auf Bewährung freigelassenen Staat in das völkerrechtliche Vertragsgeflecht einzubinden und internationales Vertrauen herzustellen. 1951 trat die Bundesrepublik dem Allgemeinen Zoll- und Handelsabkommen (GATT) bei, das der deutschen Exportwirtschaft wirklich nutzte und im Weltmaßstab in sehr abgeschwächter Intensität ähnliche integrative Ziele verfolgte wie die EGKS auf europäischer Ebene. 1952 schloss die Bundesrepublik das Wiedergutmachungsabkommen mit Israel und der Jewish Claims Conference und ratifizierte die europäische Menschenrechtskonvention, 1953 akzeptierte sie mit dem Londoner Schuldenabkommen die deutschen Auslandsschulden.

Nicht nur für die Bundesrepublik gingen wirtschaftliche Integration und politischer Fortschritt Hand in Hand. Die politische Zielsetzung, die dem europäischen Integrationsprojekt zugrunde lag, kam bereits im Schuman-Plan klar zum Ausdruck: Die Gründung der EGKS war »die erste Etappe der europäischen Föderation«; weitere Integrationsschritte sollten ihr folgen und eine Eigendynamik des fortschreitenden Integrationsprozesses in Gang setzen: »Europa lässt sich nicht mit einem Schlage herstellen und auch nicht durch eine einfache Zusammenfassung: es wird durch konkrete Tatsachen entstehen, die zunächst eine Solidarität der Tat schaffen.«[21] Die Präambel des EGKS-Vertrages versprach, »durch die Errichtung einer wirtschaftlichen Gemeinschaft den ersten Grundstein für eine weitere und vertiefte Gemeinschaft unter Völkern zu legen, die lange Zeit durch blutige Auseinandersetzungen entzweit waren, und die institutionellen Grundlagen zu schaffen, die einem nunmehr allen gemeinsamen Schicksal die Richtung weisen können.«[22] Die Europäische Verteidigungsgemeinschaft (EVG) war ein Teil dieses Konzepts. Der Artikel 38 des EVG-Vertrags sah sogar die Errichtung einer Europäischen Politischen Gemeinschaft (EPG) vor, die als politisches »Dach« über der militärischen und wirtschaftlichen Integration fungieren und am Ende der »Entwicklung einer europäischen Verfassung« stehen sollte. An einer solchen Konstitutionalisierung wurde 1952/53 sowohl im Europa-Rat als auch vor allem in der EGKS intensiv gearbeitet. Ein Verfassungsausschuss legte im März 1953 den Außenministern der EGKS-Staaten einen Entwurf vor, der neben einem Exekutivrat, einem Ministerrat, einem Gerichtshof und einem Wirtschafts- und Sozialrat ein Parlament mit einem Zwei-Kammer-System vorsah, dessen erste Kammer unmittelbar demokratisch legitimiert sein sollte.

Mit der Verteidigungsgemeinschaft scheiterte indes auch die EPG. Nur die EGKS überlebte das Debakel, das das europäische

Integrationsprojekt 1954 in Frankreich erlitt. Von nun an wurde die europäische Integration weitgehend unbeachtet von den nationalstaatlichen Öffentlichkeiten vorangetrieben, als anscheinend auf Wirtschaft und Handel beschränktes, technokratisches Projekt, das der Wohlstandssteigerung diente und politisch neutral war. Die Mitglieder der EGKS, auch Frankreich, fanden sich 1955 im Bemühen um neue Einigungswege rasch zusammen. Es sollten eine Zollunion und ein gemeinsamer Markt möglichst ohne Handelsbeschränkungen, mit freiem Verkehr von Waren, Kapital und Dienstleistungen entstehen – was bereits ein Ziel der EPG gewesen war. Die 1957 abgeschlossenen und diesmal problemlos ratifizierten Römischen Verträge über eine vollständig integrierte Atomenergie (EURATOM) und die Europäische Wirtschaftsgemeinschaft (EWG), die neben die EGKS trat – zusammen bildeten sie die Europäischen Gemeinschaften (EG) –, gelten als Gründungsverträge des heutigen Europa.

Dieses supranationale, völker- und staatsrechtliche Novum wurde für die nationalstaatlich fixierten Kategorien des Staatsrechts zum ständigen Stein des Anstoßes, zur Quelle der Erklärungsnot. Unter den herkömmlichen Begriffen für Staaten und Staatenbündnisse war keiner, der dieses Gebilde treffend bezeichnet hätte. Walter Hallstein, der erste Kommissionspräsident, nannte es einen »unvollendeten Bundesstaat«.[23] Die meisten Staatsrechtler jedoch vermieden es, ihm eigene Staatlichkeit zuzuerkennen; sie sprachen lieber von einem »Staatenbund«, einer »Konföderation« oder einem »Staatenverein«, da zur Staatsqualität ein eigenes europäisches Staatsvolk fehle. Als historisches Vorbild taugte wenn überhaupt, dann das Heilige Römische Reich Deutscher Nation, dessen 1806 untergegangene Rechtsordnung ebenfalls quer zu den Territorialstaaten stand und von Zeitgenossen als »sui generis« – einzigartig –, als »irregulare corpus« und »monstro simile« – quasi ungeheuerlich und monströs – beschrieben wurde. Die Europäische Gemeinschaft war einerseits, um die ihr zugedachten Funktionen erfüllen zu können, eine eigenständige Rechtsordnung, die aus einer »autonomen Rechtsquelle«[24] floss. Andererseits sollte sie nicht unabhängig von ihren Schöpfern, den Mitgliedstaaten, existieren, sondern lediglich unter deren strenger Kontrolle in dem von ihnen vorgegebenen rechtlichen Rahmen genau definierte Aufgaben wahrnehmen. Die »Kompetenz-Kompetenz« – das heißt die Kompetenz, der EG Kompetenzen zu übertragen – verblieb bei den Nationalstaaten. Diese wiesen ihr nach dem Grundsatz der »begrenzten Einzelermächtigung« die benötigten Befugnisse zu. Legitimiert wurde das Gebilde staatsvertraglich mit dem Interesse der Mitgliedsstaaten, ansatzweise aber auch demokratisch, wobei diese Legitimation zugleich als defizitär und »zerteilt« wahrgenommen wurde: Die eine Hälfte verschafften die demokratisch gewählten Regierungen der Mitgliedsstaaten, die die Verträge (das Primärrecht) schlossen und im Ministerrat über Verordnungen und Richtlinien (das Sekundärrecht) entschieden, die andere Hälfte das ab 1979 direkt gewählte Europäische Parlament mit seinen zunächst noch sehr bescheidenen Kontrollbefugnissen.

Die Vertreter des deutschen Staatsrechts trösteten sich also damit, dass die Nationalstaaten als »Herren der Verträge« in ihrer Substanz unangefochten bleiben sollten, und hofften darauf, dass sich die Supranationalität der Europäischen Gemeinschaften letztlich nicht so sehr von der Internationalität zwischenstaatlicher Organisationen unterscheiden würde. Dabei beachteten die meisten von ihnen jahrzehntelang kaum, in welchem Ausmaß das Europarecht vom Europäischen Gerichtshof (EuGH) zu einer wahrhaft supranationalen Rechtsordnung erweitert wurde. Der EuGH hatte in den sechziger Jahren in einer Reihe von Urteilen das Fundament für eine eigenständige, das Zusammenleben der Bürger regelnde Gemeinschaftsrechtsordnung gelegt, die obendrein in der Anwendung jedem nationalen Recht vorgehen sollte. Außerdem hatte der EuGH den Kompetenzrahmen der EG so weich definiert, dass das Gemeinschaftsrecht auch in Bereiche vordringen konnte, von denen in den Römischen Verträgen keine Rede war. Das Prinzip der begrenzten Einzelermächtigung und die »Kompetenz-Kompetenz« der Mitgliedsstaaten bestanden zwar der staatsrechtlichen Theorie nach weiter fort – aber de facto und auch de jure blieb von ihnen nicht viel übrig.[25]

Der Aktivismus des EuGH hatte in einer Phase begonnen, als

der Europagedanke und der Wille der Mitgliedsstaaten zu weiteren Übertragungen von Hoheitsrechten eine tiefe Krise durchlitten. Frankreichs Präsident Charles de Gaulle, der von Abstrichen an der Souveränität der »Grande Nation« überhaupt nichts hielt, hatte 1966 erzwungen, dass die Entscheidungen der EG auf einem einstimmigen Accord aller Mitgliedsstaaten beruhen mussten. Damit hatte jede Regierung die volle Kontrolle darüber, welche Richtlinien und Verordnungen in Kraft traten und welche nicht. Die Europäische Kommission drohte zu einem bloßen Sekretariat der nationalen Regierungen zu verkommen. Die politische Krise verschleierte jedoch, in welchem Ausmaß die europäische Integration in der Sphäre des Rechts forciert wurde – sowohl vom EuGH als auch von den nationalen Regierungen in den Bereichen, in denen Einigkeit bestand. Nach dem Ende der Ära de Gaulle und den endlich erfolgreichen Verhandlungen über den Beitritt Großbritanniens, Irlands und Dänemarks 1972 wurde dem Europagedanken zwar wieder neues Leben eingehaucht, das Prinzip der Einstimmigkeit blieb aber bestehen. Während in zentralen Fragen der Industrie- und Handelspolitik die nationalstaatlichen Positionen häufig zu weit auseinanderlagen, kam es in weniger konfliktreichen Politikfeldern wie Umwelt- und Verbraucherschutz, Energie- und Forschungspolitik zu neuen und engeren Kooperationen. Unterstützt vom EuGH, wandelte sich die EG allmählich von einer bloßen Wirtschaftsgemeinschaft zu einem politischen Hoheitsträger, von dessen Einflussnahme schließlich kein Bereich nationalstaatlicher Politik mehr ausgenommen war.

Von dieser Entwicklung profitierten die Regierungen, aber auch die Instanzgerichte in den Mitgliedsstaaten: Da sie das Europarecht anzuwenden hatten, durften sie auf einmal Gesetze überprüfen und bei europarechtlichen Zweifeln den EuGH anrufen. Das Nachsehen hatten die nationalstaatlichen Parlamente – und die Verfassungsgerichte.

Solange nur, so lange …
Das Bundesverfassungsgericht zwischen Baum und Borke

16 Jahre lang bestätigte das Bundesverfassungsgericht die Rechtsprechung des EuGH in dem Sinne, dass die Verordnungen und Richtlinien der Gemeinschaft nicht auf der Ebene der Mitgliedsstaaten überprüft und an deren Rechtsordnung gemessen werden könnten. Dennoch schwelte von Anfang an ein Verfassungskonflikt: Der EuGH hat über Gemeinschaftsrecht, das Bundesverfassungsgericht über deutsches Verfassungsrecht zu entscheiden – aber wer entscheidet, wo Gemeinschaftsrecht aufhört und nationalstaatliches Verfassungsrecht anfängt? Die Position des Europarechts ist klar: Darüber entscheidet allein der EuGH. Anders wäre die EG gar nicht funktionsfähig. Für die nationalstaatlichen Verfassungsgerichte ist dies ein harter Brocken – es bedeutet, dass sie im Grunde ein Gericht nicht nur neben, sondern über sich anerkennen müssen. Die Selbstbescheidung, zu der das Europarecht die obersten nationalen Gerichte zwingt, setzt voraus, dass diese auf das rechtsstaatliche Funktionieren des EuGH vertrauen.

Der latente Konflikt zwischen Bundesverfassungsgericht und EuGH brach 1974 mit Macht auf. Den äußeren Anlass lieferte eine Gemeinschaftsverordnung, die In- und Export von Getreide an Lizenzen knüpfte und die Lizenznehmer verpflichtete, eine Kaution zu hinterlegen. Diese Kaution verfiel ersatzlos, wenn die Lizenz nicht ausgeschöpft wurde – was man als Eingriff in die wirtschaftlichen Freiheitsgrundrechte der Exporteure werten konnte.

Eine deutsche Handelsgesellschaft klagte, und das Verwaltungsgericht Frankfurt legte die Sache zunächst dem EuGH vor. Das Ergebnis war durchaus revolutionär: Der Gerichtshof entschied, dass er nicht nur über die Einhaltung des Gemeinschaftsrechts zu wachen habe, sondern auch darüber, ob dieses die Grundrechte der Bürger beachte – auch wenn er in dem speziellen Fall keinen Grundrechtsverstoß erkennen konnte. Er deutete die Grundrechte auf Basis der »gemeinsamen Verfassungsüberlieferungen der Mitgliedsstaaten« als »allgemeine Rechtsgrundsätze« des Gemeinschaftsrechts. Gleichzeitig entschied er, dass auch, wenn Grundrechte berührt waren, das Handeln der Gemeinschaft nur nach Gemeinschaftsrecht beurteilt werden könne und nicht nach »wie immer gearteten innerstaatlichen Rechtsvorschriften« – wie beispielsweise dem Grundgesetz.[26]

Das Bundesverfassungsgericht sah sich dadurch herausgefordert. Die Hartnäckigkeit des Verwaltungsgerichts Frankfurt ermöglichte ihm, der Konkurrenz aus Luxemburg umgehend Paroli zu bieten, und zwar anhand des gleichen Falles: Nachdem der EuGH dem bedrängten Exporteur nicht zu Hilfe geeilt war, ließ das Verwaltungsgericht nun in Karlsruhe prüfen, ob wenn schon nicht europäische, so doch deutsche Grundrechte verletzt worden seien. In der Sache entschied der Zweite Senat des Bundesverfassungsgerichts nicht anders als der EuGH. Doch dass er sich überhaupt für zuständig erklärte, in dieser Sache zu entscheiden, und den Maßstab des Grundgesetzes an EG-Recht anlegte, widersprach dem vorangegangenen Urteil des EuGH eklatant – und war auch als Eklat beabsichtigt. Als Begründung postulierte das Bundesverfassungsgericht einerseits, dass Artikel 24 GG, der die Übertragung von Hoheitsrechten auf zwischenstaatliche Einrichtungen ermöglicht, »nicht wörtlich genommen werden« dürfe. Er öffne die nationale Rechtsordnung nur in begrenztem Maße für die Geltung eines anderen Rechts. Die »Grundstruktur der Verfassung«, ihre »Identität«, dürften durch kein anderes Recht in Frage gestellt werden. Und zu dieser Identität gehöre als unveräußerlicher Kernbereich der Grundrechtekatalog. Bei einem Normenkonflikt mit dem EG-Recht müssten sich daher die Grundrechte durchsetzen.

Andererseits zeigte das Gericht dem Gemeinschaftsrecht eine Zukunftsperspektive, an deren Ende scheinbar ein Zustand der Harmonie zwischen EG-Recht und Grundgesetz aufschien, der Normenkonflikte von vornherein ausschloss: »Solange der Integrationsprozeß der Gemeinschaft nicht so weit fortgeschritten ist, dass das Gemeinschaftsrecht auch einen von einem Parlament beschlossenen und (…) formulierten Katalog von Grundrechten enthält, der dem Grundrechtskatalog des Grundgesetzes adäquat ist« – nur so lange müsse es sich das Gemeinschaftsrecht gefallen lassen, vom Bundesverfassungsgericht auf die Vereinbarkeit mit den Grundrechten des deutschen Grundgesetzes überprüft zu werden. Das Fehlen »eines unmittelbar demokratisch legitimierten, aus allgemeinen Wahlen hervorgegangenen Parlaments« und eines »kodifizierten Grundrechtekatalogs« sei eine Schwierigkeit, die »mit der gegenwärtigen Phase des Übergangs beendet sein wird«.[27]

Der Zweite Senat behandelte die EG wie einen Verfassungsstaat, um ihre Rechtsordnung am verfassungsstaatlichen Modell messen und durchfallen lassen zu können. Auch war die angedeutete Zukunftsperspektive nur scheinbar vorhanden – denn wie sollten ihre Bedingungen jemals erfüllt werden, wenn »Grundstruktur« und »Identität« der nationalstaatlichen Verfassung unangetastet bleiben mussten? Das »Solange« dieser ersten großen Bundesverfassungsgerichtsentscheidung in Sachen Europarecht enthielt also ein Stück Hinhaltetaktik, gab ein Versprechen, dessen Einlösung nicht vorgesehen war – etwa so, als würde eine Königin, die sich ihrer Schönheit rühmt, der Tochter sagen, dass diese erst auf den Thron käme, wenn sie genauso schön wie die Königin selber sei, und dabei davon ausginge, dass dies niemals eintreten werde.

Es wäre allerdings denkbar, dass noch eine andere Motivation die Entscheidung mitbestimmte – und die hässliche Tochter der Königin nur einen Anlass bot, anderen Konkurrenten am Hofe ihre Macht zu demonstrieren. Die Entscheidung traf keine Aussage darüber, ob auf europäischer Ebene ein hinreichender Grundrechteschutz für den Einzelnen bestand oder nicht. Die grundrechtlichen Folgen der EG-Verordnungen für die Frankfurter Handelsgesellschaft beurteilte sie nicht anders als der EuGH. Sie kritisierte genau genommen nur das Demokratiedefizit, das die parlamentarische Kodifizierung eines Grundrechtekatalogs verhinderte. Für dieses Defizit waren aber weder die Europäische Kommission noch der EuGH verantwortlich, sondern die Regierungen der Mitgliedsstaaten, die im Ministerrat alle wesentlichen Entscheidungen trafen. Könnte es sein, dass der eigentliche Adressat der Karlsruher Entscheidung nicht in Luxemburg oder Brüssel, sondern in Bonn saß? Ein knappes Jahr zuvor hatte das Bundesverfassungsgericht – derselbe Senat, unter demselben Berichter-statter Walter Seuffert – in seinem Urteil zum Grundlagenvertrag den Anspruch erhoben, die Verfassungsordnung »auch im Bereich der auswärtigen Politik (…) letztverbindlich« durchzusetzen.[28] Es hatte der Bundesregierung eine Rüge erteilt, weil diese den Vertrag ins Werk gesetzt hatte, bevor seine Verfassungsmäßigkeit festge-stellt worden war.

Eine wirkliche Auseinandersetzung mit dem auf Gemein-schaftsebene entstandenen Rechtssystem leistete das Bundesver-fassungsgericht erst zwölf Jahre später. Der Anlass war diesmal die Verfassungsbeschwerde einer Firma, die Champignonkonserven aus Taiwan einführte und sich 1976 einige Monate lang durch Einfuhrbeschränkungen geschädigt sah, welche die Europäische Kommission wegen »ernstlicher Störungen« auf dem Pilzkon-servenmarkt erlassen hatte. Da die Beschwerden der Firma quer durch alle Instanzen des europäischen Mehrebenensystems erfolg-los geblieben waren, wandte sie sich Mitte der achtziger Jahre an das Bundesverfassungsgericht und klagte, in ihrem Grundrecht auf rechtliches Gehör und einen gesetzlichen Richter verletzt worden zu sein. In dem »Solange II« genannten Beschluss vom 22. Oktober 1986 rekapitulierte das Gericht bis ins kleinste Detail alle Verordnungen, Verfahren und Entscheidungen in der Pilzkon-serven-Angelegenheit. Dann analysierte es vor dem Hintergrund der EuGH-Rechtsprechung die grundsätzliche Entwicklung des Gemeinschaftsrechts: Obwohl kein demokratisch zustande ge-kommener Grundrechtekatalog vorhanden sei, habe dieses einen Grundrechtsschutz verwirklicht und rechtsstaatliche Prinzipien angewandt, die denen der Bundesrepublik nicht nachstünden. Insbesondere hätten sich die Gemeinschaftsorgane immer wieder auf die in der gemeinsamen Verfassungsüberlieferung der Mit-gliedsstaaten verankerten Grundrechte und auf die Einhaltung der Europäischen Menschenrechtskonvention verpflichtet. Schließlich kehrte das Bundesverfassungsgericht das negative »Solange« sei-ner ersten Entscheidung in ein positives um: »Solange die Euro-päischen Gemeinschaften, insbesondere die Rechtsprechung des Gerichtshofs der Gemeinschaften einen wirksamen Schutz der

Grundrechte gegenüber der Hoheitsgewalt der Gemeinschaften generell gewährleisten, der dem vom Grundgesetz als unabdingbar gebotenen Grundrechtsschutz im Wesentlichen gleich zu achten ist, zumal den Wesensgehalt der Grundrechte generell verbürgt, wird das Bundesverfassungsgericht seine Gerichtsbarkeit über die Anwendbarkeit von abgeleitetem Gemeinschaftsrecht (...) nicht mehr ausüben und dieses Recht mithin nicht mehr am Maßstab der Grundrechte des Grundgesetzes überprüfen.«[29] Das Bundesverfassungsgericht gab den Schutz der Grundrechte also nicht prinzipiell aus der Hand, beschränkte seinen Vorbehalt aber auf den hypothetischen Fall, dass sich das Grundrechtsniveau in der Gemeinschaft verschlechtern könnte. Das keineswegs behobene Demokratiedefizit spielte in der Begründung keine entscheidende Rolle mehr.

Diskriminierungsverbote:
Zurechtkommen mit Andersartigkeit

Bereits 1969 hatte der EuGH damit begonnen, die Maßnahmen der Gemeinschaft auf Grundrechtsverletzungen hin zu überprüfen. Anlass für die erste wegweisende Entscheidung war die »Sozialbutterverordnung«, die den Mitgliedsstaaten erlaubte, zum Abbau des »Butterbergs« verbilligte Butter an Sozialhilfeempfänger abzugeben – gegen einen auf den Berechtigten ausgestellten Gutschein. Dagegen klagte ein Mann aus Ulm mit dem Namen Erich Stauder: Ihm schien es unvereinbar mit seinen Grundrechten, beim Butterkauf seinen Namen angeben zu müssen. Er hatte kein Glück: Der EuGH entschied, dass die umstrittene Vorschrift nichts enthalte, »was die in den allgemeinen Grundsätzen der Gemeinschaftsrechtsordnung, deren Wahrung der Gerichtshof zu sichern hat, enthaltenen Grundrechte der Person in Frage stellen könnte«. Damit hatte der EuGH in einem Nebensatz die Grundrechtsbindung des Gemeinschaftsrechts festgestellt.[30] Der arme Herr Stauder allerdings war nicht nur in seinem Kampf um Datenschutz gescheitert, sondern musste auch erleben, dass sein

Name in Verbindung mit dem EuGH-Urteil in die europäische Rechtsgeschichte einging.[31]

Von Grundrechten war in den Römischen Verträgen noch nicht die Rede gewesen. Sie enthielten allerdings eine Anzahl von freiheitsverbürgenden Normen, für die sich der Begriff »Grundfreiheiten« einbürgerte. Da die EWG sich nach dem Scheitern der politischen Integration vorgeblich auf die wirtschaftliche Zielsetzung eines zusammenwachsenden Wirtschaftsraums beschränkte, waren diese Normen zunächst rein wirtschaftlicher Natur: Zollfreiheit, Warenverkehrsfreiheit, Dienstleistungsfreiheit, Kapitalverkehrsfreiheit und Personenfreizügigkeit sollten, in Anlehnung an die Freihandelstheorien Adam Smiths, den Wohlstand aller heben. Handelshemmnisse und Wettbewerbsschranken sollten sukzessive abgebaut werden. Waren und Dienstleistungen waren unabhängig von ihrer nationalstaatlichen Herkunft von jedem Mitgliedsstaat gleich zu behandeln.

Im Kern ging es dabei um die Pflicht der Mitgliedsstaaten, Wirtschaftsteilnehmer innerhalb der Gemeinschaft nicht länger wegen ihrer Staatsangehörigkeit zu diskriminieren: Die Grundfreiheiten sollten im Interesse des Binnenmarkts verhindern, dass Staaten ihren Wählern Vorteile zu Lasten der anderen EU-Bürger zuschanzten. 1963 machte der EuGH in einem seiner epochalen Richtersprüche aus dieser Pflicht ein Recht und sorgte dafür, dass die Bürger sich auf das Diskriminierungsverbot unmittelbar berufen können.[32] In einem weiteren Grundsatzurteil legte der EuGH 1974 fest, dass nicht nur Diskriminierungen, sondern alle Beschränkungen des innergemeinschaftlichen Handels verboten sind.[33] Damit waren die Grundfreiheiten zu einem Instrument geworden, um nationalstaatliche Regulierungs- und Eingriffsansprüche in die Wirtschaft zurückzudrängen.

Die europäischen Grundfreiheiten eröffneten damit Freiheitsräume zu Gunsten der Bürger und Unternehmen, die weit über die vom Grundgesetz vorgesehene Abgrenzung der Sphären von Staat und Wirtschaft hinausgriffen. Das Bundesverfassungsgericht hatte bereits 1954 festgestellt, dass die Grundrechte gegen wirtschaftslenkende Gesetze nur sehr beschränkten Schutz gewähren.

Damals hatte die Regierung per Gesetz der gewerblichen Wirtschaft eine »Investitionshilfe« von einer Milliarde DM auferlegt, die der preisregulierten und daher schwächelnden Schwerindustrie auf die Füße helfen sollte. Das Verfassungsgericht fand daran nichts auszusetzen: »Das Grundgesetz garantiert weder die wirtschaftspolitische Neutralität der Regierungs- und Gesetzgebungsgewalt noch eine nur mit marktkonformen Mitteln zu steuernde ›soziale Marktwirtschaft‹.« Neutral sei das Grundgesetz vielmehr insofern, als es kein »bestimmtes Wirtschaftssystem« favorisiere, sondern dem Gesetzgeber die Entscheidung überlasse.[34]

Staatliches Handeln kann aber auch auf ganz anderer Ebene als der Gesetzgebung die Freiheit der Bürger beschränken: Es kann ihnen Konkurrenz machen und Marktanteile wegnehmen. Dagegen ist im Prinzip nichts einzuwenden, denn gegen Konkurrenz gibt es keinen Schutz, schon gar keinen grundrechtlichen. Problematisch wird es nur, wenn der Staat sich mit seiner Hoheitsgewalt spezifische Wettbewerbsvorteile verschafft. Diese Problematik nimmt das Grundgesetz überhaupt nicht in den Blick: 1963 erlaubte das Bundesverwaltungsgericht den staatlichen Brandschutzversicherungen, bei denen Immobilien zwangsversichert waren, ihre Geschäftätigkeit auch auf freiwillige Mobiliarversicherungen auszudehnen.[35] Die privaten Anbieter mussten wehrlos zusehen, wie die staatliche Konkurrenz ihre Monopolstellung im Immobilienbereich ausnutzte. 1972 versagte das Bundesverwaltungsgericht den Bestattungsunternehmern einer baden-württembergischen Stadt rechtliche Hilfe, als sie gegen die Kommune klagten, weil diese den Trauernden einen »städtischen Bestattungsordner« vorgeschrieben hatte, der auch Särge verkaufte.[36] Das Oberste Verwaltungsgericht konnte im Grundgesetz keinen Anhaltspunkt finden, um dagegen einzuschreiten: Die Verfassung gewähre keinen »generellen Anspruch auf Chancengleichheit«, sondern verbiete lediglich »sachlich unbegründete rechtliche Differenzierungen« – und wenn der Staat wie ein Privatunternehmen bestimmte Dienstleistungen anbiete, unterstelle er sich doch den gleichen Rechtsvorschriften, die auch für private Anbieter gelten würden.

Der Maßstab dafür war (neben der Berufsfreiheit) das Grundrecht auf Gleichbehandlung in Artikel 3 Absatz I GG: »Alle Menschen sind vor dem Gesetz gleich.« Mit diesem so simpel klingenden Satz hatte die Verfassungspraxis von Anbeginn an Schwierigkeiten. Das Bundesverfassungsgericht erkannte bereits in einer seiner ersten Entscheidungen 1951 die Gefahr, zu einem allseits zuständigen Gerechtigkeitswächter zu werden, und stellte eine Formel auf, die scheinbar auf alle Probleme der Differenz angewandt werden konnte: Der Gleichheitssatz sei immer dann verletzt, wenn wesentlich Gleiches »willkürlich« ungleich behandelt werde.[37] Das hieß im Prinzip kaum mehr, als dass der Staat vertretbare Gründe vorweisen musste, wenn er zwischen den Bürgern Unterschiede machte. Doch musste nach der Formel zunächst einmal gefragt werden, ob die Betroffenen überhaupt »wesentlich gleich« seien. Bekanntlich gleicht kein Ei dem anderen, solange niemand sie miteinander vergleicht. Und sie unterscheiden sich auch nicht, solange sie nicht unterschieden werden. Das ist mehr als ein Wortspiel: Wer nach Gleichheit oder Ungleichheit fragt, stellt nicht einfach Beschaffenheiten fest, sondern *wählt* ein Kriterium, anhand dessen er vergleicht. Der Ansatz, an die »wesentliche« Gleichheit oder Ungleichheit anzuknüpfen, verführt dazu, bestimmten Personengruppen essentialistisch bestimmte Eigenschaften, Funktionen, Bedürfnisse oder Aufgaben zuzuweisen, anstatt die Bedürfnisse und Aufgaben für alle Menschen gleich und situationsspezifisch zu definieren.

Dass das deutsche Verfassungsrecht hier von Europa lernen konnte, zeigte sich, als 2000 der EuGH den Fall der Bundeswehrsoldatin Tanja Kreil zu entscheiden hatte. Hier ging es um eine Norm des Grundgesetzes selbst: Nach Artikel 12a Absatz 4 GG war Frauen der freiwillige Waffendienst in der Bundeswehr verwehrt: »(Frauen) dürfen auf keinen Fall Dienst mit der Waffe leisten.«[38] Da die Bundeswehr nicht nur eine Armee, sondern auch ein Arbeitgeber ist, klagte die junge Frau gegen die Bundesrepublik und bekam Recht: Die europäische Gleichbehandlungsrichtlinie verbietet jede unmittelbare und mittelbare Diskriminierung wegen des Geschlechts.[39]

Zwar schäumte mancher deutsche Staatsrechtler über diesen »eindeutigen Kompetenzverstoß«[40] des EuGH. Aber der Gesetzgeber musste den diskriminierenden Satz aus dem Grundgesetz streichen – was ihm nicht allzu schwer fiel, weil er nicht nur mit Europarecht kollidierte, sondern auch mit dem Gleichberechtigungssatz in Artikel 3 GG und dem gewandelten Geschlechterrollenverständnis. Aus Sicht des Grundgesetzes durften Frauen »auf keinen Fall« Dienst an der Waffe tun, weil sie eben Frauen waren und damit grundsätzlich anders zu behandeln als Männer. Für ein modernes Gleichheitsverständnis ist es jedoch unerheblich, welche primären Geschlechtsmerkmale der Mensch an der Waffe hat; es interessiert nur, ob bestimmte Gründe vorliegen (etwa eine Schwangerschaft oder eine schwache körperliche Konstitution), die es rechtfertigen, ihn vom Dienst an der Waffe auszunehmen.

Da das europäische Diskriminierungsverbot vor allem gleiche Wettbewerbschancen anstrebt, waren die EG-rechtlichen Gleichstellungsbemühungen im deutschen Arbeitsrecht viel erfolgreicher als etwa im deutschen Familien- oder Steuerrecht, wo meist immer noch der Nationalstaat das Sagen hat. Gegen das Ehegattensplitting war Europa bisher ebenso machtlos wie gegen die Benachteiligungen der »Homo-Ehe«. Doch sollte nicht unterschätzt werden, welchen Mentalitäts- und Einstellungswandel das aus der nüchternen Perspektive des Handels, der Wirtschaft und der Arbeit aufgestellte Diskriminierungsverbot im Umgang mit den Unterschiedlichkeiten von Mann und Frau – ja im Umgang mit Differenz und Andersartigkeit generell – bewirkt. Der europäische Binnenmarkt ist viel zu heterogen und vielfältig, als dass der »Club weißer heterosexueller Männer« dauerhaft die Vorherrschaft beanspruchen könnte. Damit der Markt überhaupt funktionieren kann, müssen diskriminierungsbedingte Kommunikationsstörungen möglichst minimiert werden. Es ist im Interesse aller Marktteilnehmer, dass niemand aus Gründen benachteiligt wird, die nicht unmittelbar etwas mit seiner Qualifikation zu tun haben.

Die große Errungenschaft des Europarechts ist jedoch nicht allein das Diskriminierungsverbot. Sonst könnte sich ein freier, unregulierter Markt jederzeit gegen die Belange des Verbraucherschutzes, des Umweltschutzes und der Arbeitssicherheit durchsetzen, und alle kulturellen und historischen Unterschiede müssten im gemeinsamen Markt eingeebnet werden. 1979 sorgte der EuGH in seinem epochemachenden »Cassis de Dijon«-Urteil für einen salomonischen Ausgleich zwischen Diskriminierungsverbot, schutzwürdigen Interessen der Bürger und der legitimen Unterschiedlichkeit der nationalstaatlichen Rechtsordnungen. Die deutsche Firma Rewe wollte 1976 den französischen Likör Cassis de Dijon einführen und beantragte dafür bei der Bundesmonopolverwaltung für Branntwein eine Genehmigung. Diese wurde ihr verwehrt, da Cassis de Dijon einen zu niedrigen Alkoholgehalt habe, um in Deutschland als Branntwein verkehrsfähig zu sein. Würden Branntweine mit niedrigerem Alkoholgehalt erlaubt, könnte das zu einer Erhöhung des Alkoholkonsums führen und den Alkoholismus fördern. Da das Branntweinmonopolgesetz gleichermaßen für inländische und ausländische Produkte gelte, läge auch keine Diskriminierung vor.

Das Hessische Finanzgericht, bei dem die Klage der Firma landete, legte den Fall 1978 dem EuGH zur Vorabentscheidung vor. Dieser wies die einigermaßen abenteuerliche Begründung der Bundesregierung zurück: Nationalstaatliche Einschränkungen der Warenverkehrsfreiheit seien nur hinnehmbar, »soweit diese Bestimmungen notwendig sind, um zwingenden Erfordernissen gerecht zu werden, insbesondere den Erfordernissen einer wirksamen steuerlichen Kontrolle, des Schutzes der öffentlichen Gesundheit, der Lauterkeit des Handelsverkehrs und des Verbraucherschutzes«.[41] Ein gesetzlich vorgeschriebener Alkoholgehalt von Branntweinen diene nicht zwingend der öffentlichen Gesundheit. Doch musste der deutsche Gesetzgeber das Branntweinmonopolgesetz nicht ändern. Die Lösung, die der EuGH zur Beilegung des Konflikts vorschlug, lag denkbar nahe: Die an Hochprozentiges gewöhnten deutschen Schnapskonsumenten könnten vor einer Irreführung geschützt werden, indem es den Importeuren zur Auflage gemacht werde, den Alkoholgehalt auf der Verpackung des Produktes anzugeben.

So einfach kann das Leben sein! Weder mussten die in Jahrhunderten gewachsenen und kulturell verwurzelten französischen Vorstellungen vom Likör-Alkoholgehalt heraufgesetzt noch die bundesdeutschen Ansichten über einen richtigen Schnaps nach unten korrigiert werden. Stattdessen wurden die nationalstaatlichen Rechtsordnungen zu wechselseitiger Anerkennung verpflichtet.[42] Sie wurden harmonisiert, aber nicht gleichgeschaltet.

Aus diesem vom EuGH erfundenen Prinzip entwickelte die Europäische Kommission 1985 eine neue Integrationsstrategie, um den Binnenmarkt zu vollenden. Mit der Einheitlichen Europäischen Akte – der ersten großen Revision der Römischen Verträge – machten sich die Mitgliedsstaaten ein Jahr später an die Verwirklichung eines »Raums ohne Binnengrenzen«, »in dem der freie Verkehr von Waren, Personen, Dienstleistungen und Kapital gemäß den Bestimmungen dieses Vertrages gewährleistet ist« (Artikel 14 Absatz 2 EG), bei einer Anpassungsfrist bis 1992. Die Kompetenzen der Gemeinschaft wurden ausgeweitet und die alte Einstimmigkeitsregel durch die Möglichkeit qualifizierter Mehrheitsentscheidungen abgelöst. Außerdem bekräftigten die Mitgliedsstaaten die Perspektive einer »Europäischen Union«, in der auch in den Bereichen der Innen- und Justizpolitik sowie der Außen- und Sicherheitspolitik eine enge Kooperation stattfinden sollte.

Je weiter die Integration des europäischen Marktes voranschritt, desto notwendiger wurde es, regulative Maßnahmen im Interesse der Verbraucher, der Arbeitnehmer und zunehmend auch der Umwelt einzuführen. Wenn Lebensmittel in ganz Europa handelbar waren, musste dafür gesorgt werden, dass die Verbraucher nicht hinters Licht geführt wurden. Das nationalstaatliche Produktsicherheitsrecht musste durch europäische Standardisierungen, Normungen und Zulassungsverfahren ergänzt werden. Es lässt sich darüber streiten, ob hier im Einzelnen zu viel oder zu wenig getan wird – auch wenn es durchaus festgehalten zu werden verdient, dass die Menschen sich heutzutage in Europa weitaus seltener den Magen verderben oder mit schlechten Produkten herumschlagen müssen als noch vor dreißig Jahren. Aus der Perspektive des Verfassungsrechts steht vielmehr die Frage im Mittelpunkt, wer nach welchen Verfahren über Produktsicherheitsnormen und die Zulassung von Produkten entscheidet. Das »Neue Konzept« der Kommission sah 1985 vor, dass bei der Produktregulierung die europäische Rechtsetzung nur noch die »wesentlichen Sicherheitsanforderungen« festlegen sollte. Die konkrete Detailarbeit erschien zu kompliziert, als dass staatliche Organe sie allein hätten bewältigen können. Sie sollte von Expertengremien geleistet werden, also von Spezialisten, die in den Standardisierungsorganisationen, in europäischen Ausschüssen und Agenturen über technische, wissenschaftliche und praktische Detailfragen entscheiden. Das war etwas fundamental Neues: Aufgaben, die nach klassischem Staatsverständnis der Staatsverwaltung obliegen, werden seit 1985 zunehmend im Zusammenspiel von nicht-staatlichen Akteuren – Wissenschaftlern, Vertretern der Wirtschaft und der Gewerkschaften – und Beamten – sowohl der Kommission als auch der Mitgliedsstaaten – erledigt. Diese »public private partnership« erhöht die Problemlösekapazitäten in der europäischen Gemeinschaft gewaltig. Auch sorgt sie insgesamt für ein hohes Maß an Transparenz und Akzeptanz, weil alle unmittelbar Betroffenen oder Interessierten in den Entscheidungsprozess eingebunden werden. In den Augen der nur mittelbar betroffenen Öffentlichkeit hingegen hat das System einen Haken: Es verabschiedet sich von der Vorstellung von einem über den Interessen stehenden »Gemeinwohl«, das der Staat alleine durchzusetzen habe. Da die Grenzen von Wissenschaft, Wirtschaft und Politik genauso verschwimmen wie die nationalstaatlichen Grenzen, entsteht der Verdacht, dass die »Lobbyisten« den Staat »unterwandern« und die Regierungen zu »Schattenregierungen« degradieren könnten.[43]

Das Regieren in »public private partnerships« kann in der Tat nur dann funktionieren, wenn sich nicht bloß Interessenvertreter und Experten, sondern auch die Vertreter einer aktiven und organisierten Zivilgesellschaft einmischen und an den Entscheidungsfindungen beteiligen. Außerdem muss es von Verrechtlichungs- und Konstitutionalisierungsprozessen begleitet werden, damit der Einzelne sich wehren kann, wenn er sich in seinen Grundrechten verletzt sieht. Auch hier war wieder der EuGH Vorreiter: Als die

Mitgliedsstaaten der EG einen kodifizierten Grundrechtekatalog noch verweigerten, nahm der EuGH bereits die gemeinsamen grundrechtlichen Verfassungstraditionen und die von den Mitgliedsstaaten unterzeichneten Menschenrechtskonventionen zum Maßstab und band die wachsende Machtfülle der europäischen Entscheidungsträger an die Grundsätze von Freiheit, Demokratie und Rechtsstaatlichkeit. Im Ergebnis sorgte die Durchsetzung der europäischen Grundfreiheiten und die Anerkennung der nationalstaatlichen Grundrechte durch den EuGH, ergänzt durch die Garantien der Europäischen Menschenrechtskonvention, bereits Mitte der achtziger Jahre für ein grundrechtliches Schutzniveau, das sich nicht nur mit dem der bundesdeutschen Verfassung messen konnte, sondern auch doppelt und dreifach genäht und reißfest war wie keine andere Rechtsordnung der Weltgeschichte.

Souveränitätsgewinn durch Souveränitätsverzicht II: Von der Wiedervereinigung zum Maastricht-Vertrag

Die Dynamik, die die europäische Integration Anfang der neunziger Jahre aus der Wirtschaft in die Sphäre der Politik zurückholte, verdankte sich allerdings Ereignissen, die 1986, beim Abschluss der Einheitlichen Europäischen Akte, niemand vorhersehen konnte: Der Zusammenbruch der Hegemonialmacht der Sowjetunion beendete die Teilung Europas und insbesondere Deutschlands. Nicht nur das Selbstbestimmungsrecht der »Völker«, sondern eine ganze Reihe wirtschaftlicher und politischer Sachzwänge ließen die staatliche Vereinigung der DDR und der Bundesrepublik unvermeidlich erscheinen. Dieser Sieg der Verfassungsordnung des Grundgesetzes war jedoch nur möglich, weil es gleichzeitig gelang, das europäische Gemeinschaftsprojekt mit einem kräftigen Integrationsschub auf eine höhere Stufe zu bringen. 1989/90 wiederholte sich – wenn auch unter ganz anderen Umständen – die Konstellation der frühen Bundesrepublik: Nur durch Verzicht auf Souveränität konnte sie wiederum Souveränität zurückerlangen. Die vier Siegermächte von 1945 hatten immer noch in allen Fragen, die Berlin oder »Deutschland als Ganzes« betrafen, das Sagen. Für sie, ja für die ganze Weltgemeinschaft, war ein wiedervereinigtes Deutschland in der Mitte Europas nur akzeptabel, wenn es keine Alleingänge mehr machen, sondern in wirtschaftlicher, politischer und militärischer Hinsicht als verlässlicher Bündnispartner der westlichen Staaten agieren würde. Das ganze Deutschland musste der NATO angehören – unabhängig davon, dass die »Bindungsklausel« 1954 aus dem Deutschlandvertrag herausverhandelt worden war; es musste weiterhin auf ABC-Waffen verzichten und die 1945 gezogenen Grenzen, vor allem die Oder-Neiße-Grenze, endgültig anerkennen. Frankreichs Präsident François Mitterrand konnte sich eine deutsche Wiedervereinigung nur vorstellen, wenn sie von einer beschleunigten und vertieften Integration Europas unter deutsch-französischer Ägide begleitet würde. Die britische Premierministerin Margaret Thatcher fürchtete vor allem, dass die früheren militärisch-politischen Ambitionen Deutschlands sich nun in Form einer wirtschaftlichen Vormachtstellung Bahn brechen würden. Nur ein europäischer Kompromiss konnte diese schwierige Situation auflösen: Großbritannien fügte sich der Ausweitung der Europäischen Gemeinschaft zu einer politischen Europäischen Union, und die Deutschen nahmen Abschied von der D-Mark – der nationalstaatlichen Institution, die ihnen wie keine andere in den zurückliegenden vierzig Jahren das Gefühl wirtschaftlicher Potenz und nationaler Geltung verschafft hatte.

In rechtskonservativen Kreisen wurde die Wiedervereinigung als Beginn nationalstaatlicher »Normalität« bejubelt und die Einführung der Gemeinschaftswährung und der politischen Union als Niedergang nationalstaatlicher Souveränität bejammert. Die Apologeten des Nationalstaats ignorierten, dass das erste ohne das zweite nicht zu haben gewesen wäre. Doch wieder hatte die Bundesrepublik einen Politiker zum Bundeskanzler, der das Wechselspiel zwischen Souveränitätsverzicht und Souveränitätsgewinn verstand: Helmut Kohl berief sich immer wieder auf die Lektionen Adenauers und beschwor die europäische und die deutsche Einigung als zwei Seiten derselben Medaille: »Die deutsche Einheit macht in der konkreten Situation Europas und in der Welt nur dann einen wirklichen Sinn, wenn parallel dazu die politische, wirtschaftliche und soziale Einigung Europas möglich ist.«[44] Bereits im November 1989, zur Abfederung seines Zehn-Punkte-Plans, schickte er dem französischen Präsidenten einen »Arbeitskalender«, der konkrete Schritte zur Vollendung des europäischen Binnenmarktes, zur Vorbereitung einer Wirtschafts- und Währungsunion und zur Erweiterung der Rechte des Europäischen Parlaments vorsah.[45] Im Vorfeld der Zwei-plus-Vier-Verhandlungen beschleunigten Kohl und Mitterrand die Vorbereitungen für eine »Europäische Union«, die die Europäische Gemeinschaft durch enge Kooperationen in den Bereichen Außen- und Sicherheitspolitik sowie Innen- und Justizpolitik ergänzen sollte. Sinnfällig wurden der Beginn der deutsch-deutschen und der ersten Übergangsstufe zur europäischen Währungsunion auf dasselbe Datum, den 1. Juli 1990, gelegt.[46]

Im Maastricht-Vertragswerk vom 7. Februar 1992 wurden die Integrationsschritte, die 1986 begonnen und 1989/90 intensiviert worden waren, zu einer Gesamtarchitektur verbunden. Der Vertrag über die Europäische Union stellt neben die Europäische Gemeinschaft die beiden »Säulen« der Gemeinsamen Außen- und Sicherheitspolitik (GASP) und der Zusammenarbeit im Bereich der Innen- und Justizpolitik (IJZ). Diese drei Säulen bilden zusammen die Europäische Union (EU). Darüber hinaus wurden die Gründungsverträge der Gemeinschaft so erweitert, dass die supranationale Intention des europäischen Einigungsprozesses besser zum Tragen kam. Gestärkt wurden dabei insbesondere die Handlungsmöglichkeiten des gewählten Europäischen Parlaments, das seitdem mehr und mehr Mitentscheidungsbefugnisse zugewiesen bekommt. Außerdem wurde die alte Einstimmigkeitsregel im Ministerrat – die schon seit der Einheitlichen Europäischen Akte 1986 nicht mehr durchgängig galt – in vielen Bereichen zugunsten von qualifizierten Mehrheitsentscheidungen aufgegeben. Und doch, trotz dieser weitreichenden Reformen, blieben die Verträge Stückwerk, ein mit Rücksicht auf nationalstaatliche Widerstände im

Patchworkstil zusammengestoppelter Kompromiss, der nur den vorläufigen Verhandlungsstand abbildete.

Das Ende der Ost-West-Konfrontation hatte die Wiedervereinigung ermöglicht und die Integration Europas forciert. Darüber hinaus setzte es auch jenseits des Kontinents eine ungeheure Dynamik frei: Ganze Erdteile, die durch den »Eisernen Vorhang« von grenzüberschreitenden Entwicklungen wenn nicht abgeschottet, so doch ferngehalten worden waren, drängten nun auf die globalen Märkte. Die Globalisierung, die von Anfang an mit der Geschichte der Nationalstaaten verknüpft und von diesen befördert, aber auch reguliert worden war, erlebte ihren epochalen Durchbruch. Wirtschaftlich, kulturell und politisch wurde die Welt zu einem integrierten Handlungsraum. Das Internet ermöglichte die Kommunikation beliebig vieler Menschen an beliebig vielen Orten in beliebig kurzer Zeit. Eine weltweit agierende Wirtschaft konnte sich eines nicht mehr an Grenzen gebundenen Kapitalverkehrs bedienen. Gegen die Ökonomisierung von Lebensbereichen, die bisher wirtschaftlichen Zwängen nicht unterworfen gewesen waren (dafür aber vielleicht noch weniger erquicklichen Herrschaftsstrukturen), richtet sich nun globaler Widerstand, der von zivilgesellschaftlichem Engagement über friedlichen Protest bis hin zu grenzüberschreitendem Terrorismus reicht.

Die Dynamik der Globalisierung erweckte zunächst den Eindruck, das »Ende des Staates« sei gekommen – als hätten blitzschnelle, weltumspannende gesellschaftliche Prozesse die trägen, schwerfälligen, an ihre Territorien gebundenen Staaten weit hinter sich gelassen. Nicht freiwilliger Souveränitätsverzicht, sondern unfreiwilliger und totaler Souveränitätsverlust schien deren Schicksal zu sein. Diese Anschauung stellt sich, je mehr Erfahrungen wir mit der Globalisierung machen, als falsch heraus. Von einem »Ende des Staates« kann keine Rede sein, wohl aber von einem tief greifenden Wandel: Der Nationalstaat »zerfasert« in seinen verschiedenen Dimensionen – der Kontrolle über Gewaltmittel und Steuern, der Gesetzgebung und Justiz, der Herstellung demokratischer Legitimation sowie sozialer Sicherheit und Gerechtigkeit.[47] In keinem dieser Bereiche verliert er nennenswert Kompetenzen, doch verkleinern sich seine Handlungsspielräume teilweise dramatisch, wie zum Beispiel in der Steuergesetzgebung, wo zwar keineswegs das von den Globalisierungskritikern gefürchtete »race to the bottom« stattfindet, aber eine bemerkenswerte Verschiebung weg von Kapitalertrags- und Einkommensteuern hin zu sozial ungerechteren Mehrwert- und Konsumsteuern. Vor allem gelingt es auf nationalstaatlichem Niveau immer schlechter, Maßnahmen aufeinander abzustimmen: Die vormals einheitliche rechtliche Ordnung scheint in nur noch notdürftig miteinander verknüpfte Teile zerfallen zu sein.

Der Maastricht-Vertrag kann, wie der ganze europäische Integrationsprozess seit dem Zweiten Weltkrieg, durchaus als ein Versuch der Mitgliedsstaaten gewertet werden, auf die Globalisierung zu reagieren und diese mitzugestalten. Nicht nur das wiedervereinigte Deutschland musste eingebettet werden. Nach dem Ende der Ost-West-Konfrontation hätte Europa ein Flächenbrand gedroht, wenn es nicht gelungen wäre, auch die Osteuropäer in das Gemeinschaftsprojekt einzubeziehen. Die Notwendigkeit, die EG innerhalb kurzer Zeit auf Hunderte Millionen Menschen und Dutzende von Staaten mit ganz unterschiedlichen Interessen und Vorgeschichten auszuweiten, geriet nun in ein Spannungsverhältnis mit dem Erfordernis, die europäische Integration zu vertiefen und für politische Problemlösungen zu nutzen. Die oben beschriebene »Zerfaserung« blieb auch der Europäischen Union nicht erspart und wirkte sich hier noch dramatischer aus. Maastricht konnte nur eine Zwischenetappe auf einem steinigen Weg sein, der weiter beschritten werden musste, obwohl sein Ziel vollkommen ungewiss war. Selbst wenn sich alle Regierungen, ja sogar alle Staatsorgane in sämtlichen Mitgliedsstaaten aus Einsicht in die ungeheure Komplexität der Probleme auf gemeinsame Wegstrecken einigen könnten – wie sollte es gelingen, dem »monstro simile«, dem ungeheuerlichen Gebilde, das die EU in ihrer Mischung aus Supranationalität und Intergouvernementalität inzwischen darstellte, noch die Unterstützung der Bevölkerung und ein halbwegs ausreichendes Maß an demokratischer Legitimation zu sichern?

Demokratiedefizit und Legitimationskrise

Der Integrationsschub des Maastricht-Vertrags hinterließ auch im Grundgesetz seine Spuren: Gleichzeitig mit der Ratifikation des Vertrages beschloss der Deutsche Bundestag am 2. Dezember 1992, den obsolet gewordenen Beitritts-Artikel 23 durch einen neuen »Europa-Artikel« zu ersetzen. Die alte verfassungsrechtliche Grundlage in Artikel 24 (der Bund kann »Hoheitsrechte auf zwischenstaatliche Einrichtungen« übertragen) schien der Bedeutung des Gemeinschaftsprojektes nicht mehr angemessen. Die Europäische Union bedurfte eines eigenen Ortes in der Verfassung: »Zur Verwirklichung eines vereinten Europas« beteiligt sich die Bundesrepublik an der EU, die – so fügte man angelehnt an die Rechtsprechung des Bundesverfassungsgerichts hinzu – den wesentlichen Prinzipien des Grundgesetzes verpflichtet sei: Demokratie, Rechts- und Sozialstaatlichkeit, Föderalismus, Subsidiarität und Schutz der Grundrechte.

Vor allem das Stichwort Demokratie barg einigen Sprengstoff. Die europäischen Gemeinschaften hatten von Beginn an Schwierigkeiten zu begründen, wo sie die Legitimation zur Setzung allgemein verbindlicher Rechtsregeln eigentlich hernahmen. Diese Regeln wurden von der Kommission vorgeschlagen und vom Rat der nationalen Regierungsvertreter in Kraft gesetzt. Erstere war überhaupt nicht, der Rat nur mittelbar legitimiert. Der Weg, diesem »Demokratiedefizit« abzuhelfen, schien über die Stärkung der parlamentarischen Versammlung zu führen, die den mächtigen Gemeinschaftsorganen beratend zur Seite stand: 1979 wurde sie in ein direkt gewähltes »Parlament« umgewandelt, 1986 die Gesetzgebung in einigen Bereichen von ihrer Zustimmung abhängig gemacht, 1992 im Maastricht-Vertrag das Feld der parlamentarischen Mitbestimmung erweitert. Diese Entwicklung wies auch aus deutscher Perspektive in die richtige Richtung: Demokratisierung und Integration gingen Hand in Hand.

An anderer Stelle verursachte die Integration jedoch demokratietheoretische Schwierigkeiten – und zwar auf der Ebene des Deutschen Bundestags. Die Einigung Europas gab der schon in den achtziger Jahren beklagten »Entparlamentarisierung« eine neue Dimension: Mit jeder Übertragung von Hoheitsrechten verschwanden ganze Politikfelder aus der Gestaltungsmacht der deutschen Volksvertreter. Auch innerhalb des nationalen Verfassungsgefüges verschoben sich die Gewichte zu Ungunsten der eigenen Parlamente: Da die Regierungen auf europäischer Ebene die Gesetzgebung dominieren, bleibt den Volksvertretungen nicht viel mehr als der Vollzug. An den Brüsseler Entscheidungsprozessen sind sie selbst nicht beteiligt; sie verfügen kaum über eigene Informationsquellen und sind darauf angewiesen, von ihrer jeweiligen Regierung auf dem Laufenden gehalten zu werden. Das macht es ihnen schwer, ihre Kontrollfunktion zu erfüllen – zumal die Regierungen sie mit dem Argument unter Druck setzen können, die nationale Verhandlungsposition in Brüssel nicht schwächen zu dürfen.

Der neue Europa-Artikel 23 sollte die Stellung des Bundestags (und auch des Bundesrats) stärken: Die Bundesregierung ist seither verpflichtet, die Parlamentarier so früh und umfassend wie möglich über die Brüsseler Pläne zu informieren, ihnen Gelegenheit zur Stellungnahme zu geben und diese dann bei den weiteren Verhandlungen zu »berücksichtigen«. Allerdings ist die Regierung hier inhaltlich nicht gebunden und kann es auch nicht sein, da sonst schwerwiegende Verhandlungsnachteile für die deutschen Interessen drohen würden.

In den achtziger Jahren war der legitimatorische Boden, auf dem das europäische Gebäude stand, auch noch aus einem anderen Grund rissig geworden. Die Einführung des Mehrheitsprinzips und die massive Ausdehnung der Kompetenzen der Gemeinschaft 1986 machten es möglich, in einem Mitgliedsstaat geltendes Recht gegen den ausdrücklichen Willen der gewählten Regierung zu verändern. Dieser in das ansonsten nicht kontroverse Binnenmarktprogramm eingebettete Schritt erregte zunächst wenig Aufsehen. Lange fiel nur Spezialisten auf, dass dies kein Routinevorgang war, sondern ein »verfassungstheoretischer Bruch«,[48] der die Frage nach der Legitimation solcher Rechtsnormen mit ganz neuer Dringlichkeit aufwarf. Erst auf dem Weg nach Maastricht begann sich die Öffentlichkeit zu fragen, woher die politischen Führer überhaupt das Recht nahmen, für alle verbindlich das Ziel der Reise festzulegen.

Dies wurde deutlich, als die Regierungen den Maastricht-Vertrag den Volkssouveränen zur Ratifizierung vorlegten. In Frankreich geriet das Referendum zur Zitterpartie, in Dänemark scheiterte es ganz. In Deutschland fand der neue Anti-EU-Affekt sein Ventil in der Reaktion auf die unpopuläre Währungsunion. Die bundesrepublikanische Identität war allerdings so sehr mit Europa verwoben, dass es sich von selbst verbot, die Staatssouveränität gegen die europäische Integration auszuspielen. Nur die PDS lehnte im Bundestag den Maastricht-Vertrag ab: Dieser werde von den Menschen nicht akzeptiert, weil sie »Grund haben, zu glauben, Maastricht schaffe einen bürokratisch-zentralistischen Überstaat, der ihre demokratischen Rechte abbaut, ihre soziale Lage verschlechtert, ihre kulturelle Identität zerstört, Europa, selbst Westeuropa, eher spaltet, statt es zu integrieren«, begründete Hans Modrow, der letzte SED-Regierungschef der untergegangenen DDR, das Anti-Maastricht-Votum seiner Fraktion.[49]

Das Bundesverfassungsgericht hatte bereits zwei Jahre zuvor Gelegenheit, sich zum Thema demokratische Legitimation Gedanken zu machen. Anlass war ein Fall, der auf den ersten Blick mit der EU und ihrem Demokratiedefizit wenig zu tun hat: Die SPD-regierte Hansestadt Hamburg hatte 1989 auch Ausländern das Recht eingeräumt, an den Wahlen zu den Bezirksversammlungen teilzunehmen. Aus sozialdemokratischer Sicht war dies ein ausgesprochen demokratischer Akt: In einer modernen Großstadt mit hohem Ausländeranteil schien es nicht länger hinnehmbar, einem so großen Teil der Bevölkerung die Mitentscheidung über lokale Angelegenheiten zu verwehren.

Aber nach Ansicht des Zweiten Senats des Bundesverfassungsgerichts war der Mitentscheidungsaspekt für das Prädikat »demokratisch« überhaupt nicht ausschlaggebend: Die Demokratie diene vielmehr dazu, die Staatsgewalt zu legitimieren. Jede Art von Staatsgewalt müsse sich auf das »Volk« zurückführen lassen, und zwar in Form einer ununterbrochenen Legitimationskette: Das

Volk wählt ein Parlament, das Parlament wählt einen Kanzler, der Kanzler benennt seine Minister, die Minister ernennen und beaufsichtigen ihre Beamten. Die Legitimation, so der Senat in seiner Urteilsbegründung, könne auf verschiedene Weise von einem Kettenglied zum nächsten weitergegeben werden, solange am Ende ein »bestimmtes Legitimationsniveau« gewahrt bleibe. Das »Volk«, das den Anfang der Kette in der Hand halte, dürfe jedenfalls kein anderes sein als das *deutsche*: Daher, so der Zweite Senat einstimmig, sei das kommunale Ausländerwahlrecht verfassungswidrig.[50]

Nach dieser Rechtsprechung lag die Vermutung nahe, dass auch der Maastricht-Vertrag in Karlsruhe auf Schwierigkeiten stoßen würde. Zuständig für Europarecht war im Zweiten Senat der Richter Paul Kirchhof. Der Steuerexperte aus Heidelberg hatte ein anderes Temperament als die meisten seiner Vorgänger und Kollegen. Für die Richterinnen und Richter ist die Berufung ins Bundesverfassungsgericht in der Regel der krönende Abschluss einer langen Juristenkarriere. Kirchhof dagegen war, als er 1987 auf Vorschlag der CDU berufen wurde, erst 44 Jahre alt und profilierte sich mit einem ausgeprägten Gestaltungswillen, der vor allem dem Steuerrecht galt. In seinen radikalen Voten entnahm er der Verfassung detaillierte Vorgaben, um dem Steuergesetzgeber strikte Grenzen zu setzen. 1995 stellte das Gericht unter seinem Einfluss den umstrittenen »Halbteilungsgrundsatz« auf, wonach der Staat den Steuerpflichtigen nicht mehr als die Hälfte ihres Geldes wegnehmen darf.[51] Dass in ihm ein Gesetzgeber steckte, zeigte sich nach seinem Abschied aus Karlsruhe 1999, als er die Politik mit einem Entwurf für ein radikal vereinfachtes Steuergesetzbuch in Erstaunen setzte. Sein Ruhm als Reformer wuchs derart, dass ihn die CDU-Chefin Angela Merkel im Wahlkampf 2005 zum Schattenfinanzminister berief.

Auch zum Projekt der Europäischen Union vertrat der konservative Katholik Kirchhof klare Standpunkte, die er entgegen der sonst üblichen richterlichen Zurückhaltung auch während seiner Amtszeit öffentlich kundtat. 1990 ließ er auf einer Arbeitstagung des Deutschen Beamtenbunds seine Zuhörer wissen, dass aus seiner Sicht »die verfassungsrechtlichen Grundlagenbestimmungen unseres Staates zur Disposition gestellt« seien, sollte sich die »wirtschaftliche Gemeinschaft zu einer politischen Union« entwickeln.[52] Zwei Jahre später teilte er auf einer Arbeitgeberkonferenz in Luxemburg mit, dass die politische Union für ihn die Frage aufwerfe, »ob die Bundesrepublik Deutschland sich nicht anschickt, ihre vom Grundgesetz vorgesehene Staatlichkeit aufzugeben«.[53]

Wer genauer wissen wollte, wie der zuständige Verfassungsrichter den europäischen Einigungsprozess beurteilte, konnte dies im 1992 erschienenen VII. Band des »Handbuchs des Staatsrechts« nachlesen, das Kirchhof gemeinsam mit dem Bonner Verfassungsjuristen Josef Isensee herausgab. (Isensee, ein enger Freund Kirchhofs, hatte übrigens als Prozessvertreter der CDU-Bundestagsfraktion das Urteil zum Ausländerwahlrecht erstritten.) Das letzte Kapitel dieses Bandes, »Der deutsche Staat im Prozess der europäischen Integration«, hatte Kirchhof selbst verfasst und darin eine Reihe radikaler Thesen aufgestellt. Diese galten weniger der EU als vielmehr der Bundesrepublik und dem Grundgesetz – aber Kirchhofs Schlussfolgerungen trafen das Projekt der Europäischen Union ins Mark.

Das deutsche Volk, so Kirchhof, habe seit 1949 im Bewusstsein der »Vorläufigkeit und Vergänglichkeit des deutschen Teilstaates« leben müssen und sich daher dem Verfassungspatriotismus zugewandt: Wenn schon nicht der Staat, so sollte »doch jedenfalls die Staatsverfassung als einende Grundlage« dienen. Diese »Abstraktion einer Staatlichkeit allein in der Verfassung« habe sich mit der Wiedervereinigung »erübrigt«.[54] Nunmehr sei Deutschland ein verlässlich verfasster Staat im vollen Sinne des Wortes – und »als Staat« sei ihm aufgegeben, an der Einigung Europas mitzuwirken.[55] Als Staat – das setze ein Staatsvolk voraus, und zwar im ethnisch-kulturellen Sinne: Die Rede ist von einem »durch Geburt und Herkunft verwandten Staatsvolk, einem ihm zugehörigen Raum und der kulturellen Gemeinsamkeit von Sprache, Religion, Kunst und geschichtlicher Erfahrung«.[56]

Diese Thesen standen in scharfem Gegensatz zu vielen Errungenschaften aus vierzig Jahren bundesrepublikanischer Verfassungsgeschichte. An Stelle freier Kommunikation der Öffentlichkeit, dem Ideal, das dem Lüth-, dem Spiegel- und zahlreichen anderen Urteilen des Bundesverfassungsgerichts zugrunde gelegen hatte, sollte die ethnische Verwandtschaft für das politische Gemeinwesen konstituierend sein. Während der Bundeskanzler Helmut Kohl – dessen Partei Kirchhof immerhin zu seinem Richteramt verholfen hatte – die deutsche und die europäische Einigung als »zwei Seiten ein und derselben Medaille«[57] betrachtete, standen Deutschland und ein vereintes Europa für Kirchhof im Gegensatz. Die Verfassung verbiete den deutschen Staatsorganen, »auf die Auflösung des nach dem Grundgesetz verfassten Staates und seine Eingliederung in einem europäischen Großstaat hinzuwirken«.[58] Alle Versuche, das Demokratieprinzip auf europäischer Ebene zu stärken, machten für ihn die Sache nur noch schlimmer: Die Ansätze in Richtung Unionsbürgerrechte, das staatsübergreifende kommunale Wahlrecht, das verallgemeinerte Subsidiaritätsprinzip und die Aufwertung des Europäischen Parlaments interpretierte er als »Tendenzen zu einem Bundesstaat«[59] und lehnte sie deshalb ab.

Das Maastricht-Urteil des Bundesverfassungsgerichts

Kaum hatte der Maastricht-Vertrag Bundestag und Bundesrat passiert, gingen die ersten Verfassungsbeschwerden in Karlsruhe ein. Am meisten Aufsehen erregte die Klage des FDP-Politikers Manfred Brunner. Der frühere Vorsitzende des Landesverbands Bayern fühlte sich in Sachen Europa als Insider: Er hatte in der EU-Kommission seinem Parteifreund, dem Binnenmarktkommissar Martin Bangemann, als Kabinettschef gedient. Nach einer scharfen öffentlichen Polemik gegen die Währungsunion hatte er diesen Posten 1992 räumen müssen. Seine Klage, verfasst vom Erlanger Staatsrechtsprofessor Karl Albrecht Schachtschneider, berief sich unter anderem auf sein Grundrecht, als deutscher Staatsbürger an der Bundestagswahl teilzunehmen: Dieses werde ausgehöhlt, weil der Maastricht-Vertrag wesentliche staatliche

Kompetenzen auf die Union übertrage, so dass die Staatsgewalt nicht mehr vom deutschen Volk und seinen gewählten Vertretern ausgeübt werde.

Zuvor hatten bereits die Verfassungsgerichte Frankreichs und Spaniens Bedenken gegen den Maastricht-Vertrag geäußert; sie hatten sogar seine Ratifikation für unvereinbar mit der französischen bzw. spanischen Verfassung erklärt. Diese Probleme ließen sich aber mit einigen konstitutionellen Korrekturen beheben. Sie waren harmlos im Vergleich mit der Bombe, die das Bundesverfassungsgericht am 12. Oktober 1993 platzen ließ: Das Urteil wies die Klagen zwar ab und erklärte den Maastricht-Vertrag für verfassungsrechtlich unbedenklich – aber mit einer Begründung, die, beim Wort genommen, für die weitere Integration Europas unabsehbare Folgen haben konnte.

Ausgangspunkt des Urteils war der Befund, dass die Übertragung von Hoheitsrechten auf die europäische Ebene auf Kosten des Bundestags gehe. Dabei stützten sich die Richter unter anderem auf die (mittlerweile korrekturbedürftige[60]) visionäre Prognose des Kommissionspräsidenten Jacques Delors, der 1988 im Europaparlament angekündigt hatte, dass künftig achtzig Prozent aller Wirtschaftsgesetze, vielleicht auch des steuerlichen und sozialen Rechts, gemeinschaftlichen Ursprungs sein würden. Zwischen diesem Befund und dem Demokratieprinzip spannte der Zweite Senat unter dem Berichterstatter Paul Kirchhof in bewährter Manier das Legitimationsketten-Postulat auf: Alle Staatsgewalt müsse vom deutschen Staatsvolk ausgehen und sich auf dieses zurückführen lassen – jedenfalls so, dass ein »bestimmtes Legitimationsniveau« nicht unterschritten werde. Verstöße ließen sich, anders als in Frankreich und Spanien, auch nicht per Verfassungsänderung beheben, denn dies sei der unantastbare und gegen verfassungsändernde Mehrheiten gefeite Kern des Demokratieprinzips. Ausgeübt werde die Staatsgewalt vom Volke durch Wahlen; die Übertragung von Hoheitsrechten dürfe nicht so weit gehen, dass die Bundestagswahl ihr politisches Gewicht verliere. Das nationale Staatsvolk müsse in der Lage bleiben, »dem, was es – relativ homogen – geistig, sozial und politisch verbindet, (…) rechtlich Ausdruck zu geben«.[61] Vor allem das Stichwort »homogen« löste in der Rechtswissenschaft Bestürzung aus. Hatte das Bundesverfassungsgericht, Hüter des Grundgesetzes, tatsächlich die Forderung aufgestellt, im Namen der Demokratie das deutsche Volk rein zu halten? Zeitgleich zur Urteilsverkündung wurden im zerfallenen Ex-Bundesstaat Jugoslawien im Namen völkischer Homogenität entsetzliche Verbrechen begangen, und der Harvard-Professor und Europarechtsexperte Joseph H. H. Weiler zögerte nicht, diese Passage im Urteil des Bundesverfassungsgerichts in die Nähe einer »Weltsicht« zu rücken, »die letztlich auch dem Konzept der ethnischen Säuberungen zugrunde liegt«.[62]

So wuchtig die Prämissen, so bescheiden fielen die Schlussfolgerungen aus, die der Zweite Senat zog: Die »Integrationsoffenheit« sei von Anfang an im Grundgesetz angelegt, und das Mehrheitsprinzip für sich genommen keine Verletzung des Demokratieprinzips. Was die EU an national-parlamentarisch vermittelter Legitimation vermissen lasse, das könne das Europäische Parlament bis zu einem gewissen Grad als »Repräsentation der Staatsvölker« kompensieren. Mit Maastricht werde zwischen den Staatsangehörigen der Mitgliedsstaaten ein »auf Dauer angelegtes rechtliches Band« geknüpft, das zwar nicht so dicht gewebt sei wie das Band, das das Staatsvolk eine, aber doch immerhin »dem bestehenden Maß existenzieller Gemeinsamkeit (...) einen rechtlich verbindlichen Ausdruck verleiht«.[63]

Generell konnte der Zweite Senat an der in Maastricht errichteten Europäischen Union keinen demokratischen Makel entdecken – zur Überraschung selbst eingefleischter Europa-Enthusiasten hatte doch niemand bislang die Existenz eines Demokratiedefizits bestritten. Die Unbedenklichkeitsbescheinigung galt freilich nur für die Gegenwart. Für die Zukunft errichtete das Gericht eine Reihe von Schranken und kündigte an, die Rolle des Schrankenwärters höchst selbst übernehmen zu wollen: Die EU sei nur insoweit demokratisch legitimiert, als der Bundestag ihre vertraglichen Grundlagen ratifiziert habe. Europäische Rechtsakte, die diesen mit den Verträgen gesetzten Rahmen durchbrächen, seien von der Zustimmung des Bundestages nicht umfasst. Die deutschen

Staatsorgane wären »aus verfassungsrechtlichen Gründen« gehindert, diese in Deutschland anzuwenden. Dementsprechend prüfe das Bundesverfassungsgericht – in einer nicht näher definierten »Kooperation« mit dem EuGH –, ob »Rechtsakte der europäischen Einrichtungen und Organe sich in den Grenzen der ihnen eingeräumten Hoheitsrechte halten oder aus ihnen ausbrechen«.[64]

Das Gericht ließ im Dunkel, an welchem Pegel es das erforderliche »Legitimationsniveau« ablas, wo es das eingeforderte Minimum ansetzte und wann es einen europäischen Rechtsakt als »ausbrechend« betrachten würde. Verstehen lässt sich die Entscheidung am ehesten als Versuch des Verfassungsgerichts, seine Letztentscheidungskompetenz für das in Deutschland geltende Recht zu verteidigen: Mit dem Postulat, potenziell alle EU-Rechtsakte am Maßstab deutschen Verfassungsrechts überprüfen zu müssen, errichtete das Gericht einen Brückenkopf auf dem Gebiet des Europäischen Gerichtshofs, in der erklärten Absicht, zu überwachen, welche Hoheitsrechte von Deutschland an Brüssel abgetreten wurden. Tatsächlich lag jedoch der Verdacht nahe, dass der Verkehr in umgekehrter Richtung unter Kontrolle gebracht werden sollte: Was immer aus Brüssel kam und nach Deutschland hineinwollte, sollte in Karlsruhe überprüft werden können. Das Bild vom »Kontrollhäuschen«, in dem das Bundesverfassungsgericht sitze und den Verkehr überwache, stammt von niemand anderem als Kirchhof selbst.[65]

Drei Jahre später wurde diese Kampfansage an den Europäischen Gerichtshof auf die Probe gestellt – anlässlich eines Streits um verschieden gefärbte und gekrümmte Bananen. Dahinter verbarg sich keine Brüsseler Bürokratieposse, sondern ein interkontinentaler Konflikt mit tiefen historischen Wurzeln: Es ging um traditionelle Handelsströme und die Verbindungen einiger europäischer Staaten mit Ländern in Afrika, in der Karibik und im Pazifik (»AKP«), die ehemals von ihnen kolonialisiert worden waren. 1993 setzte die Ratsmehrheit eine Marktordnung durch, die den international nicht konkurrenzfähigen »AKP-Bananen« zollfreie Einfuhr nach Europa versprach, den Import von »Dollarbananen« von den Großplantagen Mittel- und Südamerikas hingegen Zöllen, Kontingenten und Einfuhrlizenzen unterwarf. Dies schädigte die deutschen Bananenimporteure, die traditionell auf »Dollarbananen« spezialisiert waren und nun die deutsche Verbraucheröffentlichkeit gegen die kleineren und krummeren Exemplare der Konkurrenz mobilisierten: »Groß, schön und gepflegt sei sie einst gewesen, am Nacken fest und grün: die Banane. Vorbei: Das alles kann die kleine nicht.«[66]

Der Europäische Gerichtshof erklärte die Privilegierung der AKP-Bananen für rechtens. Das Verwaltungsgericht Frankfurt am Main befand daraufhin, dass ein Gang nach Karlsruhe nötig sei, um den Bananenimporteuren einen angemessenen Grundrechtsstandard zu gewährleisten, und legte die Sache dem Bundesverfassungsgericht vor. Wieder sollte Kirchhof das Urteil entwerfen, und auch diesmal ließ er die Öffentlichkeit bereitwillig an seinen Erwägungen teilhaben: Europa werde nicht zusammenbrechen, wenn einzelne mit dem Grundgesetz unvereinbare EU-Rechtsakte in Deutschland keine Geltung beanspruchen könnten, zitierte 1999 ein Nachrichtenmagazin aus einem Vortrag Kirchhofs[67] – was den Bonner Europarechtsprofessor und vormaligen EuGH-Richter Ulrich Everling zu dem ungewöhnlichen Schritt trieb, Kirchhof öffentlich Befangenheit vorzuwerfen.[68]

Doch als der Zweite Senat nach vier Jahren 2000 sein Urteil fällte, war die Amtszeit Kirchhofs bereits abgelaufen. Angesichts der langen Beratungszeit fiel die Entscheidung überraschend knapp aus: Auf wenigen Seiten wurde die Frankfurter Vorlage als unzulässig gemaßregelt. Die Berufung auf das Maastricht-Urteil sei ein »Missverständnis«, schrieben die Verfassungsrichter. Keineswegs habe der Senat im Sinn gehabt, seine Prüfungskompetenzen auf Kosten des Europäischen Gerichtshofs auszudehnen.[69] »Ein Macht- oder Konkurrenzkampf zwischen beiden Gerichten steht nicht zur Debatte«, erläuterte die Verfassungsgerichtspräsidentin Jutta Limbach wenige Tage nach dem Urteil.[70] Faktisch war das Gericht damit zum pragmatischen Modus Vivendi des Solange-II-Urteils zurückgekehrt. Die Verfassungshüter hatten laut gebellt, aber am Ende nicht gebissen.

Out of Area – Sicherheitspolitik jenseits der Grenzen

Mit dem Ende der Ost-West-Konfrontation entfiel eine Bedrohung, an der sich über vierzig Jahre die gesamte deutsche Außen- und Sicherheitspolitik ausgerichtet hatte, und es entfiel die Blockade, die den Sicherheitsrat der Vereinten Nationen praktisch handlungsunfähig gemacht hatte. Die UN-Charta, die seit 1945 jede zwischenstaatliche Gewaltanwendung verbot und Sanktionen an den Beschluss des Sicherheitsrates knüpfte, konnte erst jetzt in den internationalen Beziehungen wirksam werden. Endlich könnte – so die weit verbreitete Hoffnung – jene neue, friedliche Weltordnung entstehen, die doch eigentlich schon mit der Gründung der Vereinten Nationen beabsichtigt gewesen war. Dass die neue Konstellation nicht weniger, sondern mehr Kriege brachte, dass Konflikte, die in scheinbar fernsten Weltgegenden entbrannten, die eigenen Interessen und die eigene Verfassungsordnung existentiell berühren würden, konnten sich die Deutschen 1989 noch nicht vorstellen.

Am 2. August 1990, als man hierzulande noch mit der Wiederherstellung der nationalen Einheit beschäftigt war, überfiel der irakische Diktator Saddam Hussein sein Nachbarland Kuweit – ein eklatanter Bruch des Völkerrechts, aber auch eine Gefahr für die Rohstoffversorgung der westlichen Industriestaaten. Der UN-Sicherheitsrat setzte dem Irak ein Ultimatum und verhängte ein Wirtschaftsembargo, und als dies alles nichts fruchtete, ermächtigte er schließlich im November 1990 die Mitgliedsstaaten, die Befreiung Kuweits mit militärischer Gewalt durchzusetzen.

Die Bundesrepublik war 1973 den Vereinten Nationen beigetreten und, wie alle Mitgliedsstaaten, laut Artikel 25 der UN-Charta verpflichtet, die Beschlüsse des Sicherheitsrates »anzunehmen und durchzuführen«. Außerdem musste sie als Mitglied der NATO ihren Bündnispartnern militärisch Beistand leisten, wenn diese angegriffen wurden – und das NATO-Mitgliedsland Türkei wurde von irakischen Scud-Raketen bedroht. Just in dem Moment, da sich Deutschland seiner eigenen Grenzen so sicher war wie nie zuvor, sah es sich aufgefordert, ja womöglich sogar völkerrechtlich verpflichtet, um anderer Länder Grenzen und Interessen willen in den Krieg zu ziehen. Die Bündnispartner, die die Bundesrepublik über Jahrzehnte militärisch beschützt hatten, forderten mit allem Nachruck, dass diese aus dem Windschatten heraustreten und ihren Beitrag am Persischen Golf leisten müsse – mit Geld, mit Waffen, womöglich aber auch mit Soldaten.

Weder die Politik noch die Gesellschaft, noch die Bundeswehr waren auf eine solche Situation vorbereitet. Die Deutschen hatten die NATO stets als Bündnis betrachtet, das durch Abschreckung Kriege verhindert, aber keine führt. Von Deutschland, dies war Teil der bundesrepublikanischen Identität und in der Wehrverfassung des Grundgesetzes verankert, sollte nie wieder Krieg ausgehen. Die Soldaten der Bundeswehr hatten »Staatsbürger in Uniform« zu sein; den Oberbefehl führte nicht das Staatsoberhaupt und auch nicht der Regierungschef, sondern der Verteidigungsminister quasi als Leiter der obersten Militärbehörde. Ein Wehrbeauftragter des Bundestags kontrollierte das Militär und wachte über die Einhaltung der Grundrechte. Die Vorbereitung eines Angriffskrieges war von der Verfassung verboten und unter Strafe gestellt, und der Verteidigungsfall konnte nur von der Volksvertretung selbst, dem Bundestag, mit Zweidrittelmehrheit festgestellt werden. »Außer zur Verteidigung dürfen die Streitkräfte nur eingesetzt werden, soweit dieses Grundgesetz es ausdrücklich zulässt«, hieß es in Artikel 87a Absatz 2 GG.

Was folgte daraus für einen Fall, bei dem es weder um Angriff noch um Verteidigung ging, sondern darum, legitimiert durch einen Beschluss des UN-Sicherheitsrats in anderen Teilen der Erde militärisch den Frieden wiederherzustellen? Diese Frage hatte sich bislang nicht gestellt. Große Teile der Verfassungslehre und auch der Politik vertraten den Standpunkt, dass das Grundgesetz Einsätze der Bundeswehr außerhalb des NATO-Gebietes – »Out of Area« – prinzipiell nicht zulasse.

Als Bollwerk gegen die Forderungen der Bündnispartner taugte das Verfassungsargument aber nur bedingt. Zum einen war Artikel 87a keineswegs so eindeutig, wie es den Anschein hatte. Die Regelung war 1968 im Zuge der Notstandsverfassung ins Grundgesetz aufgenommen worden, und es ließ sich mit guten Gründen argumentieren, dass sie nur den Bundeswehreinsatz im Innern ausschloss, nicht aber die Bündnisverpflichtungen Deutschlands einschränkte.[71] Dieser Sicht schlossen sich Teile der Bundesregierung an, etwa das Verteidigungs- und Innenministerium, während Bundesaußenminister Hans-Dietrich Genscher heikle Ausweichmanöver bevorzugte – so etwa, als 1989 die Vereinten Nationen Blauhelme zur Wahlbeobachtung nach Namibia anforderten und die Bundesregierung Bundesgrenzschutzbeamte statt Soldaten entsandte, deren Einsatz im Ausland juristisch mindestens ebenso angreifbar war. Zum anderen erwarteten die Amerikaner, Briten und Franzosen, dass die Deutschen ihre juristischen Probleme notfalls per Verfassungsänderung lösten. Für eine verfassungsändernde Zweidrittelmehrheit brauchte man jedoch nicht nur die widerspenstigen Teile der FDP, sondern auch die SPD, und diese war tief gespalten. Ein großer Teil der Partei, darunter die Ministerpräsidenten Oskar Lafontaine (Saarland) und Gerhard Schröder (Niedersachsen), lehnte Bundeswehreinsätze außerhalb des Verteidigungs- und Bündnisfalls generell ab.

Unterdessen hatten die Bürgerkriege in Jugoslawien und Somalia den UN-Sicherheitsrat erneut zum Handeln gezwungen – und diesmal konnte sich die Bundesregierung nicht mehr mit dem Scheckbuch aus der Affäre ziehen. Im Juli 1992 entsandte sie den Zerstörer »Bayern« sowie drei Spezialflugzeuge, um bei der Kontrolle des Handelsembargos gegen Jugoslawien zu helfen. Im April 1993 billigte sie gegen die Stimmen der FDP-Minister den Einsatz deutscher Soldaten an Bord der so genannten AWACS-Flugzeuge der NATO, die das Flugverbot des UN-Sicherheitsrats über Bosnien-Herzegowina durchsetzten. Ebenfalls im April 1993 fiel der Beschluss der Bundesregierung, der Bitte der UN nachzukommen und ein Nachschub- und Transportbataillon nach Somalia zu entsenden, wo humanitäre Hilfe geleistet werden sollte.

Gegen diese »Salami-Taktik« Helmut Kohls, die »Out-of-Area«-Einsätze der Bundeswehr ohne verfassungsrechtlich sichere Grundlage immer mehr auszuweiten, klagten sowohl die SPD- als auch die FDP-Fraktion vor dem Bundesverfassungsgericht – wobei insbesondere die FDP, die die Einsätze in der Regierungsverantwortung ja teilweise mitgetragen hatte, eine verfassungsrechtliche Klärung erzwingen wollte, nachdem eine politische Einigung zu einer Verfassungsänderung nicht möglich gewesen war.

Am 12. Juli 1994 verkündete das Bundesverfassungsgericht seine Entscheidung, die die Außen- und Sicherheitspolitik des vereinigten Deutschlands auf eine neue rechtliche Grundlage stellen sollte: In der Tat, so der Zweite Senat, beschränke das Grundgesetz die Bundeswehr keineswegs auf Verteidigungsaufgaben. Die Richter erinnerten daran, dass die Verfassungsgründer die Sicherheit der Bundesrepublik bewusst in die Hände internationaler Organisationen gelegt hatten. »Das Deutsche Volk ist gewillt, künftighin auf den Krieg als Mittel der Politik zu verzichten und hieraus die Folgerungen zu ziehen«, zitierte der Senat aus den Protokollen des Konvents von Herrenchiemsee. »Um aber nicht wehrlos fremder Gewalt preisgegeben zu sein, bedarf es der Aufnahme des Bundesgebietes in ein System kollektiver Sicherheit, das ihm den Frieden gewährleistet.«[72] Dies habe seinen Niederschlag in Artikel 24 des Grundgesetzes gefunden, der dem Bund ausdrücklich erlaube, sich »zur Wahrung des Friedens einem System gegenseitiger kollektiver Sicherheit« anzuschließen. Damit, so die Richter, seien nicht nur die Vereinten Nationen, sondern auch Verteidigungsbündnisse wie die NATO gemeint. Wenn aber das Grundgesetz dem Bund die Einordnung in solche Systeme erlaube, dann gestatte es ihm auch, seine satzungsgemäßen Pflichten zu erfüllen und Streitkräfte zur Verfügung zu stellen.[73]

Damit war gesichert, dass der Streit über Out-of-Area-Einsätze nicht länger in der verfassungsjuristischen, sondern in der politischen Arena ausgefochten werden würde. Auf einem anderen Blatt stand aber die Frage, welches unter den Organen des Grundgesetzes befugt sein sollte, die Soldaten tatsächlich in Marsch zu setzen. Armee und Diplomatie waren herkömmlicherweise der Kernbereich der Exekutive, in dem das Parlament nur sehr eingeschränkte Kompetenzen besitzt. Auf dieser Grundlage hatte das Bundesverfassungsgericht 1984 entschieden, dass der NATO-Doppelbeschluss zur Stationierung atomarer Mittelstreckenraketen

nicht der Zustimmung des Bundestags bedurfte: Die Gewaltenteilung stehe einem »aus dem Demokratieprinzip fälschlich abgelei-
teten Gewaltenmonismus in Form eines allumfassenden Parlamentsvorbehalts« entgegen, urteilte der Zweite Senat damals und
stützte sich dabei auf seine Legitimationsketten-Doktrin: Die Regierung sei demokratisch legitimiert und könne daher auch weit-
reichende Entscheidungen in ihrem Zuständigkeitsbereich alleine
fällen.[74]

Zehn Jahre später sah sich der Senat in einem Dilemma:
Einerseits wollte er am Primat der Exekutive in der Außen- und
Sicherheitspolitik nicht rütteln. Die völkerrechtlichen Vertrags-
grundlagen bedurften zwar der Zustimmung des Bundestags, aber
bei ihrer Ausgestaltung sollte die Regierung über maximalen
Handlungsspielraum verfügen. Selbst ein so grundlegender Rich-
tungswechsel, wie ihn die NATO 1991 mit ihrer Umorientierung
vom Verteidigungs- zum Friedenssicherungsbündnis vollzogen
hatte, war nach Ansicht des Senats möglich, ohne den Bundestag
einzubeziehen (vier der acht Richter waren allerdings anderer
Meinung).

Gleichzeitig erkannte der Senat seine Chance, etwas gegen die
viel beklagte Entparlamentarisierung zu unternehmen. Zu diesem
Zweck etablierte das Verfassungsgericht eine neue Ebene parlamentarischer Beteiligung: Die Regierung durfte zwar in den verschiedenen NATO-Gremien weiterhin selbständig schalten und
walten – aber bevor sie tatsächlich Soldaten in Bewegung setzte,
sollte sie (außer bei Gefahr im Verzug) das Einverständnis des
Bundestags einholen. In weitgehend freihändiger Rechtsfindung
konstruierte der Zweite Senat einen umfassenden Parlamentsvorbehalt für den Einsatz der Bundeswehr: Das Grundgesetz wolle die
Streitmacht »nicht als Machtpotenzial allein der Exekutive« überlassen, sondern sie als »Parlamentsheer« in die demokratische,
rechtsstaatliche Verfassungsordnung einfügen.[75]

Am Primat der Exekutive in der Außen- und Sicherheitspolitik jedoch hält der Senat bis heute unbeirrbar fest.[76] Weder der
Kosovo-Krieg 1999, den die NATO ohne UN-Mandat führte, noch
der Einsatz in Afghanistan seit 2001, bei dem die Grenzen zwi-

schen UN-Mission und US-geführtem »war against terror« zunehmend verschwimmen, konnten ihn dazu bringen, die »ungeschmälerte außenpolitische Handlungsfreiheit«[77] der Regierung einzuschränken. Dahinter kann man ein »konservativ-etatistisches Politikverständnis«[78] vermuten: In einer Welt nationalstaatlicher Großmachtpolitik leuchtet der Gedanke, die Außenpolitik der Exekutive vorzubehalten, jedenfalls unmittelbarer ein als in einer Welt zunehmend internationalisierter Gesetzgebung.

Im Mai 2008 fällte der Zweite Senat allerdings eine Entscheidung, die dieses Politikverständnis weitgehend relativiert haben dürfte: Erneut ging es um das Öl am Golf, erneut um AWACS-Flüge in der Türkei, diesmal allerdings aus Anlass des völkerrechtlich mehr als fragwürdigen Feldzugs der USA und ihrer Verbündeten 2003 gegen den Irak. Das Bundesverfassungsgericht erklärte die Entscheidung, deutsche Soldaten ohne Bundestagsbeschluss an diesen Flügen teilnehmen zu lassen, für verfassungswidrig. Gerade weil die nationalen Parlamente die Bündnispolitik in ihrer »Eigengesetzlichkeit« schwer beeinflussen könnten, gerade weil sie die Bündnisentscheidungen kaum ohne politischen Schaden revidieren könnten, bedürfe es eines Parlamentsvorbehalts als »Korrektiv«. Aus einem einzelnen Einsatz könne schnell eine »größere und länger währende militärische Auseinandersetzung« werden, »bis hinein in einen umfänglichen Krieg«. Mit dem Parlamentsvorbehalt sei gesichert, dass darüber vorab im Parlament debattiert werde, dass die Opposition zu Wort komme und die Öffentlichkeit sich ein Bild machen könne. Im Verhältnis von exekutivischen Gestaltungsspielräumen und Parlamentsvorbehalt stellte der Senat schließlich eine klare Vorrangregel auf: In Grenzfällen sei »im Zweifel parlamentsfreundlich« zu verfahren.[79]

Weltverfassungen und Europaverfassungen

Die rasche, harte und effektive Reaktion des UN-Sicherheitsrats auf den irakischen Eroberungsfeldzug gegen Kuweit 1990 stieß, allen Protesten der Friedensbewegung zum Trotz, in der internationalen Staatengemeinschaft kaum auf Legitimationszweifel: Hier hatte ein großer und mächtiger Staat seinen kleinen und militärisch schwachen Nachbarn überfallen und das Völkerrecht mit Füßen getreten. Mit einer Organisation, die dergleichen verhindert, konnten sich auch schwache Staaten identifizieren. Doch das blieb nicht lange so. Je entschlossener der Sicherheitsrat von seinen Kompetenzen nach der UN-Charta Gebrauch machte und je großzügiger er sie auslegte, desto dringlicher stellten sich die Fragen nach seiner politischen Steuerung: Was hinderte die einzige verbliebene Supermacht, die USA, den von ihr dominierten Sicherheitsrat im eigenen Interesse zu instrumentalisieren? Warum waren ständige Mitgliedschaft im Sicherheitsrat und Vetorecht auf die fünf Großmächte des 20. Jahrhunderts beschränkt, während so mächtige Wirtschaftsnationen wie Deutschland oder Japan und aufstrebende Schwellenländer wie Indien oder Brasilien außen vor blieben?

Auch andere weltumspannende Organisationen, deren Einflüsse sich nach 1990 vervielfacht hatten, sahen sich im Lauf der neunziger Jahre zunehmend Legitimationszweifeln ausgesetzt – der Zusammenschluss der großen Wirtschaftsmächte (G8), die Welthandelsorganisation (WTO), der Internationale Währungsfonds (IWF) und die Weltbank. 1999 brachten Tausende von Demonstranten die Ministerkonferenz der WTO in Seattle zum Scheitern. An den Protesten beteiligten sich nicht nur radikale Splittergruppen, sondern auch große Gewerkschafts- und Naturschutzverbände. Ein erheblicher Teil der Gesellschaft der westlichen Industriestaaten – von den Entwicklungsländern ganz zu schweigen – war mit der Welt ohne Grenzen, wie sie die Regierungen und internationalen Organisationen anstrebten, nicht einverstanden.

Dass die Regierungen mittlerweile Entscheidungen gegen den Willen der Bevölkerungen, die sie doch eigentlich gewählt hatten, durchsetzen konnten, schien manchem als Ausdruck einer »neuen Staatsräson«[80]: Früher hätten sich die Herrscher nach innen dadurch abgesichert, dass sie sich gegenseitig militärisch bedrohten. Heute behaupteten sie ihre Handlungsspielräume gegenüber der

Gesellschaft dadurch, dass sie miteinander kooperierten. Die Demokratiedefizite des übernationalen und zwischenstaatlichen Regierens seien geradezu Selbstzweck, es läge gar nicht im Interesse der Regierungen, sie zu beseitigen.[81]

Tatsächlich kann man die Frage nach der Legitimation der internationalen Organisationen – wie auch nach der Legitimation der europäischen Rechtsetzungen – verschieden stellen, mit ganz unterschiedlichen, ja widersprüchlichen Ergebnissen. Aus der Perspektive der Legitimationsketten-Doktrin, wie sie das Bundesverfassungsgericht vertritt, gibt es kein Problem, solange sie ihre Entscheidungen im Konsens aller Mitglieder treffen. Kein Mitgliedsstaat wird durch einen Beschluss rechtlich gebunden, gegen den er sich aktiv wehrt. Und solange der jeweilige Politiker oder Diplomat, der in dem betreffenden Gremium die Hand hebt, über eine ununterbrochene Legitimationskette mit dem deutschen Volk verbunden ist, gilt der Beschluss als ausreichend legitimiert. Auch das Schlichtungsverfahren der WTO, bei dem unabhängige, für eine vierjährige Amtszeit gewählte Richter in einem gerichtsförmigen »Appellative Body« über die Einhaltung der Verträge wachen, ist legitim – solange die Richter sich nicht anmaßen, den vertraglich gesetzten Rahmen ihrer richterlichen Befugnisse zu übertreten.

Problematisch ist aus dieser Sicht etwas ganz anderes: Die WTO und andere, ähnlich gelagerte globale Institutionen beziehen nämlich bei ihren Entscheidungen wissenschaftlich-technische Normen ein, die von keinem Gesetzgebungsorgan und keiner öffentlichen Verwaltung, sondern von Expertengremien festgelegt wurden. Beispielsweise erarbeitet ein solches Gremium für die Welternährungsorganisation den so genannten Codex Alimentarius – das sind Richtlinien, die nach halbwegs gesicherten wissenschaftlichen Maßgaben bestimmen sollen, ob und wann ein Nahrungsmittel gesundheitsgefährdend ist. Die Mitgliedsstaaten der WTO haben ein Abkommen, nötigenfalls Hemmnisse beim Handel mit Nahrungsmitteln zu akzeptieren, um Gesundheitsrisiken abzuwenden. Die Gefahren dürfen aber nicht einfach nur behauptet werden, sondern müssen begründet und durch die Codex Alimentarius – Kommission bestätigt sein. Es reicht nicht, ein Einfuhrverbot mit politischen, sozialen oder kulturellen Anliegen zu rechtfertigen. Im Handelsstreit um »Hormonfleisch«, der in den neunziger Jahren zwischen Europa und den USA tobte, wurde deutlich, was das bedeutete: Da die Codex Alimentarius – Kommission auch Fleisch von Rindern, die durch Hormonmast zwanzig Prozent schneller wachsen, eine Unbedenklichkeitsbescheinigung ausstellte, befand die WTO, dass die EU sich dem Import dieses Fleischs öffnen müsse. Nun wurde die Frage, wie die Normen und Richtlinien des Codex Alimentarius überhaupt legitimiert seien, politisch brisant: Gibt es »objektive«, nicht von Interessen und kulturellen Gewohnheiten geprägte, »rein« wissenschaftlich oder technisch begründbare Regeln? Ist die Regelbildung durch private, in keiner Legitimationskette stehende Institutionen mit unserer demokratischen Rechtsordnung vereinbar?[82]

Im Normalfall stellen die wissenschaftlichen und technischen Normungen auf europäischer und globaler Ebene kein Problem dar. Wenn man die Perspektive der Legitimationsketten-Doktrin verlässt, schafft die Beteiligung privater Akteure – von ökonomischen Interessengruppen, NGOs, Beratern und Wissenschaftlern – in den Augen derer, die von den Rechtsetzungen und Regierungshandlungen unmittelbar betroffen sind, ein Mehr und nicht ein Weniger an Akzeptanz. Außerdem sorgt die Konsensregelung in den internationalen Organisationen dafür, dass kein Mitglied zu irgendeiner Maßnahme gezwungen werden kann. Auch der »Appellative Body« der WTO setzt kein ehernes Recht, das mit Gewalt durchgesetzt wird, sondern gibt den Streitparteien nur Orientierungshilfen an die Hand, um gemeinsam nach einer Einigung zu suchen. Im »Hormonstreit« unterlag die EU nach einem fast zehn Jahre währenden Hin und Her; 1999 erlaubte die WTO den USA, europäische Produkte mit Strafzöllen zu belegen. Wegen der globalen weltwirtschaftlichen Verflechtungen waren die USA aber gar nicht interessiert daran, die Sanktionen wirklich durchzuführen, und während der langen Verzögerung hatten die beteiligten Firmen Gelegenheit, ihre Geschäfte umzustrukturieren und neue Handelswege zu erschließen. Der »Hormonstreit« zeigt, dass es den nationalstaatlichen Rechtsordnungen grundsätzlich möglich ist, eigene Positionen durchzuhalten, ohne sich gleich vom Freihandelssystem zu verabschieden.

Das Entscheiden durch Aushandeln, wie es in den internationalen Organisationen praktiziert wird, steht bereit, wenn man mit dem von der Legitimationsketten-Doktrin geforderten Entscheiden durch Abstimmen nicht weiterkommt – und das ist in der heutigen komplexen Welt der Regelfall. Das schiere Mehrheitsprinzip hat zur Voraussetzung, dass die an der Abstimmung Teilnehmenden Vorstellungen von einer Gemeinsamkeit haben, die es ihnen ermöglicht, sich nicht unterdrückt zu fühlen, falls sie überstimmt werden und sich in der Minderheit wiederfinden – gemeinsame Werte, Traditionen und Sprache, auch die Fiktion ethnischer Verwandtschaft. Ist die Heterogenität zu groß oder werden Gemeinsamkeiten nicht erkannt, können nur Kompromisse zu akzeptablen und legitimen Ergebnissen führen. Gleichzeitig hat die Entscheidung im Konsens auch Mängel, die die Legitimationsketten-Doktrin überhaupt nicht bzw. nur durch Leerformeln wie das »bestimmte Legitimationsniveau« in den Blick bekommt: Die Zugeständnisse, die die Mitglieder zur Kompromissfindung machen müssen, sind nicht für alle Beteiligten gleich groß. Kleine und schwache Staaten müssen oft einen hohen Preis zahlen, während die mächtigen und handelsstarken Länder Kompromisse blockieren können. Außerdem dringt oft gar nicht nach außen, welcher Preis ausgehandelt wurde. Die Verhandlungen finden meist unter Ausschluss der Öffentlichkeit und ohne Protokoll statt. Je mehr auf dem Spiel steht, desto intensiver wird die offizielle Beschlussfassung in informellen und exklusiven Gesprächszirkeln vorbereitet, so dass »die Transparenz der Entscheidungsfindung umgekehrt proportional zur Bedeutung der Entscheidung« erscheint.[83]

Die europäischen Nationalstaaten haben sich auch deshalb zu einem gemeinsamen Markt zusammengeschlossen, um Nachteile im globalen Spiel zu minimieren und gemeinsame Positionen zu stärken. Gerade in Sachen Handel und Warenverkehr haben sie ihre Souveränität weitestgehend an die EG abgegeben. Es ist fraglich, ob die deutschen Verbraucher ohne die EG auf die Dauer vor dem Import von »Hormonfleisch« hätten bewahrt werden können, ohne gravierende Einbußen hinnehmen zu müssen. Dass aber nicht mehr die Nationalstaaten, sondern die EG-Kommission die Verhandlungen in der WTO führt, reißt wieder ein neues Loch in die Legitimationskette.

Angesichts der vielfältigen Gerechtigkeits-, Gleichheits- und Demokratiedefizite, die das internationale Regieren nach dem Konsensprinzip mit sich bringt, gibt es eine Reihe von Versuchen, sich ganz und gar von der Staatszentrierung des Rechts zu lösen. Wenn die Staaten in Zeiten der Globalisierung versagen, so besteht doch die Hoffnung, dass diese mit der Zeit eigene Rechtsformen, Konstitutionalisierungsprozesse und »Zivilverfassungen«[84] hervorbringen wird. Erste Ansätze zu einer eigenständigen Rechtsproduktion jenseits der Nationalstaaten sind erkennbar in der »lex mercatoria«, die im internationalen Handel Vertragsabschlüsse ohne Gerichtsort und private Schiedsgerichtsbarkeiten ermöglicht; in der »lex sportiva«, mit der die internationalen Sportverbände Anti-Doping-Regime errichten; in der »lex digitalis«, die der Anarchie im Cyberspace Strukturen einzieht; sowie in der »lex technica«, mit der die bereits erwähnten privaten Normungs- und Standardisierungsorganisationen international verbindliche Normen für Produkte festlegen. Aus dieser optimistischen Perspektive könnte durch die Globalisierung eine bessere Welt entstehen, in der universalistische Werte und eine naturrechtlich fundierte Ethik den »entfesselten Märkten«, dem politischen Imperialismus und dem »clash of civilizations« friedliche Möglichkeiten der Kommunikation und Konfliktlösung entgegensetzen.[85] Zivilgesellschaftliche Akteure aus aller Welt kämpfen in Konferenzsälen, in den Medien und manchmal auch auf der Straße für soziale Gerechtigkeit, Menschenrechte, Umwelt- und Klimaschutz, Freiheit und Gesundheit. Es könnte sein, dass hier erste Ansätze einer globalen Menschenrechtsverfassung, einer globalen Wirtschaftsverfassung, einer globalen Klimaschutzverfassung etc. sichtbar werden.[86]

Andererseits werden Nationalstaat und Globalisierung auch

weiterhin nur im »Doppelpack« zu haben sein. Globalisierungsprozesse werden von den Nationalstaaten mit angestoßen und erhalten durch sie ihre Dynamik: Das Internet war in seinem Ursprung keine Erfindung weltweit vernetzter Computerfreaks, sondern der amerikanischen Armee, und die das Internet kontrollierende private Organisation ICANN mit ihren transnationalen Rechtsetzungen braucht ebenfalls den amerikanischen Staat, insofern sie nach kalifornischem Vereinsrecht organisiert ist. Der grenzüberschreitende Informationsaustausch wäre erheblich behindert, wenn es keine nationalstaatlich gesicherte Meinungsfreiheit gäbe. Die gewaltigen Migrationsbewegungen gehen in aller Regel auf staatliches Versagen zurück, und der global agierende Terrorismus wäre ohne die Unterstützung bestimmter Staaten auf die Dauer handlungsunfähig. Auch die multinationalen Konzerne bewegen sich innerhalb der Rechtsordnungen der Staaten, in denen sie und ihre Tochterfirmen »beheimatet« sind.

Umgekehrt bewirkt die Globalisierung zahlreiche Wandlungsprozesse, vor allem innerhalb der Nationalstaaten. Auch die Entwicklung vom Mehrheits- zum Konsensprinzip ist ein Begleitphänomen der Globalisierung, nicht nur auf internationaler, sondern gerade auch auf nationaler und europäischer Ebene, insofern sie die Politik in die Lage versetzt, mit der pluralistischen Interessenvielfalt der modernen Gesellschaft fertig zu werden. Das Konsensprinzip ist und bleibt für die Brüsseler Behörden der Schlüssel, um die inhomogene Welt zwischen Lissabon und Thessaloniki, zwischen Aberdeen und Palermo zu verwalten: Die Aushandlungsprozesse beginnen lange bevor ein formeller Gesetzgebungsvorschlag der Kommission in der Welt ist, indem eine Vielzahl gesellschaftlicher, politischer und wirtschaftlicher Kräfte auf die Willensbildung der europäischen Institutionen einwirkt. Der Vorschlagsentwurf entsteht in engem Kontakt mit den Ausschüssen – deren Zahl in die Hunderte geht[87] –, in denen nationale Beamte, Experten und Interessenvertreter sitzen und frühzeitig dafür sorgen, dass die Faktenbasis stimmt und keine nationalen und gesellschaftlichen Sensibilitäten übersehen werden.

Im Normalfall kann man durchaus sagen, dass die Kommission dadurch ihre Legitimation eher stärkt als schwächt. Die Verfahren, in denen die Entscheidungen zustande kommen, sind das Gegenteil von Arkan-Gesetzgebung und obrigkeitsstaatlicher Willkür. Die Kommission schottet sich nicht ab, sondern sucht den Rat der Gesellschaft und bindet die Betroffenen soweit irgend möglich in den Entscheidungsprozess ein.[88] Sie tut das nicht aus Gutwilligkeit, sondern weil sie auf die Akzeptanz der zu treffenden Regelungen durch die Betroffenen angewiesen ist.

Wie in den internationalen Gremien hat die Methode des Einbindens und Aushandelns auch in Brüssel legitimatorische Nachteile; sie ist intransparent und begünstigt gut organisierte und fokussierte Interessen – vor allem solche ökonomischer Natur –, die sich leichter Gehör verschaffen als die diffusen und daher schwer organisierbaren Anliegen etwa der Verbraucher oder der Umwelt. Hinzu kommt, dass die Betroffenheiten bisweilen jäh wechseln: Ein so komplexes und trockenes Thema wie die Finanzmarktregulierung kann, wie sich gezeigt hat, jahrelang fern der Öffentlichkeit in hoch spezialisierten Fachkreisen diskutiert werden und dennoch von einem Moment auf den nächsten im Mittelpunkt eines politischen Erdbebens stehen, das jeden Sparkontoinhaber betrifft und interessiert.

Und so, wie auf globaler Ebene auf die Entstehung von Weltverfassungen gehofft wird, bleibt auch für Europa die Legitimation durch parlamentarisch-demokratische Verfahren, mit öffentlichen Debatten und gleicher Teilhabe für alle, das Ideal. In der zweiten Hälfte der neunziger Jahre mühten sich die europäischen Institutionen nach Kräften, die Legitimationslücke zu verkleinern, kamen jedoch nur in kleinen Schritten voran. Der Vertrag von Amsterdam 1997 baute erneut das Mitentscheidungsrecht des Europäischen Parlaments aus und verpflichtete die Union auf das Demokratieprinzip. Drei Jahre später wurden in Nizza die Stimmverhältnisse im Rat ein Stück weit entzerrt und wurde dafür gesorgt, dass Mehrheitsentscheidungen nicht nur die Mehrheit der Staaten, sondern auch die der Bevölkerung in der EU hinter sich haben müssen. Zufrieden stellend gelang das nicht. 2001 versuchte man deshalb einen Befreiungsschlag: Die Mitgliedsstaaten setzten einen »Konvent zur Zukunft der Europäischen Union« ein, der besser als die jeweiligen Regierungen geeignet schien, die nationalen Egoismen zu überwinden und eine Reform der EU-Institutionen zu entwerfen. Das Gremium aus 105 Regierungsvertretern, nationalen und europäischen Parlamentariern und Kommissionsbeamten unter Vorsitz des früheren französischen Staatspräsidenten Valéry Giscard d'Estaing erhielt den Auftrag, Optionen für einen neuen EU-Vertrag zu entwerfen – für eine »Verfassung« der um etliche Staaten Mittel- und Osteuropas erweiterten Europäischen Union des 21. Jahrhunderts. Zuvor hatte – quasi als Probelauf – ein ähnlich strukturiertes Gremium die EU-Grundrechte-Charta entworfen, unter Leitung des Ex-Bundespräsidenten und vormaligen Verfassungsgerichtspräsidenten Roman Herzog.

Der Gedanke, Europa eine Verfassung zu geben, war nicht neu. Schon 1940, lange vor Gründung der Europäischen Gemeinschaften, hatte der britische Verfassungsjurist Ivor Jennings den Entwurf einer »Verfassung für eine westeuropäische Föderation« formuliert.[89] 1984 hatte das Europäische Parlament, vorangetrieben vom italienischen Abgeordneten Altiero Spinelli, den »Entwurf eines Vertrags zur Gründung der Europäischen Union« beschlossen, der nach Art eines Verfassungsdokuments in 87 klaren Artikeln Aufbau und Funktionsweise der Gemeinschaften zusammenfasste – allerdings ohne großes politisches Echo. Aber auch die bestehenden vertraglichen Grundlagen der Gemeinschaften blieben nicht ohne Rückbezug auf den Verfassungsbegriff: 1986 bezeichnete der Europäische Gerichtshof den EG-Vertrag als »Verfassungsurkunde der Gemeinschaft«.[90] Der Verfassungsbegriff schien ein Reservoir an Legitimität zu bergen, auf das die europäischen Institutionen nicht verzichten wollten.

Am 20. Juni 2003 überreichte Giscard d'Estaing dem Europäischen Rat in Thessaloniki die Ergebnisse der Konventsbemühungen, und nach langem und mühevollem Streit einigten sich die Regierungen fast genau ein Jahr später in Brüssel auf einen Text, der der Europäischen Union künftig als Verfassungsgrundlage dienen sollte. In Sachen Legitimationsdefizit versprach der Verfassungsvertrag große Fortschritte: Er machte die Grundrechte-Charta verbindlich und weitete die Befugnisse des Europäischen Parlaments massiv aus. Die direkt gewählten Abgeordneten sollten künftig nicht nur in den allermeisten Politikbereichen gleichberechtigt mit dem Rat mitentscheiden, sondern auch den (allerdings vom Rat vorzuschlagenden) Kommissionspräsidenten wählen dürfen. Den nationalen Parlamenten wurde in Aussicht gestellt, künftig nicht nur frühzeitig in die Entscheidungsfindung der EU eingebunden zu werden, sondern auch die Wahrung des Subsidiaritätsprinzips überwachen und einklagen zu können. Ein EU-weites Volksbegehren sollte möglich sein, wenn eine Million Bürger dies mittels Unterschrift einfordern würde. Zudem verpflichtete der Verfassungsvertrag die EU darauf, möglichst transparent zu entscheiden – ein Grundsatz, den das Grundgesetz nicht kennt und mit dem sich die EU insoweit »an die Spitze der Verfassungsentwicklung im europäischen Raum«[91] stellte.

Der Begriff Verfassung gefiel indessen nicht allen. Sie setzt, so lehrt es die traditionelle Staatstheorie, einen Staat voraus; und einen Staat wiederum kann es nicht ohne Staatsvolk geben. Bereits 1995 riet der Verfassungsrichter Dieter Grimm, Paul Kirchhofs liberales Pendant im Ersten Senat, eindringlich davon ab, die europäische Legitimationslücke mit den Mitteln der Verfassungsgebung zu füllen. Zu einer Verfassung gehöre, »dass sie auf einen Akt zurückgeht, den das Staatsvolk setzt oder der ihm zumindest zugerechnet wird und in dem dieses sich selbst politische Handlungsfähigkeit beilegt«. Die europäische öffentliche Gewalt sei aber »keine vom Volk abgeleitete, sondern eine staatenvermittelte«, die Verträge somit »nicht Ausdruck der Selbstbestimmung einer Gesellschaft über Form und Ziel ihrer politischen Einheit«. Den Versuch, dies durch Verfassungsgebung zu ändern und eine echte parlamentarische Volksvertretung zu schaffen, hielt Grimm für aussichtslos, ja gefährlich: Es fehle in Europa an einem gesellschaftlichen Prozess der Interessenvermittlung und Konfliktsteuerung, an gemeinsamen Kommunikationsmedien, Parteien und Verbänden, kurz: an Öffentlichkeit. Der Versuch, die nationalen Staatlichkeits- und Demokratiemuster auf europäischer Ebene zu kopieren, werde daher das Legitimationsniveau der EU senken anstatt es zu heben. Eine europäische Verfassung »müsste die mit ihr verbundenen Erwartungen enttäuschen«, sie hätte nur eine »Scheinlegitimation«.[92]

Ein Jahrzehnt später schien sich Grimms düsteres Urteil zu bestätigen. 2005 stimmten in nationalen Referenden zum EU-Verfassungsvertrag zuerst die Franzosen, dann die Niederländer mit Nein. Der von Bundeskanzlerin Angela Merkel initiierte Versuch, alle Verfassungs- und Staatlichkeitsmerkmale aus dem Normenwerk zu tilgen und ihn als »Vertrag von Lissabon« in weitgehend unveränderter Substanz, dafür aber gänzlich unverständlicher Form den europäischen Völkern erneut zur Ratifikation vorzulegen, scheiterte 2008 am Nein der Iren. Die Legitimationslücke schien jeden, der sie zu überbrücken versuchte, zu verschlingen.

Während das Verfassungsprojekt und sein vorläufiges oder endgültiges Scheitern alle öffentliche Aufmerksamkeit auf sich zogen, spielten sich an der rechtlichen Basis der EU Veränderungen ab, die weitgehend unbemerkt blieben. Sie betrafen den Status der Unionsbürgerschaft, den der Maastricht-Vertrag den einzelnen Bürgern der EU-Staaten verliehen hatte. Dieser Status berechtigt beispielsweise dazu, sich in anderen EU-Staaten frei aufzuhalten, an Kommunalwahlen teilzunehmen und im Ausland durch diplomatische Vertretungen anderer Mitgliedsstaaten geschützt zu werden. Dem deutschen Verfassungsrecht war diese Unionsbürgerschaft suspekt; manche Grundgesetzkommentatoren gebrauchten das Wort nur in Anführungszeichen.[93]

Was immer die Unionsbürgerschaft genau war, mit Staatsbürgerschaft schien sie jedenfalls nichts zu tun zu haben. Diese bewährt sich vor allem dann, wenn man in Not gerät: Ein Staatsbürger hat Anspruch auf solidarische Hilfe seiner Mitbürger. Ein Ausländer hat diesen Anspruch nicht – wenn er nicht allein zurechtkommt, wird er ausgewiesen. Das galt im Prinzip auch für EU-Ausländer: Freizügigkeit innerhalb der europäischen Grenzen versprach der EG-Vertrag dementsprechend gerade Arbeitnehmern. Die Vertragsparteien von Maastricht wollten mit der Unionsbürgerschaft auch Studenten, Rentnern und Arbeitssuchenden ein gesichertes Aufenthaltsrecht im EU-Ausland verschaffen – ohne ihnen soziale Solidarität wie unter Staatsbürgern zu versprechen.

Diese Schwelle zwischen Staatsbürgern und EU-Ausländern hat der Europäische Gerichtshof in den letzten zehn Jahren nach und nach abgeschliffen. Ansatzpunkt dafür war das Verbot, Unionsbürger wegen ihrer Staatsangehörigkeit zu diskriminieren: Auf dieser Grundlage verurteilte der Gerichtshof 1998 den Freistaat Bayern, einer Spanierin, die seit ihrem 12. Lebensjahr in Deutschland lebte, Erziehungsgeld zu zahlen, obwohl sie nicht erwerbstätig war und keine förmliche Aufenthaltserlaubnis besaß: Die Frau sei Unionsbürgerin und habe als solche ein Aufenthaltsrecht; von ihr ein Dokument zu verlangen, das Deutsche nicht vorlegen müssten, sei diskriminierend.[94] Drei Jahre später ging der EuGH noch einen Schritt weiter: Er bezeichnete die Unionsbürgerschaft als »grundlegenden Status der Angehörigen der Mitgliedsstaaten« – also als eigentlich entscheidende Zugehörigkeit, die keine Unterscheidung nach Staatsangehörigkeit zulasse, soweit der lange Arm der EU reiche. Obendrein sprach er von einer »bestimmten finanziellen Solidarität«, die die Staatsangehörigen verschiedener EU-Staaten untereinander verknüpfe, und deutete an, dass die soziale Bedürftigkeit eines EU-Ausländers »nicht automatisch« seine Ausweisung zur Folge haben dürfe.[95] 2005 verbot der EuGH einer belgischen Behörde, einem französischen Obdachlosen Sozialhilfe zu verweigern, und zwar mit der Begründung, auch ein »nicht wirtschaftlich aktiver Unionsbürger« dürfe nicht wegen seiner Staatsangehörigkeit diskriminiert werden.[96] Damit ist faktisch jeder Ausländer mit EU-Pass und legalem Aufenthaltsstatus sozialhilfeberechtigt. Die Perspektive, die diese Rechtsprechung eröffnet, reicht aber viel weiter: An ihrem Ende steht die generelle Gleichheit aller Unionsbürger vor dem Gesetz, egal ob es sich um ein nationales, EU-ausländisches oder gleich auf EU-Ebene erlassenes handelt.

In jüngster Zeit hat denn auch der Zweite Senat des Bundesverfassungsgerichts zwar nicht zu bellen, aber doch vernehmbar wieder zu knurren begonnen. In ihrem Urteil zum Europäischen Haftbefehl nutzte die Senatsmehrheit 2005 die Gelegenheit, allerhand »dunkle Signale«[97] an den EuGH zu senden: So betonen die Richter ohne erkennbaren Anlass, die nationale Staatsbürgerschaft dürfe »weder aufgegeben noch substantiell entwertet oder durch eine europäische Unionsbürgerschaft ersetzt« werden. Außerdem dürfe das europarechtliche Verbot, andere Staatsbürger zu diskriminieren, nur im Rahmen der vertraglichen Ziele der Union gelten und nicht darüber hinaus generell. »Dies trägt zugleich dazu bei, dass die Mitgliedsstaaten ihre auch vom Unionsrecht geschützte nationale Identität bewahren können (…), die in der jeweiligen grundlegenden politischen und verfassungsrechtlichen Struktur zum Ausdruck kommt.«[98]

Der EU-Haftbefehl war 2002 im Europäischen Rat beschlossen und 2004 in Deutschland eingeführt worden: Er ermöglicht der Justiz unter bestimmten Bedingungen, Verdächtige aufgrund eines Haftbefehls festzunehmen, den eine Justizbehörde in einem anderen EU-Staat ausgestellt hat. Geklagt hatte der Deutsch-Syrer Mamoun Darkazanli, der im Verdacht stand, dem Terrornetzwerk Al Kaida als Statthalter in Deutschland gedient zu haben. Die Unterstützung von Terrororganisationen war in Deutschland zum maßgeblichen Zeitpunkt noch keine Straftat, wohl aber in Spanien, weshalb die spanische Justiz Haftbefehl erließ und die Kollegen aus Hamburg aufforderte, den Mann zu verhaften und auszuliefern.

Der EU-Haftbefehl ist weit mehr als ein strafprozessuales Detail: Er verlangt den Mitgliedsstaaten ab, nötigenfalls eigene Staatsbürger einer ausländischen Justiz auszuliefern. Das setzt eine Menge Vertrauen voraus – in rechtsstaatliche Standards, aber auch in den Willen und die Bereitschaft der europäischen Institutionen, allen voran des Europäischen Gerichtshofs, die Unionsbürger vor Missbrauch und Ungerechtigkeiten zu schützen. Der Verfassungsgeber hatte der Justiz innerhalb der EU einen großzügigen Vertrauensvorschuss eingeräumt, bei der Reform des Asylrechts 1993 und deutlicher noch 2000: Anlässlich der Gründung des Internationalen Strafgerichtshofs (IStGH) in Den Haag schränkte er das zuvor gültige Auslieferungsverbot für deutsche Staatsbürger ein und ließ zu, dass Deutsche an einen EU-Mitgliedsstaat ausgeliefert werden können, »soweit rechtsstaatliche Grundsätze gewahrt sind« (Artikel 16 Absatz 2).

Nun konnte man mit guten Gründen die Frage stellen, ob nicht der dann tatsächlich beschlossene EU-Haftbefehl den Kredit womöglich überzog. Die Regierungen hatten die Befugnisse der Strafverfolger mit viel größerer Eile harmonisiert als die Rechte der Beschuldigten. Der Katalog der Straftaten, die einen EU-Haftbefehl ermöglichen, umfasste auch so vage Tatbestände wie »Cyberkriminalität« und »Sabotage«, die zwischen erlaubtem und strafbarem Verhalten keine klare Grenzziehung zuließen. Außerdem war da immer noch das bekannte Demokratiedefizit, das in der europäischen Innen- und Justizpolitik besonders weit ging: Hier hatte das Europäische Parlament kaum Einfluss und Kontrollrechte, die Regierungen konnten weitgehend nach Gutdünken handeln.

Das Bundesverfassungsgericht entschied sich aber, das Problem ganz anders zu formulieren: »Haben wir von unserer Staatlichkeit zuviel nach Europa transferiert?« Mit dieser Frage leitete der Vorsitzende des Zweiten Senats Winfried Hassemer die Verhandlung über den EU-Haftbefehl ein.[99] Die Mehrheit der Richter im Senat interessierte sich weniger dafür, ob der Kredit überzogen worden war, als für den Kreditrahmen selbst. Nur ein Senatsmitglied, der Richter Siegfried Broß, war bereit, bis zum Äußersten zu gehen und die Gelegenheit zu nutzen, mit der Drohung des Maastricht-Urteils Ernst zu machen und die »Integrationsschranke« zu senken.[100] Die Senatsmehrheit ging subtiler vor: Sie hütete sich, die EU frontal anzugreifen, und wählte einen indirekten Weg über den Bundestag.

Die Abgeordneten des Bundestags hatten sich mit dem Gesetz zum EU-Haftbefehl nicht übermäßig viel Mühe gegeben. Die Zeit war knapp, das Justizministerium drängte zur Eile, und so ließ man es bei einer kurzen Beratung bewenden, ohne Anhörung und ohne vertiefte Diskussion über die Rechte der Beschuldigten. Auch bestand teilweise der Eindruck, wie stets bei völkerrechtlichen Vereinbarungen rechtlich oder zumindest politisch gar keine andere Wahl zu haben, als die Vorgaben »eins zu eins« umzusetzen. In

Karlsruhe musste das Parlament sich eines anderen belehren lassen: »Sie sind der Gesetzgeber!«, herrschte der für den Urteilsentwurf zuständige Richter Udo Di Fabio in der Verhandlung die anwesenden Parlamentsvertreter zu deren großer Beschämung an. Der Bundestag, so die Senatsmehrheit, hätte bei der Umsetzung des EU-Beschlusses durchaus Spielräume besessen, die europäischen Vorgaben in deutsche Gesetzesform zu gießen. Diese hätte er »in einer grundrechtschonenden Weise«[101] nutzen müssen. Das habe er unterlassen, weswegen der Senat das gesamte EU-Haftbefehlgesetz in Bausch und Bogen für verfassungswidrig erklärte, um dem Bundestag Gelegenheit zu geben, »in normativer Freiheit«[102] erneut und diesmal auf verfassungsmäßige Weise seines Amtes zu walten. Die Schwäche des Europäischen Parlaments war in den Augen der Senatsmehrheit gar kein Demokratieproblem, sondern sogar die Lösung eines solchen: Damit verbleibe nämlich die demokratische Kontrolle bei den nationalen Parlamenten, die bei der Umsetzung – und »notfalls auch durch die Verweigerung der Umsetzung« – das Heft in der Hand behielten.[103]

Auch andere internationale Rechtsordnungen haben es in den letzten Jahren mit der Entschlossenheit des Zweiten Senats zu tun bekommen, die Souveränität des deutschen Volkes und den Vorrang seiner Verfassung zu verteidigen. 2004 relativierte der Senat die Bindungswirkung der Urteile des Europäischen Gerichtshofs für Menschenrechte (EGMR) für die deutschen Gerichte.[104] Das blieb in anderen Staaten wie der Türkei, die mit der Europäischen Menschenrechtskonvention größere Probleme hatten und von den Deutschen regelmäßige Ermahnungen zu strikter Vertragstreue gewöhnt waren, nicht unbemerkt. EGMR-Präsident Lucius Wildhaber sah sich zu der Bemerkung veranlasst, er wünsche sich »gerade bei den Deutschen mehr europäisches Verantwortungsbewusstsein«.[105]

2007 hatte das Gericht über einen Fall zu entscheiden, in dem sich der Konflikt zwischen Demokratieprinzip und Völkerrecht auf besondere Weise zuspitzte: Der Gegenstand des Streits, eine neue Brücke über die Elbe nahe Dresden, hätte nie über den Freistaat Sachsen hinaus Aufmerksamkeit erregt, stünde das Dresdner Elbtal nicht als Weltkulturerbe unter besonderem völkerrechtlichem Schutz. Die UNESCO hatte gedroht, dem berühmten Panorama der sächsischen Landeshauptstadt diesen touristisch und kulturpolitisch bedeutsamen Status zu nehmen, wenn die so genannte »Waldschlösschenbrücke« (der idyllische Name trügt) gebaut werden würde. Völkerrechtlich war Deutschland somit verpflichtet, den Bau zu stoppen. Allerdings hatte sich die ortsansässige Bevölkerung in einem Bürgerentscheid für den Bau ausgesprochen. Aus Sicht einer Kammer des Zweiten Senats war dies ein Ausdruck unmittelbarer Demokratie. Hier müssten im Einzelfall völkerrechtliche Pflichten wie die aus der Welterbekonvention zurückstehen.[106] Der Frage, inwiefern das Demokratieprinzip eine lokale Bürgermehrheit berechtigt, die ganze Welt um ein Stück ihres kulturellen Erbes zu bringen, widmete das Gericht keine weitere Aufmerksamkeit.

Zum Schwur könnte es kommen, wenn der Zweite Senat über den EU-Verfassungsvertrag in seiner in Lissabon modifizierten Form entscheidet. Das wird ihm Gelegenheit geben, sein Verhältnis zu supranationalen Rechtsordnungen im Allgemeinen und zur europäischen Integration und zum EuGH im Besonderen grundlegend zu klären. Am 23. Mai 2008, dem 59. Jahrestag des Grundgesetzes, legte der CSU-Bundestagsabgeordnete Peter Gauweiler in Karlsruhe Klage gegen den Vertrag von Lissabon ein. Er stützte sich dabei auf ein Gutachten des Freiburger Verfassungsrechtsprofessors Dietrich Murswiek, das der EU attestierte, in Lissabon endgültig die Schwelle zur Staatlichkeit überschritten zu haben.[107] Sie sei mittlerweile »flächendeckend für fast alles zuständig«[108] und könne die verbliebenen Lücken nationaler Restzuständigkeit aus eigener Machtvollkommenheit füllen. Mit dem Vertrag werde zudem festgelegt, dass das EU-Recht allem nationalen Recht vorgehe, auch dem Verfassungsrecht. Das bedeute, dass das Bundesverfassungsgericht in vielen Bereichen »nicht mehr wird mitreden können«[109] – nicht zuletzt auf dem jüngst so scharf kontrollierten Feld der inneren Sicherheit, die mit dem Vertrag von Lissabon zu einer Gemeinschaftskompetenz werde.

Ob der Zweite Senat in seiner neuen Besetzung – zwei der fünf

Mehrheitsrichter des EU-Haftbefehlsurteils haben ihn mittlerweile verlassen – die gleichen Feststellungen treffen und die gleichen Schlussfolgerungen ziehen wird wie bisher, lässt sich nicht vorhersagen,[110] zumal er schon 1993 und 2005 Mittel und Wege fand, der offenen Konfrontation mit der EU-Rechtsordnung aus dem Weg zu gehen. Ob der Lissabon-Vertrag in Kraft treten kann, ist nach dem Debakel des Irland-Referendums so oder so völlig offen. Ein Verdammungsurteil durch das Bundesverfassungsgericht würde ihm aber ohne Zweifel den Todesstoß versetzen. Für die EU wären die Folgen unabsehbar: Die Kraft zur institutionellen Reform würden die nationalen Regierungen so schnell nicht wieder aufbringen. Ohne eine solche Reform wäre die EU aber bei 27 Mitgliedsstaaten und weiteren, die an die Tür pochen, zu weitestgehendem Stillstand verdammt. Die Mitgliedsstaaten würden vermehrt eigene Wege gehen, und die EU würde zu einer lockeren Freihandelszone degenerieren. Europa würde wieder in souveräne, aber global einflusslose Nationalstaaten zerfallen, die auf längere Sicht zu einem Dasein als Klientelstaaten der USA oder Russlands verurteilt wären. Eine solche Entwicklung, mit ausgelöst ausgerechnet durch das Grundgesetz, wäre das Letzte, was sich die Abgeordneten im Parlamentarischen Rat 1949 hätten vorstellen, geschweige denn wünschen können.

Das Ende der Verfassung?

»Die Bundesrepublik Deutschland ist ein demokratischer und sozialer Bundesstaat.« So steht es in der »Staatsfundamentalnorm«[1] des Grundgesetzes, dem Artikel 20 Absatz 1. In dieser Norm sind alle Pfeiler, die das Staatsgebäude tragen, beim Namen genannt – bis auf einen: Der Begriff »Rechtsstaat« fehlt überraschenderweise.

Wie es zu dieser Lücke kam, ist schwer zu erklären: Im Parlamentarischen Rat herrschte absoluter Konsens, dass die Rechtsstaatlichkeit zu den Eckpfeilern bundesrepublikanischer Staatlichkeit gehören sollte. In einem ersten Entwurf aus der Feder von Hermann von Mangoldt, dem Vorsitzenden des Ausschusses für Grundsatzfragen, stand noch »demokratischer und sozialer Rechtsstaat«.[2] In den Protokollen des Ausschusses findet sich kein Wort des Zweifels an der Benennung des Rechtsstaats; im Gegenteil, die Abgeordnete Helene Weber betonte, dass »der Rechtsstaat im Vordergrund stehen« müsse. Doch gleich nach ihr meldete sich Carlo Schmid mit einem anderen Formulierungsvorschlag zu Wort: »Deutschland ist eine demokratische und soziale Republik bundesstaatlichen Aufbaus (…).«[3] Auf diese Schlüsselbegriffe einigte man sich, und fortan war ohne weitere Diskussion der Rechtsstaat aus der Staatsfundamentalnorm verschwunden.

Nichts spricht dafür, dass die Verfassungsgründer das Rechtsstaatsprinzip damit in irgendeiner Weise relativieren oder abschwächen wollten, zumal es an anderer hervorgehobener Stelle (Artikel 28 Absatz 1 Satz 1 GG) im Verfassungstext erscheint. Aber umso seltsamer erscheint es, dass es in Artikel 20 fehlt. Die gängige Erklärung – die Verfassungsgründer hätten das Rechtsstaatsprinzip für so fundamental befunden, dass sie es nicht für nötig hielten, es ausdrücklich zu benennen[4] – vermag nicht einzuleuchten: Der Parlamentarische Rat hatte sich, anders als der Verfassungskonvent in Herrenchiemsee, dazu entschlossen, die fundamentalen Staatsprinzipien in einer eigenen Norm aufzulisten. Warum hätte er dann ausgerechnet eins, das er für besonders fundamental hielt, unerwähnt lassen wollen?

Möglicherweise gab es doch Gründe, wenn auch unausgesprochene bzw. uneingestandene, die angesichts der besonderen Situation deutscher Staatlichkeit im Jahr 1949 die Mitglieder des Grundsatzausschusses bewogen, den Rechtsstaatsbegriff nicht allzu prominent im Verfassungswortlaut zu platzieren. In der Diskussion um Mangoldts ersten Entwurf hatte Carlo Schmid das Bedürfnis angemeldet, auch an dieser Stelle das Provisorische der Bundesrepublik zum Ausdruck zu bringen. Er tat sich schwer damit, zu artikulieren, was er wollte, und rang längere Zeit um eine passende Formulierung. Zunächst schlug er vor, die Staatsgrundsätze ganz wegzulassen. Schließlich verfiel er auf die besagte Formulierung und fügte – unwidersprochen – hinzu, diese Fassung enthalte »alle Wesensmerkmale: Republik, demokratisch, sozial, bundesstaatlich, parlamentarisch«. Es kann seinen Zuhörern kaum entgangen sein, dass der Rechtsstaat in dieser Aufzählung fehlte. Doch Schmids Vorschlag wurde stillschweigend akzeptiert. Lag dies vielleicht daran, dass ihnen die Vorstellung, Recht und Staat in dem zu gründenden Provisorium vollständig zur Deckung bringen zu können, nicht recht einleuchten mochte?

Mit dem Rechtsstaatsprinzip hat es in der deutschen Verfassungsgeschichte eine besondere Bewandtnis. Das angloamerikanische Prinzip der »Rule of Law« richtet sich *gegen* den Staat: Legislative und Exekutive dürfen in individuelle Rechte nur mittels oder aufgrund allgemeinen, öffentlichen und beständigen Rechts eingreifen, und die Gerichte schützen den Bürger vor Übergriffen seitens des Staates. Das deutsche Rechtsstaatsprinzip dagegen richtet sich *an* den Staat: Dieser gewährleistet und begrenzt die Freiheit des Einzelnen durch eine harmonische und vernünftige Grundordnung aus allgemeinen Regeln. Die Grundidee stammt von Immanuel Kant,[5] in den 1820er Jahren schmiedeten deutsche Staatsrechtler daraus ein Rechtsprinzip, das den Staat als »Vernunftrechtsstaat« definierte, als den »Staat, der die Vernunftprinzipien (…) im Zusammenleben der Menschen und für ihr Zusam-

menleben verwirklicht«.[6] Im 19. Jahrhundert bekam das Rechtsstaatsprinzip auch eine kompensatorische Funktion, die den
Mangel an Demokratie und Grundrechten in Deutschland auszugleichen half: Die »rechtliche Verantwortlichkeit«[7] der Regierung
und ein effizientes und mit selbstbewussten Juristen besetztes
Justizsystem schufen einen Ersatz für die fehlende politische Verantwortlichkeit der Exekutive gegenüber der Volksvertretung. Die
Emanzipation des Rechts von Tugend und Sitte und die Bindung
der Verwaltung an das Gesetz sorgten für eine Distanz zwischen
Bürgern und Staat, die den deutschen Liberalen den Mangel an
verbürgten Grundrechten eher erträglich scheinen ließ. Bezugspunkt war aber in jedem Fall der Staat: Er sollte die Freiheits-
sphären der Individuen gerecht gegeneinander abgrenzen und mit
seinem Gewaltmonopol effektiv schützen.

1948/49 war die Erwartung, die auf den Trümmern des »Rechtsstaats« Deutsches Reich errichtete Bundesrepublik und ihre Rechtsordnung seien in dieser strikten Weise wechselseitig aufeinander
bezogen, allerdings mit besonderen argumentativen Schwierigkeiten konfrontiert. Besatzungsmacht und Besatzungsrecht waren
Realitäten, die keine Ausflucht in staatstheoretische Abstraktions-
höhen duldeten. Politische Selbstbestimmung, das war bereits auf
Herrenchiemsee klar geworden, war für die Deutschen nur auf
dem Wege der Öffnung der Rechtsordnung und der Einbindung
des Staates in internationale Institutionen erreichbar. Am Tag
nach den Beratungen zur Staatsfundamentalnorm brach Carlo
Schmid im Grundsatzausschuss des Parlamentarischen Rats seine
Lanze für die direkte Bindungswirkung des Völkerrechts für alle
Bewohner der Bundesrepublik Deutschland (siehe S. 247). »Gewiss, die Schale wird etwas porös«, sagte er, als Theodor Heuss,
Hermann von Mangoldt und andere ihre Bedenken geltend machten. »Es dringt ein neues Rechtsdenken durch und in den staatlichen Bereich hinein. Es vollzieht sich eine Auflockerung, und diese
scheint mir wichtig und wesentlich zu sein.« Mag sein, dass der
Verzicht vom Vortag, das Rechtsstaatsprinzip explizit zu erwähnen, es ihm und seinen Zuhörern erleichterte, diesem Gedanken
zu folgen.

Die deutsche Juristenschaft tat sich schwer damit, diese Öffnung des Rechtsstaats zu akzeptieren. Im Geiste des »Vernunftrechtsstaats« erzogen, lag aus ihrer Sicht nichts näher, als den (Rechts-)Staat als geschlossene Einheit zu betrachten. In den Kapiteln 2 und 3 haben wir die Widerstände beschrieben, die sich gegen die Durchsetzung von Selbstbestimmungsrechten, die erweiterte Teilhabe der Öffentlichkeit am politischen Prozess sowie die Akzeptanz vielfältiger Interessen in der pluralen Gesellschaft richteten. Das Bundesverfassungsgericht und die von Rudolf Smends Integrationslehre geprägte Staatsrechtslehre dagegen verstanden die »politische Einheit« des Staates nicht statisch, sondern prozesshaft – als Einheit, die erst im Prozess der Verfassungsanwendung verwirklicht und herbeigeführt werden kann.[8] Das hatte den Vorzug, keinen vorgegebenen ahistorischen deutschen Staat samt Staatsvolk postulieren zu müssen und trotzdem am Ideal harmonischer Gemeinschaft, nunmehr als Aufgabe und nicht als Voraussetzung von Rechtsstaatlichkeit, festhalten zu können.[9]

Allerdings lebt der Einheits-Topos in anderer Gestalt fort: 1998 formulierte das Bundesverfassungsgericht in mehreren Urteilen den Grundsatz, dass das Rechtsstaatsprinzip Landes- und Bundesgesetzgeber verpflichtet, die Rechtsordnung nicht durch »gegenläufige Vorschriften« widersprüchlich zu machen. Dabei ging es um Landesgesetze zum Abfallrecht[10] und zum Schwangerschaftsabbruch[11], die mit entsprechenden Bundesgesetzen kollidierten – nicht unmittelbar, indem sie an den gleichen Sachverhalt widersprüchliche Rechtsfolgen knüpften, sondern mittelbar. Die Länder verfolgten mit diesen Gesetzen dezidiert andere Regelungsziele als der Bund mit seinen Gesetzen. Das genügte in den Augen des Bundesverfassungsgerichts, um die Widerspruchsfreiheit der Rechtsordnung und damit das Rechtsstaatsprinzip gefährdet zu sehen und die entsprechenden Landesregelungen für nichtig zu erklären. 2005 begründete das Bundesverfassungsgericht eine ausländerrechtliche Entscheidung mit dem Gebot der »Einheit der Rechtsordnung«: Dieses verbiete es, dass der serbische Vater eines deutschen Kindes mit der Begründung abgeschoben werde, er lebe mit ihm nicht in familiärer Gemeinschaft, wenn doch gleichzeitig die Liberalisierung des Kindschaftsrechts dem Kind ein Recht auf Umgang mit beiden Elternteilen einräume.[12]

Der Begriff »Einheit der Rechtsordnung« wurde 1935 von dem Strafrechtler und Rechtsmethodologen Karl Engisch geprägt. Engischs erklärtes Ziel dabei war es, das überkommene Recht des Kaiserreichs und der Weimarer Republik für den neuen national-sozialistischen Geist zu öffnen.[13] Von solchen Absichten ist das Bundesverfassungsgericht weit entfernt, wenngleich es von Engischs Begriffsprägung neuerdings direkten Gebrauch macht.

Der Einheits-Topos erfährt just zu einem Zeitpunkt eine Renaissance, zu dem von tatsächlicher Einheit der Rechtsordnung weniger denn je die Rede sein kann. In Kapitel 6 haben wir uns mit der Vielfalt der konkurrierenden und sich überlappenden, einander ergänzenden und befruchtenden, aber auch störenden und hart bedrängenden Rechtsordnungen beschäftigt, die in der post-nationalen Weltgesellschaft in immer größerer Zahl und Intensität das Zusammenleben von Deutschen und Nicht-Deutschen bestimmen. Wie beschrieben, ängstigt viele Juristen dieses Auseinandertreten von Staat und Recht zutiefst. In ihrem Munde wird der Einheit-Topos schnell zu einem Abwehrbegriff gegenüber anderen Rechtsordnungen – so etwa, um ein Beispiel aus der Politik zu zitieren, wenn der rechtspolitische Sprecher der CDU/CSU-Bundestagsfraktion die »Einheit und Geschlossenheit unserer Rechtsordnung« ins Feld führt, um das Vordringen des US-Zivilprozessrechts mit seinen Sammelklagen und anwaltlichen Erfolgshonoraren anzuprangern.[14] Darin schwingt auch ein denkmalschützerischer Impetus, wenn nicht sogar ein antiamerikanischer, antimoderner Affekt mit: Das Recht als ethnische Kulturleistung des deutschen Volkes soll davor bewahrt werden, von den Planierraupen der »kulturlosen« Amerikaner und der globalisierten Wirtschaft niedergewalzt zu werden.

Allerdings kommt man auch, wenn man das Recht ausschließlich unter funktionalen Gesichtspunkten betrachtet, an einer Erkenntnis nicht vorbei: Die neue Vielfalt der Rechtsordnungen geht auf Kosten der Konsistenz des Rechts. Das Vertrauen darauf, mit rationalen Methoden den Rechts- oder Unrechtswert jedes denk-

baren Verhaltens ermitteln zu können, schwindet. Es gibt in der
»Weltgesellschaft« kein oberstes Gericht, das abschließend entscheiden, keine oberste Grundnorm, aus der sich die Geltung allen
Rechts herleiten, und keinen Satz abstrakter Kollisionsregeln, mit
denen sich Normwidersprüche auflösen lassen könnten. Die transnationale Rechts-»ordnung« ist eben keine Ordnung, sondern ein
Durcheinander aus mehr oder weniger autonomen, vielfach von
privaten Akteuren gesetzten Rechtsregimen, die disparaten Ratio-
nalitäten, Traditionen und Interessen verpflichtet sind. Die globalen »Zivilverfassungen« der Wirtschaft, des Sports, des Internet
usw. schaffen zwar Knotenpunkte im weltumspannenden Ge-
spinst des Rechts, werden aber niemals zu einer einheitlichen und
konsistenten Rechtsordnung gebündelt werden können.[15] Aber
auch innerhalb des Geltungsbereichs des Grundgesetzes beob-
achten die Juristen seit Jahrzehnten, dass nicht-staatliche, gesellschaftliche Akteure bei der Rechtsetzung immer mehr Einfluss gewinnen und – wie in Kapitel 5 beschrieben – die formgebundenen
Verfahren der Gesetzgebung und Justiz zunehmend informellen
Aushandlungsprozessen weichen.

Verfassungsjuristen sind leicht geneigt, diese Beobachtungen
zu einer Geschichte von Verlust und Verfall zusammenzufügen:
Ausgehend von dem idealisierten Bild des in der frühen Neuzeit
herausgebildeten souveränen Staates, der die lokalen Kriegsherren
unter das befriedende Joch seines Gewaltmonopols zwingt und
sich später seinerseits verfassungsrechtliche Fesseln auferlegt, erscheint ihnen die neue Vielfalt der Rechtsetzer als Rückschritt in
vormoderne Zeiten der Anarchie und Gewalt.[16]

Das Erzählen von Verfallsgeschichten hat in der Verfassungsjurisprudenz Tradition: Schon in den fünfziger und sechziger Jahren klagten Carl Schmitt und sein Kreis, dass Sozialstaat, Verbän-
deherrschaft und Pluralismus die innere Souveränität des Staates
auflösten und die Fundamente der rechtsstaatlichen Verfassungsordnung unterminierten, und zwar mit dem gleichen resignativ-
nostalgischen Unterton (»Der Stern der kodifizierten Verfassung
ist im Sinken.«[17]). Diese düsteren Zeitdiagnosen waren gleichfalls
bereits mit der Sorge verknüpft, dass die pluralistische Öffnung

des Staates mit einem Verlust an juristischer Konsistenz einhergehen werde. Ernst Forsthoff warf dem Bundesverfassungsgericht,
dem Bundesarbeitsgericht und der Smend-Schule vor, mit den
Grundsätzen der Lüth-Rechtsprechung dem Verfassungsgesetz
den größeren Teil seiner »Formalität, Rationalität und Evidenz«
ein für alle Mal geraubt zu haben.[18] Das war im Jahre 1959.

Bezugspunkt für diese Art von Verfallsgeschichten ist dabei
meist der Staat, genauer: der klassische Nationalstaat und seine
Einheit. Die Vorstellung, dieser Staat gehe dem Recht voraus und
erhalte in der Verfassung bloß seine Form, die er im Prinzip wechseln oder auch abwerfen kann wie ein Kleid, hat zwar seit den Tagen Schmitts und Forsthoffs an Boden verloren, lebt aber in den
Köpfen nicht weniger Staatsrechtler bis heute fort. In Kapitel 1 haben wir gezeigt, welche Klimmzüge nötig waren, um an der Fiktion festhalten zu können, dass zwischen dem deutschen Staat vor
1945 und dem nach 1949 ein Identitätszusammenhang bestünde.
In den Kapiteln 3 und 4 haben wir beschrieben, wie verführerisch
Carl Schmitts dezisionistischer »Ausnahmezustand«, in dem der
Staat seine verfassungsrechtlichen Fesseln abwirft, um dem Notstand zu wehren, auch in den sechziger und siebziger Jahren noch
funkelte. Heute verführt die Prämisse, dass der Staat dem Recht
vorausgehe, dazu, die neue Rechtsvielfalt als Verfallserscheinung
zu deuten: Wer sich Recht ohne Staat nicht vorstellen kann, wird
in den entstehenden trans- und supranationalen Rechtsordnungen nur flirrendes Chaos erkennen können. Viel juristischer
Scharfsinn, der für die Lösung der – unbestreitbaren – Legitima-
tions- und Kollisionsprobleme des globalisierten Rechts dringend
gebraucht würde, geht so bei allerlei quixoteschen Lanzenstecke-
reien verloren, während sich die Windmühlenflügel des globalen
Rechts unverdrossen weiterdrehen.

Die dem Grundgesetz und seiner Geschichte angemessene
Sicht dreht das Verhältnis von Staat und Recht um: Staat ist, was
das Recht zum Staat erklärt.[19] Das Recht, das diese Aufgabe wahr-
nimmt, ist die Verfassung. Die Verfassung der Deutschen, das
Grundgesetz, ist entstanden unter dem überwältigenden Eindruck, dass die Rückgewinnung politischer Selbstbestimmtheit

und der Aufbruch in ein vereintes Europa unlösbar zusammengehören. Sie hat den Deutschen als Hebel gedient, um den Obrigkeitsstaat mitsamt seinem vordemokratischen Familien- und Strafrecht aufzusprengen und den frischen Wind des Pluralismus und der Meinungsfreiheit ins Land zu lassen. Sie hat die Europäische Gemeinschaft, selbst ein Produkt des Rechts, in ihrer wachsenden Konstitutionalisierung befruchtet und die Deutschen zu Europäern und Kosmopoliten werden lassen, was diese in ihrer übergroßen Mehrheit als Bereicherung empfinden und nicht als Beeinträchtigung ihrer Identität. Sie hat darüber zwar einiges an Terrain verloren, aber auch an Legitimation gewonnen.

Die Verfassung ist keine Äußerung eines imaginierten einheitlichen und ewigen Staates, der in ihr Form und Ordnung findet. Sie ist ein von Menschen gemachtes Kulturprodukt, das sich vielfältigen Einflüssen verdankt – wie die deutsche Literatur oder die deutsche Musik.[20] Sie ist »deutsch«, aber sie nimmt Teil an der Relativierung, die auf dem Weg in die Weltgesellschaft allen ethnisch-kulturellen Eigentümlichkeiten widerfährt. Sie lernt von den Errungenschaften anderer Rechtsordnungen und aus den Kollisionsproblemen, die sich in der Begegnung mit ihnen ergeben, und sie stellt in Wechselwirkung ihrerseits den eigenen Erfahrungsschatz zur Verfügung. Sie ist keine Offenbarungsschrift deutscher Staatlichkeit, deren interpretatorische Einheit dem Priesterstand der Juristen anvertraut wäre, sondern ihr Gebrauch steht allen Deutschen – und teilweise auch den in Deutschland lebenden Nicht-Deutschen[21] – zu: Es ist *ihre* Verfassung.

An Gründen, sich um den Zustand der Verfassungsordnung Sorgen zu machen, fehlt es allerdings nicht: Seit den Terroranschlägen von New York, London, Madrid und Bombay hat sich auch in Deutschland das Gefühl verbreitet, auf schwer greifbare, aber deshalb umso furchteinflößendere Weise bedroht zu sein. Die Menschen verlangen vom Staat Schutz. Gegen einen Staat, der Risikovorsorge betreibt und Gefahren schon bekämpft, bevor sie überhaupt entstehen, hilft die freiheitliche Rechtsstaatlichkeit nur begrenzt: Jede Freiheitsausübung ist potenziell gefährlich; niemand kann mehr sicher sein, den Staat auf Abstand zu halten, indem er sich rechtmäßig verhält. Zwar stellt sich das Bundesverfassungsgericht der Aushöhlung der Grundrechteordnung entgegen und erfindet sogar neue Grundrechte, wenn es dies für nötig hält (siehe S. 187f.). Aber dabei fällt es ihm (ganz ohne konkurrierende Rechtsordnungen) zunehmend schwer, den Anforderungen an argumentative Konsistenz und juristische Methodenstrenge zu genügen. Damit wächst die seit jeher bestehende Begründungsnot des Bundesverfassungsgerichts, wie es dazu komme, nicht nur Recht zu sprechen, sondern auch Recht zu setzen.[22] Und je mehr sich Karlsruhe dem Verdacht ausgesetzt sieht, Politik zu treiben statt lediglich Gesetze auszulegen, desto mehr wird die Richterwahl zum Politikum. Einen Vorgeschmack auf diese Entwicklung gab die Debatte um die Bestellung des Würzburger Rechtsprofessors Horst Dreier zum Vizepräsidenten, der 2008 wegen seiner wissenschaftlichen Äußerungen zur Menschenwürde in die Schusslinie der Kritik geriet und daraufhin als Kandidat der SPD fallen gelassen wurde.

Nichts Gutes verheißt auch der in Kapitel 5 beschriebene dramatische Anstieg der Politik- und Demokratieverdrossenheit. Er scheint sich auf den ersten Blick schlecht mit der Qualität des Grundgesetzes als »Verfassung der Bürger« zu vertragen: Wie kann es sein, dass die Bürgerinnen und Bürger im wiedervereinigten Deutschland in solch großer Zahl die von ihrer eigenen Verfassung konstituierten politischen Institutionen und Verfahren als derart »bürgerfern« und »abgehoben« empfinden, dass sie am Sinn und Nutzen der Demokratie per se zu zweifeln beginnen? Verweigern die Adressaten des »großen Angebots«, als das Gustav Heinemann das Grundgesetz einst bezeichnet hat, mittlerweile massenhaft die Annahme?

Hier muss man unterscheiden. In Ostdeutschland scheint die Sorge, ein nennenswerter Teil der Bevölkerung sei auf eine qualitativ mit Weimar vergleichbare Weise mit der Verfassungsordnung grundsätzlich nicht einverstanden, stellenweise begründet zu sein (siehe S. 229f.). In Westdeutschland dürfte, von Ausfransungen am Rand der Gesellschaft abgesehen, der kollektive Vertrauensverlust andere Ursachen haben. Zwar verliert sich die Motivsuche schnell im Dunkel der Sozialpsychologie, aber so viel wird man sagen können: Das Versprechen, durch Öffentlichkeit und Diskurs den Pluralismus der Interessen integrieren und an das Gemeinwohl binden zu können, hat offenbar Erwartungen geweckt, die die politische Wirklichkeit nicht erfüllen konnte. Darauf jedenfalls deutet die Tatsache hin, dass sich der Unmut vor allem in Schlagworten wie »Parteienstaat« und »Lobbyismus« bündelt. Hinzu kommt, dass die auf Verhandlungen und Kompromissen beruhenden Entscheidungsverfahren der Politik der populären Erwartung widersprechen, dass die Repräsentanten des Volkes tatkräftig und gestützt auf ihre vom Wähler verliehene Macht das Richtige tun. Im Ergebnis ändert es aber nicht allzu viel, ob man die angeblichen Missstände dem Grundgesetz selbst unmittelbar zurechnet oder sie als permanente Verstöße gegen Geist und Buchstaben einer scheinbar machtlosen Verfassung wertet. Der Autorität des Grundgesetzes tut beides nicht gut.

Läge so gesehen nicht eine Generalüberholung der Verfassung nahe? Der Text des Grundgesetzes ist – von seinen grundlegenden Prinzipien abgesehen – nicht in Stein gemeißelt: Er hat in seiner Geschichte bislang 52 Änderungsgesetze erfahren. Selbst die Radikallösung, eine Nationalversammlung zu wählen und ein ganz neues Regelwerk erarbeiten zu lassen, ist nicht undenkbar. Das Grundgesetz selbst bietet diesen Ausweg ausdrücklich an: »Dieses Grundgesetz«, heißt es in Artikel 146, »das nach Vollendung der Einheit und Freiheit Deutschlands für das gesamte deutsche Volk gilt, verliert seine Gültigkeit an dem Tage, an dem eine Verfassung in Kraft tritt, die von dem deutschen Volke in freier Entscheidung beschlossen worden ist.« Andere Völker, die Finnen etwa oder die Schweizer, haben in den letzten Jahren von ihrer verfassunggebenden Gewalt Gebrauch gemacht.[23] Das könnten auch die Deutschen tun. Das Grundgesetz bleibt sterblich.

Im internationalen Vergleich liegt das Grundgesetz mit einem Alter von 60 Jahren im Mittelfeld. Es gibt deutlich ältere Verfassungen, allen voran die der USA aus dem Jahr 1787. Beispiele für jahrhundertelange konstitutionelle Kontinuität gibt es auch in Europa: Norwegen hat durch eine wechselvolle Geschichte seit

1814 dieselbe Verfassung, die der Niederlande ist nur ein Jahr jünger. Den meisten neueren Verfassungen gingen politische Systemwechsel voraus, wie die Demokratisierung in Spanien, Portugal und Griechenland in den siebziger und der Sturz der kommunistischen Diktaturen in Osteuropa in den neunziger Jahren. Eine Ausnahme bilden Großbritannien, das seit jeher auf geschriebene Verfassungsgebung verzichtet, und Frankreich, das auf eine ganz eigene Tradition der permanenten Verfassungserneuerung zurückblickt: Seit der Revolution 1789 haben die Franzosen 16 monarchische, republikanische, autoritäre und demokratische Verfassungen erlebt; die aktuelle stammt aus dem Jahr 1958.

Die Bundesrepublik hat ihre nationale Zäsur des Jahres 1990 vorübergehen lassen, ohne sich auf eine neue verfassungsrechtliche Grundlage zu stellen. Das wurde von vielen bedauert, vor allem von Bürgern der neuen ostdeutschen Bundesländer, die den Beitritt zum Grundgesetz als verpasste Chance empfanden, die neue gesamtdeutsch-demokratische Staatlichkeit mit dem Pathos eines gemeinsamen Gründungsakts zu versehen. Der Ruf nach einer »Totalrevision« hatte auch zuvor schon die Geschichte des Grundgesetzes über lange Strecken begleitet, ohne dass ihm Taten gefolgt wären. Und auch heute gibt es bei allem Händeringen über den Zustand des Verfassungsstaats keine breite politische Bewegung, die sich seine Erneuerung auf die Fahnen geschrieben hätte. Das liegt teilweise daran, dass an vielen der beklagten Probleme auch die radikalste Verfassungsreform nichts ändern könnte, weil sie sich der rechtlichen, auch verfassungsrechtlichen Gestaltung gerade entziehen. Das gilt allerdings für die Schweizer und Finnen nicht minder, die sich davon nicht abhalten ließen, das Rechtsfundament ihres Staates neu zu gießen. Woher rührt also die eigentümliche Treue der Deutschen zum vermeintlichen Provisorium Grundgesetz?

Möglicherweise sind unter den Verfassungen diejenigen besonders langlebig, die zum Zeitpunkt ihres Entstehens keinen existierenden, unproblematischen Staat samt Staatsvolk vorfinden. Im Fall der USA beispielsweise konnte im Jahr der Verfassungsgebung 1787 von einem Volk keine Rede sein; »Völker« hatten allenfalls die

13 Gründerstaaten, die über den gemeinsam geführten Revolutionskrieg hinaus wenig verband. Erst die Verfassung machte sie zu Amerikanern. Die berühmten ersten Worte der Verfassung der USA (»We, the people …«) hatten somit zum Zeitpunkt ihrer Niederschrift mehr mit der Zukunft zu tun als mit der Gegenwart. Die politischen Institutionen der USA, der Präsident, der Kongress, die bundesstaatliche Kompetenzverteilung etc. sind zutiefst mit dem Bild, das die Amerikaner von ihrem Staat verinnerlicht haben, verschmolzen. Die Verfassung *ist* der Staat – nicht allein, aber doch aus ihm nicht wegzudenken. Auch eine weniger erfolgreiche Staatsgründung wie Belgien kann als Beispiel dienen: Das vom Sprachenstreit der Wallonen und Flamen zerrissene Königreich fällt zurzeit offenbar unaufhaltsam auseinander, aber seine (freilich vielfach und grundlegend reformierte) Verfassung datiert aus dem Jahre 1831.

Die Vorstellung, gleichsam im laufenden Betrieb die Verfassung auszutauschen, setzt für eine »logische Sekunde« eine von der Verfassung entkleidete Staatlichkeit voraus. Das mag im Falle Frankreichs, Schwedens und der Schweiz denkbar sein – im Falle der USA, Belgiens und auch der Bundesrepublik Deutschland nicht. Der Begriff »Deutscher« war nach 1945, wie in Kapitel 1 beschrieben, zutiefst problematisch geworden. Erst das Grundgesetz gab eine Antwort auf die Frage, wer zum deutschen Staat dazugehörte. Der Staat Bundesrepublik Deutschland war, aller Fortbestandsrhetorik zum Trotz, eine Neugründung des Jahres der Verfassungsgebung von 1949, ein Produkt des Grundgesetzes – unperfekt und entwicklungsoffen, modern und die in Krieg und Elend versunkene Welt souveräner Nationalstaaten entschlossen hinter sich lassend. Solange dieser Staat existiert, wird aller Wahrscheinlichkeit nach auch das Grundgesetz existieren.

ANHANG

Danksagung

Dieses Buch ist ein Familienunternehmen. Unser Dank gilt daher zunächst Dr. Stephanie Steinbeis, die das Projekt unterstützt, ertragen und begleitet hat. Ursula Detjen und Marie Steinbeis danken wir für Hilfseinsätze, die mehr als einmal verhindert haben, dass unser Familienleben aus der Verfassung geriet.

Für die kritische Lektüre des Manuskripts, kluge Hinweise sowie zahllose nächtliche und frühmorgendliche Mails danken wir Dr. Christoph Classen und Dr. Christine Weitzsch. Dank gilt ebenso unserem Lektor Dr. Matthias Weichelt.

Viele Anregungen verdanken wir unseren Freunden Dr. Wolf Albin, Dr. Silke Albin, Dr. Ulrich Karpenstein sowie Dr. Jochen von Bernstorff.

Dr. Tobias Winstel und Thomas Rathnow vom Pantheon Verlag danken wir dafür, dass sie uns ermutigt und ermöglicht haben, dieses Buch zu schreiben.

Gewidmet ist dieses Buch unseren Kindern: Marie, Anne, ihrem Bruder, den wir freudig erwarten, Theresa und Paul.

Anmerkungen

Einleitung

1 Detjen, Stephan (Hg.): In bester Verfassung?! 50 Jahre Grundgesetz, Köln 1999.

2 Vgl. Dreier, Horst: Erosion des Verfassungsstaates, in: Gestrich, Christof (Hg.): Die herausgeforderte Demokratie. Recht, Religion, Politik, Berlin 2003, S. 51ff.

3 Statistisches Bundesamt (Hg.): Datenreport 2006. Zahlen und Fakten über die Bundesrepublik Deutschland, Bonn 2006, S. 644.

4 Der Spiegel vom 12. Mai 2003.

5 Darnstädt, Thomas: Konsens ist Nonsens. Wie die Republik wieder regierbar wird, München 2006, S. 23.

6 Vgl. den Vortrag »Gilt das Grundgesetz ewig?«, den Horst Dreier, Professor für Rechtsphilosophie, Staats- und Verwaltungsrecht an der Universität München, am 20. November 2008 in der Carl Friedrich von Siemens Stiftung in München hielt.

7 Leibfried, Stephan u.a. (Hg.): Transformation des Staates?, Frankfurt/M. 2006, S. 11.

8 Vgl. die Arbeiten des Bremer Sonderforschungsbereichs 597 »Staatlichkeit im Wandel«, in dessen Rahmen auch der vorgenannte Sammelband erschienen ist.

9 Dreier: Erosion des Verfassungsstaates, a.a.O., S. 69.

Kapitel 1

1 Rex v. Bottrill, ex parte Kuechenmeister, Court of Appeal, Kings Bench, in: British Yearbook of International Law 23 (1947), S. 381.

2 So der zweite Absatz der Präambel der Berliner »Erklärung in Anbetracht der Niederlage Deutschlands und der Übernahme der obersten Regierungsgewalt hinsichtlich Deutschlands (…)«, in: Amtsblatt des Alliierten Kontrollrats in Deutschland, Berlin 1945–1948, Jg. 1945, Ergänzungsblatt 1, S. 7f.

3 Die Westalliierten und eine Reihe anderer Staaten beendeten den Kriegszustand mit Deutschland erst 1951, die Sowjetunion sogar erst 1955.

4 Siehe Gosewinkel, Dieter: Einbürgern und Ausschließen. Die Nationalisierung der Staatsangehörigkeit vom Deutschen Bund bis zur Bundesrepublik Deutschland, Göttingen 2001, S. 369.

5 Siehe Fenske, Hans: Der moderne Verfassungsstaat. Eine vergleichende
   Geschichte von der Entstehung bis zum 20. Jahrhundert, Paderborn
   2001, S. 281.

6 Zit. nach Rudolph, Hermann: Deutsche Frage – deutsche Einheit. Die
   Deutschen und ihr wieder gewonnener Nationalstaat, in: Hertfelder,
   Thomas u.a. (Hg.): Modell Deutschland. Erfolgsgeschichte oder Illu-
   sion, Göttingen 2007, S. 121.

7 Bericht über die Drei-Mächte-Konferenz von Potsdam, 2. August 1945,
   Abschnitt III, zit. nach: Dokumente zur Deutschlandpolitik, 22. Reihe/
   Bd. I: Die Konferenz von Potsdam, Neuwied 1992, S. 2106.

8 Vgl. Stern, Klaus: Das Staatsrecht der Bundesrepublik Deutschland,
   Bd. 5: Die geschichtlichen Grundlagen des deutschen Staatsrechts. Die
   Verfassungsentwicklung vom Alten Deutschen Reich zur wiederver-
   einigten Bundesrepublik Deutschland, München 2000, S. 1093ff.

9 So der von Wolfgang Leonhard kolportierte Grundsatz der Gruppe Ulbricht, in: Leonhard, Wolfgang: Die Revolution entlässt ihre Kinder,
   Köln 1992, S. 440.

10 Maier, Reinhold: Erinnerungen 1948–1953, Tübingen 1966, S. 55.

11 So das Schlusskommuniqué vom 7. Juni 1948, zit. nach Blank, Bettina:
   Die westdeutschen Länder und die Entstehung der Bundesrepublik.
   Zur Auseinandersetzung um die Frankfurter Dokumente vom Juli
   1948, München 1995, S. 32.

12 Maier: Erinnerungen, a.a.O., S. 62. »Jungfräulich« war das Wort natür-
   lich nicht. Zum Beispiel hatte Österreich 1867 seine Verfassung in neun
   »Staatsgrundgesetzen« niedergelegt; vgl. Nawiasky, Hans: Allgemeine
   Rechtslehre als System der rechtlichen Grundbegriffe, 2., erw. Aufl.,
   Zürich 1948, S. 36.

13 Beschluss der Ministerpräsidenten der westdeutschen Besatzungszonen vom 15./16. Juli 1948, in: Der Parlamentarische Rat 1948–1949.
   Akten und Protokolle, Bd. 1: Vorgeschichte, Boppard/Rhein 1975, S. 160.

14 Bericht des Unterausschusses I, in: Der Parlamentarische Rat 1948–1949.
   Akten und Protokolle, Bd. 2: Der Verfassungskonvent auf Herrenchiemsee, Boppard/Rhein 1981, S. 195.

15 Ebd., S. 194.

16 So das Urteil des Hamburger Abgeordneten Paul de Chapeaurouge, der
   beklagte, dass diejenigen Abgeordneten, die nicht als Beamte oder pro-
   fessionelle Politiker mit den Landesregierungen in Fühlung seien, nur

schwer an Material und Anregungen gekommen seien; siehe Landeszentrale für politische Bildung Hamburg (Hg.): Drei Hamburger im Parlamentarischen Rat. Adolph Schönfelder und Paul de Chapeaurouge, Hermann Schäfer, Hamburg 1999, S. 74.

17 So Mangoldt in einem rechtsvergleichenden Artikel: »Rassenrecht und Judentum«, der im März 1939 erschien; zit. nach: Rohlfs, Angelo O.: Hermann von Mangoldt (1895–1953). Das Leben des Staatsrechtlers vom Kaiserreich bis zur Bonner Republik, Berlin 1996, S. 49.

18 Schmid, Carlo: Erinnerungen, Bern 1979, S. 357.

19 Rede des Vorsitzenden der Ministerpräsidentenkonferenz zur Eröffnung des Parlamentarischen Rates am 1. September 1948, in: Parlamentarischer Rat, Bd. 1, a.a.O., S. 414ff.

20 Der Parlamentarische Rat. Akten und Protokolle, Bd. 9: Plenum, München 1996, S. 188f.

21 Der Parlamentarische Rat. Akten und Protokolle, Bd. 5/I: Ausschuss für Grundsatzfragen, Boppard/Rhein 1993, S. 170.

22 Parlamentarischer Rat, Bd. 9, a.a.O., S. 182.

23 Ebd., S. 183.

24 Parlamentarischer Rat, Bd. 5/I, a.a.O., S. 171.

25 Carlo Schmid in der Aussprache über die Präambel im Plenum, in: Parlamentarischer Rat, Bd. 9, a.a.O., S. 183.

26 Ebd., S. 184f.

27 Ebd., S. 183.

28 So Theodor Heuss im Plenum, in: Ebd., S. 192.

29 Nach dem Urteil Bergsträssers, zit. nach: Der Parlamentarische Rat, Bd. 5/I, a.a.O., S. XXXII.

30 Ebd., S. 180.

31 Ebd., S. 238f.

32 Theodor Heuss im Plenum, in: Parlamentarischer Rat, Bd. 9, a.a.O., S. 194.

33 Parlamentarischer Rat, Bd. 5/I, a.a.O., S. 183.

34 Parlamentarischer Rat, Bd. 9, a.a.O., S. 193f.

35 Auch wenn die Fortbestandslehre sich im Parlamentarischen Rat durchgesetzt hatte, gab es immer noch Anhänger der Untergangslehre, unter ihnen der Abgeordnete Adolf Süsterhenn, die in der Öffentlichkeit eine starke Stimme hatten und insbesondere im Rheinischen Merkur publizierten. Carlo Schmid konnte sich nicht genug darüber wundern, »welche Mühe man verwendet, um nachzuweisen, dass man sich

nicht mehr als Deutscher zu fühlen braucht«, und Jakob Kaiser verwies auf die »Einwände« und »Einmischungen«, die von dieser Seite zu befürchten seien, wenn die Fortbestandslehre in der Präambel zu stark zum Tragen käme (siehe Parlamentarischer Rat, Bd. 5/I, a.a.O., S. 242f.).

36 Parlamentarischer Rat, Bd. 9, a.a.O., S. 444.

37 Parlamentarischer Rat, Bd. 5/II, a.a.O., S. 850.

38 So von Mangoldt, in: Ebd., S. 1040.

39 Ebd., S. 1041.

40 So das Plädoyer von Mangoldt, in: Ebd., S. 1045.

41 Parlamentarischer Rat, Bd. 5/I, a.a.O., S. 184.

42 Jakob Kaiser, in: Parlamentarischer Rat, Bd. 9, a.a.O., S. 169.

43 Jakob Kaiser auf dem Katholikentag in Berlin 1951, zit. nach: Heidemeyer, Helge: Flucht und Zuwanderung aus der SBZ/DDR 1945/1949 bis 1961. Die Flüchtlingspolitik der Bundesrepublik Deutschland bis zum Bau der Berliner Mauer, Düsseldorf 1994, S. 296.

44 Parlamentarischer Rat, Bd. 5/I, a.a.O., S. 184; vgl. auch Wolfrum, Edgar: Das westdeutsche »Geschichtsbild« entsteht. Auseinandersetzung mit dem Nationalsozialismus und neues bundesrepublikanisches Staatsbewusstsein, in: Frese, Matthias u.a. (Hg.): Demokratisierung und gesellschaftlicher Aufbruch. Die sechziger Jahre als Wendezeit der Bundesrepublik, Paderborn 2003, S. 227ff.

45 Schwarz, Hans-Peter (Hg.): Die Legende von der verpaßten Gelegenheit. Die Stalin-Note vom 10. März 1952, Stuttgart 1982; vgl. Loth, Wilfried/Graml, Hermann/Wettig, Gerhard/Zarusky, Jürgen: Die Stalin-Note vom 10. März 1952: Neue Quellen und Analysen, München 2002.

46 So ein Artikel im Observer, 30. April 1950, in Übersetzung zit. in: Haffner, Sebastian: Die deutsche Frage 1950–1961: Von der Wiederbewaffnung bis zum Mauerbau, Frankfurt 2003, S. 9.

47 Fernsehinterview von Thilo Koch mit Karl Jaspers, aufgenommen im März 1960 und gesendet am 10. August 1960 in der Reihe »Aus erster Hand«, Nordwestdeutscher Rundfunkverband (NWRV) Hamburg, abgedruckt in: Augstein, Rudolf/ Grass, Günter: Deutschland, einig Vaterland? Ein Streitgespräch, Göttingen 1990, hier: S. 19.

48 Ebd., S. 38.

49 Ebd., S. 22.

50 Mann, Golo: Der verlorene Krieg und die Folgen, in: Richter, Hans Werner (Hg.): Bestandsaufnahme. Eine deutsche Bilanz, München 1962, S. 44.

51 Vgl. Schweigler, Gebhard: Nationalbewußtsein in der BRD und der DDR, Düsseldorf 1973.

52 Dichgans, Hans: Eine verfassunggebende Nationalversammlung?, in: Zeitschrift für Rechtspolitik 3 (1968), S. 61ff.; siehe auch ders.: Das Unbehagen in der Bundesrepublik – Ist die Demokratie am Ende?, Düsseldorf 1968.

53 Egon Bahr in einem Interview mit Marion Detjen, 15. Juli 2003.

54 Entscheidungen des Bundesverfassungsgerichts, Bd. 33, S. 232ff.

55 Entscheidungen des Bundesverfassungsgerichts, Bd. 36, S. 1ff., hier: S. 10 (»Grundlagenvertrag«).

56 Ebd., S. 11.

57 Entscheidungen des Bundesverfassungsgerichts, Bd. 35, S. 193ff. und S. 257ff.

58 Beschluss vom 29. Mai 1973, in: Entscheidungen des Bundesverfassungsgerichts, Bd. 35, S. 171ff.; Beschluss vom 16. Juni 1973, in: Ebd., S. 246ff.

59 Zit. nach: Ebd., S. 247.

60 Ebd., S. 248f.

61 Entscheidungen des Bundesverfassungsgerichts, Bd. 36, S. 1ff., hier: S. 14 (»Grundlagenvertrag«).

62 Ebd., S. 16.

63 Ebd., S. 15f.

64 Siehe Stern, Staatsrecht, Bd. 5, a.a.O., S. 1099.

65 Horst Mahler – Interview mit dem Herrenhaupt vom 10. November 2004, reposted: 14. Juni 2008, <http://fufor.twoday.net/stories/499 3925>. Mahler erkennt das Grundgesetz nicht an, zitiert aber mit Vorliebe Äußerungen von Carlo Schmid.

66 Entscheidungen des Bundesverfassungsgerichts, Bd. 77, S. 137ff. (»Teso«).

67 Vgl. Tiessen, Hans-Jakob: Deutsche Staatsangehörigkeit und »innerdeutsche« Grenze vor dem Hintergrund des veränderten Karlsruher Deutschlandmodells, in: Deutschland Archiv 8(1975), S. 52ff.

68 Detjen, Marion: Ein Loch in der Mauer. Die Geschichte der Fluchthilfe im geteilten Deutschland 1961 – 1989, München 2005.

69 So die Beobachtung von Anne-Marie Le Gloannec, die 1987 die DDR privat bereiste: »Ich lernte, dass die Ostdeutschen sich und die Welt nur über die Bundesrepublik dachten. Pro und kontra. Alles lief vermittelt über diese Bundesrepublik. So kam ich zu dem Schluss, dass eine DDR

mit offenen Grenzen nicht hätte bestehen können.« In: Kuczynski, Rita: Ostdeutschland war nie etwas Natürliches, Berlin 2005, S. 86f.

70 Entscheidungen des Bundesverfassungsgerichts, Bd. 37, S. 57ff., hier: S. 66 (»Haftbefehl in Berlin«).

71 Vgl. Scholz, Friedrich: Berlin und seine Justiz, Berlin 1982, S. 233; Wengler, Wilhelm: Schriften zur deutschen Frage 1948 – 1986, Berlin 1987, S. 446ff.; Akten zur Auswärtigen Politik der Bundesrepublik Deutschland 1974: 1. Januar bis 30. Juni 1974, München 2005, S. 565ff.

72 Sternberger, Dolf: Begriff des Vaterlands (1947), in: Ders.: Schriften, Bd. IV: Staatsfreundschaft, Frankfurt/M. 1980, S. 33; den Versuch, Begriff und Stärken des Verfassungspatriotismus stärker zu konturieren, unternimmt neuerdings Müller, Jan-Werner: Constitutional Patriotism, Princeton 2007.

73 Sternberger, Dolf: Verfassungspatriotismus (1979), in: Ders.: Schriften, Bd. X: Verfassungspatriotismus, Frankfurt/M. 1990, S. 13ff.

74 Ritter, Gerhard A.: Staatsverständnis und Nationalstaat im Wandel, in: Rödder, Andreas u.a. (Hg.): Alte Werte – Neue Werte. Schlaglichter des Wertewandels, Göttingen 2008, S. 124.

75 Behrmann, Günter C.: Verfassung, Volk und Vaterland, in: Ders. u.a. (Hg.): Verfassungspatriotismus als Ziel politischer Bildung?, Schwalbach/Ts. 1993, S. 20.

76 Ritter, Staatsverständnis und Nationalstaat im Wandel, a.a.O., S. 124.

77 Sternberger, Verfassungspatriotismus, a.a.O., S. 14.

78 Der Spiegel vom 18. Januar 1993, S. 23.

79 Sternberger, Verfassungspatriotismus, a.a.O., S. 14.

80 Vgl. Kronenberg, Volker: Patriotismus in Deutschland: Perspektiven für eine weltoffene Nation, Wiesbaden 2006, S. 199.

81 Haack, Dieter/Hoppe, Hans-G./Lintner, Eduard/Seiffert, Wolfgang (Hg.): Das Wiedervereinigungsgebot des Grundgesetzes, Köln 1989.

82 Oskar Lafontaine in einem Interview der Süddeutschen Zeitung vom 25. November 1989, zit. nach: Winkler, Heinrich August: Der lange Weg nach Westen, Bd. 2: Deutsche Geschichte vom »Dritten Reich« bis zur Wiedervereinigung, München 2002, S. 527.

83 In einer Diskussion im Parteivorstand der SPD am 3. Dezember 1990, zit. nach: Winkler, Der lange Weg nach Westen, Bd. 2, a.a.O., S. 604.

84 So der Titel eines Sammelbandes, der in der Einleitung »spirituelle Umkehr« und Abwendung von Individualismus und Materialismus fordert und mit dumpfer Sehnsucht nach der Mystik, der Tragik, dem Eros der Schicksalsnation, nach den Gewissheiten von Familie und Va-

terland aufwartet: Schwilk, Heimo/ Schacht, Ulrich (Hg.): Die selbstbewußte Nation.»Anschwellender Bocksgesang« und weitere Beiträge zu einer deutschen Debatte, Frankfurt/M. 1994.

85 Ebd., S. 21.

86 Vgl. Gosewinkel: Einbürgern und Ausschließen, a.a.O., S. 433.

87 Flyer der Beauftragten der Bundesregierung für Migration, Flüchtlinge und Integration, Stand Mai 2008, S. 26.

88 Statistisches Bundesamt Deutschland, Pressemitteilung Nr. 292 vom 23. Juli 2007.

Kapitel 2

1 Lange, Erhard M.: Entstehung des Grundgesetzes und Öffentlichkeit. Zustimmung erst nach Jahren, in: Zeitschrift für Parlamentsfragen, 10 (1979), S. 378ff.

2 Geck, Wilhelm Karl: Art. 102 GG, in: Dolzer, Rudolf u.a. (Hg).: Bonner Kommentar zum Grundgesetz, Heidelberg 1967, S. 9f.

3 Umfragen in: Münchner Merkur vom 11./12. März 1950 (mehrheitlich für Todesstrafe); Süddeutsche Zeitung vom 9. März1950 (mehrheitlich gegen Todesstrafe); Leserbriefe in der Süddeutschen Zeitung vom 25. März 1950.

4 Protokolle des Deutschen Bundestages, 1. Wahlperiode, 52. Sitzung vom 27. März 1950, S. 1892f.

5 Ebd., S. 1896.

6 Adenauer hatte an der Abstimmung nicht teilgenommen und auch in die Diskussion nicht öffentlich eingegriffen.

7 Institut für Demoskopie Allensbach: allensbacher berichte 14/2002, S. 3f.

8 Zu den Diskussionen über eine Wiedereinführung der Todesstrafe im Bonner Krisenstab während der Schleyer-Entführung im Herbst 1977 siehe S. 181f.

9 Esser, Albert: Wilhelm Elfes, Arbeiterführer und Politiker, Mainz 1990; Detjen, Marion/Steinbeis, Maximilian: Menschen, die Verfassungsgeschichte schrieben, in: Detjen, Stephan (Hg.), In bester Verfassung!? 50 Jahre Grundgesetz, Köln 1999, S. 155f.

10 Esser: Wilhelm Elfes, a.a.O., S. 292.

11 Der Parlamentarische Rat 1948 – 1949. Akten und Protokolle, Bd. 5/I: Ausschuß für Grundsatzfragen, Boppard 1993, S. 101ff.

12 Peters, Hans: Die freie Entfaltung der Persönlichkeit als Verfassungsziel, in: Constanopoulos, D.S./Wehberg, Hans (Hg.): Festschrift für Rudolf Laun zum siebzigsten Geburtstag, Hamburg 1953, S. 669ff.

13 Entscheidungen des Bundesverfassungsgerichts, Bd. 80, S. 137ff., hier: S. 164f. (»Reiten im Walde«).

14 Artikel 13 Weimarer Reichsverfassung.

15 Strauss, Walter: Die oberste Bundesgerichtsbarkeit, Berlin 1949; Strauss wurde später Staatssekretär im Bundesjustizministerium – ein Amt, das er 1962 wegen seiner Verwicklung in die Spiegel-Affäre verlor – und Richter am Europäischen Gerichtshof.

16 Der Parlamentarische Rat 1948-1949. Akten und Protokolle, Bd. 13/I: Ausschuss für Organisation des Bundes, Ausschuss für Verfassungsgerichtshof und Rechtspflege, Boppard 1993, S. 275f.

17 Heute sind es fünf, wegen der anfänglichen Größe der Senate bildeten ursprünglich sieben Stimmen eine Mehrheit.

18 Maunz, Theodor: Art. 94, in: Ders./Dürig, Günter (Hg.): Kommentar zum Grundgesetz, München lf., RNr. 14.

19 Mit weiteren Nachweisen: Blanke, Thomas (Hg.): Streitbare Juristen. Eine andere Tradition. Jürgen Seiffert zum 60. Geburtstag, Baden-Baden 1988.

20 Rottleuthner, Hubert: Karrieren und Kontinuitäten deutscher Justizjuristen im 20. Jahrhundert, Forschungsprojekt an der FU Berlin; Ohe, Axel von der: Der Bundesgerichtshof und die NS-Kriegsverbrechen, in: Glienke, Stephan Alexander/Paulmann, Volker/Perels, Joachim: Erfolgsgeschichte Bundesrepublik?, Berlin 2008, S. 293 und 314.

21 Müller, Ingo: Furchtbare Juristen, München 1989, S. 220.

22 Vgl. Spieker, Frank: Höpker Aschoff – Vater der Finanzverfassung, Berlin 2004, S. 53; Der Parlamentarische Rat. Akten und Protokolle, Bd. 12: Ausschuss für Finanzfragen, München 1975, S. XIV; wegen seiner früheren Tätigkeit für die Haupttreuhandstelle Ost widersprach die britische Militärregierung 1946 Höpker-Aschoffs Ernennung zum nordrhein-westfälischen Finanzminister.

23 Grünthal, Günther: Höpker-Aschoff, Hermann, in: Neue Deutsche Biographie, Bd. 9, Berlin 1972, S. 349f.; Aders, Thomas: Die Utopie vom Staat über den Parteien: Biographische Annäherungen an Hermann Höpker-Aschoff (1883 – 1954), Frankfurt/M. 1994.

24 Scharffenorth, Ernst-Albert: Gerhard Leibholz, in: Biographisches Kirchenlexikon, Bd. 4, Nordhausen 1992, Spalten 1379ff.

25 Waldhoff, Christian: Erna Scheffler – erste Richterin des Bundesverfassungsgerichts, in: Jahrbuch des Öffentlichen Rechts der Gegenwart, Neue Folge 2008, S. 261ff.

26 Hedwig, Andreas/Menk, Gerhard (Hg.): Erwin Stein (1903 – 1992). Po-

litisches Wirken und Ideale eines hessischen Nachkriegspolitikers, Marburg 2004.

27 Stolte, Stefan: Wissen und Gewissen machen den Juristen – Ernst Friesenhahn Biographie, in: Schmoeckel, Mathias: Die Juristen der Universität Bonn im Dritten Reich, Köln 2004, S. 185ff.

28 Herbe, Daniel: Hermann Weinkauff (1894–1981). Der erste Präsident des Bundesgerichtshofs, Tübingen 2008, S. 52ff.

29 Baldus, Manfred: Frühe Machtkämpfe, in: Henne, Thomas u.a. (Hg.): Das Lüth-Urteil aus (rechts-)historischer Sicht, Berlin 2005, S. 237 und 243ff.

30 Veröffentlicht im Bundesanzeiger, hg. vom Bundesministerium der Justiz, Nr. 49 vom 12. März 1953.

31 Entscheidungen des Bundesverfassungsgerichts, Bd. 4, S. 358ff., hier S. 366f. (»Reichsgesetz über den Finanzausgleich«), Leitsatz 2.

32 Zit. nach Baldus: Frühe Machtkämpfe, a.a.O., S. 245.

33 Frei, Norbert: Vergangenheitspolitik. Die Anfänge der Bundesrepublik und die NS-Vergangenheit, München 1996, S. 74.

34 Ebd.

35 Menzel, Jörg: Vergangenheitsbewältigung im Beamten- und Gestapo-Urteil, in: Henne u.a. (Hg.): Lüth-Urteil, a.a.O., S. 225ff.

36 Entscheidungen des Bundesverfassungsgerichts, Bd. 3, S. 58ff., hier: S. 76ff. (»Beamtenurteil«).

37 Günther, Frieder: Denken vom Staat her. Die bundesdeutsche Staatsrechtslehre zwischen Dezision und Integration 1949–1970, München 2004, S. 108f.

38 Menzel: Vergangenheitsbewältigung, a.a.O., S. 227.

39 Frei: Vergangenheitspolitik, a.a.O., S. 96ff.

40 Entscheidungen des Bundesverfassungsgerichts, Bd. 6, S. 132ff., hier: S. 135 (»Gestapo«).

41 Entscheidungen des Bundesverfassungsgerichts, Bd. 6, S. 222ff.

42 Häberle, Peter: Verfassung als Kultur, in: Jahrbuch des öffentlichen Rechts der Gegenwart, Neue Folge 2001, S. 125ff., hier: S. 130.

43 Radbruch, Gustav: Gesetzliches Unrecht und übergesetzliches Recht, in: Süddeutsche Juristenzeitung 1946, S. 105ff.

44 Kelsen, Hans: Reine Rechtslehre. Einleitung in die rechtswissenschaftliche Problematik, Leipzig 1932.

45 Henne, Thomas: Die neue Wertordnung im Zivilrecht – speziell im Familien- und Arbeitsrecht, in: Stolleis, Michael (Hg.): Das Bonner

Grundgesetz. Altes Recht und neue Verfassung in den ersten Jahrzehnten der Bundesrepublik Deutschland (1949 – 1969), Berlin 2006, S. 26.

46 Rottleuthner, Hubert: Interview in »Freischüßler« (Zeitschrift des Arbeitskreises kritischer Juristinnen und Juristen [AKJ] an der Rechtswissenschaftlichen Fakultät der Humboldt-Universität Berlin), 1 (2005), S. 12ff.

47 Diese Auffassungen deckten sich mit Forderungen nach einer »Rechristianisierung« der Gesellschaft, die auch im politischen Raum erhoben wurden; vgl. dazu: Schildt, Axel: Konservativismus in Deutschland. Von den Anfängen im 18. Jahrhundert bis in die Gegenwart, München 1998, S. 215.

48 Entscheidungen des Bundesgerichtshofs in Strafsachen, Amtliche Sammlung, Bd. 6, S. 46ff.

49 Schmitt, Carl: Verfassungslehre, 9. Aufl., Berlin 1993 (Nachdruck der Erstausgabe von 1928).

50 Schmitt, Carl: Der Begriff des Politischen, München 1932; ders.: Der Hüter der Verfassung, Tübingen 1931; ders.: Legalität und Legitimität, München 1932, u.a.

51 Schmitt, Carl: Die geistesgeschichtliche Lage des heutigen Parlamentarismus, Berlin 1996 (Nachdruck der 2. Aufl. von 1926).

52 Schmitt, Carl: Der Führer schützt das Recht, in: Deutsche Juristenzeitung 15 (1934), S. 945ff.

53 Günther: Denken vom Staat her, a.a.O., S. 122ff.; Stolleis, Michael: Die Staatsrechtslehre der fünfziger Jahre, in: Henne: Lüth-Urteil, a.a.O., S. 293ff.

54 Der Staat, Zeitschrift für Staatslehre und Verfassungsgeschichte, deutsches und europäisches öffentliches Recht 1 (1962), S. 1f.

55 Vgl. Schmidt, Wilhelm: Grundrechte – Theorie und Dogmatik seit 1946 in Westdeutschland, in: Simon, Dieter (Hg.): Rechtswissenschaft in der Bonner Republik. Studien zur Wissenschaftsgeschichte der Jurisprudenz, Frankfurt/M. 1994, S. 196, Fn. 25.

56 Günther: Denken vom Staat her, a.a.O., S. 105.

57 Entscheidungen des Bundesverfassungsgerichts, Bd. 1, S. 14ff., hier: S. 45 (»Südweststaat«).

58 Entscheidungen des Bundesverfassungsgerichts, Bd. 6, S. 132ff., hier: S. 138, 170 (»Gestapo«).

59 Günter Grass im Interview mit Frank Schirrmacher, Frankfurter Allgemeine Zeitung vom 12. August 2006.

60 Riedlinger, Arne: Vom Boykottaufruf zur Verfassungsbeschwerde. Erich

Lüth und die Kontroverse um Harlans Nachkriegsfilme (1950–58), in: Henne: Lüth-Urteil, a.a.O., S. 147ff.

61 Ebd., S. 166f.

62 Hennis, Wilhelm: Lüth – und anderes, in: Henne: Lüth-Urteil, a.a.O., S. 187ff.

63 Smend, Rudolf: Festvortrag zur Feier des zehnjährigen Bestehens des Bundesverfassungsgerichts am 26. Januar 1962, in: Bundesverfassungsgericht (Hg.): Das Bundesverfassungsgericht, Karlsruhe 1963, S. 23.

64 Niehuss, Merith: Kontinuität und Wandel der Familie in den 50er Jahren, in: Schildt, Axel/Sywottek, Arnold (Hg.): Modernisierung im Wiederaufbau. Die deutsche Gesellschaft der 50er Jahre, Bonn 1993, S. 316ff.; Franzius, Christine: Bonner Grundgesetz und Familienrecht. Die Diskussion um die Gleichberechtigung von Mann und Frau in der westdeutschen Zivilrechtslehre der Nachkriegszeit (1945–1967), Frankfurt/M. 2005, S. 18.

65 Der Parlamentarische Rat 1948-1949. Akten und Protokolle, Bd. 5/II: Ausschuss für Grundsatzfragen, Boppard 1993, S. 712ff.

66 Jahrbuch des öffentlichen Rechts der Gegenwart, Neue Folge 1 (1951), S. 67ff.

67 Auszüge bei: Geuther, Gundula/Steinbeis, Maximilian: Elisabeth Selbert, Hörfunkbeitrag in der Sendereihe Verfassungsgeschichten im Deutschlandfunk, 10. Mai 1999 <http://www.dradio.de/dlf/sendungen/verfassungsgeschichten/348462/>.

68 Franzius: Bonner Grundgesetz, a.a.O., S. 27.

69 Ebd., S. 55.

70 Niehuss: Kontinuität und Wandel, a.a.O., S. 334.

71 Franzius: Bonner Grundgesetz, a.a.O., S. 61ff.

72 Maunz, Theodor: Deutsches Staatsrecht, 4. Aufl., Berlin 1955, S. 89.

73 Franzius: Bonner Grundgesetz, a.a.O., S. 86.

74 Beitzke, Günther: Gleichberechtigung und Familienrechtsreform, in: Juristenzeitung 1952, S. 744f.

75 Bosch, Friedrich Wilhelm: Familienrechtsreform (Eheschließung, Ehescheidung, Gleichberechtigung von Mann und Frau, Recht des unehelichen Kindes). Zwei Vorträge, Siegburg 1952.

76 Ebd., S. 57f.

77 Franzius: Bonner Grundgesetz, a.a.O., S. 87.

78 Rust, Ursula: Die Rechtsprechung des Bundesverfassungsgerichts zur garantierten Gleichberechtigung, in: Aus Politik und Zeitgeschichte 37–38 (2001), S. 30.

79 Franzius: Bonner Grundgesetz, a.a.O., S. 176.

80 Krüger, Hildegard: Die verfassungsrechtliche Bedeutung des Art. 117 GG, in: Neue Juristische Wochenschrift 1953, S. 964ff. und 966.

81 Entscheidungen des Bundesverfassungsgerichts, Bd. 3, S. 225ff., hier: S. 237ff. (»Gleichberechtigung«).

82 Ebd., S. 242.

83 Regierungsentwurf vom 29. Januar 1954, Bundestagsdrucksache 2/224, S. 29.

84 Entscheidungen des Bundesverfassungsgerichts, Bd. 10, S. 59ff., hier: S. 66ff. (»Stichentscheid«).

Kapitel 3

1 Protokolle des Deutschen Bundestags, 4. Wahlperiode, 45. Sitzung vom 7. November 1962, S. 1984.

2 Ebd., S. 1995.

3 Ebd., S. 1998.

4 Zumindest zögerte er nicht, die Staatsstreichdrohung als politisches Instrument einzusetzen; vgl. Gall, Lothar: Bismarck. Der weiße Revolutionär, Frankfurt/M. 1980, S. 613f.

5 Schmitt, Carl: Verfassungslehre, München 1928, S. 121.

6 Das Reichsgerichtsurteil ist im Internet dokumentiert unter <http://de.wikisource.org/wiki/Reichsgericht_Urteil_Weltbühne-Prozess>.

7 Sitzung des CDU-Bundesvorstands am 22. November 1962, in: Protokolle des CDU-Bundesvorstands 1961 – 1965, Düsseldorf 1998, S. 309.

8 Ebd., S. 301.

9 Zit. nach: Hodenberg, Christina von: Konsens und Krise. Eine Geschichte der westdeutschen Medienöffentlichkeit 1945 – 1973, Göttingen 2006, S. 223.

10 Protokolle des Deutschen Bundestags, 4. Wahlperiode, 45. Sitzung vom 7. November 1962, S. 1995.

11 Ebd., S. 1996.

12 Entscheidungen des Bundesverfassungsgerichts, Bd. 20, S. 162ff., hier: S. 175 (»Spiegel«).

13 Schmitt: Verfassungslehre, a.a.O., S. 242ff.

14 Ellwein, Thomas: Überlegungen zum Thema, in: Seifert, Jürgen (Hg.): Die Spiegel-Affäre II. Die Reaktion der Öffentlichkeit, Olten 1966, S. 20.

15 Bei der Vorstellung seines Regierungsprogramms auf dem außeror-

dentlichen Kongress der SPD in Bonn, 28. April 1961, in: Brandt, Willy:
Berliner Ausgabe, Bd. 4, Bonn 2000, S. 254f.

16 Die neue Gesellschaft, Juli – Aug. 1961, S. 245, zit. nach: Brandt, Berliner Ausgabe, a.a.O., S. 263.

17 Vgl. Hodenberg: Konsens, a.a.O., S. 293ff.

18 Zit. nach: Küsters, Hanns Jürgen: Konrad Adenauer, die Presse, der
Rundfunk und das Fernsehen, in: Hase, Karl-Günther von (Hg.): Kon-
rad Adenauer und die Presse. Rhöndorfer Gespräche, Bd. 9, Bonn 1988,
S. 18.

19 Sitzung des CDU-Bundesvorstands am 9. November 1961, Protokolle
1957 – 1961, Düsseldorf 1994, S. 517.

20 Eschenburg, Theodor: Institutionelle Sorgen in der Bundesrepublik.
Politische Aufsätze 1957 – 1961, Stuttgart 1961, S. 229.

21 Sitzung des CDU-Bundesvorstands am 22. November 1962, Protokolle
1961 – 1965, Düsseldorf 1998, S. 301.

22 Entscheidungen des Bundesverfassungsgerichts, Bd. 12, S. 205ff., hier:
S. 259ff. (»Rundfunk I«).

23 Entscheidungen des Bundesverfassungsgerichts, Bd. 5, S. 85ff., hier:
S. 204f. (»KPD-Verbot«).

24 Entscheidungen des Bundesverfassungsgerichts, Bd. 7, S. 198ff., hier:
S. 208 (»Lüth«).

25 Entscheidungen des Bundesverfassungsgerichts, Bd. 20, S. 56ff., hier:
S. 99 (»Parteienfinanzierung II«).

26 Entscheidungen des Bundesverfassungsgerichts, Bd. 40, S. 296ff., hier:
S. 327 (»Diäten«).

27 Entscheidungen des Bundesverfassungsgerichts, Bd. 44, S. 125ff., hier:
S. 139 (»Öffentlichkeitsarbeit«).

28 Entscheidungen des Bundesverfassungsgerichts, Bd. 70, S. 324ff., hier:
S. 358f. (»Geheimdienst-Etat«).

29 Entscheidungen des Bundesverfassungsgerichts, Bd. 103, S. 44ff., hier:
S. 63 (»Gerichtsfernsehen«). Zuletzt hat das Gericht das Recht, Fern-
sehaufnahmen aus Gerichtssälen zu übertragen, allerdings – außerhalb
der engeren mündlichen Verhandlung – wieder weiter gefasst, siehe:
Entscheidungen des Bundesverfassungsgerichts, Bd. 119, S. 309ff. (»Gerichtsfernsehen II«).

30 Entscheidungen des Bundesverfassungsgerichts, Bd. 103, S. 44ff., hier:
S. 63 und S. 73f. (»Gerichtsfernsehen«).

31 Lindemann, Helmut: Das antiquierte Grundgesetz. Plädoyer für eine
zeitgemäße Verfassung, Hamburg 1966, S. 251.

32 Schmoeckel, Reinhard/Kaiser, Bruno: Die vergessene Regierung. Die große Koalition 1966 bis 1969 und ihre langfristigen Wirkungen, Bonn 1991, S. 268.

33 Entscheidungen des Bundesverwaltungsgerichts, Bd. 1, S. 159ff., hier: S. 161f. (»Fürsorge«).

34 Entscheidungen des Bundesverfassungsgerichts, Bd. 22, S. 180ff., hier: S. 219f. (»Jugendhilfe«).

35 Protokolle des Deutschen Bundestags, 5. Wahlperiode, 80. Sitzung vom 13. Dezember 1966, S. 3657.

36 Heun, Werner: Art. 113, in: Dreier, Horst (Hg.): Grundgesetz-Kommentar, 2. Aufl., Tübingen 2008, RNr. 4.

37 Artikel 115 Absatz 1 Satz 2 Halbsatz 2; Artikel 109 Absatz 2 GG.

38 Entscheidungen des Bundesverfassungsgerichts, Bd. 79, S. 311ff., hier: S. 355 (»Bundeshaushalt 1981«).

39 Siekmann, Helmut: Art. 115, in: Sachs, Michael (Hg.): Grundgesetz-Kommentar, 4. Aufl., München 2007, RNr. 13.

40 Bundesverfassungsgericht, Bundeshaushalt 1981, a.a.O., S. 344.

41 Protokolle des Deutschen Bundestags, 5. Wahlperiode, Sitzung vom 13. Dezember 1966, S. 3660.

42 So der von der Kommission vorgeschlagene Artikel 85a Absatz 1, siehe: Kommission für die Finanzreform (Hg.): Gutachten über die Finanzreform in der Bundesrepublik Deutschland, Stuttgart 1966.

43 Entscheidungen des Bundesverfassungsgerichts, Bd. 2, S. 213ff., hier: S. 224f. (»Straffreiheitsgesetz«).

44 Entscheidungen des Bundesverfassungsgerichts, Bd. 8, S. 274ff., hier: S. 294 (»Preisgesetz«).

45 Vgl. Der Spiegel vom 15. November 1976, S. 105.

46 Vgl. Höreth, Marcus: Zur Zustimmungsbedürftigkeit von Bundesgesetzen: Eine kritische Bilanz nach einem Jahr Föderalismusreform, in: Zeitschrift für Parlamentsfragen 2007, S. 712ff.; optimistischer urteilt Risse, Horst: Zur Entwicklung der Zustimmungsbedürftigkeit von Bundesgesetzen nach der Föderalismusreform 2006, ebd., S. 707ff.

47 Protokolle des Deutschen Bundestags, 5. Wahlperiode, 80. Sitzung vom 13. Dezember 1966, S. 3657.

48 Parlamentarischer Rat, Bd. 6, a.a.O., S. 209.

49 Ebd., S. 27.

50 Sitzung des CDU-Bundesvorstands am 29. November 1966, Protokolle 1965 – 1969, Düsseldorf 2005, S. 402f.

51 Hennis, Wilhelm: Die missverstandene Demokratie, Freiburg 1973, S. 77.

52 So die provokante Formulierung des damaligen Bundesinnenminis-
ters Gerhard Schröder (CDU), Protokolle des Deutschen Bundestages,
3. Wahlperiode, 124. Sitzung vom 28. September 1960, S. 7177: »Die
Ausnahmesituation ist die Stunde der Exekutive, weil in diesem Augenblick gehandelt werden muss (…).«

53 Abdruck des Transkripts in: Der Spiegel vom 10. Juni 1968, S. 30ff.

54 Löffler, Martin: Die Pressekonzentration bedroht die Pressefreiheit, in:
Zeitschrift für Rechtspolitik 1969, S. 12ff.

55 Entscheidungen des Bundesverfassungsgerichts, Bd. 25, S. 256ff., hier:
S. 265 (»Blinkfüer«); Hervorhebung im Original.

56 Sethe, Paul: Ins Wasser geschrieben. Porträts, Profile, Prognosen, Frank-
furt/M. 1968, S. 169.

57 Vgl. Hoffmann-Riem, Wolfgang: Die beiden Gesichter der Pressefreiheit. Ein Medien-Tsunami ist nicht mehr ausgeschlossen, in: Zeitschrift
für Rechtspolitik 2006, S. 29ff.

58 Habermas, Jürgen: Keine Kultur kann sich das leisten, in: Süddeutsche
Zeitung vom 16. Mai 2007.

59 Protokolle des Deutschen Bundestags, 6. Wahlperiode, 5. Sitzung vom
28. Oktober 1969, S. 34.

60 Ebd.

61 Dahrendorf, Ralf: Gesellschaft und Demokratie in Deutschland, München 1965.

62 Brandt, Willy: Die Alternative. Die neue Gesellschaft, Sonderheft Mai
1969, S. 3f.

63 Hennis, Wilhelm: Demokratisierung – zur Problematik eines Begriffs,
Köln 1970, S. 14.

64 Ridder, Helmut K. J.: Meinungsfreiheit, in: Neumann, Franz L. u.a.
(Hg.): Die Grundrechte, Bd. 2, Berlin 1954, S. 256ff.

65 Entscheidungen des Bundesverfassungsgerichts, Bd. 35, S. 79ff., hier:
S. 112ff. (»Hochschul-Urteil«); Bd. 43, S. 242ff., hier: S. 267ff. (»Univer-
sitätsgesetz Hamburg«).

66 Artikel 165 Absatz 1 Weimarer Reichsverfassung.

67 Entscheidungen des Bundesverfassungsgerichts, Bd. 50, S. 290ff., hier:
S. 322ff. (»Mitbestimmung«).

68 Entscheidungen des Bundesverfassungsgerichts, Bd. 93, S. 37ff., hier:
S. 68ff. (»Mitbestimmungsgesetz Schleswig-Holstein«).

69 Siehe z.B. Scheuch, Erwin K.: Wird die Bundesrepublik unregierbar?,
Köln 1976.

70 Forsthoff, Ernst: Die Bundesrepublik Deutschland. Umrisse einer Real-
analyse, Rechtsstaat im Wandel. Verfassungsrechtliche Abhandlungen
1950–1964, Stuttgart 1964, S. 202.

Kapitel 4

1 Eine Ausnahme: Peters, Butz: Tödlicher Irrtum. Die Geschichte der
RAF, Berlin 2004, S. 397.

2 Limbach, Jutta: Das Bundesverfassungsgericht, München 2001, S. 8.

3 Entscheidungen des Bundesverfassungsgerichts, Bd. 115, S. 118ff. (»Luftsicherheitsgesetz«).

4 Hansen, Henning: Die Sozialistische Reichspartei (SRP). Aufstieg und
Scheitern einer rechtsextremen Partei, Düsseldorf 2007, S. 272f.

5 Die Zeit vom 30.Oktober 1952.

6 Wolfrum, Edgar: Die geglückte Demokratie. Geschichte der Bundesrepublik Deutschland von ihren Anfängen bis zur Gegenwart, München
2007, S. 59ff.

7 146. Kabinettssitzung am 8. Mai 1951, TOP A; im Internet dokumentiert unter <http://www.bundesarchiv.de/cocoon/barch/0000/k/k1951
k/kap1_2/kap2_35/para3_13.html)>; der Wahlerfolg der SRP hatte
obendrein der CDU und der mit ihr verbündeten DP einen erheblichen Stimmeneinbruch beschert.

8 Wassermann, Rudolf: Zur juristischen Bewertung des 20. Juli 1944. Der
Remer-Prozess in Braunschweig als Markstein der Justizgeschichte, in:
Recht und Politik 2 (1984), S. 68.

9 Hansen: Die Sozialistische Reichspartei, a.a.O., S. 11, FN 12.

10 Frei, Norbert: Vergangenheitspolitik. Die Anfänge der Bundesrepublik
und die NS-Vergangenheit, München 1996, S. 339.

11 Hansen: Die Sozialistische Reichspartei, a.a.O., S. 225.

12 Entscheidungen des Bundesverfassungsgerichts, Bd. 2, S. 70f. (»SRP-
Verbot«).

13 Hansen: Die Sozialistische Reichspartei, a.a.O., S. 260f.

14 Azzola, Axel/Crössmann, Jürgen: 30 Jahre Verbot der KPD, in: Demokratie und Recht 14(1986), S. 276f.

15 Limbach, Jutta: »Im Namen des Volkes«. Macht und Verantwortung
der Richter, Stuttgart 1999, S. 23ff. mit weiteren Nachweisen; zeitgenös-
sische Kritik bei: Heinemann, Gustav/Posser, Diether: Kritische Bemerkungen zum politischen Strafrecht in der Bundesrepublik, in: Neue Juristische Wochenschrift 1959, S. 121ff.

16 Arendt, Hannah: Elemente und Ursprünge totaler Herrschaft, Frankfurt/M. 1957; Brzezinski, Zbigniew/Friedrich, Carl-Joachim: Totalitäre Diktaturen, Stuttgart 1957.

17 Frei: Vergangenheitspolitik, a.a.O., S. 340; Hansen: Die Sozialistische Reichspartei, a.a.O., S. 236f.

18 Entscheidungen des Bundesverfassungsgerichts, Bd. 115, S. 85ff. (»KPD-Verbot«).

19 Brünneck, Alexander von: Politische Justiz gegen Kommunisten in der Bundesrepublik Deutschland 1949 – 1968, Frankfurt/M. 1978, S. 117ff.

20 Entscheidungen des Bundesverfassungsgerichts, Bd. 115, S. 85ff., hier: S. 344 (»KPD-Verbot«).

21 Ebd., S. 340.

22 Ebd., S. 375.

23 So auch Wolfrum: Die geglückte Demokratie, a.a.O., S. 67.

24 Zur Theorie der besonderen Gewaltverhältnisse siehe S. 171.

25 Entscheidungen des Bundesverfassungsgerichts, Bd. 107, S. 339ff., hier: S. 369 (»NPD-Verbotsverfahren«).

26 Fromme, Friedrich Karl: Entlastung des Bundesverfassungsgerichts, in: Die Politische Meinung 372(2001), S. 73ff.

27 Ridder, Gerhard: Aktuelle Rechtsfragen des KPD-Verbots, Neuwied 1966, S. 18.

28 Genscher, Hans-Dietrich: Möglichkeiten einer Wiederzulassung der KPD, in: Neue Juristische Wochenschrift 1967, S. 1647f.

29 Heinemann, Gustav: Zur Diskussion um eine Wiederzulassung der KPD, in: Juristenzeitung 1967, S. 425f.; zu den Debatten der fünfziger Jahre: Heinemann/Posser: Kritische Bemerkungen, a.a.O., S. 121ff.

30 Azzola/Crössmann: 30 Jahre Verbot der KPD, a.a.O., S. 277f.; Heimann, Siegfried: Die Deutsche Kommunistische Partei, in: Stöss, Richard (Hg.): Parteien-Handbuch. Die Parteien der Bundesrepublik Deutschland 1945 – 1980, Wiesbaden 1983, S. 901ff.

31 Frisch, Peter: Extremistenbeschluss. Zur Frage der Beschäftigung von Extremisten im öffentlichen Dienst mit grundsätzlichen Erläuterungen, Argumentationskatalog, Darstellung extremistischer Gruppen und einer Sammlung einschlägiger Vorschriften, Urteile und Stellungnahmen, 4. Aufl., Leverkusen 1977.

32 Liberales Bildungswerk (Hg.): Fünf Jahre Radikalenerlass. Dokumente – Meinungen, Bonn 1977, S. 60; Raiser, Ludwig: Der »Radikalen-Erlass«. Prüfstein eines demokratischen Rechtsstaats?, in: Zeitschrift für evangelische Ethik 2(1979), S. 106ff., hier: S. 115.

33 Drittes Internationales Russell Tribunal Deutscher Beirat (Hg.): Zur Situation der Menschenrechte in der Bundesrepublik Deutschland, Bd. 2, Frankfurt/M. 1978, S. 22.

34 Neunhöffer, Friedrich, in: Die Zeit vom 24. August 1973.

35 Grosser, Alfred: Die Bundesrepublik, der internationale und der innere Friede. Dankesrede zur Verleihung des Friedenspreises des Deutschen Buchhandels, Dokumentation des Börsenvereins des Deutschen Buchhandels, Frankfurt/M., o. J., S. 12f.

36 Entscheidungen des Bundesverfassungsgerichts, Bd. 39, S. 334ff. (»Extremistenbeschluss«).

37 Zit. bei Jung, Franz Josef: 10 Jahre »Radikalenerlass«. Geschichte und Wirklichkeit, in: Die Entscheidung 5(1982), S. 27 ff.

38 Bulletin des Presse- und Informationsamts der Bundesregierung Nr. 135/S. 1285 vom 17. Dezember 1976.

39 Peters: Tödlicher Irrtum, a.a.O., S. 329.

40 Winkler, Willi: Die Geschichte der RAF, Berlin 2005, S. 240.

41 Koenen, Gerd: Camera Silens. Das Phantasma der Vernichtungshaft, in: Kraushaar, Wolfgang (Hg.): Die RAF und der linke Terrorismus, Bd. 2, Hamburg 2006, S. 994ff.

42 Ebd.

43 Erstes Gesetz zur Reform des Strafrechts (1. StrRG), verkündet am 25. Juni 1969, Bundesgesetzblatt I, S. 645.

44 Entscheidungen des Bundesverfassungsgerichts, Bd. 33, S. 1ff. (»Strafgefangene«).

45 Ebd., S. 10.

46 Gesetz über den Vollzug der Freiheitsstrafe und der freiheitsentziehenden Maßregeln der Besserung und Sicherung (»Strafvollzugsgesetz«) vom 16. März 1976 , Bundesgesetzblatt I, S. 581, 2088; 1977 I, S. 436.

47 Peters: Tödlicher Irrtum, a.a.O., S. 323ff.

48 Ebd., S. 325.

49 Ebd.

50 Koenen: Camera Silens, a.a.O., S. 996f.

51 Requate, Jörg: »Terroristenanwälte« und Rechtsstaat: Zur Auseinandersetzung um die Rolle der Verteidiger in den Terroristenverfahren der 1970er Jahre, in: Weinhauer, Karl u.a. (Hg.).: Terrorismus in der Bundesrepublik. Medien, Staat und Subkulturen in den 1970er Jahren, Frankfurt/M. 2006, S. 271ff.

52 Requate: »Terroristenanwälte« und Rechtsstaat, a.a.O., S. 283.

53 Reinecke, Stefan: Otto Schily. Vom RAF-Anwalt zum Innenminister, Hamburg 2003, S. 158ff.

54 Bundesverfassungsgericht, in: Neue Juristische Wochenschrift 1973, S. 696ff., hier: S. 698.

55 Entscheidungen des Bundesverfassungsgerichts, Bd. 39, S. 1ff. (»Schwangerschaftsabbruch I«).

56 Entscheidungen des Bundesverfassungsgerichts, Bd. 88, S. 203ff. (»Schwangerschaftsabbruch II«).

57 Entscheidungen des Bundesverfassungsgerichts, Bd. 39, S. 1, hier: S. 37 (»Schwangerschaftsabbruch I«).

58 Ebd., S. 38.

59 Ebd., S. 36.

60 Dahlke, Matthias: »Nur eingeschränkte Krisenbereitschaft«. Die staatliche Reaktion auf die Entführung des CDU-Politikers Peter Lorenz 1975, in: Vierteljahrshefte für Zeitgeschichte 4 (2007), S. 641ff.

61 Kohl, Helmut: Erinnerungen 1930–1982, München 2004, S. 360.

62 So der ehemalige RAF-Terrorist Peter-Jürgen Boock gegenüber dem Spiegel, 2. September 2007.

63 Detjen, Stephan: »Ein Todesurteil unterzeichnet«, Hörfunkbeitrag in der Sendereihe »Verfassungsgeschichten«, Deutschlandfunk, 17. Mai 1999.

64 Entscheidungen des Bundesverfassungsgerichts, Bd. 46, S. 160ff. (»Schleyer«).

65 Ebd., S. 165.

66 Zum Begriff des »ungeschriebenen Verfassungsrechts« siehe: Wolff, Heinrich Amadeus: Ungeschriebenes Verfassungsrecht unter dem Grundgesetz, Tübingen 2000.

67 Kraushaar, Wolfgang: Der nicht erklärte Ausnahmezustand. Staatliches Handeln während des sogenannten deutschen Herbstes, in: Ders. (Hg.): Die RAF und der linke Terrorismus, Bd. 2, Hamburg 2006, S. 1011ff.

68 Berichte aus den Sitzungen des Krisenstabs in: »Bleierne Zeit – bleibende Schuld«, Interviews mit Annette Rammelsberger, Süddeutsche Zeitung vom 11. Oktober 1997; Kraushaar: Ausnahmezustand, a.a.O.; Presse- und Informationsamt der Bundesregierung: Dokumentation zu den Ereignissen und Entscheidungen im Zusammenhang mit der Entführung von Hanns Martin Schleyer und der Lufthansa-Maschine Landshut, Bonn 1977; Der Spiegel vom 8. September 2008, S. 48.

69 Institut für Demoskopie Allensbach: allensbacher berichte 14(2002), S. 3.

70 Der Spiegel vom 8. September 2008, S. 48.

71 Alle in: »Bleierne Zeit – bleibende Schuld«, a.a.O.

72 Entscheidungen des Bundesverfassungsgerichts, Bd. 49, S. 24ff. (»Kontaktsperregesetz«).

73 Der Spiegel vom 15. Januar 1979, S. 32.

74 In: »Bleierne Zeit – bleibende Schuld«, a.a.O.

75 Peters: Tödlicher Irrtum, a.a.O. S. 471; Debus, Lutz: Wie der rettende Hinweis verloren ging, taz vom 5. September 2007.

76 Aust: Der Baader-Meinhof-Komplex, a.a.O., S. 198ff.

77 Herold, Horst: »Rasterfahndung« – eine computerunterstützte Fahndungsform der Polizei. Begriff, Formen, Abläufe, in: Recht und Politik 1985, S. 84ff., hier: S. 91; 2006 knüpfte das Bundesverfassungsgericht die Rasterfahndung nach sogenannten Schläfern – scheinbar unauffälligen Mitbürgern, die islamistischen Terrororganisationen angehören – an strenge Bedingungen: Nur bei konkreter Gefahr, nicht schon im Vorfeld einer solchen dürfe der Staat zu diesem Mittel greifen. Die bloße Möglichkeit, dass es nach den Anschlägen in den USA vom 11. September 2001 auch in Deutschland zu Attentaten kommen könne, reiche auf keinen Fall; siehe: Entscheidungen des Bundesverfassungsgerichts, Bd. 115, S. 320ff., hier: S. 369 (»Rasterfahndung«); die Richterin Evelyn Haas konnte in ihrem – erkennbar an der Argumentation Isensees angelehnten – Sondervotum keinen besonders intensiven Grundrechtseingriff erkennen und betonte stattdessen den »Freiheitszugewinn«, der durch mehr Sicherheit entstehe; ebd., S. 371ff.

78 Entscheidungen des Bundesverfassungsgerichts, Bd. 6, S. 32ff., hier: S. 41 (»Elfes«).

79 Entscheidungen des Bundesverfassungsgerichts, Bd. 27, S. 1ff., hier: S. 6 (»Mikrozensus«). Dass der Staat auch weiterhin ungerechtfertigte Eingriffe in die Privatsphäre Einzelner unternahm, zeigte sich bereits ein halbes Jahr später: Das Gericht musste einen Beamten, der mit seiner Sekretärin ein Verhältnis hatte und deswegen einem Disziplinarverfahren ausgesetzt war, davor schützen, seine Scheidungsakten offenzulegen, siehe: Entscheidungen des Bundesverfassungsgerichts, Bd. 27, S. 344ff., hier: S. 351 (»Scheidungsakten«). 1972 schritt es ein, als eine Staatsanwaltschaft die Patientenkartei eines Arztes beschlagnahmen ließ, siehe: Entscheidungen des Bundesverfassungsgerichts, Bd. 32, S. 373ff., hier: S. 379 (»Arztkartei«).

80 Siehe Simitis, Spiros: Die Entscheidung des Bundesverfassungsgerichts zur Volkszählung – 10 Jahre danach, in: Kritische Vierteljahresschrift für Gesetzgebung und Rechtswissenschaft 77(1994), S. 121; zu den ersten Protesten gegen die Volkszählung siehe auch: Pfetsch: Volkszählung, a.a.O., S. 216f.

81 Entscheidungen des Bundesverfassungsgerichts, Bd. 65, S. 1, hier: S. 42 (»Volkszählung«).

82 Simitis, Spiros: Das Volkszählungsurteil oder der lange Weg zur Informationsaskese – (BVerfGE 65, 1), in: Kritische Vierteljahresschrift für Gesetzgebung und Rechtswissenschaft 83 (2000), S. 359ff.; kritisch dagegen Bull, Hans-Peter: Zweifelsfragen um die informationelle Selbstbestimmung – Datenschutz als Datenaskese?, in: Neue Juristische Wochenschrift 2006, S. 1617ff.

83 Isensee, Josef: Das Grundrecht auf Sicherheit. Zu den Schutzpflichten des freiheitlichen Verfassungsstaates, Berlin 1983.

84 Ebd., S. 17.

85 Ebd., S. 33; Isensee berief sich dabei auf die Verfassungsrechtsprechung zum Schwangerschaftsabbruch und auf das Schleyer-Urteil; ebd., S. 40.

86 1961 warnte Adolf Arndt in einer Rede vor dem Deutschen Anwaltstag in Berlin vor dem »Problem des belauschten Bürgers«, siehe: Ders.: Der Rechtsstaat und sein polizeilicher Verfassungsschutz, in: Neue Juristische Wochenschrift 1961, S. 897ff., hier: S. 898.

87 Häberle, Peter: Die Abhörentscheidung des Bundesverfassungsgerichts vom 15. 12. 1970, in: Juristenzeitung 1971, S. 145ff., hier: S. 145.

88 Dürig, Günter: Ein Orwellsches Experiment, in: Zeitschrift für Rechtspolitik 1968, S. 11; Dürig hatte für die hessische Landesregierung ein Gutachten gegen die Abhörermächtigung verfasst und vor dem Bundesverfassungsgericht plädiert.

89 Schmidt, Walter: Grundrechte – Theorie und Dogmatik seit 1946 in Westdeutschland, in: Simon, Dieter (Hg.): Rechtswissenschaft in der Bonner Republik, Frankfurt/M. 1994, S. 196, Fn. 25.

90 Entscheidungen des Bundesverfassungsgerichts, Bd. 30, S. 1ff. (»Abhörurteil«). Die Frage des Rechtsschutzes war auch im Senat heftig umstritten: Drei der acht Richter, Gregor Geller, Fabian von Schlabrendorff und Hans Rupp, votierten dafür, die Änderung in Artikel 10 für verfassungswidriges Verfassungsrecht zu erklären.

91 Entscheidungen des Bundesverfassungsgerichts, Bd. 100, S. 313ff., hier: S. 371f. (»Telefonüberwachung«).

92 Im Unterschied zum »kleinen Lauschangriff«, mit dem im Polizeijargon das Einschleusen eines mit Mikrofon und Sender ausgestatteten verdeckten Ermittlers gemeint ist.

93 Entscheidungen des Bundesverfassungsgerichts, Bd. 109, S. 279ff., hier: S. 310ff. (»Lauschangriff«).

94 Ebd., S. 320; ein ähnliches Dilemma stellte sich dem Gericht 1989, als es über die strafprozessuale Verwertbarkeit intimer Tagebuchaufzeichnungen eines Mordverdächtigen zu entscheiden hatte, vgl. Entscheidungen des Bundesverfassungsgerichts, Bd. 80, S. 367ff., hier: S. 374ff. (»Tagebuch«).

95 Ebd., S. 323.

96 Ebd., S. 391.

97 Bundesverfassungsgericht vom 27. Februar 2008, Az. 1 BvR 370/07; 595/07 (»Online-Durchsuchung«).

98 Dürig, Günter: Der Grundrechtssatz von der Menschenwürde, in: Archiv des öffentlichen Rechts 81 (1956), S. 117ff., hier: S. 127; das Bundesverfassungsgericht hatte bereits 1970 Dürigs Objektformel behutsam relativiert, siehe: Entscheidungen des Bundesverfassungsgerichts, Bd. 30, S. 1ff., hier: S. 25f. (»Abhörurteil«).

99 Böckenförde, Ernst-Wolfgang, in: Frankfurter Allgemeine Zeitung vom 3. September 2003.

100 Herdegen, Matthias: Art. 1 Abs. 1, in: Maunz, Theodor u.a. (Hg.): Kommentar zum Grundgesetz, München lf., Rdnr. 50.

101 Böckenförde, Würde des Menschen, a.a.O.

102 Ebd.

103 Herdegen: Art. 1 Abs. 1, a.a.O., Rdnr. 56.

104 Reemtsma, Jan Philipp: Folter im Rechtsstaat?, Hamburg 2005, S. 112.

105 Landgericht Frankfurt, Urteil vom 20. Dezember 2004, Az.: 27 Js 123/03, abgedruckt in: Neue Juristische Wochenschrift 2005, S. 692ff.; dazu kritisch: Erb, Volker: Notwehr als Menschenrecht – Zugleich eine Kritik der Entscheidung des LG Frankfurt am Main im »Fall Daschner«, in: Neue Zeitschrift für Strafrecht 2005, S. 593ff.

106 Zum Verhältnis von Schutz- und Achtungspflichten des Staates gegenüber der Menschenwürde vgl. von Bernstorff, Jochen: Pflichtenkollision und Menschenwürdegarantie: zum Vorrang staatlicher Achtungspflichten im Normbereich von Art. 1 GG, in: Der Staat 2008, S. 21ff.

107 Brugger, Winfried: Darf der Staat ausnahmsweise foltern?, in: Der Staat 35 (1996), S. 67ff.; ders.: Vom unbedingten Verbot der Folter zum bedingten Recht auf Folter?, in: Juristenzeitung 55 (2000), S. 165ff.

108 Luhmann, Niklas: Gibt es in unserer Gesellschaft noch unverzichtbare Normen?, Heidelberg 1993, S. 1ff.

109 Brugger: Darf der Staat ausnahmsweise foltern?, a.a.O.

110 Starck, Christian, in: von Mangoldt/Klein/Starck: Bonner Grundgesetz, Kommentar, Art. 1 Abs. 1 Rdnr. 71, München 1999; Hoffmann, Hans, in: Schmidt-Bleibtreu/Klein: Kommentar zum Grundgesetz, Art. 1. Rdnr. 17, München 2004; Wittreck, Fabian: Menschenwürde und Folterverbot. Zum Dogma der absoluten Unabwägbarkeit des Art. 1 GG, in: Die Öffentliche Verwaltung 76 (2003), S. 873ff.

111 Luftsicherheitsgesetz vom 11. Januar 2005 (BGBl. I, S. 78).

112 Meyer, Anton: Wirksamer Schutz des Luftverkehrs durch ein Luftsicherheitsgesetz?, in: Zeitschrift für Rechtspolitik 2004, S. 203 ff.; Hartleb, Torsten: Der neue § 14 III LuftSiG und das Grundrecht auf Leben, in: Neue Juristische Wochenschrift 2005, S. 1397ff.

113 Entscheidungen des Bundesverfassungsgerichts, Bd. 115, S. 118ff. (»Luftsicherheitsgesetz«).

114 Depenheuer, Otto: Selbstbehauptung des Rechtsstaats, Paderborn 2007.

115 Ebd., S. 77.

116 Hofmann, Gunter: Schäubles Nachtlektüre, Die Zeit vom 9. August 2007.

117 So Bundesverfassungsrichter Udo Di Fabio in einer Rede vor der Bundesakademie für Sicherheitspolitik, zit. in der Frankfurter Allgemeinen Zeitung vom 19. November 2007.

Kapitel 5

1 Die Ansprache des Bundespräsidenten ist vollständig und im Wortlaut wiedergegeben unter <http://www.spiegel.de/politik/ deutschland/ 0,1518,366223,00.html>.

2 Entscheidungen des Bundesverfassungsgerichts, Bd. 62, S. 1ff., hier: S. 42ff. (»Bundestagsauflösung I«).

3 Entscheidungen des Bundesverfassungsgerichts, Bd. 115, S. 121, hier: S. 147ff. (»Bundestagsauflösung II«); der Richter Hans-Joachim Jentsch hielt die Auflösung für verfassungswidrig, vgl. Sondervotum, ebd., S. 170ff.

4 So die Definition von Uwe Volkmann, Art. 20, in: Friauf, Karl Heinrich u.a. (Hg.): Berliner Kommentar zum Grundgesetz, Bd. 2, Berlin 2001, RNr. 13.

5 Vgl. Fraenkel, Ernst: Deutschland und die westlichen Demokratien, 6. Aufl., Stuttgart 1974, S. 59ff.

6 Der Spiegel vom 10. Juli 1967, S. 29f.

7 Enzensberger, Hans Magnus: Berliner Gemeinplätze, in: Kursbuch 11 (1968): Revolution in Lateinamerika, S. 165.

8 Oertzen, Peter von: Freiheitliche demokratische Grundordnung und Rätesystem, in: Bermbach, Udo (Hg.): Theorie und Praxis der direkten Demokratie, Opladen 1973, S. 173f.

9 Fraenkel: Deutschland und die westlichen Demokratien, a.a.O., S. 101.

10 Die SPD erreichte 1976 mit 1,02 Millionen Mitgliedern ihren Höhepunkt, die CDU 1983 mit 735 000 Mitgliedern.

11 Guggenberger, Bernd: Krise der repräsentativen Demokratie? Die Legitimität der Bürgerinitiativen und das Prinzip der Mehrheitsentscheidung, in: Ders./Kempf, Udo (Hg.): Bürgerinitiativen und repräsentatives System, 2. Aufl., Opladen 1984, S. 30.

12 Entscheidungen des Bundesverfassungsgerichts, Bd. 69, S. 315ff., hier: S. 342ff. (»Brokdorf«).

13 Scholz, Rupert: Krise der parteienstaatlichen Demokratie? »Grüne« und »Alternative« im Parlament, Berlin 1983, S. 32f.

14 Vgl. Bürklin, Wilhelm: Die deutsche Parteienkritik im Wandel: Die 1970er bis 1990er Jahre, in: Birke, Adolf M. u.a. (Hg.): Politikverdrossenheit. Der Parteienstaat in der historischen und gegenwärtigen Diskussion, München 1995, S. 111.

15 Der Parteienforscher Joachim Raschke sprach von »Großagenturen informeller Stellenvermittlung und personalpolitischer Kontrolle«, in: Ders.: Bürger und Parteien. Ansichten und Analysen einer schwierigen Beziehung, Opladen 1982, S. 16.

16 Arnim, Hans Herbert von: Der Staat als Beute, 5. Aufl., München 1998.

17 Entscheidungen des Bundesverfassungsgerichts, Bd. 2, S. 1ff., hier: S. 73 (»SRP-Verbot«); ähnlich zuvor schon Entscheidungen des Bundesverfassungsgerichts, Bd. 1, S. 208ff., hier: S. 225 (»7,5%-Sperrklausel«).

18 Entscheidungen des Bundesverfassungsgerichts, Bd. 4, S. 27ff., hier: S. 30 (»Klagebefugnis politischer Parteien«).

19 Vgl. Wiegand, Manfred H.: Norm und Wirklichkeit. Gerhard Leibholz (1901 – 1982) – Leben, Werk und Richteramt, Baden-Baden 1995, S. 66.

20 Leibholz, Gerhard: Das Wesen der Repräsentation unter besonderer Berücksichtigung des Repräsentativsystems, Berlin 1929, S. 118.

21 Leibholz, Gerhard: Volk und Partei im neuen deutschen Verfassungsrecht, Deutsches Verwaltungsblatt 1950, zit. nach: Ders.: Strukturprobleme der modernen Demokratie, 3. Aufl., Karlsruhe 1967, S. 76.

22 Entscheidungen des Bundesverfassungsgerichts, Bd. 8, S. 51ff., hier: S. 62ff. (»Parteienfinanzierung I«).

23 Ebd., S. 57.

24 Hennis, Wilhelm: Der »Parteienstaat« des Grundgesetzes. Eine gelun-
    gene Erfindung, Der Spiegel, Dokument Oktober 1992, S. 9.

25 Zit. nach Hennis: »Parteienstaat«, a.a.O., S. 8.

26 Entscheidungen des Bundesverfassungsgerichts, Bd. 20, S. 56ff., hier:
    S. 96ff. (»Parteienfinanzierung II«).

27 Vgl. Wiegand: Norm und Wirklichkeit, a.a.O., S. 68ff.

28 Leibholz, Gerhard: Strukturprobleme der modernen Demokratie,
    3. Aufl., Karlsruhe 1967, S. X.

29 Entscheidungen des Bundesverfassungsgerichts, Bd. 24, S. 300ff., hier:
    S. 357 (»Parteienfinanzierung III«).

30 Vgl. Wirsching, Andreas: Abschied vom Provisorium 1982–1990,
    München 2006, S. 70.

31 Entscheidungen des Bundesverfassungsgerichts, Bd. 85, S. 264ff., hier:
    S. 286 (»Parteienfinanzierung IV«).

32 Ebd., S. 287 und 290.

33 Ebd., S. 326.

34 Vor der Konsequenz, dass durch illegale Parteienfinanzierung mög-
    licherweise verzerrte Wahlen wiederholt werden müssen, scheute das
    Bundesverfassungsgericht 2001 allerdings zurück, siehe: Entschei-
    dungen des Bundesverfassungsgerichts, Bd. 103, S. 111ff., hier: S. 125ff.
    (»Wahlprüfung Hessen«).

35 Hornung, Klaus: Plebiszitäre Demokratie und totalitäre Diktatur. His-
    torische Erfahrungen mit direktdemokratischen Ideen und Program-
    men, in: Rüther, Günther (Hg.): Repräsentative oder plebiszitäre
    Demokratie – eine Alternative?, Baden-Baden 1996, S. 87. Hervorhe-
    bungen im Original.

36 Rogner, Klaus Michael: Der Verfassungsentwurf des Zentralen Runden
    Tisches der DDR, Berlin 1993, S. 21.

37 Der Parlamentarische Rat. Akten und Protokolle, Bd. 9: Plenum, Mün-
    chen 1996, S. 111; das viel zitierte Wort des späteren Bundespräsiden-
    ten war allerdings mit einer auf das Vorbild Schweiz bezogenen Ein-
    schränkung versehen: Plebiszite seien »in den übersehbaren Dingen
    mit einer staatsbürgerlichen Tradition wohltätig«, gefährlich seien sie
    dagegen »in der Zeit der Vermassung und Entwurzelung, in der groß-
    räumigen Demokratie«.

38 Die Drohung mit einem plebiszitären Staatsstreich setzte auch Otto
    von Bismarck systematisch ein, um den Reichstag auf die gewünschte
    politische Linie zu bringen, siehe S. 119, Fn 4.

39 Böckenförde, Ernst-Wolfgang: Demokratische Willensbildung und Repräsentation, in: Isensee, Josef u.a. (Hg.): Handbuch des Staatsrechts, Bd. III, 3. Aufl., Heidelberg 2005, § 34, RNr. 23.

40 Sitzungsprotokolle der Gemeinsamen Verfassungskommission, 6. Sitzung am 15. Mai 1992, zit. nach Raufer, Thilo: Die legitime Demokratie, Frankfurt/M. 2005, S. 290ff.

41 »Nach meiner Überzeugung ist unser Parteienstaat von beidem zugleich geprägt, nämlich machtversessen auf den Wahlsieg und machtvergessen bei der Wahrnehmung der inhaltlichen und konzeptionellen Führungsaufgabe«; Richard von Weizsäcker im Gespräch mit Gunter Hofmann und Werner A. Perger, Frankfurt/M. 1992, S. 164.

42 Vgl. Völkl, Kerstin: Fest verankert oder ohne Halt? Die Unterstützung der Demokratie im vereinigten Deutschland, in: Gabriel, Oscar W. u.a. (Hg.): Wächst zusammen, was zusammengehört? Stabilität und Wandel politischer Einstellungen im wiedervereinigten Deutschland, Baden-Baden 2005, S. 253.

43 Statistisches Bundesamt (Hg.): Datenreport 2006. Zahlen und Fakten über die Bundesrepublik Deutschland, Bonn 2006, S. 644.

44 Interview in der Jungen Freiheit vom 24. September 2004, <http://www.jf-archiv.de>.

45 Ebd.

46 Protokolle des Deutschen Bundestags, 10. Wahlperiode, 85. Sitzung vom 20. September 1984, S. 6202ff.

47 Ein Vorläufer war der »Kressbronner Kreis«, das Koordinationsgremium der Großen Koalition 1966 bis 1969.

48 Zur »gesteigerten Systemkomplexität« in den westlichen Massendemokratien als tieferer Ursache der Politikverdrossenheit seit den achtziger Jahren vgl. Wirsching: Abschied vom Provisorium, a.a.O., S. 208ff.

49 Kirchhof, Paul: Entparlamentarisierung der Demokratie?, in: Kaiser, André u.a. (Hg.): Demokratietheorie und Demokratieentwicklung. Festschrift für Peter Graf Kielmansegg, Wiesbaden 2004, S. 363.

50 Vgl. Ruffert, Matthias: Entformalisierung und Entparlamentarisierung politischer Entscheidungen als Gefährdungen der Verfassung?, in: Deutsches Verwaltungsblatt 2002, S. 1149.

51 Vgl. Zeh, Wolfgang: Aktuelle Entwicklungen der Rolle des Bundestages im parlamentarischen Regierungssystem, in: Benz, Arthur u.a. (Hg.): Institutionenwandel in Regierung und Verwaltung. Festschrift für Klaus König zum 70. Geburtstag, Berlin 2004, S. 324.

52 Röttgen, Norbert/Boehl, Henner Jörg: Abweichung statt Zustimmung.

Die Re-Adjustierung des Verhältnisses von Bundestag und Bundesrat durch Änderung des Artikels 84 GG, in: Holtschneider, Rainer u.a. (Hg.): Die Reform des Bundesstaates, Baden-Baden 2007, S. 19.

53 Entscheidungen des Bundesverfassungsgerichts, Bd. 101, S. 297ff., hier: S. 306 (»Häusliches Arbeitszimmer«).

54 Bundesverfassungsgericht vom 15. Januar 2008, Az.: 2 BvL 12/01, abgedruckt in: Neue Zeitschrift für Verwaltungsrecht 2008, S. 666.

55 Entscheidungen des Bundesverfassungsgerichts, Bd. 104, S. 249ff., hier: S. 272 (»Biblis A«).

56 Ebd., S. 279.

57 Entscheidungen des Bundesverfassungsgerichts, Bd. 105, S. 252ff., hier: S. 268 (»Glykolwein«); gleichzeitig verkündete das Gericht einen parallel begründeten Beschluss, wonach die Religionsfreiheit den Staat nicht grundsätzlich daran hindert, vor gefährlichen Jugendsekten zu warnen; siehe: Entscheidungen des Bundesverfassungsgerichts, Bd. 105, S. 279ff., hier: S. 292ff. (»Osho«).

Kapitel 6

1 Leibfried, Stephan u.a. (Hg.): Transformation des Staates?, Frankfurt/M. 2006, S. 23.

2 Vgl. James, Harold: Globalization, Empire and Natural Law, in: International Affairs 2008, S. 421ff.

3 Kiesow, Rainer Maria: Weltrecht Ruinenrecht, in: Kursbuch 155 (2004): Neue Rechtsordnungen, S. 98ff.

4 Gemeint ist die rechtliche Zuständigkeit, rechtliche Zuständigkeiten festzulegen – eine Begriffsprägung der deutschen Verfassungsjurisprudenz, die darauf abzielt, in einer föderalen Rechtsstruktur Über- und Unterordnungsverhältnisse zu klären. Zu den Grenzen des Begriffs bzgl. des EU-Verfassungsvertrags vgl. Beck, Gunnar: The Problem of Kompetenz-Kompetenz: a Conflict between Right and Right in which there is no Praetor, in: European Law Review 2005, S. 49.

5 Vgl. Röthel, Anne: Lex mercatoria, lex sportiva, lex technica – Private Rechtsetzung jenseits des Nationalstaats? In: Juristenzeitung 2007, S. 755f.; Lieckweg, Tanja: Das Recht der Weltgesellschaft. Systemtheoretische Perspektiven auf die Globalisierung des Rechts am Beispiel der lex mercatoria, Stuttgart 2003.

6 Auch die Weimarer Reichsverfassung war nominell völkerrechtsfreundlich und schrieb vor, dass die »allgemein anerkannten« Regeln des Völkerrechts »als bindende Bestandteile des deutschen Reichs-

rechts« gilt (Artikel 4 WRV). Die Norm lief aber leer, weil Rechtslehre und Justiz als »allgemein anerkannt« nur das akzeptierten, was auch der deutsche Gesetzgeber anerkannt hatte. Damit konnte Deutschland jederzeit durch kollidierendes Reichsrecht seine völkerrechtlichen Verpflichtungen unterlaufen. Zum Vergleich mit anderen europäischen Verfassungstraditionen vgl. Walter, Rudolf: Völkerrecht und deutsches Recht, Tübingen 1967, S. 241f.

7 Das Völkerrecht müsse »durch die Staatskruste hindurch bis zum einzelnen« gehen, argumentierte Carlo Schmid, in: maschinenschriftliches Protokoll des Unterausschusses I des Verfassungskonvents von Herrenchiemsee, 2. Sitzung vom 18. August 1948, S. 57; dieser »Meilenstein in der Entwicklung des deutschen Denkens zum europäischen Denken« wurde auch in der amerikanischen Presse gefeiert, was wiederum im Parlamentarischen Rat erfreut zur Kenntnis genommen wurde, siehe: Der Parlamentarische Rat. Akten und Protokolle, Bd. 5/I: Ausschuss für Grundsatzfragen, Boppard/Rhein 1993, S. 316.

8 Ebd., S. 324; Schmid hatte schon auf Herrenchiemsee darauf hingewiesen, dass damit »zum Ausdruck kommen (solle), dass wir es für wünschenswert halten, dass solche internationalen Einrichtungen, also letzten Endes ein einiges Europa, entstehen«, siehe: Protokoll des Unterausschusses I, a.a.O.

9 Der Parlamentarische Rat. Akten und Protokolle, Bd. 9: Plenum, München 1996, S. 30.

10 The Observer vom 30. April 1950, in Übersetzung zit. in: Haffner, Sebastian: Die deutsche Frage 1950 – 1961: Von der Wiederbewaffnung bis zum Mauerbau, Frankfurt 2003, S. 9.

11 Parlamentarischer Rat, Bd. 9, a.a.O., S. 30f.

12 Parlamentarischer Rat, Bd. 9, a.a.O., S. 183.

13 Thomas Dehler im Informationsdienst der Freien Demokratischen Partei, Landesverband Bayern, Nr. 75 vom 21. April 1949, zit. nach: Hertfelder, Thomas (Hg.): Streiten um das Staatsfragment, Stuttgart 1999, S. 182.

14 So das zweite der beiden Memoranden, die Adenauer am 29. August 1950 dem amerikanischen Hochkommissar schickte.

15 Interview der Nachrichtenagentur United Press mit Kurt Schumacher am 15. Mai 1952, zit. nach: Winkler, Heinrich August: Der lange Weg nach Westen, Bd. 2: Deutsche Geschichte vom »Dritten Reich« bis zur Wiedervereinigung, 5. Aufl., München 2002, S. 152.

16 Adenauer, Konrad: Erinnerungen 1953 – 1955, Stuttgart 1966, S. 289.

17 CDU-Bundesvorstand am 11. Oktober 1954, Protokolle 1953–1957, Düsseldorf 1990, S. 258; in der gleichen Sitzung pries Adenauer die neue Organisation als »für uns Deutsche (…) viel besser, als es die EVG gewesen ist«: Es seien »Ansätze und Keime darin, die zweifellos diesen weiteren Ausbau der Supranationalität der ganzen Einrichtungen klar in Erscheinung treten lassen«, ebd., S. 256.

18 Adenauer: Erinnerungen, a.a.O., S. 466.

19 Rede in der Universität Zürich am 19. September 1946, zit. nach: James, Robert Rhodes (Hg.): Churchill speaks. Winston S. Churchill in Peace and War. Collected Speeches, 1897–1963, Leicester 1981, S. 891.

20 Ab 1961 Organisation für wirtschaftliche Zusammenarbeit und Entwicklung (OECD).

21 So die Schuman-Erklärung vom 9. Mai 1950, zit. nach: Schulze, Reiner u.a. (Hg.): Dokumente zum Europäischen Recht, Bd. 1: Gründungsverträge, Berlin 1999, S. XXXV.

22 EGKS-Vertrag, Präambel, 5. Erwägungsgrund.

23 Hallstein, Walter: Der unvollendete Bundesstaat, Düsseldorf 1969.

24 So schon früh auch vom Bundesverfassungsgericht anerkannt, siehe: Entscheidungen des Bundesverfassungsgerichts, Bd. 22, S. 293ff., hier: S. 296 (»EWG-Verordnungen«).

25 Vgl. Weiler, Joseph H. H.: The Transformation of Europe, in: Yale Law Journal 1991, S. 2405ff.

26 Europäischer Gerichtshof, Rs. C-11/70, Amtliche Sammlung 1970, S. 1125 (»Internationale Handelsgesellschaft«).

27 Entscheidungen des Bundesverfassungsgerichts, Bd. 37, S. 271ff., hier: S. 279ff. (»Solange I«).

28 Entscheidungen des Bundesverfassungsgerichts, Bd. 36, S. 1ff., hier: S. 14 (»Grundlagenvertrag«).

29 Entscheidungen des Bundesverfassungsgerichts, Bd. 73, S. 339ff., hier: 378ff. (»Solange II«).

30 Europäischer Gerichtshof, Rs. C-29/69, Amtliche Sammlung 1969, S. 419 (»Stauder«).

31 Dass sie vor staatlichen und supranationalen Gerichten, die öffentlich verhandeln, ihren Namen preisgeben müssen, dürfte für viele Unternehmen ein starkes Motiv sein, ihre Streitigkeiten vor privaten Schiedsgerichten zu klären.

32 Europäischer Gerichtshof, Rs. 26/62, Amtliche Sammlung 1963, S. 3ff. (»Van Gend & Loos«).

33 Europäischer Gerichtshof, Rs. 8/74, Amtliche Sammlung 1974, S. 837

(»Dassonville«). Das Gleiche gilt mittlerweile auch für die anderen Grundfreiheiten, vgl. u.a.: Ders., Rs. 33/74, Amtliche Sammlung 1974, S. 1299 (»van Binsbergen«); Rs. C-415/93, Amtliche Sammlung 1995, S. I-4921 (»Bosman«).

34 Entscheidungen des Bundesverfassungsgerichts, Bd. 4, S. 7ff., hier: S. 17ff. (»Investitionshilfe«).

35 Entscheidungen des Bundesverwaltungsgerichts, Bd. 17, S. 306ff., hier: S. 308ff. (»Feuerversicherung«).

36 Entscheidungen des Bundesverwaltungsgerichts, Bd. 39, S. 329ff., hier: S. 336ff. (»Kommunaler Trauerordner«).

37 Entscheidungen des Bundesverfassungsgerichts, Bd. 1, S. 14ff., hier: S. 52 (»Südweststaat«).

38 Auf dieser Basis hatte 1996 das Bundesverwaltungsgericht einer Unter-offizierin das Recht verweigert, sich als Fahrlehrer ausbilden zu lassen: Frauen könnten in der Bundeswehr nur im Sanitäts- und im Militär-musikdienst arbeiten, weil sie sonst im Kriegsfall Kombattantenstatus hätten, wovor das Grundgesetz sie – auch gegen ihren Willen – bewah-ren wolle; siehe: Entscheidungen des Bundesverwaltungsgerichts, Bd. 103, S. 301ff., hier: S. 303ff.

39 Europäischer Gerichtshof, Rs. C-285/98, Amtliche Sammlung 2000, S. I-69 (»Tanja Kreil«).

40 Scholz, Rupert: Frauen an die Waffe kraft Europarechts?, in: Die Öf-fentliche Verwaltung 2000, S. 419.

41 Europäischer Gerichtshof, Rs. 120/78, Amtliche Sammlung 1979, S. 649ff. (»Cassis de Dijon«).

42 Siehe Joerges, Christian: Freier Handel mit riskanten Produkten? Die Erosion nationalstaatlichen und die Emergenz transnationalen Regie-rens, in: Leibfried, Stephan u.a. (Hg.): Transformation des Staates?, Frankfurt/M. 2006, S. 155ff.

43 Vgl. Adamek, Sascha/Otto, Kim: Der gekaufte Staat. Wie Konzernver-treter in deutschen Ministerien sich ihre Gesetze selbst schreiben, Köln 2008.

44 So auf einer Pressekonferenz nach einem Gipfeltreffen mit Mitterrand in Bonn am 15. November 1991, zit. nach: Kimmel, Adolf u.a. (Hg.): Die deutsch-französischen Beziehungen seit 1963. Eine Dokumenta-tion in Zusammenarbeit mit dem Deutsch-Französischen Institut, Op-laden 2002, S. 320.

45 Siehe das auf den am 27. November 1989 versandten Kalender Bezug nehmende Schreiben Kohls an Mitterrand vom 5. Dezember 1989, in: Bundesministerium des Innern unter Mitw. d. Bundesarchivs (Hg.):

Dokumente zur Deutschlandpolitik. Deutsche Einheit. Sonoredi-
tion aus den Akten des Bundeskanzleramtes 1989/90, München 1998,
S. 614.

46 Küsters, Hanns Jürgen: Der Integrationsfriede. Viermächte-Verhandlungen über die Friedensregelung mit Deutschland 1945 – 1990, München 2000, S. 866.

47 Vgl. Hurrelmann, Achim u.a. (Hg.): Zerfasert der Nationalstaat? Die
Internationalisierung politischer Verantwortung, Frankfurt/M. 2008;
Leibfried, Stephan u.a. (Hg.): Transformationen des Staates?, Frank-
furt/M. 2006; siehe auch das Themenheft »Neue Formen der Staatlichkeit«, Aus Politik und Zeitgeschichte 20 – 21(2007).

48 Nettesheim, Martin: Demokratisierung der EU und Europäisierung
der Demokratietheorie – Wechselwirkungen bei der Herausbildung
eines europäischen Demokratieprinzips, in: Bauer, Hartmut u.a. (Hg.):
Demokratie in Europa, Tübingen 2005, S. 147.

49 Protokolle des Deutschen Bundestages, 12. Wahlperiode, 126. Sitzung
vom 2. Dezember 1992, S. 10819.

50 Entscheidungen des Bundesverfassungsgerichts, Bd. 83, S. 60ff., hier:
S. 71ff. (»Ausländerwahlrecht II«); die Argumentationsfigur der »ununterbrochenen Legitimationskette vom Volk zu den mit staatlichen
Aufgaben betrauten Organen und Amtswaltern« hatte das Bundesverfassungsgericht schon 1978 begründet. Entscheidungen des Bundesverfassungsgerichts, Bd. 47, S. 253ff., hier: S. 275 (»Kommunalreform
NRW«).

51 Entscheidungen des Bundesverfassungsgerichts, Bd. 93, S. 121ff., hier:
S. 136ff. (»Einheitswerte II«); mittlerweile hat das Gericht den ziemlich
originell begründeten Halbteilungsgrundsatz (Artikel 14 Abs. II GG:
Der Gebrauch von Eigentum »soll *zugleich* dem Wohle der Allgemeinheit dienen«) allerdings faktisch wieder zurückgenommen, Entscheidungen des Bundesverfassungsgerichts, Bd. 115, S. 97ff., hier: S. 109f.
(»Halbteilungsgrundsatz«).

52 Kirchhof, Paul: Europarecht und nationales Verfassungsrecht – wie
steht es um die Souveränität der Mitgliedsstaaten in der Europäischen
Gemeinschaft, in: Ziel 1993 – Europa auf dem Weg zum Binnenmarkt,
Bad Godesberg 1991, S. 78.

53 Kirchhof, Paul: Europäische Integration und nationales Verfassungsrecht, in: Zeitschrift für Arbeitsrecht 1992, S. 460.

54 Kirchhof, Paul: Der deutsche Staat im Prozess der europäischen Integration, in: Isensee, Josef u.a. (Hg.): Handbuch des Staatsrechts, Bd. 7,
Heidelberg 1992, § 183, RNr. 14.

55 Ebd., RNr. 23.

56 Ebd., RNr. 25.

57 Protokolle des Deutschen Bundestages, 12. Wahlperiode, 126. Sitzung vom 2. Dezember 1992, S. 10824.

58 Kirchhof, Der deutsche Staat im Prozess der europäischen Integration, a.a.O., RNr. 67.

59 Ebd., RNr. 48.

60 Vgl. Töller, Annette Elisabeth: Mythen und Methoden. Zur Messung der Europäisierung der Gesetzgebung des Deutschen Bundestages jenseits des 80-Prozent-Mythos, in: Zeitschrift für Parlamentsfragen 2008, S. 9.

61 Entscheidungen des Bundesverfassungsgerichts, Bd. 89, S. 155ff., hier: S. 186 (»Maastricht«).

62 Weiler, Joseph H. H.: Der Staat »über alles«. Demos, Telos und die Maastricht-Entscheidung des Bundesverfassungsgerichts, in: Jahrbuch des öffentlichen Rechts der Gegenwart, Neue Folge 44 (1996), S. 128.

63 Bundesverfassungsgericht, Maastricht, a.a.O., S. 184.

64 Ebd., S. 188.

65 Der Spiegel vom 4. November 1996, S. 22ff.

66 So die Klage eines Händlers im Spiegel, ebd.

67 »Die Sprengkraft der Banane«, Focus vom 13. Februar 1999, S. 11.

68 Everling, Ulrich: Richterliche Unbefangenheit?, in: Europäische Zeitschrift für Wirtschaftsrecht 1999, S. 225.

69 Entscheidungen des Bundesverfassungsgerichts, Bd. 102, S. 147ff., hier: S. 164f. (»Bananenmarktordnung«).

70 Limbach, Jutta: Die Kooperation der Gerichte in der zukünftigen europäischen Grundrechtsarchitektur, in: Europäische Grundrechte-Zeitschrift 2000, S. 419.

71 Vgl. Randelzhofer, Albrecht: Art. 24 Abs. II, in: Maunz, Theodor u.a. (Hg.): Kommentar zum Grundgesetz, München lf., RNr. 46f.

72 Entscheidungen des Bundesverfassungsgerichts, Bd. 90, S. 286ff., hier: S. 345f. (»AWACS/Somalia«).

73 Ebd., S. 352.

74 Entscheidungen des Bundesverfassungsgerichts, Bd. 68, S. 1ff., hier: S. 87f., 108f. (»NATO-Doppelbeschluss«).

75 Bundesverfassungsgericht, AWACS, a.a.O., S. 382.

76 Entscheidungen des Bundesverfassungsgerichts, Bd. 104, S. 151ff., hier: S. 199ff. (»NATO-Strategiekonzept«); Bd. 118, S. 244ff., hier: S. 262ff. (»ISAF«).

77 Entscheidungen des Bundesverfassungsgerichts, Bd. 108, S. 34ff., hier: S. 45 (»AWACS II«).

78 Ooyen, Robert C. van: Das Bundesverfassungsgericht als außenpolitischer Akteur: von der »Out-of-Area-Entscheidung« zum »Tornado-Einsatz«, in: Recht und Politik 2008, S. 83.

79 Bundesverfassungsgericht, Az. 2 BvE 1/03, abgedruckt in: Deutsches Verwaltungsblatt 2008, S. 773f.

80 Wolf, Klaus Dieter: Die Neue Staatsräson – Zwischenstaatliche Kooperation als Demokratieproblem in der Weltgesellschaft. Plädoyer für eine geordnete Entstaatlichung des Regierens jenseits des Staates, Baden-Baden 2000.

81 Ähnliche Schlussfolgerungen auch bei Sassen, Saskia: Das Paradox des Nationalen, Frankfurt/M. 2008.

82 Vgl. Sander, Gerald G.: Gesundheitsschutz in der WTO – eine neue Bedeutung des Codex Alimentarius im Lebensmittelrecht?, in: Zeitschrift für Europarechtliche Studien 2000, S. 347f.

83 Krajewski, Markus: Verfassungsperspektiven und Legitimation des Rechts der Welthandelsorganisation (WTO), Berlin 2001, S. 87.

84 Vgl. Teubner, Gunther: Globale Zivilverfassungen. Alternativen zur staatszentrierten Verfassungstheorie, in: Zeitschrift für ausländisches öffentliches Recht und Völkerrecht 2003, S. 1ff.; Joerges, Christian u.a. (Hg.): Transnational Governance and Constitutionalism, Oxford 2004; ders.: Freier Handel mit riskanten Produkten? Die Erosion nationalstaatlichen und die Emergenz transnationalen Regierens, in: Leibfried, Transformationen des Staates?, a.a.O., S. 151ff.

85 James, Harold: Globalization, empire and natural law, in: International Affairs 2008, S. 421ff.

86 Teubner, Gunther: Globale Zivilverfassungen. Alternativen zu einer staatszentrierten Verfassungstheorie, in: Kursbuch 155 (2004): Neue Rechtsordnungen, S. 85.

87 Wolfgang Wessels hat insgesamt 1702 solcher Expertengruppen gezählt: Ders.: Das politische System der Europäischen Union, Wiesbaden 2008, S. 235.

88 Bisweilen wird sogar versucht, daraus ein neues »post-parlamentarisches« Demokratiemodell zu konstruieren; vgl. Andersen, Svein S./ Burns, Tom R.: The European Union and the Erosion of Parliamentary Democracy. A Study of Post-parliamentary Governance, in: Andersen, Svein S. u.a. (Hg): The European Union: How Democratic Is It?, London 1996, S. 227ff.

89 Abgedruckt in: Lipgens, Walter (Hg.): 45 Jahre Ringen um die Europäische Verfassung, Bonn 1986, S. 44.

90 Europäischer Gerichtshof, Rs. C-294/83, Amtliche Sammlung 1986, S. 1339, 1365 (»Les Verts«).

91 Bogdandy, Armin von: Zur Übertragbarkeit staatsrechtlicher Figuren auf die Europäische Union. Vom Nutzen der Gestaltidee supranationaler Föderalismus anhand des Demokratieprinzips, in: Brenner, Michael u.a. (Hg.): Der Staat des Grundgesetzes – Kontinuität und Wandel. Festschrift für Peter Badura, Tübingen 2004, S. 1049.

92 Grimm, Dieter: Braucht Europa eine Verfassung?, in: Juristenzeitung 1995, S. 586ff.

93 Hofmann, Hans: Art. 116, in: Schmidt-Bleibtreu, Bruno u.a. (Begr.): Kommentar zum Grundgesetz, 11. Aufl., München 2008, RNr. 3.

94 Europäischer Gerichtshof, Rs. C-85/96, Amtliche Sammlung 1998, S. I-2691 (»Martínez Sala«), RNr. 59ff.

95 Europäischer Gerichtshof, Rs C-184/99, Amtliche Sammlung 2001, S. I-6193 (»Grzelczyk«), RNr. 31, 44.

96 Europäischer Gerichtshof, C-456/02 (»Trojani«), RNr. 43ff.

97 Entscheidungen des Bundesverfassungsgerichts, Bd. 113, S. 273ff., hier: S. 329 (»EU-Haftbefehl«), Sondervotum der Richterin Gertrude Lübbe-Wolff.

98 Ebd., S. 298.

99 Frankfurter Allgemeine Zeitung vom 14. April 2005.

100 Bundesverfassungsgericht, EU-Haftbefehl, a.a.O., S. 320.

101 Ebd., S. 300.

102 Ebd., S. 315.

103 Ebd., S. 301.

104 Entscheidungen des Bundesverfassungsgerichts, Bd. 111, S. 307ff., hier: S. 318, 327ff. (»Görgülü«); einerseits betonte der Senat, dass die deutschen Gerichte die Urteile des EGMR zu berücksichtigen hätten; andererseits warnte er sie davor, dieselben schematisch zu »vollstrecken«.

105 Der Spiegel vom 15. November 2004, S. 52.

106 Bundesverfassungsgericht Az. 2 BvR 695/07 vom 29. Mai 2007.

107 Murswiek, Dietrich: Der Vertrag von Lissabon. Rechtsgutachten über die Zulässigkeit und Begründetheit verfassungsgerichtlicher Rechtsbehelfe gegen das Zustimmungsgesetz zum Vertrag von Lissabon und die deutsche Begleitgesetzgebung, Mai 2008, <http://www.petergauweiler.de/pdf/Vertr%Lissabon%Gutachten.pdf>.

108 Ebd., S. 51.

109 Ebd., S. 64.

110 Stand Dezember 2008.

Schluss

1 Herzog, Roman: Art. 20, in: Maunz, Theodor u.a. (Hg.): Kommentar zum Grundgesetz, München lf., RNr. 7.

2 Der Parlamentarische Rat. Akten und Protokolle, Bd. 5/I: Ausschuss für Grundsatzfragen, Boppard/Rhein 1993, S. 288.

3 Ebd., S. 290.

4 Vgl. Schmidt-Aßmann, Eberhard: Der Rechtsstaat, in: Isensee, Josef u.a. (Hg.): Handbuch des Staatsrechts, Bd. II, 3. Aufl., Heidelberg 2004, § 26, S. 543, Fn. 13.

5 Kant, Immanuel: Metaphysische Anfangsgründe der Rechtslehre, Königsberg 1797; insbesondere: Staat als »Vereinigung einer Menge von Menschen unter Rechtsgesetzen« (§45), Recht als »Inbegriff der Bedingungen, unter denen die Willkür des einen mit der Willkür des anderen nach einem allgemeinen Gesetze der Freiheit zusammen vereinigt werden kann« (§B).

6 Vgl. Böckenförde, Ernst-Wolfgang: Entstehung und Wandel des Rechtsstaatsbegriffs, in: Ehmke, Horst u.a. (Hg.): Festschrift für Adolf Arndt, Frankfurt/M. 1969, S. 55.

7 Gneist, Rudolf von: Der Rechtsstaat und die Verwaltungsgerichte in Deutschland, 3. Aufl., Darmstadt 1966 (Nachdruck der 2. Aufl. 1879), S. 164.

8 Hesse, Konrad: Grundzüge des Verfassungsrechts der Bundesrepublik Deutschland, 18. Aufl., Heidelberg 1991, S. 78.

9 Vgl. Ooyen, Robert C. van: Die Integrationslehre von Rudolf Smend und das Geheimnis ihres Erfolgs in Staatslehre und politischer Kultur nach 1945, in: Journal der juristischen Zeitgeschichte 2008, S. 55ff.; Möllers, Christoph: Staat als Argument, München 2000, S. 238ff.

10 Entscheidungen des Bundesverfassungsgerichts, Bd. 98, S. 83ff., hier: S. 97 (»Abfallabgabe«); Bd. 98, S. 106ff., hier: S. 118 (»Kommunale Verpackungssteuer«).

11 Entscheidungen des Bundesverfassungsgerichts, Bd. 98, S. 265ff., hier: S. 301 (»Bayerisches Schwangerenhilfegesetz«).

12 Bundesverfassungsgericht vom 8. Dezember 2005, Az.: 2 BvR 1001/04, RNr. 22; bezogen auf das Verfassungsrecht im engeren Sinn, hatte das Gericht schon seit den sechziger Jahren mit dem Einheits-Topos argu-

359

mentiert, vgl. Entscheidungen des Bundesverfassungsgerichts, Bd. 19, S. 206ff., hier: S. 220 (»Kirchenbausteuer«). In der Begründung des Lüth-Urteils – Grundrechte als Wertentscheidungen des Verfassungsgebers, die in alle Bereiche der Rechtsordnung ausstrahlen – steckte auch schon ein Stück Einheits-Argumentation.

13 Engisch, Karl: Die Einheit der Rechtsordnung, Heidelberg 1935, S. 87ff. und 38f.; die Schrift wird auch heute noch von manchen Verfassungsrechtlern wohlwollend zitiert, vgl. Sodan, Helge: Das Prinzip der Widerspruchsfreiheit der Rechtsordnung, in: Juristenzeitung 1999, S. 864.

14 Gehb, Jürgen: German Law Goes Hollywood – Was bleibt von der Einheit und Geschlossenheit unserer Rechtsordnung?, in: Gröhe, Hermann u.a. (Hg.): Globalisierung und Recht?, Sankt Augustin 2008, S. 23ff., hier: S. 31.

15 Fischer-Lescano, Andreas/Teubner, Gunther: Fragmentierung des Weltrechts: Vernetzung globaler Regime statt etatistischer Rechtseinheit, in: Albert, Matthias u.a. (Hg.): Weltstaat und Weltstaatlichkeit. Beobachtungen globaler politischer Strukturbildung, Wiesbaden 2007, S. 40.

16 Stolleis, Michael: Vormodernes und postmodernes Recht, in: Merkur 5 (2008), S. 428: »(…) man mache sich keine Illusionen: Mit der Wiederkehr des vorstaatlichen Rechtspluralismus könnten auch die vorstaatlichen Übel wiederkehren.«

17 Forsthoff, Ernst: Von der Staatsrechtswissenschaft zur Rechtsstaatswissenschaft (1968), abgedruckt in: Ders.: Rechtsstaat im Wandel, 2. Aufl., München 1976, S. 201; vgl. Möllers, Christoph: Staat als Argument, München 2000, S. 141ff.

18 Forsthoff, Ernst: Die Umbildung des Verfassungsgesetzes, in: Barion, Hans u.a. (Hg.): Festschrift für Carl Schmitt, Berlin 1959, abgedruckt in: Ders.: Rechtsstaat im Wandel, a.a.O., S. 151; zur zeitgenössischen Diskussion um diesen umstrittenen Aufsatz vgl. Günther, Frieder: Denken vom Staat her. Die bundesdeutsche Staatsrechtslehre zwischen Dezision und Integration 1949–1970, München 2004, S. 98, 220 und 266.

19 Vgl. Gusy, Christoph: Brauchen wir eine juristische Staatslehre?, in: Jahrbuch des öffentlichen Rechts der Gegenwart, Neue Folge 2007, S. 41ff., hier: S. 62: »Jedenfalls seit In-Kraft-Treten des Grundgesetzes kann und darf es nicht mehr und nicht anderes an Staat geben als dasjenige, welches das Grundgesetz zulässt.«

20 Häberle, Peter: Der Sinn von Verfassungen im kulturwissenschaftlichen Sinn, in: Archiv des öffentlichen Rechts 2006, S. 636f.; ders.: Ver-

fassungsrechtliche Aspekte der kulturellen Identität, in: Jahrbuch des öffentlichen Rechts der Gegenwart, Neue Folge 2007, S. 321.

21 Vgl. z.B. Artikel 1 bis 7 (Jedermann-Grundrechte), Artikel 25 Absatz 1 (allgemeine Regeln des Völkerrechts gelten »unmittelbar für die Bewohner des Bundesgebietes«), Artikel 28 Absatz 1 Satz 3 (kommunales Wahlrecht für EU-Ausländer).

22 Vgl. Hassemer, Winfried: Politik aus Karlsruhe?, in: Juristenzeitung 2008, S. 2ff.; die Debatte um den politischen Gestaltungswillen des Bundesverfassungsgerichts hatte zur Amtszeit von Paul Kirchhof 1987–99 ihren Höhepunkt erreicht, vor allem wegen dessen radikaler Eingriffe in die Steuergesetzgebung; vgl. Köppe, Olaf: Bundesverfassungsgericht und Steuergesetzgebung – Politik mit den Mitteln der Verfassungsrechtsprechung?, in: van Ooyen, Robert C. u.a. (Hg.): Das Bundesverfassungsgericht im politischen System, Wiesbaden 2006, S. 435ff.

23 Die aktuelle Bundesverfassung der Schweiz ist am 1. Januar 2000, die Verfassung Finnlands am 1. März 2000 in Kraft getreten.

Literaturverzeichnis

Ackerman, Bruce: Ein neuer Anfang für Europa. Nach dem utopischen Zeitalter, Berlin 1993.

Adamek, Sascha/Otto, Kim: Der gekaufte Staat. Wie Konzernvertreter in deutschen Ministerien sich ihre Gesetze selbst schreiben, Köln 2008.

Adenauer, Konrad: Erinnerungen 1953 – 1955, Stuttgart 1966.

Aders, Thomas: Die Utopie vom Staat über den Parteien: Biographische Annäherungen an Hermann Höpker-Aschoff (1883 – 1954), Frankfurt/M. 1994.

Akten zur Auswärtigen Politik der Bundesrepublik Deutschland 1974, Bd.1: 1. Januar bis 30. Juni 1974, hg. v. Institut für Zeitgeschichte im Auftrag des Auswärtigen Amtes, München 2005.

Andersen, Svein S./Burns, Tom R.: The European Union and the Erosion of Parliamentary Democracy. A Study of Post-Parliamentary Governance, in: Andersen, Svein S. /Eliassen, Kjell A.: The European Union: How Democratic Is It?, London 1996, S. 227ff.

Angster, Julia: Der neue Stil. Die Amerikanisierung des Wahlkampfs und der Wandel im Politikverständnis bei CDU und SPD in den 1960er Jahren, in: Frese, Matthias/Paulus, Julia/Teppe, Karl (Hg.): Demokratisierung und gesellschaftlicher Aufbruch. Die sechziger Jahre als Wendezeit der Bundesrepublik, Paderborn 2003, S. 181ff.

Arndt, Adolf: Der Rechtsstaat und sein polizeilicher Verfassungsschutz, in: Neue Juristische Wochenschrift 1961, S. 897ff.

Arndt, Adolf: Das nicht erfüllte Grundgesetz. Ein Vortrag, Tübingen 1960.

Arndt, Adolf: Politische Reden und Schriften, Bad Godesberg 1976.

Arnim, Hans-Herbert von: Der Staat als Beute, 5. Aufl., München 1998.

Augstein, Rudolf/Grass, Günter: Deutschland, einig Vaterland? Ein Streitgespräch, Göttingen 1990.

Aust, Stefan: Der Baader-Meinhof-Komplex (1985), 10. Aufl., München 1989.

Azzola, Axel/Crössmann, Jürgen: 30 Jahre Verbot der KPD, in: Demokratie und Recht 14(1986), S. 266ff.

Badura, Peter: Die Verfassung des Bundesstaates Deutschland in Europa. Zwei Reden zur Reform des Grundgesetzes, Köln 1993.

Bahr, Hans-Eckehard/Gronemeyer, Reimer (Hg.): Anders leben – überleben. Die Grenzen des Wachstums als Chance zur Befreiung, Frankfurt/M. 1978.

Baldus, Manfred: Frühe Machtkämpfe, in: Henne, Thomas/Riedlinger, Arne (Hg.): Das Lüth-Urteil aus (rechts-)historischer Sicht, Berlin 2005, S. 237ff.

Baquero Cruz, Julio: The Legacy of the Maastricht-Urteil and the Pluralist Movement, in: European Law Journal 2008, S. 389ff.

Barber, Benjamin R.: MacWorld vs. Jihad, New York 1995 (dt. Übesetzung: Coca Cola und Heiliger Krieg. Wie Kapitalismus und Fundamentalismus Demokratie und Freiheit abschaffen, München 1996).

Beck, Gunnar: The Problem of Kompetenz-Kompetenz: a Conflict between Right and Right in which there is no Praetor, in: European Law Review 2005, S. 42ff.

Behrmann, Günter C./Schiele, Siegfried (Hg.): Verfassungspatriotismus als Ziel politischer Bildung?, Schwalbach/Ts. 1993.

Beitzke, Günther: Gleichberechtigung und Familienrechtsreform, in: Juristenzeitung 1952, S. 744f.

Benz, Arthur: Postparlamentarische Demokratie und kooperativer Staat, in: Leggewie, Claus/Münch, Richard (Hg.): Politik im 21. Jahrhundert, Frankfurt/M. 2001, S. 263ff.

Benz, Wolfgang (Hg.): »Bewegt von der Hoffnung aller Deutschen«: zur Geschichte des Grundgesetzes. Entwürfe und Diskussionen 1941–1949, München 1979.

Bernstorff, Jochen von: Pflichtenkollision und Menschenwürdegarantie: zum Vorrang staatlicher Achtungspflichten im Normbereich von Art. 1 GG, in: Der Staat 2008, S. 21ff.

Beyme, Klaus von: Deutsche Identität zwischen Nationalismus und Verfassungspatriotismus, in: Hettling, Manfred/Nolte, Paul (Hg.): Nation und Gesellschaft in Deutschland. Historische Essays, München 1996, S. 80ff.

Binkowski, Johannes: Aktuelle Probleme der Pressefreiheit, in: Die Neue Ordnung 1976, S. 33ff.

Blank, Bettina: Die westdeutschen Länder und die Entstehung der Bundesrepublik. Zur Auseinandersetzung um die Frankfurter Dokumente vom Juli 1948, München 1995.

Blanke, Thomas (Hg.): Streitbare Juristen. Eine andere Tradition. Jürgen Seiffert zum 60. Geburtstag, Baden-Baden 1988.

Böckenförde, Ernst-Wolfgang: Demokratische Willensbildung und Repräsentation, in: Isensee, Josef/Kirchhof, Paul (Hg.): Handbuch des Staatsrechts, Bd. III, 3. Aufl., Heidelberg 2005, § 34, S. 31ff.

Böckenförde, Ernst-Wolfgang: Entstehung und Wandel des Rechtsstaatsbegriffs, in: Ehmke, Horst/Schmid, Carlo/Scharoun, Hans (Hg.): Festschrift für Adolf Arndt zum 65. Geburtstag, Frankfurt/M. 1969, S. 53ff.

Bogdandy, Armin von: Zur Übertragbarkeit staatsrechtlicher Figuren auf die Europäische Union. Vom Nutzen der Gestaltidee supranationaler Föderalismus anhand des Demokratieprinzips, in: Brenner, Michael/Huber, Peter M./Möstl, Markus (Hg.): Der Staat des Grundgesetzes – Kontinuität und Wandel. Festschrift für Peter Badura, Tübingen 2004, S. 1033ff.

Bosch, Friedrich Wilhelm: Familienrechtsreform (Eheschließung, Ehescheidung, Gleichberechtigung von Mann und Frau, Recht des unehelichen Kindes). Zwei Vorträge, Siegburg 1952.

Brandstetter, Marc: Die sächsische NPD: Politische Struktur und gesellschaftliche Verwurzelung, in: Zeitschrift für Parlamentsfragen 2 (2007), S. 349ff.

Brandt, Willy: Berliner Ausgabe, 10 Bde., Bonn 2000–2008.

Brandt, Willy: Die Alternative, in: Die neue Gesellschaft, Sonderheft Mai 1969, S. 3f.

Brunkhorst, Hauke: Demokratische Solidarität in der Weltgesellschaft, in: Aus Politik und Zeitgeschichte 21 (2008), S. 3ff.

Brunkhorst, Hauke: Die Folterdebatte des repressiven Liberalismus, in: Möllers, Martin H. W./Ooyen, Robert Chr. van (Hg.): Jahrbuch Öffentliche Sicherheit 2004/2005, Frankfurt/M. 2005, S. 21ff.

Brünneck, Alexander von: Politische Justiz gegen Kommunisten in der Bundesrepublik Deutschland 1949–1968, Frankfurt/M. 1978.

Bryde, Brun-Otto: Verfassungsentwicklung. Stabilität und Dynamik im Verfassungsrecht der Bundesrepublik Deutschland, Baden-Baden 1982.

Bryde, Brun-Otto: Die bundesrepublikanische Volksdemokratie als Irrweg der Demokratietheorie, in: Staatswissenschaft und Staatspraxis 1994, S. 305ff.

Bull, Hans Peter: Föderalismusreform auf falscher Fährte, in: Recht und Politik 2007, S. 67ff.

Bull, Hans-Peter: Zweifelsfragen um die informationelle Selbstbestimmung – Datenschutz als Datenaskese?, in: Neue Juristische Wochenschrift 2006, S. 1617ff.

Bürklin, Wilhelm: Die deutsche Parteienkritik im Wandel: Die 1970er bis 1990er Jahre, in: Birke, Adolf M./Brechtgen, Markus (Hg.): Politikverdrossenheit. Der Parteienstaat in der historischen und gegenwärtigen Diskussion, München 1995, S. 101ff.

Christensen, Ralph: Einleitung, in: Müller, Friedrich: Die Einheit der Verfassung – Kritik des juristischen Holismus. Elemente einer Verfassungslehre III, 2., erw. Aufl., Berlin 2007, S. 1ff.

Dahlke, Matthias: »Nur eingeschränkte Krisenbereitschaft«. Die staatliche Reaktion auf die Entführung des CDU-Politikers Peter Lorenz 1975, in: Vierteljahrshefte für Zeitgeschichte 4 (2007), S. 641ff.

Dahrendorf, Ralf: Gesellschaft und Demokratie in Deutschland, München 1965.

Dann, Otto: Nation und Nationalismus in Deutschland 1770 – 1990, München 1996.

Dann, Otto: Nationale Fragen in Deutschland. Kulturnation, Volksnation, Reichsnation, in: François, Etienne/Siegrist, Hannes/Vogel, Jakob (Hg.): Nation und Emotion. Deutschland und Frankreich im 19. und 20. Jahrhundert, Göttingen 1995, S. 66ff.

Darnstädt, Thomas: Konsens ist Nonsens. Wie die Republik wieder regierbar wird, München 2006.

Decker, Frank: Konsens- oder mehrheitsdemokratischer Wandel des Parlamentarismus? Eine Replik auf Gerd Strohmeier in Heft 3/2007 der ZParl, in: Zeitschrift für Parlamentsfragen 2007, S. 857ff.

Depenheuer, Otto: Selbstbehauptung des Rechtsstaats, Paderborn 2007.

Detjen, Marion/Steinbeis, Maximilian: Menschen, die Verfassungsgeschichte schrieben, in: Detjen, Stephan (Hg.), In bester Verfassung?! 50 Jahre Grundgesetz, Köln 1999, S. 143ff.

Detjen, Marion: Ein Loch in der Mauer. Die Geschichte der Fluchthilfe im geteilten Deutschland 1961 – 1989, München 2005.

Detjen, Stephan (Hg.): In bester Verfassung?! 50 Jahre Grundgesetz. Begleitband zur Wanderausstellung der Bundeszentrale für politische Bildung und der Bundesrechtsanwaltskammer, Köln 1999.

Detjen, Stephan: Verfassungsverständnis und Verfassungsdiskussionen in der Geschichte der Bundesrepublik Deutschland, in: Aus Politik und Zeitgeschichte 15 – 16 (1997), S. 3ff.

Detjen, Stephan: Das Bundesverfassungsgericht zwischen Recht und Politik, in: Aus Politik und Zeitgeschichte 37 – 38 (2001), S. 3ff.

Deutscher Bundestag/Bundesarchiv (Hg.): Der Parlamentarische Rat 1948 – 1949. Akten und Protokolle, Bd. 1: Vorgeschichte, Boppard/Rh. 1975, Bd. 5: Ausschuss für Grundsatzfragen, Boppard/Rh. 1993, Bd. 9: Plenum, München 1996.

Dichgans, Hans: Das Unbehagen in der Bundesrepublik – Ist die Demokratie am Ende?, Düsseldorf 1968.

Dichgans, Hans: Eine verfassunggebende Nationalversammlung?, in: Zeitschrift für Rechtspolitik 3 (1968), S. 61 ff.

Di Fabio, Udo: Das Recht offener Staaten, Tübingen 1998.

Di Fabio, Udo: Demokratie im System des Grundgesetzes, in: Brenner, Michael/Huber, Peter M./Möstl, Markus (Hg.): Der Staat des Grundgesetzes – Kontinuität und Wandel. Festschrift für Peter Badura zum siebzigsten Geburtstag, Tübingen 2004, S. 77 ff.

Di Fabio, Udo: Der Verfassungsstaat in der Weltgesellschaft, Tübingen 2001.

Di Fabio, Udo: Verfassungsstaat und Weltgesellschaft, in: Mellinghoff, Rudolf/Morgenthaler, Gerd/Puhl, Thomas (Hg.): Die Erneuerung des Verfassungsstaates. Symposion aus Anlass des 60. Geburtstages von Professor Dr. Paul Kirchhof, Heidelberg 2003, S. 57 ff.

Dokumente zur Deutschlandpolitik, 22. Reihe/Bd. I: Die Konferenz von Potsdam, hg. v. Bundesminister des Innern, Neuwied 1992.

Dokumente zur Deutschlandpolitik. Deutsche Einheit. Sonderedition aus den Akten des Bundeskanzleramtes 1989/90, hg. v. Bundesministerium des Innern unter Mitw. d. Bundesarchivs, München 1998.

Dreier, Horst (Hg.): Grundgesetz-Kommentar, 3 Bde., Tübingen 1996 – 2008.

Dreier, Horst: Erosion des Verfassungsstaates, in: Gestrich, Christof (Hg.): Die herausgeforderte Demokratie. Recht, Religion, Politik, Berlin 2003, S. 51 ff.

Dreier, Ralf (Hg.): Recht und Justiz im »Dritten Reich«, Frankfurt/M. 1989.

Drittes Internationales Russell Tribunal Deutscher Beirat (Hg.): Zur Situation der Menschenrechte in der Bundesrepublik Deutschland, Bd. 2, Frankfurt/M. 1978.

Dürig, Günter: Der Grundrechtssatz von der Menschenwürde, in: Archiv des öffentlichen Rechts 81 (1956), S. 117 ff.

Dürig, Günter: Ein Orwellsches Experiment, in: Zeitschrift für Rechtspolitik 1968, S. 11.

Engisch, Karl: Die Einheit der Rechtsordnung, Heidelberg 1935.

Enzensberger, Hans Magnus: Berliner Gemeinplätze, in: Kursbuch 11 (1968): Revolution in Lateinamerika, S. 151 ff.

Eschenburg, Theodor: Institutionelle Sorgen in der Bundesrepublik. Politische Aufsätze 1957 – 1961, Stuttgart 1961.

Esser, Albert: Wilhelm Elfes, Arbeiterführer und Politiker, Mainz 1990.

Everling, Ulrich: Bundesverfassungsgericht und Gerichtshof der Europäischen Gemeinschaften nach dem Maastricht-Urteil, in: Randelzhofer, Albrecht/Scholz, Rupert/Wilke, Dieter (Hg.): Gedächtnisschrift für Eberhard Grabitz, München 1995, S. 57ff.

Everling, Ulrich: Richterliche Unbefangenheit?, in: Europäische Zeitschrift für Wirtschaftsrecht 1999, S. 225ff.

Felix, Dagmar: Einheit der Rechtsordnung: Zur verfassungsrechtlichen Relevanz einer juristischen Argumentationsfigur, Tübingen 1998.

Fenske, Hans: Der moderne Verfassungsstaat. Eine vergleichende Geschichte von der Entstehung bis zum 20. Jahrhundert, Paderborn 2001.

Fischer-Lescano, Andreas/Teubner, Gunther: Fragmentierung des Weltrechts: Vernetzung globaler Regime statt etatistischer Rechtseinheit, in: Albert, Matthias/Stichweh, Rudolf (Hg.): Weltstaat und Weltstaatlichkeit. Beobachtungen globaler politischer Strukturbildung, Wiesbaden 2007, S. 37ff.

Forsthoff, Ernst: Rechtsstaat im Wandel. Verfassungsrechtliche Abhandlungen 1950 – 1964, Stuttgart 1964.

Forsthoff, Ernst: Rechtsstaat im Wandel. Verfassungsrechtliche Abhandlungen 1950 – 1973, 2. Aufl., München 1974.

Forsthoff, Ernst: Deutsche Verfassungsgeschichte der Neuzeit, Stuttgart 1972.

Forsthoff, Ernst: Die Umbildung des Verfassungsgesetzes, in: Barion, Hans/ Forsthoff, Ernst/Weber, Werner (Hg.): Festschrift für Carl Schmitt zum 70. Geburtstag, dargebracht von Freunden und Schülern, Berlin 1959, S. 35ff.

Fraenkel, Ernst: Deutschland und die westlichen Demokratien, Stuttgart 1974.

Franke, Heiko/Grimmel, Andreas: Wahlen mit System? Reformüberlegungen zur personalisierten Verhältniswahl, in: Zeitschrift für Parlamentsfragen 2007, S. 591ff.

Franzius, Christine: Bonner Grundgesetz und Familienrecht. Die Diskussion um die Gleichberechtigung von Mann und Frau in der westdeutschen Zivilrechtslehre der Nachkriegszeit (1945 – 1967), Frankfurt/M. 2005.

Frei, Norbert: Vergangenheitspolitik. Die Anfänge der Bundesrepublik und die NS-Vergangenheit, München 1996.

Frese, Matthias/Paulus, Julia/Teppe, Karl (Hg.): Demokratisierung und gesellschaftlicher Aufbruch: Die sechziger Jahre als Wendezeit der Bundesrepublik, Paderborn 2003.

Friauf, Karl Heinrich/Höfling, Wolfram (Hg.): Berliner Kommentar zum Grundgesetz, Berlin lf.

Frisch, Peter: Extremistenbeschluss. Zur Frage der Beschäftigung von Extremisten im öffentlichen Dienst mit grundsätzlichen Erläuterungen, Argumentationskatalog, Darstellung extremistischer Gruppen und einer Sammlung einschlägiger Vorschriften, Urteile und Stellungnahmen, 4. Aufl., Leverkusen 1977.

Fromme, Friedrich Karl: Von der Weimarer Verfassung zum Bonner Grundgesetz: die verfassungspolitischen Folgerungen des Parlamentarischen Rates aus Weimarer Republik und nationalsozialistischer Diktatur, 3. Aufl., Berlin 1999.

Fromme, Friedrich Karl: »Totalrevision« des Grundgesetzes. Eine situationsbedingte Forderung als Ausdruck des sich wandelnden Verfassungsverständnisses, in: Zeitschrift für Politik 1970, S. 87ff.

Fromme, Friedrich Karl: Entlastung des Bundesverfassungsgerichts, in: Die Politische Meinung 372 (2001), S. 73ff.

Gabriel, Oscar G.: Bürger und Demokratie im vereinigten Deutschland, in: Politische Vierteljahresschrift 2007, S. 540ff.

Gast, Henrik: Bundeskanzler und Parteiführer – zwei Rollen im Konflikt? Parteiendemokratie, Parteivorsitz und politische Führung, in: Zeitschrift für Parlamentsfragen 2008, S. 42ff.

Gehb, Jürgen: German Law Goes Hollywood – Was bleibt von der Einheit und Geschlossenheit unserer Rechtsordnung?, in: Gröhe, Hermann/ Kannengießer, Christoph (Hg.): Gobalisierung und Recht?, Sankt Augustin 2008, S. 23ff.

Genschel, Philipp/ Zangl, Bernhard: Die Zerfaserung von Staatlichkeit und die Zentralität des Staates, in: Aus Politik und Zeitgeschichte 20 – 21 (2007), S. 10ff.

Genschel, Philipp/Leibfried, Stephan: Schupperts Staat. Wie beobachtet man den Wandel einer Formidee?, in: Der Staat 2008, S. 359ff.

Genscher, Hans-Dietrich: Möglichkeiten einer Wiederzulassung der KPD, in: Neue Juristische Wochenschrift 1967, S. 1647f.

Glenn, H. Patrick: Globalization and National Legal Traditions, in: Schwarze, Jürgen (Hg.): Globalisierung und Entstaatlichung des Rechts. Ergebnisse der 31. Tagung der Gesellschaft für Rechtsvergleichung vom 20. bis 22. September 2007 in Halle, Teilband 1: Beiträge zum Öffentlichen Recht, Europarecht, Arbeits- und Sozialrecht und Strafrecht, Tübingen 2008, S. 57ff.

Glienke, Stephan Alexander/Paulmann, Volker/Perels, Joachim (Hg.): Erfolgsgeschichte Bundesrepublik?, Berlin 2008.

Gneist, Rudolf von: Der Rechtsstaat und die Verwaltungsgerichte in Deutschland, 3. Aufl., Darmstadt 1966 (Nachdruck der 2. Aufl. 1879).

Gosewinkel, Dieter: Einbürgern und Ausschließen. Die Nationalisierung der Staatsangehörigkeit vom Deutschen Bund bis zur Bundesrepublik Deutschland, Göttingen 2001.

Grigoleit, Klaus Joachim: Bundesverfassungsgericht und deutsche Frage. Eine dogmatische und historische Untersuchung zum judikativen Anteil an der Staatsleitung, Tübingen 2004.

Grigoleit, Klaus Joachim: Bundesverfassungsgericht und sozialliberale Koalition unter Willy Brandt. Der Streit um den Grundvertrag, in: van Ooyen, Robert Chr./Möllers, Martin H.W. (Hg.): Das Bundesverfassungsgericht im politischen System, Wiesbaden 2006.

Grimm, Dieter: Braucht Europa eine Verfassung?, in: Juristenzeitung 1995, S. 581ff.

Grimm, Dieter: Die Verfassung im Prozess der Entstaatlichung, in: Brenner, Michael/Huber, Peter M./Möstl, Markus: Der Staat des Grundgesetzes – Kontinuität und Wandel. Festschrift für Peter Badura zum siebzigsten Geburtstag, Tübingen 2004, S. 145ff.

Grimm, Dieter: Die Verfassung und die Politik. Einsprüche in Störfällen, München 2001.

Grimm, Dieter: Die Zukunft der Verfassung, Frankfurt/M. 1991.

Grimm, Dieter: Lässt sich die Verhandlungsdemokratie konstitutionalisieren?, in: Offe, Claus (Hg.): Demokratisierung der Demokratie. Diagnosen und Reformvorschläge, Frankfurt/M. 2003, S. 193ff.

Grünthal, Günther: Höpker-Aschoff, Hermann, in: Neue Deutsche Biographie, Bd. 9, Berlin 1972, S. 349f.

Guggenberger, Bernd: Krise der repräsentativen Demokratie? Die Legitimität der Bürgerinitiativen und das Prinzip der Mehrheitsentscheidung, in: Ders./Kempf, Udo (Hg.): Bürgerinitiativen und repräsentatives System, 2. Aufl., Opladen 1984, S. 23ff.

Günther, Frieder: Denken vom Staat her. Die bundesdeutsche Staatsrechtslehre zwischen Dezision und Integration 1949–1970, München 2004.

Günther, Klaus: Anwaltsimperien, in: Kursbuch 155 (2004): Neue Rechtsordnungen, S. 1ff.

Gusy, Christoph: Brauchen wir eine juristische Staatslehre?, in: Jahrbuch des öffentlichen Rechts der Gegenwart, Neue Folge 2007, S. 41ff.

Gusy, Christoph: Verwaltung zwischen parlamentarischer Steuerung und Partizipation, in: Europäische Grundrechte-Zeitschrift 2006, S. 353ff.

Haack, Dieter/Hoppe, Hans-G./Lintner, Eduard/Seiffert, Wolfgang (Hg.): Das Wiedervereinigungsgebot des Grundgesetzes, Köln 1989.

369

Häberle, Peter: Der Sinn von Verfassungen in kulturwissenschaftlicher Sicht, in: Archiv des öffentlichen Rechts 2006, S. 621ff.

Häberle, Peter: Die Abhörentscheidung des Bundesverfassungsgerichts vom 15.12.1970. Analyse und Kritik des Urteils sowie des Minderheitsvotums vom 4. Januar 1971, in: Juristenzeitung 1971, S. 145ff.

Häberle, Peter: Neue Horizonte und Herausforderungen des Konstitutionalismus, in: Europäische Grundrechte-Zeitschrift 2006, S. 533ff.

Häberle, Peter: Verfassung als Kultur, in: Jahrbuch des öffentlichen Rechts der Gegenwart, Neue Folge 2001, S. 125ff.

Häberle, Peter: Verfassungsrechtliche Aspekte der kulturellen Identität, in: Jahrbuch des öffentlichen Rechts der Gegenwart, Neue Folge 2007, S. 317ff.

Habermas, Jürgen: Inklusion versus Unabhängigkeit. Zum Verhältnis von Nation, Rechtsstaat und Demokratie, in: Hettling, Manfred/Nolte, Paul (Hg.): Nation und Gesellschaft in Deutschland. Historische Essays, München 1996, S. 115ff.

Habermas, Jürgen: Keine Kultur kann sich das leisten, in: Süddeutsche Zeitung vom 16. Mai 2007.

Habermas, Jürgen: Staatsbürgerschaft und nationale Identität. Überlegungen zur europäischen Zukunft, St. Gallen 1991.

Habermas, Jürgen: Strukturwandel der Öffentlichkeit. Untersuchungen zu einer Kategorie der bürgerlichen Gesellschaft, Neuwied 1962.

Haffner, Sebastian: Die deutsche Frage 1950 – 1961: Von der Wiederbewaffnung bis zum Mauerbau, Frankfurt/M. 2003.

Hallstein, Walter: Der unvollendete Bundesstaat, Düsseldorf 1969.

Hamm-Brücher, Hildegard: Auch eine Demokratie lebt nicht vom Brot allein, in: Herles, Helmut (Hg.): Politikverdrossenheit. Schlagwort oder Zeichen der Krise?, München 1993, S. 75ff.

Hanebeck, Alexander: Einheit der Rechtsordnung als Anforderung an den Gesetzgeber? Zu verfassungsrechtlichen Anforderungen wie »Systemgerechtigkeit« und »Widerspruchsfreiheit« der Rechtsetzung als Maßstab verfassungsgerichtlicher Kontrolle, in: Der Staat 2002, S. 429ff.

Hansen, Henning: Die Sozialistische Reichspartei (SRP). Aufstieg und Scheitern einer rechtsextremen Partei, Düsseldorf 2007.

Hartleb, Torsten: Der neue § 14 III LuftSiG und das Grundrecht auf Leben, in: Neue Juristische Wochenschrift 2005, S. 1397ff.

Hassemer, Winfried: Politik aus Karlsruhe?, in: Juristenzeitung 2008, S. 1ff.

Hatje, Armin: Die EG und ihr Recht im Zeichen der Globalisierung, in: Schwarze, Jürgen (Hg.): Globalisierung und Entstaatlichung des Rechts.

370

Ergebnisse der 31. Tagung der Gesellschaft für Rechtsvergleichung vom 20. bis 22. September 2007 in Halle, Teilband 1: Beiträge zum Öffentlichen Recht, Europarecht, Arbeits- und Sozialrecht und Strafrecht, Tübingen 2008, S. 105ff.

Hedwig, Andreas/Menk, Gerhard (Hg.): Erwin Stein (1903–1992). Politisches Wirken und Ideale eines hessischen Nachkriegspolitikers, Marburg 2004.

Heinemann, Gustav/Posser, Diether: Kritische Bemerkungen zum politischen Strafrecht in der Bundesrepublik, in: Neue Juristische Wochenschrift 1959, S. 121ff.

Heinemann, Gustav: Unser Grundgesetz ist ein großes Angebot. Rechtspolitische Schriften, München 1989.

Heinemann, Gustav: Zur Diskussion um eine Wiederzulassung der KPD, in: Juristenzeitung 1967, S. 425f.

Helberg, Klaus: Gerhard Leibholz und die Neugründung der Demokratie in Deutschland, in: Krohn, Claus-Dieter/Schumacher, Martin (Hg.): Exil und Neuordnung. Beiträge zur verfassungspolitischen Entwicklung in Deutschland nach 1945, Düsseldorf 2000, S. 231ff.

Helms, Ludger: Die Informalisierung des Regierungshandelns in der Bundesrepublik: ein Vergleich der Regierungen Kohl und Schröder, in: Zeitschrift für Staats- und Europawissenschaften 2005, S. 71ff.

Henne, Thomas: Die neue Wertordnung im Zivilrecht – speziell im Familien- und Arbeitsrecht, in: Stolleis, Michael (Hg.): Das Bonner Grundgesetz. Altes Recht und neue Verfassung in den ersten Jahrzehnten der Bundesrepublik Deutschland (1949–1969), Berlin 2006, S. 13ff.

Henne, Thomas/Riedlinger, Arne (Hg.): Das Lüth-Urteil aus (rechts-)historischer Sicht. Der Konflikt um Veit Harlan und die Grundrechtsjudikatur des Bundesverfassungsgerichts, Berlin 2005.

Hennis, Wilhelm: Demokratisierung. Zur Problematik eines Begriffs, Köln 1970.

Hennis, Wilhelm: Der »Parteienstaat« des Grundgesetzes. Eine gelungene Erfindung, Der Spiegel, Dokument, Abonnenten-Beilage Oktober 1992.

Hennis, Wilhelm: Die missverstandene Demokratie, Freiburg 1973.

Hennis, Wilhelm: Lüth – und anderes, in: Henne, Thomas/Riedlinger, Arne (Hg.): Das Lüth-Urteil aus (rechts-)historischer Sicht. Der Konflikt um Veit Harlan und die Grundrechtsjudikatur des Bundesverfassungsgerichts, Berlin 2005, S. 187ff.

Hennis, Wilhelm: Verfassung und Verfassungswirklichkeit. Ein deutsches Problem, in: Ders: Die missverstandene Demokratie, Freiburg 1973, S. 53ff.

Herbe, Daniel: Hermann Weinkauff (1894 – 1981). Der erste Präsident des Bundesgerichtshofs, Tübingen 2008.

Herbert, Ulrich: Integration der jungen Republik durch Verfassungsrecht?, in: Stolleis, Michael (Hg.): Das Bonner Grundgesetz. Altes Recht und neue Verfassung in den ersten Jahrzehnten der Bundesrepublik Deutschland (1949 – 1969), Berlin 2006, S. 85ff.

Herbert, Ulrich: Liberalisierung als Lernprozess. Die Bundesrepublik in der deutschen Geschichte – eine Skizze, in: Ders. (Hg.): Wandlungsprozesse in Westdeutschland. Belastung, Integration, Liberalisierung 1945 – 1980, Göttingen 2002, S. 7ff.

Herles, Helmut: Geschlossene Gesellschaft in der Stimmungsrepublik, in: Ders. (Hg.): Politikverdrossenheit. Schlagwort oder Zeichen der Krise?, München 1993, S. 11ff.

Herold, Horst: »Rasterfahndung« – eine computerunterstützte Fahndungsform der Polizei. Begriff, Formen, Abläufe, in: Recht und Politik 1985, S. 84ff.

Hertfelder, Thomas/Rödder, Andreas (Hg.): Modell Deutschland. Erfolgsgeschichte oder Illusion?, Göttingen 2007.

Hertfelder, Thomas/Heß, Jürgen C. (Hg.): Streiten um das Staatsfragment. Theodor Heuss und Thomas Dehler berichten von der Entstehung des Grundgesetzes, Stuttgart 1999.

Herzog, Roman: Einspruch gegen den humorlosen politischen Betrieb. Eine Rede anlässlich der Einweihung des neuen Plenarsaals, in: Herles, Helmut (Hg.): Politikverdrossenheit. Schlagwort oder Zeichen der Krise?, München 1993, S. 53ff.

Herzog, Roman: Strukturmängel der Verfassung? Erfahrungen mit dem Grundgesetz, Stuttgart 2000.

Hesse, Konrad: Grundzüge des Verfassungsrechts der Bundesrepublik Deutschland, 18. Aufl., Heidelberg 1991.

Heydemann, Günther: 1989/90 nach 15 Jahren: Historischer Kontext, Transformationsprozess und Demokratieakzeptanz – Versuch einer Bilanz, in: Mertens, Lothar (Hg.): Bilanz und Perspektiven des deutschen Vereinigungsprozesses, Berlin 2006, S. 131ff.

Hobe, Stephan: Europarecht, 3., neu bearb. Aufl., Köln 2006.

Hockerts, Hans Günter: Parteien in Bewegung. Über die Flexibilität des Parteiensystems in der Reformära der Bonner Republik (1966 – 1974), in: Hildebrand, Klaus/Wengst, Udo/Wirsching, Andreas (Hg.): Geschichtswissenschaft und Zeiterkenntnis. Von der Aufklärung bis zur Gegenwart. Festschrift zum 65. Geburtstag von Horst Möller, München 2008, S. 225ff.

Hockerts, Hans Günter: Vom Problemlöser zum Problemerzeuger? Der Sozialstaat im 20. Jahrhundert, in: Archiv für Sozialgeschichte 47(2007), S. 3ff.

Hodenberg, Christina von: Konkurrierende Konzepte von »Öffentlichkeit« in der Orientierungskrise der 60er Jahre, in: Frese, Matthias u.a (Hg.): Demokratisierung und gesellschaftlicher Aufbruch. Die sechziger Jahre als Wendezeit der Bundesrepublik, Paderborn 2003, S. 205ff.

Hodenberg, Christina von: Konsens und Krise. Eine Geschichte der westdeutschen Medienöffentlichkeit 1945–1973, Göttingen 2006.

Hoffmann-Riem, Wolfgang: Die beiden Gesichter der Pressefreiheit. Ein Medien-Tsunami ist nicht mehr ausgeschlossen, in: Zeitschrift für Rechtspolitik 2006, S. 29ff.

Höfling, Wolfram: Kopernikanische Wende rückwärts? Zur neueren Grundrechtsjudikatur des Bundesverfassungsgerichts, in: Muckel, Stefan (Hg.): Kirche und Religion im sozialen Rechtsstaat. Festschrift für Wolfgang Rüfner zum 70. Geburtstag, Berlin 2003, S. 329ff.

Holzhauer, Heinz: Ehe und Familie, in: Pieroth, Bodo (Hg.): Verfassungsrecht und soziale Wirklichkeit in Wechselwirkung, Berlin 2000, S. 71ff.

Höreth, Marcus: Das Amt des Bundespräsidenten und sein Prüfungsrecht, in: Aus Politik und Zeitgeschichte 16 (2008), S. 32ff.

Höreth, Marcus: Das Demokratiedefizit lässt sich nicht wegreformieren. Über Sinn und Unsinn der europäischen Verfassungsdebatte, in: Internationale Politik und Gesellschaft 4 (2002), S. 11ff.

Höreth, Marcus: Zur Zustimmungsbedürftigkeit von Bundesgesetzen: Eine kritische Bilanz nach einem Jahr Föderalismusreform, in: Zeitschrift für Parlamentsfragen 2007, S. 712ff.

Horn, Wolfgang: Probleme der Gewaltenteilung – heute, in: Dicke, Klaus (Hg.): Der demokratische Verfassungsstaat in Deutschland, Baden-Baden 2001, S. 119ff.

Hornung, Klaus: Plebiszitäre Demokratie und totalitäre Diktatur. Historische Erfahrungen mit direktdemokratischen Ideen und Programmen, in: Rüther, Günther (Hg.): Repräsentative oder plebiszitäre Demokratie – eine Alternative?, Baden-Baden 1996, S. 73ff.

Hurrelmann, Achim: Demokratie in der Europäischen Union: Eine Bestandsaufnahme, in: Aus Politik und Zeitgeschichte 32 (2008), S. 3ff.

Hurrelmann, Achim/Leibfried, Stephan/Martens, Kerstin/Mayer, Peter (Hg.): Zerfasert der Nationalstaat? Die Internationalisierung politischer Verantwortung, Frankurt/M. 2008.

Ignor, Alexander: Die Zukunft des Strafverfahrens – Abschied vom Rechtsstaat?, in: Zeitschrift für die gesamte Strafrechtswissenschaft 2007, S. 927ff.

Isensee, Josef: Das Grundrecht auf Sicherheit. Zu den Schutzpflichten des freiheitlichen Verfassungsstaates. Vortrag gehalten vor der Berliner Juristischen Gesellschaft am 24. November 1982 – erweiterte Fassung, Berlin 1983.

Isensee, Josef: Die Verfassung als Vaterland. Zur Staatsverdrängung der Deutschen, in: Mohler, Armin (Hg.): Wirklichkeit als Tabu. Anmerkungen zur Lage, München 1986, S. 11ff.

Isensee, Josef: Plädoyer für eine Kultur der Gemeinschaft. Verdrängung und Wiederentdeckung der Realität, in: Die Politische Meinung 51 (2006), S. 6ff.

Jackson, John H.: The Case of the World Trade Organization, in: International Affairs 2008, S. 437ff.

James, Harold: Globalization, Empire and Natural Law, in: International Affairs 2008, S. 421ff.

James, Robert Rhodes (Hg.): Churchill speaks. Winston S. Churchill in Peace and War. Collected Speeches, 1897–1963, Leicester 1981.

Janisch, Wolfgang: Frauen in die Bundeswehr: Wo Europa zuständig ist, hat selbst das Grundgesetz das Nachsehen, in: Gegenwartskunde 1 (2000), S. 87ff.

Jaspers, Karl: Wohin treibt die Bundesrepublik? Tatsachen – Gefahren – Chancen, 10. Aufl., München 1980.

Jesse, Eckhard: NPD-Verbot ist kein Gebot. Die endlose Diskussion um einen Verbotsantrag gegen die NPD, in: Deutschland Archiv 2008, S. 392ff.

Jestaedt, Matthias: Das Geheimnis im Staat der Öffentlichkeit. Was darf der Verfassungsstaat verbergen?, in: Archiv des öffentlichen Rechts 2001, S. 205ff.

Joerges, Christian: Freier Handel mit riskanten Produkten? Die Erosion nationalstaatlichen und die Emergenz transnationalen Regierens, in: Leibfried, Stephan/Zürn, Michael (Hg.): Transformationen des Staates, Frankfurt/M. 2006, S. 151ff.

Joerges, Christian: Integration through de-legalisation?, in: European Law Review 2008, S. 291ff.

Joerges, Christian/Sand, Inger-Johanne/Teubner, Gunther (Hg.): Transnational Governance and Constitutionalism, Oxford 2004.

374

Judt, Tony: Die Geschichte Europas seit dem Zweiten Weltkrieg, München 2006.

Jung, Franz Josef: 10 Jahre »Radikalenerlass«. Geschichte und Wirklichkeit, in: Die Entscheidung 5 (1982), S. 27ff.

Kaase, Max/Schmid, Günther (Hg.): Eine lernende Demokratie. 50 Jahre Bundesrepublik Deutschland, Berlin 1999.

Kant, Immanuel: Metaphysische Anfangsgründe der Rechtslehre. Metaphysik der Sitten, erster Teil, Königsberg 1797, neu hg. v. Bernd Ludwig, Hamburg 1986.

Kelsen, Hans: Reine Rechtslehre. Einleitung in die rechtswissenschaftliche Problematik, Leipzig 1932.

Kiesow, Rainer Maria: Weltrecht Ruinenrecht, in: Kursbuch 155 (2004): Neue Rechtsordnungen, S. 98ff.

Kimmel, Adolf/Jardin, Pierre (Hg.): Die deutsch-französischen Beziehungen seit 1963. Eine Dokumentation in Zusammenarbeit mit dem Deutsch-Französischen Institut, Opladen 2002.

Kirchhof, Paul: Entparlamentarisierung der Demokratie?, in: Kaiser, André/Zittel, Thomas (Hg.): Demokratietheorie und Demokratieentwicklung. Festschrift für Peter Graf Kielmansegg, Wiesbaden 2004, S. 359ff.

Kirchhof, Paul: Europäische Integration und nationales Verfassungsrecht, in: Zeitschrift für Arbeitsrecht 1992, S. 459ff.

Kirchhof, Paul: Der deutsche Staat im Prozess der europäischen Integration, in: Isensee, Josef/Kirchhof, Paul (Hg.): Handbuch des Staatsrechts, Bd. VII, Heidelberg 1992, § 183, S. 866ff.

Kirchhof, Paul: Europarecht und nationales Verfassungsrecht – Wie steht es um die Souveränität der Mitgliedsstaaten in der Europäischen Gemeinschaft?, in: Bahlmann, Kai (Bearb.): Ziel: 1993 – Europa auf dem Weg zum Binnenmarkt, Bonn 1990, S. 74ff.

Kommers, Donald P.: The Federal Constitutional Court: Guardian of German Democracy, in: Annals of the American Academy of Political and Social Science 2006, S. 111ff.

Kommission für die Finanzreform (Hg.): Gutachten über die Finanzreform in der Bundesrepublik Deutschland, Stuttgart 1966.

Köppe, Olaf: Bundesverfassungsgericht und Steuergesetzgebung – Politik mit den Mitteln der Verfassungsrechtsprechung, in: van Ooyen, Robert Chr./Möllers, Martin H. W. (Hg.): Das Bundesverfassungsgericht im politischen System, Wiesbaden 2006, S. 435ff.

Koreuber, Mechthild/Mager, Ute: Recht und Geschlecht. Zwischen Gleichberechtigung, Gleichstellung und Differenz, Baden-Baden 2004.

Krajewski, Markus: Verfassungsperspektiven und Legitimation des Rechts der Welthandelsorganisation (WTO), Berlin 2001.

Kraushaar, Wolfgang: Der nicht erklärte Ausnahmezustand. Staatliches Handeln während des so genannten deutschen Herbstes, in: Ders. (Hg.): Die RAF und der linke Terrorismus, Bd. 2, Hamburg 2006, S. 1011 ff.

Krieger, Heike: Die Herrschaft der Fremden – Zur demokratietheoretischen Kritik des Völkerrechts, in: Archiv des öffentlichen Rechts 2008, S. 315 ff.

Kriele, Martin: Einführung in die Staatslehre. Die geschichtlichen Legitimitätsgrundlagen des demokratischen Verfassungsstaates, 6. Aufl., Stuttgart 2003.

Kritische Justiz (Hg.): Streitbare Juristen. Eine andere Tradition, Baden-Baden 1988.

Kronenberg, Volker: Patriotismus in Deutschland: Perspektiven für eine weltoffene Nation, Wiesbaden 2006.

Krüger, Hildegard: Die verfassungsrechtliche Bedeutung des Art. 117 GG, in: Neue Juristische Wochenschrift 1953, S. 964 ff.

Kuczynski, Rita: Ostdeutschland war nie etwas Natürliches, Berlin 2005.

Kuhlen, Lothar: Das Grundgesetz als Herausforderung für Strafprozess- und Strafrecht, in: Stolleis, Michael (Hg.): Das Bonner Grundgesetz. Altes Recht und neue Verfassung in den ersten Jahrzehnten der Bundesrepublik Deutschland (1949–1969), Berlin 2006, S. 39 ff.

Kühling, Jürgen: Erosion demokratischer Öffentlichkeit?, in: Deutsches Verwaltungsblatt 2008, S. 1098 ff.

Küsters, Hanns Jürgen: Konrad Adenauer, die Presse, der Rundfunk und das Fernsehen, in: Hase, Karl-Günther von (Hg.): Konrad Adenauer und die Presse. Rhöndorfer Gespräche, Bd. 9, Bonn 1988, S. 13 ff.

Küsters, Hanns Jürgen: Der Integrationsfriede. Viermächte-Verhandlungen über die Friedensregelung mit Deutschland 1945–1990, München 2000.

Landeszentrale für politische Bildung Hamburg (Hg.): Drei Hamburger im Parlamentarischen Rat. Adolph Schönfelder, Paul de Chapeaurouge und Hermann Schäfer, Hamburg 1999.

Landfried, Christine: Parteifinanzen und politische Macht. Eine vergleichende Studie zur Bundesrepublik Deutschland, zu Italien und den USA, Baden-Baden 1990.

Landfried, Christine: Zum Verhältnis von Nationalstaat und Europäischer Union – Eine Analyse am Beispiel der Verfassungspolitik, in: Bohnet, Matthias/Hopf, Henning/Lompe, Klaus/Oberbeck, Herbert (Hg.): Wohin steuert die Bundesrepublik? Einige Entwicklungslinien in Wirtschaft und Gesellschaft, Frankfurt/M. 2007, S. 107ff.

Lange, Erhard M.: Entstehung des Grundgesetzes und Öffentlichkeit. Zustimmung erst nach Jahren, in: Zeitschrift für Parlamentsfragen 1979, S. 378ff.

Leibfried, Stephan: Rückkehr des Staates?, in: Blätter für deutsche und internationale Politik 5 (2008), S. 79ff.

Leibfried, Stephan/Zürn, Michael (Hg.): Transformationen des Staates?, Frankfurt/M. 2006.

Leibholz, Gerhard: Das Wesen der Repräsentation unter besonderer Berücksichtigung des Repräsentativsystems, Berlin 1929.

Leibholz, Gerhard: Staat und Verbände, Veröffentlichungen der Vereinigung der Deutschen Staatsrechtslehrer 1965, S. 5ff.

Leibholz, Gerhard: Strukturprobleme der modernen Demokratie, 3. Aufl., Karlsruhe 1967.

Leibholz, Gerhard: Zum Parteiengesetz von 1967, in: Ehmke, Horst/Schmid, Carlo/Scharoun, Hans (Hg.): Festschrift für Adolf Arndt zum 65. Geburtstag, Frankfurt/M. 1969, S. 179ff.

Leisner, Walter: Das neue »Kommunikationsgrundrecht« – nicht Alibi für mehr, sondern Mahnung zu weniger staatlicher Überwachung, in: Neue Juristische Wochenschrift 2008, S. 2902ff.

Lengsfeld, Vera: Sieger und Verlierer, in: Löw, Konrad (Hg.): Zehn Jahre deutsche Einheit, Berlin 2001, S. 11ff.

Leonhard, Wolfgang: Die Revolution entlässt ihre Kinder (1955), Köln 1992.

Lepsius, M. Rainer: Die Teilung Deutschlands und die deutsche Nation, in: Albertin, Lothar/Link, Werner (Hg.): Politische Parteien auf dem Weg zur parlamentarischen Demokratie in Deutschland. Entwicklungslinien bis zur Gegenwart, Düsseldorf 1981, S. 417ff.

Lepsius, M. Rainer: Nation und Nationalismus in Deutschland (1982), in: Ders.: Interessen, Ideen und Institutionen, Opladen 1990, S. 232ff.

Lhotta, Roland/Ketelhut, Jörn: Bundesverfassungsgericht und Europäische Integration, in: van Ooyen, Robert Chr./Möllers, Martin H. W. (Hg.): Das Bundesverfassungsgericht im politischen System, Wiesbaden 2006, S. 465ff.

Liberales Bildungswerk (Hg.): Fünf Jahre Radikalenerlass. Dokumente – Meinungen. Bonn 1977.

Lieckweg, Tanja: Das Recht der Weltgesellschaft. Systemtheoretische Perspektiven auf die Globalisierung des Rechts am Beispiel der lex mercatoria, Stuttgart 2003.

Limbach, Jutta: »Im Namen des Volkes«. Macht und Verantwortung der Richter, Stuttgart 1999.

Limbach, Jutta: Die Kooperation der Gerichte in der zukünftigen europäischen Grundrechtsarchitektur, in: Europäische Grundrechte-Zeitschrift 2000, S. 417ff.

Lindemann, Helmut: Das antiquierte Grundgesetz. Plädoyer für eine zeitgemäße Verfassung, Hamburg 1966.

Linden, Markus: Wie frustriert sind die Deutschen? Eine international vergleichende Bestandsaufnahme der Redeweise von der »Politikverdrossenheit«, in: Deutschland Archiv 2007, S. 977ff.

Lipgens, Walter (Hg.): 45 Jahre Ringen um die Europäische Verfassung, Bonn 1986.

Loewenberg, Gerhard: Parlamentarismus im politischen System der Bundesrepublik Deutschland, Tübingen 1969.

Löffler, Martin: Die Pressekonzentration bedroht die Pressefreiheit, in: Zeitschrift für Rechtspolitik 1969, S. 12ff.

Loschelder, Wolfgang: Rasterfahndung – Polizeiliche Ermittlung zwischen Effektivität und Freiheitsschutz, in: Der Staat 1981, S. 349ff.

Luhmann, Niklas: Das Recht der Gesellschaft, Frankfurt/M. 1995.

Luhmann, Niklas: Gibt es in unserer Gesellschaft noch unverzichtbare Normen?, Heidelberg 1993.

Lundmark, Thomas: Zum Rang der Redefreiheit in der poststaatlichen Gesellschaft, in: Pieroth, Bodo (Hg.): Verfassungsrecht und soziale Wirklichkeit in Wechselwirkung, Berlin 2000, S. 213ff.

Maier, Reinhold: Erinnerungen 1948–1953, Tübingen 1966.

Manow, Philip: Die politische Anatomie demokratischer Repräsentation, in: Leviathan 2006, S. 149ff.

Martini, Mario: Normsetzungsdelegation zwischen parlamentarischer Steuerung und legislativer Effizienz – auf dem Weg zu einer dritten Form der Gesetzgebung?, in: Archiv des öffentlichen Rechts 2008, S. 155ff.

Maunz, Theodor/Dürig, Günter/Herzog, Roman/Scholz, Rupert (Hg.): Kommentar zum Grundgesetz, München lf.

Maunz, Theodor/Höhn, Reinhard/Swoboda, Ernst: Grundfragen der Rechtsauffassung, München 1938.

Menzel, Jörg: Vergangenheitsbewältigung im Beamten- und Gestapo-Urteil, in: Henne, Thomas/Riedlinger, Arne (Hg.): Das Lüth-Urteil aus (rechts-)historischer Sicht, Berlin 2005, S. 225ff.

Metzler, Gabriele: Konzeptionen politischen Handelns von Adenauer bis Brandt. Politische Planung in der pluralistischen Gesellschaft, Paderborn 2005.

Meyer, Anton: Wirksamer Schutz des Luftverkehrs durch ein Luftsicherheitsgesetz?, in: Zeitschrift für Rechtspolitik 2004, S. 203 ff.

Mez, Lutz: Von den Bürgerinitiativen zu den GRÜNEN. Zur Entstehungsgeschichte der »Wahlalternativen« in der Bundesrepublik Deutschland, in: Roth, Roland/Rucht, Dieter (Hg.): Neue soziale Bewegungen in der Bundesrepublik Deutschland, Frankfurt/M. 1987, S. 263 ff.

Möllers, Christoph: Dogmatik der grundgesetzlichen Gewaltengliederung, in: Archiv des öffentlichen Rechts 2007, S. 493 ff.

Möllers, Christoph: Staat als Argument, München 2000.

Möllers, Martin H. W.: Die Diskussion über die Menschenwürde und das Urteil des Bundesverfassungsgerichts zum »Großen Lauschangriff«, in: Möllers, Martin H. W./van Ooyen, Robert Chr. (Hg.): Jahrbuch Öffentliche Sicherheit 2004/2005, Frankfurt/M. 2005, S. 51 ff.

Müller, Ingo: Furchtbare Juristen. Die unbewältigte Vergangenheit unserer Justiz, München 1989.

Müller, Ingo/Jungfer, Gerhard: 70 Jahre Weltbühnen-Urteil, in: Neue Juristische Wochenschrift 2001, S. 3461 ff.

Müller, Jan-Werner: Constitutional Patriotism, Princeton 2007.

Murphy, Detlef/Roth, Roland: In viele Richtungen zugleich. Die GRÜNEN – ein Artefakt der Fünf-Prozent-Klausel?, in: Roth, Roland/Rucht, Dieter (Hg.): Neue soziale Bewegungen in der Bundesrepublik Deutschland, Frankfurt/M. 1987, S. 303 ff.

Murswiek, Dietrich: Der Vertrag von Lissabon. Rechtsgutachten über die Zulässigkeit und Begründetheit verfassungsgerichtlicher Rechtsbehelfe gegen das Zustimmungsgesetz zum Vertrag von Lissabon und die deutsche Begleitgesetzgebung, Mai 2008, <http://www.petergauweiler.de/pdf/Vertr%Lissabon%Gutachten.pdf>.

Nawiasky, Hans: Allgemeine Rechtslehre als System der rechtlichen Grundbegriffe, 2., erw. Aufl., Zürich 1948.

Nelles, Ursula: Die Gleichberechtigung von Mann und Frau, in: Pieroth, Bodo (Hg.): Verfassungsrecht und soziale Wirklichkeit in Wechselwirkung, Berlin 2000, S. 45 ff.

Nettesheim, Martin: Demokratisierung der EU und Europäisierung der Demokratietheorie – Wechselwirkungen bei der Herausbildung eines europäischen Demokratieprinzips, in: Bauer, Hartmut/Huber, Peter M. /Sommermann, Karl-Peter (Hg.): Demokratie in Europa, Tübingen 2005, S. 143 ff.

Neyer, Jürgen: Die Krise der EU und die Stärke einer deliberativen Integrationstheorie, in: Zeitschrift für Internationale Beziehungen 2005, S. 377ff.

Niedermayer, Oskar: Bürger und Politik. Politische Orientierungen und Verhaltensweisen der Deutschen, 2. Aufl., Wiesbaden 2005.

Niehuss, Merith: Kontinuität und Wandel der Familie in den 50er Jahren, in: Schildt, Axel/Sywottek, Arnold (Hg.): Modernisierung im Wiederaufbau. Die Deutsche Gesellschaft der 50er Jahre, Bonn 1993, S. 316ff.

Nitschke, Peter: Der Tod der demokratischen Ordnung. Eine neoklassische Rekonstruktion, in: Zeitschrift für Politik 2007, S. 141ff.

Notz, Gisela: Frauen in der Mannschaft: Sozialdemokratinnen im Parlamentarischen Rat und im Deutschen Bundestag 1948/49 bis 1957, Bonn 2003.

Oberreuter, Heinrich: Notstand und Demokratie, München 1978.

Oertzen, Peter von: Freiheitliche demokratische Grundordnung und Rätesystem, in: Bermbach, Udo (Hg.): Theorie und Praxis der direkten Demokratie, Opladen 1973, S. 173ff.

Ohe, Axel von der: Der Bundesgerichtshof und die NS-Kriegsverbrechen, in: Glienke, Stephan Alexander/Paulmann, Volker/ Perels, Joachim: Erfolgsgeschichte Bundesrepublik? Die Nachkriegsgesellschaft im langen Schatten des Nationalsozialismus, Berlin 2008, S. 293.

Ooyen, Robert Chr. van: Das Bundesverfassungsgericht als außenpolitischer Akteur: von der »Out-of-Area-Entscheidung« zum »Tornado-Einsatz«, in: Recht und Politik 2008, S. 75ff.

Ooyen, Robert Chr. van: Die Integrationslehre von Rudolf Smend und das Geheimnis ihres Erfolgs in Staatslehre und politischer Kultur nach 1945, in: Journal der juristischen Zeitgeschichte 2008, S. 52ff.

Otto, Volker: Das Staatsverständnis des Parlamentarischen Rates. Ein Beitrag zur Entstehungsgeschichte des Grundgesetzes für die Bundesrepublik Deutschland, Bonn 1971.

Pelinka, Anton: Demokratiedefizit – mehr als nur ein intuitives Unbehagen?, in: Hierzinger, Roland/Pollak, Johannes (Hg.): Europäische Leitbilder. Festschrift für Heinrich Schneider, Baden-Baden 2001, S. 75ff.

Peters, Butz: Tödlicher Irrtum. Die Geschichte der RAF, Berlin 2004.

Peters, Hans: Die freie Entfaltung der Persönlichkeit als Verfassungsziel, in: Constanopoulos, D.S./Wehberg, Hans (Hg.): Festschrift für Rudolf Laun zu seinem siebzigsten Geburtstag, Hamburg 1953, S. 669ff.

Pfahl-Traughber, Armin: Demokratietheoretische Anfragen an die Partei »Die Linke«. Kritische Bemerkungen zu einigen Auffassungen und Handlungen, in: Deutschland Archiv 2008, S. 402ff.

Pfetsch, Barbara: Volkszählung '83: Ein Beispiel für die Thematisierung eines politischen Issues in den Massenmedien, in: Klingemann, Hans-Dieter/Kaase, Max (Hg.): Wahlen und politischer Prozess. Analysen aus Anlass der Bundestagswahl 1983, Opladen 1986, S. 201ff.

Pieroth, Bodo (Hg.): Verfassungsrecht und soziale Wirklichkeit in Wechselwirkung, Berlin 2000.

Pieroth, Bodo: Plurale und unitarische Strukturen demokratischer Legitimation, in: Europäische Grundrechte-Zeitschrift 2006, S. 330ff.

Pöppelmann, Benno H.: »Die Meinungsfreiheit kann auf der Strecke bleiben«. Die Innere Pressefreiheit muss gesichert werden, in: Zeitschrift für Rechtspolitik 2006, S. 237ff.

Prantl, Heribert: Der Herbst des Staates. Die Privatisierungskatastrophen: Zu viel Entstaatlichung ist eine Gefahr für die Demokratie, in: Kursbuch 168 (2007): Aufgehobene Grenzen, S. 74ff.

Presse- und Informationsamt der Bundesregierung: Dokumentation zu den Ereignissen und Entscheidungen im Zusammenhang mit der Entführung von Hanns Martin Schleyer und der Lufthansa-Maschine Landshut, Bonn 1977.

Puntscher Riekmann, Sonja: Der Riss im Vorhang. Über die Notwendigkeit einer neuen Legitimitätsgrundlage für die Europäische Union, in: Hierzinger, Roland/Pollak, Johannes (Hg.): Europäische Leitbilder. Festschrift für Heinrich Schneider, Baden-Baden 2001, S. 85ff.

Radbruch, Gustav: Gesetzliches Unrecht und übergesetzliches Recht, in: Süddeutsche Juristenzeitung 1946, S. 105ff.

Ramm, Thilo: Der Staatsrechtslehrer und die deutsche Geschichte, in: Jahrbuch des Instituts für Juristische Zeitgeschichte Hagen 1999/2000, S. 174ff.

Randelzhofer, Albrecht: Art. 24 Abs. II, in: Maunz, Theodor/Dürig, Günter (Hg.): Kommentar zum Grundgesetz, München lf., RNr. 46f.

Raschke, Joachim (Hg.): Bürger und Parteien. Ansichten und Analysen einer schwierigen Beziehung, Opladen 1982.

Raufer, Thilo: Die legitime Demokratie. Zur Begründung politischer Ordnung in der Bundesrepublik, Frankfurt/M. 2005.

Reemtsma, Jan Philipp: Folter im Rechtsstaat?, Hamburg 2005.

Reinecke, Stefan: Otto Schily. Vom RAF-Anwalt zum Innenminister, Hamburg 2003.

Reinhard, Wolfgang: Geschichte des modernen Staates, von den Anfängen bis zur Gegenwart, München 2007.

Requate, Jörg: »Terroristenanwälte« und Rechtsstaat: Zur Auseinandersetzung um die Rolle der Verteidiger in den Terroristenverfahren der 1970er Jahre, in: Weinhauer, Karl/Requate, Jörg/Haupt, Heinz-Gerhard (Hg.): Terrorismus in der Bundesrepublik. Medien, Staat und Subkulturen in den 1970er Jahren, Frankfurt/M. 2006, S. 271ff.

Richter, Hans Werner (Hg.): Bestandsaufnahme. Eine deutsche Bilanz, München 1962.

Ridder, Gerhard: Aktuelle Rechtsfragen des KPD-Verbots, Neuwied 1966.

Ridder, Helmut K. J.: Meinungsfreiheit, in: Neumann, Franz L./Nipperdey, Hans Carl/Scheuner, Ulrich (Hg.): Die Grundrechte, Bd. 2, Berlin 1954, S. 256ff.

Riedlinger, Arne: Vom Boykottaufruf zur Verfassungsbeschwerde. Erich Lüth und die Kontroverse um Harlans Nachkriegsfilme (1950 – 58), in: Henne, Thomas/Riedlinger, Arne (Hg.): Das Lüth-Urteil aus (rechts-) historischer Sicht, Berlin 2005, S. 147ff.

Riegel, Reinhard: Rechtsprobleme der Rasterfahndung, in: Zeitschrift für Rechtspolitik 1980, S. 300ff.

Riehl-Heyse, Herbert: Man schlägt den Sack und trifft den Esel. Zehn Anmerkungen zur neuen deutschen Demokratieverdrossenheit, in: Herles, Helmut (Hg.): Politikverdrossenheit. Schlagwort oder Zeichen der Krise?, München 1993, S. 37ff.

Risse, Horst: Zur Entwicklung der Zustimmungsbedürftigkeit von Bundesgesetzen nach der Föderalismusreform 2006, in: Zeitschrift für Parlamentsfragen 2007, S. 707ff.

Risse, Thomas/Engelmann-Martin, Daniela: Identity Politics and European Integration: The Case of Germany, in: Pagden, Anthony (Hg.): The Idea of Europe, Cambridge 2002, S. 287ff.

Risse, Thomas/Lehmkuhl, Ursula: Governance in Räumen begrenzter Staatlichkeit, in: Aus Politik und Zeitgeschichte 20 – 21(2007), S. 3ff.

Ritter, Gerhard A.: Staatsverständnis und Nationalstaat im Wandel, in: Rödder, Andreas/Elz, Wolfgang (Hg.): Alte Werte – Neue Werte. Schlaglichter des Wertewandels, Göttingen 2008, S. 117ff.

Rogner, Klaus Michael: Der Verfassungsentwurf des Zentralen Runden Tisches der DDR, Berlin 1993.

Rohlfs, Angelo O.: Hermann von Mangoldt (1895 – 1953). Das Leben des Staatsrechtlers vom Kaiserreich bis zur Bonner Republik, Berlin 1996.

Roos, Sören: Das Wiedervereinigungsgebot des Grundgesetzes in der deutschen Kritik zwischen 1982 und 1989, Berlin 1996.

Röthel, Anne: Lex mercatoria, lex sportiva, lex technica – Private Rechtsetzung jenseits des Nationalstaates?, in: Juristenzeitung 2007, S. 755ff.

Röttgen, Norbert/Boehl, Henner Jörg: Abweichung statt Zustimmung. Die Re-Adjustierung des Verhältnisses von Bundestag und Bundesrat durch Änderung des Artikels 84 GG, in: Holtschneider, Rainer/Schön, Walter (Hg.): Die Reform des Bundesstaates, Baden-Baden 2007, S. 17ff.

Rottleuthner, Hubert: Interview in »Freischüßler« (Zeitschrift des Arbeitskreises kritischer Juristinnen und Juristen an der Rechtswissenschaftlichen Fakultät der Humboldt Universität Berlin) 1(2005), S. 12ff.

Rucht, Dieter: Deutsche Vereinigung und Demokratisierung. Zum Scheitern der Bürgerbewegungen, in: Forschungsjournal Neue Soziale Bewegungen 4(1995), S. 12ff.

Ruck, Michael: Die Republik der Runden Tische: Konzertierte Aktionen, Bündnisse und Konsensrunden, in: Kaiser, André/Zittel, Thomas (Hg.): Demokratietheorie und Demokratieentwicklung. Festschrift für Peter Graf Kielmansegg. Wiesbaden 2004, S. 333ff.

Rudolph, Hermann: Deutsche Frage – deutsche Einheit. Die Deutschen und ihr wieder gewonnener Nationalstaat, in: Hertfelder, Thomas/Rödder, Andreas (Hg.): Modell Deutschland. Erfolgsgeschichte oder Illusion, Göttingen 2007, S. 121ff.

Ruffert, Matthias: Entformalisierung und Entparlamentarisierung politischer Entscheidungen als Gefährdungen der Verfassung?, in: Deutsches Verwaltungsblatt 2002, S. 1145ff.

Rust, Ursula: Die Rechtsprechung des Bundesverfassungsgerichts zur garantierten Gleichberechtigung, in: Aus Politik und Zeitgeschichte 37–38 (2001), S. 30.

Rüther, Günther: Was verbirgt sich hinter der Forderung nach mehr direkter Demokratie?, in: Ders.: Repräsentative oder plebiszitäre Demokratie – eine Alternative? Grundlagen, Vergleiche, Perspektiven, Baden-Baden 1996, S. 9ff.

Sachs, Michael (Hg.): Grundgesetz-Kommentar, 4. Aufl., München 2007.

Sadurski, Wojciech: »Solange, Chapter 3«: Constitutional Courts in Central Europe – Democracy – European Union, in: European Law Journal 2008, S. 1ff.

Sander, Gerald G.: Gesundheitsschutz in der WTO – eine neue Bedeutung des Codex Alimentarius im Lebensmittelrecht?, in: Zeitschrift für Europarechtliche Studien 2000, S. 335ff.

Sassen, Saskia: Das Paradox des Nationalen, Frankfurt/M. 2008.

Schäfer, Gert/Nedelmann, Carl (Hg.): Der CDU-Staat. Studien zur Verfassungswirklichkeit der Bundesrepublik, München 1967.

Scharffenorth, Ernst-Albert: Gerhard Leibholz, in: Biographisches Kirchenlexikon, Bd. IV, Nordhausen 1992, Spalten 1379ff.

Scheibe, Moritz: Auf der Suche nach der demokratischen Gesellschaft, in: Herbert, Ulrich (Hg.): Wandlungsprozesse in Westdeutschland. Belastung, Integration, Liberalisierung 1945-1980, Göttingen 2002, S. 145ff.

Scheuch, Erwin K.: Wird die Bundesrepublik unregierbar?, Köln 1976.

Scheuch, Erwin K./Gräf, Lorenz/Kühnel, Steffen: Volkszählung, Volkszählungsprotest und Bürgerverhalten: Ergebnisse der Begleituntersuchung zur Volkszählung 1987, hg. vom Statistischen Bundesamt Wiesbaden, Stuttgart 1989.

Schildt, Axel: Konservativismus in Deutschland. Von den Anfängen im 18. Jahrhundert bis in die Gegenwart, München 1998.

Schildt, Axel/Sywottek, Arnold (Hg.): Modernisierung im Wiederaufbau. Die Deutsche Gesellschaft der 50er Jahre, Bonn 1993.

Schmid, Carlo: Erinnerungen, Bern 1979.

Schmidt-Aßmann, Eberhard: Der Rechtsstaat, in: Isensee, Josef/Kirchhof, Paul (Hg.): Handbuch des Staatsrechts, Bd. II, 3. Aufl., Heidelberg 2004, § 26, S. 541ff.

Schmidt, Walter: Grundrechte – Theorie und Dogmatik seit 1946 in Westdeutschland, in: Simon, Dieter (Hg.): Rechtswissenschaft in der Bonner Republik. Studien zur Wissenschaftsgeschichte der Jurisprudenz, Frankfurt/M. 1994, S. 188ff.

Schmitt, Carl: Der Führer schützt das Recht, in: Deutsche Juristenzeitung 15 (1934), S. 945ff.

Schmitt, Carl: Die geistesgeschichtliche Lage des heutigen Parlamentarismus, Berlin 1996 (Nachdruck der 2. Aufl. von 1926).

Schmitt, Carl: Politische Theologie. Vier Kapitel zur Lehre von der Souveränität (1922), 8. Aufl., Berlin 2004.

Schmitt, Carl: Verfassungslehre, 9. Aufl., Berlin 1993 (Nachdruck der Erstausgabe von 1928).

Schmoeckel, Mathias: Die Juristen der Universität Bonn im Dritten Reich, Köln 2004.

Schmoeckel, Reinhard/Kaiser, Bruno: Die vergessene Regierung. Die große Koalition 1966 bis 1969 und ihre langfristigen Wirkungen, Bonn 1991.

Schneider, Franz: Die Große Koalition – zum Erfolg verurteilt?, Mainz 1968.

Schoch, Friedrich: Entformalisierung staatlichen Handelns, in: Isensee, Josef/Kirchhof, Paul (Hg.): Handbuch des Staatsrechts, Bd. III, 3. Aufl., Heidelberg 2005, § 37, S. 131ff.

Scholz, Friedrich: Berlin und seine Justiz, Berlin 1982.

Scholz, Rupert: Frauen an die Waffe kraft Europarechts? in: Die Öffentliche Verwaltung 2000, S. 417ff.

Scholz, Rupert: Krise der parteienstaatlichen Demokratie? »Grüne« und »Alternative« im Parlament. Vortrag gehalten vor der Berliner Juristischen Gesellschaft am 20. April 1983, Berlin 1983.

Stolleis, Michael: Staatsrechtslehre der fünfziger Jahre, in: Henne, Thomas/ Riedlinger, Arne (Hg.): Das Lüth-Urteil aus (rechts-)historischer Sicht, Berlin 2005, S. 293ff.

Stolleis, Michael (Hg.): Das Bonner Grundgesetz. Altes Recht und neue Verfassung in den ersten Jahrzehnten der Bundesrepublik Deutschland (1949 – 1969), Berlin 2006, S. 53ff.

Schröder, Ulrich Jan: Von Lenkungssteuern und Eisenbahnkreuzungen. Normwidersprüche im Bundesstaat, in: Zeitschrift für Gesetzgebung 2007, S. 236ff.

Schuett-Wetschky, Eberhard: Gewaltenteilung zwischen Bundestag und Bundesregierung? Nach dem Scheitern des Gewaltenteilungskonzeptes des Parlamentarischen Rates: Gemeinwohl durch Parteien statt durch Staatsorgane?, in: Dicke, Klaus (Hg.): Der demokratische Verfassungsstaat in Deutschland, Baden-Baden 2001, S. 67ff.

Schulze, Reiner/Hoeren, Thomas (Hg.): Dokumente zum Europäischen Recht, Bd. 1: Gründungsverträge, Berlin 1999.

Schünemann, Bernd: Die Zukunft des Strafverfahrens – Abschied vom Rechtsstaat?, in: Zeitschrift für die gesamte Strafrechtswissenschaft 2007, S. 945ff.

Schuppert, Gunnar Folke: Was ist und wie misst man Wandel von Staatlichkeit?, in: Der Staat 2008, S. 325ff.

Schüttemeyer, Suzanne: Modewort oder Alarmsignal? Befunde und Überlegungen zur Entparlamentarisierung, in: Patzelt, Werner J./Sebaldt, Martin/Kranenpohl, Uwe (Hg.): Res publica semper reformanda. Wissenschaft und politische Bildung im Dienste des Gemeinwohls. Festschrift für Heinrich Oberreuter, Wiesbaden 2007, S. 240ff.

Schwarz, Hans-Peter: Die Wähler reagieren wie im Lehrbuch, in: Nonnenmacher, Günther (Hg.): Die gespendete Macht. Parteiendemokratie in der Krise, Berlin 2000, S. 95ff.

Schwarze, Jürgen (Hg.): Globalisierung und Entstaatlichung des Rechts. Ergebnisse der 31. Tagung der Gesellschaft für Rechtsvergleichung vom 20. bis 22. September 2007 in Halle, Teilband 1: Beiträge zum Öffentlichen Recht, Europarecht, Arbeits- und Sozialrecht und Strafrecht, Tübingen 2008.

Schwarze, Jürgen: Ist das Grundgesetz ein Hindernis auf dem Weg nach Europa?, in: Juristenzeitung 1999, S. 637ff.

Schweigler, Gebhard: Nationalbewußtsein in der BRD und der DDR, Düsseldorf 1973.

Schwilk, Heimo/Schacht, Ulrich (Hg.): Die selbstbewußte Nation. »Anschwellender Bocksgesang« und weitere Beiträge zu einer deutschen Debatte, Frankfurt/M. 1994.

Seifert, Jürgen (Hg.): Die Spiegel-Affäre, Olten 1966.

Sethe, Paul: Ins Wasser geschrieben. Porträts, Profile, Prognosen, Frankfurt/M. 1968.

Simitis, Spiros: Das Volkszählungsurteil oder der lange Weg zur Informationsaskese – (BVerfGE 65, 1), in: Kritische Vierteljahresschrift für Gesetzgebung und Rechtswissenschaft 83 (2000), S. 359ff.

Simitis, Spiros: Die Entscheidung des Bundesverfassungsgerichts zur Volkszählung – 10 Jahre danach, in: Kritische Vierteljahresschrift für Gesetzgebung und Rechtswissenschaft 77 (1994), S. 121ff.

Simon, Dieter (Hg.): Rechtswissenschaft in der Bonner Republik. Studien zur Wissenschaftsgeschichte der Jurisprudenz, Frankfurt/M. 1994.

Simon, Jürgen/Simon-Ern, Gundel/Taeger, Jürgen: Wer sich umdreht oder lacht … Rasterfahndung: Ein Beitrag zur Gewährleistung der inneren Sicherheit, in: Kursbuch 66 (1981): Die erfaßte Gesellschaft, S. 20ff.

Smend, Rudolf: Festvortrag zur Feier des zehnjährigen Bestehens des Bundesverfassungsgerichts am 26. Januar 1962, in: Bundesverfassungsgericht (Hg.): Das Bundesverfassungsgericht, Karlsruhe 1963, S. 23ff.

Sodan, Helge: Das Prinzip der Widerspruchsfreiheit der Rechtsordnung, in: Juristenzeitung 1999, S. 864ff.

Staff, Ilse: Das Lüth-Urteil. Zur demokratietheoretischen Problematik materialer Grundrechtstheorie, in: Henne, Thomas/Riedlinger, Arne (Hg.): Das Lüth-Urteil aus (rechts-)historischer Sicht, Berlin 2005, S. 315ff.

Statistisches Bundesamt (Hg.): Datenreport 2006. Zahlen und Fakten über die Bundesrepublik Deutschland, Bonn 2006.

Stern, Klaus: 50 Jahre deutsches Grundgesetz und die europäische Verfassungsentwicklung, Vortrag anlässlich der Eröffnung des Sommersemesters 1999, Speyerer Vorträge Heft 50, Speyer 1999.

Stern, Klaus: Das Staatsrecht der Bundesrepublik Deutschland, Bd. 5: Die geschichtlichen Grundlagen des deutschen Staatsrechts, München 2000.

Stern, Klaus: Totalrevision des Grundgesetzes?, in: Spanner, Hans (Hg.): Festgabe für Theodor Maunz zum 70. Geburtstag am 1. September 1971, München 1971, S. 391ff.

Sternberger, Dolf: Begriff des Vaterlands (1947), in: Ders.: Schriften, Bd. IV: Staatsfreundschaft, Frankfurt/M. 1980, S. 9ff.

Sternberger, Dolf: Verfassungspatriotismus (1979), in: Ders.: Schriften, Bd. X: Verfassungspatriotismus, Frankfurt/M. 1990, S. 13ff.

Stoiber, Michael: Gewaltenteilung, Machtteilung und Vetospieler-Konzept, in: Zeitschrift für Politikwissenschaft 2007, S. 21ff.

Stolleis, Michael (Hg.): Das Bonner Grundgesetz. Altes Recht und neue Verfassung in den ersten Jahrzehnten der Bundesrepublik Deutschland (1949–1969), Berlin 2006.

Stolleis, Michael: Die Staatsrechtslehre der fünfziger Jahre, in: Henne, Thomas/Riedlinger, Arne (Hg.): Das Lüth-Urteil aus (rechts-)historischer Sicht, Berlin 2005, S. 293ff.

Stolleis, Michael: Vormodernes und postmodernes Recht, in: Merkur 5 (2008), S. 425ff.

Stolte, Stefan: Wissen und Gewissen machen den Juristen – Ernst Friesenhahn, Biographie, in: Schmoeckel, Mathias: Die Juristen der Universität Bonn im Dritten Reich, Köln 2004, S. 185ff.

Strauss, Walter: 20 Jahre Grundgesetz, in: Die Öffentliche Verwaltung 1969, S. 297ff.

Strauss, Walter: Die oberste Bundesgerichtsbarkeit, Berlin 1949.

Strohmeier, Gerd: Ein Plädoyer für die »gemäßigte Mehrheitswahl«: optimale Lösung für Deutschland, Vorbild für Österreich und andere Demokratien, in: Zeitschrift für Parlamentsfragen 2007, S. 578ff.

Teubner, Gunther: Die anonyme Matrix: Zu Menschenrechtsverletzungen durch »private« transnationale Akteure, in: Der Staat 2006, S. 161ff.

Teubner, Gunther: Globale Zivilverfassungen. Alternativen zur staatszentrierten Verfassungstheorie, in: Zeitschrift für ausländisches und öffentliches Recht und Völkerrecht 63 (2003), S. 1ff.

Thaysen, Uwe/Falter, Jürgen W.: Fraenkel versus Agnoli? Oder: Was ist aus der »Parlamentsverdrossenheit« der 60er Jahre für die heutige »Postparlamentarismus«-Diskussion zu lernen?, in: Zeitschrift für Parlamentsfragen 2007, S. 401ff.

Thieme, Werner: Für eine Totalrevision des Grundgesetzes, in: Zeitschrift für Rechtspolitik 1969, S. 32ff.

Tiessen, Hans-Jakob: Deutsche Staatsangehörigkeit und »innerdeutsche« Grenze vor dem Hintergrund des veränderten Karlsruher Deutschlandmodells, in: Deutschland Archiv 8 (1975), S. 52ff.

Töller, Annette Elisabeth: Mythen und Methoden. Zur Messung der Europäisierung der Gesetzgebung des Deutschen Bundestages jenseits des 80-Prozent-Mythos, in: Zeitschrift für Parlamentsfragen 2008, S. 3ff.

Tomuschat, Christian: Möglichkeiten und Grenzen der Globalisierung, in: Schwarze, Jürgen (Hg.): Globalisierung und Entstaatlichung des Rechts, Tübingen 2008, S. 21ff.

Voigt, Rüdiger: Zwischen Leviathan und Res Publica. Der Staat des 21. Jahrhunderts, in: Zeitschrift für Politik 2007, S. 259ff.

Völkl, Kerstin: Fest verankert oder ohne Halt? Die Unterstützung der Demokratie im vereinigten Deutschland, in: Gabriel, Oscar W./Falter, Jürgen W./Rattinger, Hans (Hg.): Wächst zusammen, was zusammengehört? Stabilität und Wandel politischer Einstellungen im wiedervereinigten Deutschland, Baden-Baden 2005, S. 249ff.

Volkmann, Uwe: Der tägliche Ausnahmezustand, oder: Not kennt viele Gebote, in: Merkur 5 (2008), S. 369ff.

Volkmann, Uwe: Sicherheit und Risiko als Probleme des Rechtsstaats, in: Juristenzeitung 2004, S. 696ff.

Waldhoff, Christian: Erna Scheffler – erste Richterin des Bundesverfassungsgerichts, in: Jahrbuch des Öffentlichen Rechts der Gegenwart, Neue Folge 2008, S. 261ff.

Walter, Rudolf: Völkerrecht und deutsches Recht, Tübingen 1967.

Wassermann, Rudolf: Zur juristischen Bewertung des 20. Juli 1944. Der Remer-Prozess in Braunschweig als Markstein der Justizgeschichte, in: Recht und Politik 2 (1984), S. 68ff.

Weber, Albrecht: Rechtsstaatsprinzip als gemeineuropäisches Verfassungsprinzip, in: Zeitschrift für öffentliches Recht 2008, S. 267ff.

Weber, Werner: Das Problem der Revision und einer Totalrevision des Grundgesetzes, in: Spanner, Hans (Hg.): Festgabe für Theodor Maunz zum 70. Geburtstag am 1. September 1971, München 1971, S. 451ff.

Weber, Werner: Gewaltenteilung als Gegenwartsproblem, in: Barion, Hans/Forsthoff, Ernst/Weber, Werner (Hg.): Festschrift für Carl Schmitt zum 70. Geburtstag, dargebracht von Freunden und Schülern, Berlin 1959, S. 253ff.

Weidenfeld, Werner/Korte, Karl-Rudolf (Hg.): Handbuch zur deutschen Einheit 1949 – 1989 – 1999, Frankfurt/M. 1999.

Weiler, Joseph H.: Der Staat »über alles«. Demos, Telos und die Maastricht-Entscheidung des Bundesverfassungsgerichts, in: Jahrbuch des Öffentlichen Rechts der Gegenwart, Neue Folge 1996, S. 91ff.

Weiler, Joseph H.: The Transformation of Europe, in: The Yale Law Journal 1991, S. 2403ff.

Weinacht, Paul-Ludwig (Hg.): Die Verfassungsprinzipien des Grundgesetzes im Licht der europäischen Integration, Baden-Baden 2003.

Weinhauer, Karl/Requate, Jörg/Haupt, Heinz-Gerhard (Hg.): Terrorismus in der Bundesrepublik. Medien, Staat und Subkulturen in den 1970er Jahren, Frankfurt/M. 2006.

Weizsäcker, Richard von: Richard von Weizsäcker im Gespräch mit Gunter Hofmann und Werner A. Perger, Frankfurt/M. 1992.

Welzk, Stefan: Die große Entstaatlichung, in: Kursbuch 168(2007): Aufgehobene Grenzen, S. 52ff.

Wengler, Wilhelm: Schriften zur deutschen Frage 1948 – 1986, Berlin 1987.

Wessels, Wolfgang: Das politische System der Europäischen Union, Wiesbaden 2008.

Wiegand, Manfred H.: Norm und Wirklichkeit. Gerhard Leibholz (1901 – 1982) – Leben, Werk und Richteramt, Baden-Baden 1995.

Winkler, Günther: Die Rechtswissenschaft als empirische Sozialwissenschaft, Wien 1999.

Winkler, Heinrich August: Der lange Weg nach Westen, Bd. 2: Deutsche Geschichte vom »Dritten Reich« bis zur Wiedervereinigung, 5., durchgesehene Aufl., München 2002.

Wirsching, Andreas: Abschied vom Provisorium. Die Geschichte der Bundesrepublik Deutschland 1982 – 1990, München 2006.

Wirsching, Andreas: Grundgesetz und Verfassungswandel, in: Ders. (Hg.): Die Bundesrepublik Deutschland nach der Wiedervereinigung. Eine interdisziplinäre Bilanz, München 2000, S. 37ff.

Wolf, Klaus Dieter: Die Neue Staatsräson – Zwischenstaatliche Kooperation als Demokratieproblem in der Weltgesellschaft. Plädoyer für eine geordnete Entstaatlichung des Regierens jenseits des Staates, Baden-Baden 2000.

Wolfrum, Edgar: Das westdeutsche »Geschichtsbild« entsteht. Auseinandersetzung mit dem Nationalsozialismus und neues bundesrepublikanisches Staatsbewusstsein, in: Frese, Matthias/Paulus, Julia/Teppe, Karl (Hg.): Demokratisierung und gesellschaftlicher Aufbruch: Die sechziger Jahre als Wendezeit der Bundesrepublik, Paderborn 2003, S. 227ff.

Wolfrum, Edgar: Die geglückte Demokratie. Geschichte der Bundesrepublik Deutschland von ihren Anfängen bis zur Gegenwart, München 2007.

Zeh, Wolfgang: Aktuelle Entwicklungen der Rolle des Bundestages im parlamentarischen Regierungssystem, in: Benz, Arthur/Siedentopf, Heinrich/Sommermann, Karl-Peter (Hg.): Institutionenwandel in Regierung und Verwaltung. Festschrift für Klaus König zum 70. Geburtstag, Berlin 2004, S. 317ff.

Zoll, Ralf (Hg.): Vom Obrigkeitsstaat zur entgrenzten Politik. Politische Einstellungen und politisches Verhalten in der Bundesrepublik seit den sechziger Jahren, Opladen 1999.

Zürn, Michael/Binder, Martin/Ecker-Ehrhardt, Matthias/Radtke, Katrin: Politische Ordnungsbildung wider Willen, in: Zeitschrift für Internationale Beziehungen 1 (2007), S. 129ff.

Zwiehoff, Gabriele (Hg.): »Großer Lauschangriff«. Die Entstehung des Gesetzes zur Änderung des Grundgesetzes vom 26. März 1998 und des Gesetzes zur Änderung der Strafprozessordnung vom 4. Mai 1998 in der Presseberichterstattung 1997/98, Baden-Baden 2000.

Personenregister

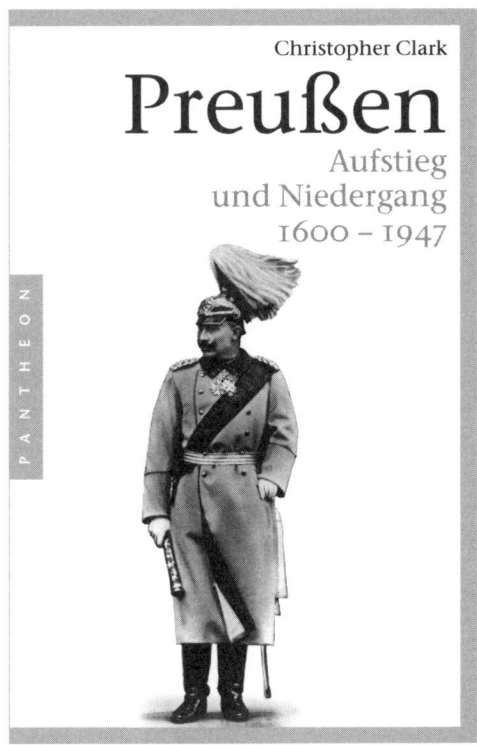

Christopher Clark

Preußen

Aufstieg
und Niedergang
1600 – 1947

ISBN 978-3-570-55060-1, 896 S. m. Abb., € 18,95 [D]

Christopher Clark schildert den Aufstieg Preu-
ßens vom kleinen, an Bodenschätzen armen
Territorium um Berlin zur dominierenden Macht
auf dem europäischen Kontinent. Seine brillante
Darstellung von über 300 Jahren preußischer
Historie ist ein Meisterwerk der Geschichts-
schreibung.

»Das Buch ist ein wirkliches Ereignis, ein neuer
Blick auf die Geschichte unserer Nation.«
Berliner Zeitung

www.pantheon-verlag.de

Roman Grafe

DIE GRENZE DURCH DEUTSCHLAND

EINE CHRONIK VON 1945 BIS 1990

ISBN 978-3-570-55082-3, 544 Seiten mit 300 Abb.,
€ 16,95 [D]

Von 1945 bis 1990 teilte die Grenze Deutschland in Ost und West, in BRD und DDR. Aus
der anfänglichen Demarkationslinie wurde eine
Todeszone und die Menschen arrangierten sich
entweder mit dieser Grenze oder sie kämpften
gegen sie an. Eine faszinierende Chronologie der
deutschen Teilung.

»LEST DIESES BUCH!«
Frankfurter Allgemeine Zeitung

www.pantheon-verlag.de